Marion D. March und Joan McEvers

Lehrbuch der astrologischen Prognose

Marion D. March und Joan McEvers

Lehrbuch der astrologischen Prognose

Transite – Progressionen Direktionen – Solare – Lunare

Ebertin

Freiburg im Breisgau

Die Deutsche Bibliothek – CIP-Einheitsaufnahme

March, Marion D.:
Lehrbuch der astrologischen Prognose : Transite –
Progressionen – Direktionen – Solare – Lunare /
Marion D. March und Joan McEvers. [Dt. von Anne Follmann]. –
2. Aufl. – Freiburg im Breisgau : Ebertin-Verl., 1998
Einheitssacht.: The only way to learn astrology ⟨dt.⟩
ISBN 3-87186-073-5
NE: MacEvers, Joan:

Die amerikanische Originalausgabe erschien 1988 bei
ACS Publications, Inc., San Diego, unter dem Titel
The Only Way to Learn Astrology

Deutsch von Anne Follmann und Ute Weber

Mit 47 Horoskopabbildungen von Martin Garms

2. Auflage 1998
ISBN 3-87186-073-5

Umschlag: Werbeservice Wartenberg, Staufen
Satz: CSF ComputerSatz GmbH, Freiburg im Breisgau
Druck und Bindung: Ebner Ulm
Printed in Germany

Für unsere Studenten,
die uns darum baten und dazu ermutigten,
unsere Lehren niederzuschreiben

Inhalt

Kapitel 12
Das Lunarhoroskop 278

Kapitel 13
Gesamtüberblick 312

Anhang 1

Horoskope-Index

Quellenangaben zu den im Buch verwendeten Horoskopbeispielen

Für alle Horoskope wurde das Häusersystem nach Koch (GOH) verwendet.

Alle Quellenangaben sind entsprechend dem System von L. Rodden klassifiziert:

AA = Geburtsurkunde oder Behördenunterlagen
A = Eigene Angabe oder die eines nahen Verwandten
B = Biographische oder autobiographische Angabe
C = Keine Quellenangabe, unsichere Geburtsuhrzeit
DD = Mehrere Daten-, Zeit- oder Ortsangaben vorhanden

Vorwort

Schon vor vier Jahren haben wir versprochen, dieses Buch zu schreiben – das Lehrbuch, das die Grundlagen der astrologischen Prognose vermitteln soll, – aber irgendwie suchten wir ständig Ausreden dafür, das Projekt aufzuschieben; und das, obwohl es sich um ein Gebiet handelt, über das wir lange Jahre mit Erfolg Lehrveranstaltungen abgehalten haben.

Was hielt uns vom Schreiben ab? Zwei wichtige Faktoren:

1. Der Interpretationsansatz, den wir in unseren anderen Büchern[1] verfolgen, ist auf Progressionen, Direktionen und Transite nicht unbedingt anwendbar. Jede progressive Sonne muß in ihrer speziellen Konstellation interpretiert werden; progressive Häuser lassen sich in ihrer Wirkungsweise nicht miteinander vergleichen; die Bedeutung einer bestimmten Radix-Sonne im Aspekt zum progressiven Mond unterscheidet sich von der einer anderen Sonne.

Jeder Mensch hat ein einzigartiges Geburtshoroskop, das seine Individualität beschreibt. Aus diesem Grund wirken die progressiven Planeten bei jedem Menschen auf unterschiedliche Weise.

Nehmen wir an, daß Ihr Radix-Merkur in den Zwillingen im 7. Haus steht, im Quadrat zu Saturn in der Jungfrau. In der Progression ist derselbe Merkur in den Krebs in das 8. Haus des Radix gewandert und bildet zum Radix-Saturn nun einen Sextil-Aspekt. Dieser Merkur unterscheidet sich in seiner Wirkung von einem Radix-Merkur, der zwar ebenso in den Zwillingen im 7. Haus steht, aber im Geburtshoroskop eine Opposition zu Saturn im Schützen bildet. In der Progression ist dieser Merkur zwar auch in den Krebs in das 8. Haus gewandert, bildet zum

1 Marion D. March und Joan McEvers: *The Only Way to Learn Astrology . . . Vol. I-V.* ACS Publications, San Diego, USA.

Radix-Saturn, nun aber einen Quinkunx-Aspekt. Der Ausgangspunkt für beide Merkure liegt zwar in den Zwillingen im 7. Haus, durch die unterschiedlichen progressiven Aspekte zum Radix-Saturn unterscheiden sich die beiden Merkure in ihrer Interpretation jedoch sehr stark voneinander.

Daher müssen wir uns von den meisten Verallgemeinerungen über Merkur progressiv oder über jeden anderen Planeten progressiv in den Zeichen wie auch in den Häusern und ihren Aspekten lösen. Jedes Horoskop kann nur individuell betrachtet werden, und Sie werden Ihr astrologisches Wissen auf jedes progressive Horoskop erneut anwenden müssen. Wir werden versuchen, umfassende Beschreibungen zu geben; das Geburtshoroskop wird jedoch immer Vorrang haben, und ein Großteil des astrologischen Wissens wird Ihnen anhand konkreter Beispiele vermittelt.

2. Bei Betrachtung der nahen Zukunft neigen Anfänger häufig zu negativen beziehungsweise unheilverkündenden Prognosen. Sie brauchen dann die sanfte Hand des Lehrers, die sie auf den Boden der Tatsachen zurückbringt. Beim Unterricht in unseren Kursen verwenden wir Horoskopbeispiele von unseren Schülern, die zu einem nicht weit zurückliegenden, für sie wichtigen Lebensereignis erstellt werden. Nach einer Reihe von Horoskopbeispielen zu Hochzeiten, Geburten, Umzügen, Beförderungen, Scheidungen und anderen Ereignissen entspannt sich selbst der Ängstlichste unter ihnen.

Aber wie können wir Sie, lieber Leser, davon abhalten, daß Sie einen progressiven, dirigierten oder transitierenden Saturn, der sich Ihrem Aszendenten nähert, nicht sogleich als einen Hinweis deuten, der Ihnen eine Einlieferung ins Krankenhaus beziehungsweise eine Krankheit beschert? Wie können wir Ihnen nahebringen, daß das Horoskop in seiner Gesamtheit betrachtet werden muß? Derselbe Saturn kann ebenso Ihre Bereitschaft ausdrücken, neue Aufgaben zu übernehmen als auch eine größere Fähigkeit, sich auf Ihre gegenwärtige Arbeit zu konzentrieren.

Unserer Meinung nach können wir dies nur erreichen, indem wir Ihren Blick immer wieder auf die Freiheit jedes einzelnen Menschen lenken, sein Leben innerhalb gewisser weitgesteckter Grenzen wie Geburt und Tod selbst zu gestalten. Die

Möglichkeiten, die sich eröffnen, wenn man das statische Horoskop verläßt und es im Zeitablauf weiterbewegt, sind von zu großer Bedeutung, als daß uns mögliche Fehlinterpretationen hier aufhalten könnten.

Vor diesem Hintergrund begeben wir uns in das Abenteuer, das Horoskop wandern zu lassen, um Ihren gegenwärtigen und zukünftigen Bedürfnissen zu begegnen.

Einführung

Worum es geht

Das vorliegende Buch ist nicht als Einführung in die Grundlagen der Astrologie gedacht, sondern richtet sich an eine Leserschaft mit astrologischen Vorkenntnissen. Wir werden verschiedene Prognosemethoden vorstellen und diese anhand von Beispielen aus dem wirklichen Leben erläutern. Die einzelnen Buchkapitel bauen thematisch aufeinander auf, stellen jedoch gleichzeitig in sich geschlossene Einheiten dar.

Astrologisch gesehen ist Ihr Geburtshoroskop Ausdruck Ihrer Einzigartigkeit. Sie sind zu einer bestimmten Zeit und an einem bestimmten Ort auf dem Planeten Erde geboren. Diese Landkarte beziehungsweise dieser Fingerabdruck des Kosmos wird erstellt, um Ihre Eigenschaften und Potentiale zum Zeitpunkt der Geburt feststellen zu können. Dieses Geburtshoroskop wird sich niemals ändern und für immer in den himmlischen Sphären als »Ihr Augenblick im kosmischen Zeitgeschehen« festgehalten sein.

Wenn Sie sich bereits anhand von astrologischer Literatur mit der Interpretation Ihres Geburtshoroskops vertraut gemacht haben, werden Sie festgestellt haben, daß Sie durch die Beschäftigung mit den astrologischen Symbolen anfingen, sich selbst, Ihre Bedürfnisse, Wünsche und Ziele deutlicher wahrzunehmen und zu verstehen. Vielleicht verfügen Sie auch schon über genügend astrologisches Grundlagenwissen, um anderen Menschen in ihrer näheren Umgebung damit helfen zu können.

Wie sieht der nächste Schritt aus?

Sie haben erfahren, wer Sie zum Zeitpunkt Ihrer Geburt waren und haben gesehen, wie Sie mit dem Ihnen zur Verfügung stehenden Potential und den Anforderungen des Lebens umgehen können.

Aber hilft Ihnen das zu erkennen, wo Sie im Augenblick stehen? Seit Ihrer Geburt sind Sie um einige Zentimeter gewachsen, haben ein paar Kilo zugenommen, haben laufen und springen, sprechen und denken gelernt. Kann da das astrologische Abbild gleich geblieben sein? Natürlich nicht. Obwohl das Geburtshoroskop immer ein zutreffendes Abbild Ihrer grundlegenden Eigenschaften sein wird, entwickelt es sich dennoch zeitlich weiter, so wie auch Sie selbst sich ständig weiterentwickeln.

Mit Hilfe der Astrologie kann man die Vergangenheit, die Gegenwart und die Zukunft betrachten. Wenn Sie gelernt haben, die Frage nach dem »Wer bin ich?« im 1. Haus des Radix zu klären, so können Sie jetzt das »Wer bin ich im Augenblick?« im 1. Haus progressiv und auch das »Wer bin ich morgen?« im 1. Haus progressiv für einen späteren Zeitpunkt erfahren.

So wie Sie im Geburtshoroskop einzigartig sind, werden Sie auch im progressiven Horoskop einzigartig bleiben. Ihr Horoskop wird auf der Grundlage ihrer Geburtszeit und Ihres Geburtsortes vorgeschoben. Die Berechnungen sind sehr einfach; sie werden im Anhang erläutert. Über die Berechnungen hinaus möchten wir Ihnen jedoch die grundlegenden Prinzipien der Analyse von progressiven Horoskopen vermitteln.

Verschiedene Methoden der zeitlichen Weiterentwicklung des Horoskops

Wie so oft in der Astrologie gibt es auch für die zeitliche Weiterentwicklung des Horoskops verschiedene Arbeitsmethoden und Vorgehensweisen.

In diesem Buch stellen wir die zwei bekanntesten und am häufigsten verwendeten Methoden vor – *die sekundären Progressionen* und die Sonnenbogendirektionen. Jede Methode erfüllt ihren eigenen Zweck und funktioniert nach ihren ureigenen Gesetzen. Jeder Mensch hat seinen eigenen Rhythmus; deshalb wird jeder Mensch auf die beiden Methoden unterschiedlich reagieren. Wir werden außerdem aufzeigen, wie die Transite auf das Geburtshoroskop, das progressive und das dirigierte Horoskop anzuwenden sind.

Nicholas deVore erläutert diese Begriffe in seiner *Enzyklopedia of Astrology* folgendermaßen: »Direktionen zeigen die theoretische Verschiebung eines Himmelskörpers oder eines Punktes im Horoskop bezogen auf einen Direktionsbogen für einen bestimmten Zeitraum an. Progressionen zeigen die vorgerückten Positionen des Aszendenten, des Medium Coeli und der Planeten in einer progressiven Konstellation zu einem bestimmten Zeitpunkt an.« Der »Direktionsbogen« wird heute üblicherweise als *Sonnenbogendirektion* bezeichnet, während die »progressive Konstellation« beim erneuten Erstellen des Gesamthoroskops als *sekundäre Progression* bezeichnet wird und oftmals abgekürzt einfach *Progression* genannt wird.

Die symbolische Entsprechung 1 Tag = 1 Jahr

Sowohl die Progressionen als auch die Direktionen bauen auf der symbolischen Entsprechung 1 Tag = 1 Jahr auf. Hierbei handelt es sich um eine symbolische Maßeinheit, die durch philosophische und biblische Lehrsätze untermauert wird. In der Bibel gibt es einige Textstellen, bei denen von der Gleichsetzung eines Tages mit einem Jahr die Rede ist. Wir führen einige Zitate an:

»Ich will dir aber die Jahre ihrer Schuld auflegen, für jedes Jahr einen Tag ...« (Hesekiel 4,5)

»... denn ich gebe dir hier auch je einen Tag für ein Jahr.« (Hesekiel 4,6)

»Gleichen deine Tage den Tagen eines Menschen oder deine Jahre den Tagen eines Mannes ...« (Hiob 10,5)

»Ich gedenke der alten Zeit, der vergangenen Jahre.« (Psalmen 77,6)

Philosophisch betrachtet, scheinen die tägliche Drehung der Erde um ihre eigene Achse *(Tag)*, das heißt Tag und Nacht, und der jährliche Umlauf der Erde um die Sonne *(Jahr)*, das heißt die Jahreszeiten, die vorherrschenden Zyklen zu sein. Man kann aber auch von der Theorie ausgehen, daß Zeit relativ ist und daß sich die Zeit auf der Erde von der Zeit im Weltall unterscheidet – oder daß der Mikrokosmos eine Abbildung des Makrokosmos ist. Das Wichtigste ist jedoch, daß in allen Fällen die symbolische Entsprechung zutrifft und über viele Jahre hinweg verifiziert werden konnte.

Sie brauchen sich also nur zu merken, daß ein Tag in den Ephemeriden einem Jahr in Ihrem Leben entspricht. Nehmen wir an, daß Sie am 1. Oktober 1945 geboren und jetzt zwanzig Jahre alt sind. Dann entspricht Ihr sekundärprogressives Datum dem 21. Oktober 1945. Für dieses Datum berechnen Sie ein neues Horoskop, und zwar in der gleichen Weise, in der Sie Ihr Geburtshoroskop berechnet haben (siehe Anhang).

Grundlage für das Sonnenbogenhoroskop dieses Zwanzigjährigen ist die Position der Sonne am 21. Oktober 1945; die Planeten und Häuserspitzen werden um die zwischen dem 1. und 21. Oktober von der Sonne zurückgelegten Strecke in Grad vorgeschoben (siehe Anhang). Da sich die Sonne um ca. 1° täglich weiterbewegt, ist es sehr einfach, ihre Position mit einem kurzen Blick wenigstens annähernd zu bestimmen. Daraus erklärt sich, warum diese Methode, das Horoskop zeitlich vorzuschieben, so beliebt ist.

Transite beziehen sich auf die tatsächlichen Konstellationen am Tag Ihres zwanzigsten Geburtstags, dem 21. Oktober 1965. Die Bewegungen der langsameren Planeten – Jupiter, Saturn, Uranus, Neptun und Pluto – werden jeweils für das ganze Jahr vorgemerkt und mit ihren Aspekten zum Geburtshoroskop sowie zum progressiven und dirigierten Horoskop untersucht.

Progressionen und Direktionen stellen Entwicklungszyklen dar. Alle Planeten, Häuser und Aspekte behalten ihre ursprüngliche Bedeutung bei. Indem man jedoch das Horoskop vorschiebt, verändern sich die Zeichen- oder Häuserpositionen der Planeten; es werden neue Aspekte gebildet, die unterschiedliche Planeten einbeziehen, und so erhält das Horoskop einen neuen Anstrich, eine Note, die vorher nicht vorhanden war.

In Teil II werden wir Ihnen Solare und Lunare vorstellen. Das sind Horoskope, die für den Zeitpunkt eines jeden Jahres (oder Monats) erstellt werden, an dem die Sonne oder der Mond zu ihrer genauen Ausgangsposition im Geburtshoroskop zurückkehren. Diese Horoskope »frieren« die Transite zu diesem Zeitpunkt in einer Position »ein« und geben deshalb dem ganzen Jahr eine bestimmte Färbung. Zusammen mit den Progressionen und Direktionen stellen sie hervorragende Indikatoren dar, die uns Auskunft über thematische Schwerpunkte in dem entsprechenden Jahr geben.

Und das sollte Ihr Schlüsselwort sein – *Schwerpunkte.* Keine schnellen oder phantastischen Aussagen, keine definitiven Ereignisse oder Voraussagen, sondern einfach Schwerpunkte in bestimmten Lebensbereichen, bei denen jeder selbst entscheiden kann, wie er damit umgehen möchte. Der Vollständigkeit halber haben wir einen Anhang erstellt, in dem Sie eine detaillierte Beschreibung zur Berechnung, Erstellung und Aufzeichnung des gesamten Materials finden, das wir vermitteln wollen. Auch die Computerbenutzer unter Ihnen können hiervon profitieren.

Vergessen Sie bitte nicht, daß die für das Geburtshoroskop geltenden Grundlagen weiterhin Gültigkeit haben. Wenn wir jetzt ein Horoskop zeichnen, betrachten wir die Konjunktion, das Quadrat, das Trigon, die Opposition, das Sextil und das Quinkunx weiterhin als die Hauptaspekte, die bei der Horoskopzeichnung im Vordergrund stehen. Unser Orbis beträgt 7° für die vier erstgenannten Aspektarten und 5° für die beiden letzteren. Natürlich geben wir ein wenig hinzu, wenn es sich um die Himmelslichter Sonne und Mond beziehungsweise um größere Aspektfiguren handelt. Da sich die astrologischen Interpretationen, ganz gleich um welches Thema es sich handelt, nicht verändern, müssen wir an dieser Stelle nicht noch einmal darauf eingehen. Falls bei Ihnen Fragen auftauchen, wenn wir Themen wie eingeschlossene Zeichen, Rückläufigkeiten, Aspektfiguren, Unterbetonungen, nicht aspektierte Planeten und so weiter ansprechen, empfehlen wir Ihnen, entsprechende Grundlagenliteratur hinzuzuziehen.

In diesem Buch werden wir Ihnen verschiedene berühmte Persönlichkeiten vorstellen, Ihnen Informationen über deren Grundpotential geben und betrachten, wie diese Personen zu bestimmten Zeiten ihr Leben gemeistert haben. Eine solche Lehrmethode, die sich an wirklichen Gegebenheiten orientiert, erscheint uns wesentlich anschaulicher als nur über Theorien zu schreiben.

Wenn Sie einmal gelernt haben, zukünftige Entwicklungen zu erkennen und zu interpretieren, dann werden Sie die häufig zitierte Bibelstelle verstehen, die besagt: »Alles hat seine Stunde, und es gibt eine Zeit für jegliche Sache unter der Sonne: eine Zeit zu weinen und eine Zeit zu lachen, eine Zeit zu klagen und eine Zeit zu tanzen, eine Zeit zu schweigen und eine Zeit zu reden (Prediger 3,1; 3,4; 3,7).« Finden Sie für sich den richtigen Zeitpunkt und die Suche nach dem »Wer bin ich?« und dem »Wer kann ich sein?« kann beginnen.

Kapitel 1

Sekundäre Progressionen

Ein gutgemeinter Rat

Wenn Sie sich auf das Abenteuer einlassen, in die Zukunft zu reisen, sollten Sie sich der Gefahr bewußt sein, daß Sie endlose Stunden damit verbringen könnten, herauszufinden, was Ihnen wann, wo und wie passieren wird. Doch darum geht es in der Astrologie *nicht*. Die Astrologie hilft Ihnen, Zukunftstrends herauszuarbeiten, mögliche Ereignisse in der Zukunft zeitlich einzuordnen und eine allgemeine Einstimmung für das kommende Jahr zu entwickeln. Die Astrologie ist ein Werkzeug, das Sie einsetzen können. Sie ist nicht dazu da, daß Sie ihr Sklave und Werkzeug werden!

Ein guter Einstieg

Um jegliche Gefühle von Unbehagen zu vermeiden, schlagen wir Ihnen vor, daß Sie sich erst dann mit der Zukunft beschäftigen, wenn Sie gelernt haben, Ereignisse aus der Vergangenheit richtig zu verstehen. Mit diesem Wissen können Sie dann die Interpretation eines möglichen »Morgen« angehen.

Erinnern Sie sich an ein Ereignis aus der Vergangenheit und versuchen Sie, sich vorzustellen, ob Sie bestimmte Entwicklungen durch eine andere Einstellung oder Verhaltensweise hätten beeinflussen können. Dazu eignen sich Ereignisse und Begebenheiten aus Ihrem Leben, die für Sie persönlich von Bedeutung waren, wie zum Beispiel Ihre Heirat, die Geburt eines Kindes, Ihre erste Arbeitsstelle, ein Umzug, Schul- oder Hochschulabschluß, der Tod einer nahestehenden Person, eine Krankheit, ein Unfall, die erste Liebesbeziehung oder ein anderes für Sie wichtiges Ereignis, an das Sie sich gut erinnern können. Erstellen Sie das Horoskop für das betreffende Jahr, und betrachten Sie die Aspekte in dem Horoskop. Wie sind Sie damals mit der Situation umgegangen? Als Orientierungshilfe bei der Analyse können die in diesem Buch verwendeten Beispiele dienen.

Dann, und wirklich erst dann, sollten Sie für sich mit der Berechnung der sekundären Progression für einen zukünftigen Zeitpunkt beginnen.

Allgemeine Informationen

Es ist nicht besonders schwierig, ein progressives Horoskop zu erstellen. Die Berechnungsmethode hierfür wird im Anhang erklärt. Was Sie wissen müssen, ist, daß Sie für jedes beliebige progressive Datum ein neues Horoskop berechnen können. Falls Sie einen Computer besitzen, ist der mathematische Vorgang sehr einfach – geben Sie einfach das Datum Ihrer Wahl ein, und der Computer wird das übrige tun. Wenn Sie die Berechnung manuell durchführen, dann wird es Ihnen leichter fallen, Ihren Geburtstag und nicht irgendeinen Tag des betreffenden Jahres auszuwählen. Untersuchen Sie alle Trends und möglichen Entwicklungen für das Gesamtjahr, *für Ihr Jahr*, für den Zeitraum zwischen Ihren beiden Geburtstagen.

Machen Sie sich ausführliche Notizen, damit Ihnen die entsprechenden Ereignisse auch zu einem späteren Zeitpunkt noch präsent sind. Am Ende des Jahres überprüfen Sie, was wirklich eingetroffen ist. Wenn Sie ein ausführliches Tagebuch über zurückliegende Ereignisse und auch über das aktuelle Tagesgeschehen führen, so kann das später für Sie von Nutzen sein. Es sei noch einmal darauf hingewiesen, daß wir Sie nicht dazu bringen wollen, Ihr Glück von den Ephemeriden abhängig zu machen und tagtäglich Ihr Horoskop zu Rate zu ziehen. Wenn Sie so vorgehen, könnte Ihre objektive Sichtweise des Gesamthoroskops beeinträchtigt werden, denn das Horoskop sollte eigentlich die Vorausschau für das *gesamte* Jahr sein. Die Folge davon könnte sein, daß Sie sich von alltäglichen Kleinigkeiten ablenken lassen, statt die wichtigsten Trends eingehender zu betrachten.

Die korrekte Terminologie

Obwohl der Begriff *Progression* an sich schon eine Vorwärtsbewegung enthält, soll hier der Klarheit halber noch einmal die richtige Terminologie eingeführt werden. Für die sekundärprogressive Methode, ein Horoskop vorzuschieben, verwendet man den Fachausdruck *sekundäre Progression.* Das Ergebnis ist das *progressive Horoskop.* Die *Sonnenbogenmethode,* die wir in einem späteren Kapitel erörtern werden, wird als *Direktion* bezeichnet. Hier bekommt man als Ergebnis das *dirigierte Horoskop.*

Bei beiden handelt es sich um verschiedene Methoden, das Geburtshoroskop vorzuschieben.

Die »Ein-Tag-Ein-Jahr-Entsprechung«

Wie bereits in der Einleitung erwähnt und im Anhang erläutert, basieren sowohl die sekundäre Progression als auch das Sonnenbogensystem auf der »Ein-Tag-Ein-Jahr-Entsprechung«. Das progressive Horoskop zeigt Lebensstrukturen und Trends für jedes Jahr Ihrer Wahl an. Die Energie, die in jedem Individuum unbemerkt schlummert, wird bei der Horoskopberechnung in der verschlüsselten Form von einem Tag dargestellt, was einem tatsächlichen Lebensjahr entspricht. Es ist eine symbolische Abbildung der Gefühls- und Gedankenwelt des Individuums und zeigt seine Einstellung dem Leben gegenüber an. Die Lebenseinstellung ist von großer Bedeutung, da der Mensch durch sie sein Schicksal aktiv mitbestimmt. Mit Hilfe von Progressionen können Sie Ihre Einstellungen in dem untersuchten Jahr erkennen, und da Progressionen zeigen, wo Schwerpunkte liegen, ermöglichen sie es Ihnen, positive Ausdrucksmöglichkeiten und die richtigen Betätigungsfelder zu finden.

Allgemeine Regeln

Wir stellen Ihnen die beiden bekanntesten Methoden der sekundären Progression vor. Da bei beiden das *Geburtshoroskop* als der wesentliche Schlüssel zu Interpretation und Verständnis gilt, stellt es den inneren Kreis der Horoskopabbildung dar. Das neue Horoskop, das für ein bestimmtes Datum berechnet wird, wird dann als äußerer Kreis um das Geburtshoroskop gelegt.

Wir zeigen Ihnen zwei Möglichkeiten, ein progressives Horoskop zu erstellen.

1. Zeichnen Sie die neuen sekundären Häuserspitzen um das Geburtshoroskop ein, und setzen Sie die progressiven sekundären Planeten in den zweiten Kreis.
2. Setzen Sie die progressiven Planeten hier auch in den zweiten Kreis ein, aber markieren Sie den progressiven Aszendenten, das Medium Coeli und die Häuserspitzen nur, zeichnen Sie sie nicht ein. Vergleichen Sie hierzu die Beispiele von Rock Hudson (Seite 95) und Betty Ford (Seite 107).

Die erste Möglichkeit zeigt sehr anschaulich, wo sich die Geburtsplaneten und die progressiven Planeten befinden; ob sich Häuser in ihrer Größe verändert haben und ob eingeschlossene Zeichen und Planeten eingeschlossen bleiben. Einige Astrologen meinen, daß das Horoskop mit den zwei Kreisen (dem Geburtshoroskop und dem progressiven Horoskop) unübersichtlich wird und bevorzugen daher die zweite Methode. Sie machen sich am Rande Notizen, wenn zum Beispiel ein Planet in ein anderes Haus gewandert oder nicht mehr eingeschlossen ist. Wir stellen Ihnen beide Methoden in diesem Buch vor.

Eine andere Methode besteht darin, ein zweites progressives Horoskop einfach auf ein separates Blatt Papier zu zeichnen und es beim Interpretieren neben das Geburtshoroskop zu legen. Wir glauben, daß dies irreführend sein kann, da hierbei das progressive Horoskop auf Kosten des Geburtshoroskops zu stark in den Vordergrund gerückt wird. Außerdem konnten wir feststellen, daß der Betrachter bei dieser Methode Gefahr läuft, Dinge zu übersehen; denn es ist schwierig, die Übersicht über zwei Horoskopblätter zu behalten.

Die tägliche Bewegung der Planeten

Bevor wir mit der Interpretation eines progressiven Horoskops beginnen, würden wir Ihnen gerne noch die tägliche Bewegung der Planeten erläutern (die einem Jahr in der Progression entspricht), denn nur wenn man sich klargemacht hat, was im Laufe eines Menschenlebens überhaupt passieren kann, kann man erkennen, was wichtig ist und was nicht. Wenn Sie die Ephemeriden aufschlagen, sehen Sie sogleich, mit welcher Geschwindigkeit sich die Planeten bewegen und ob sie rückläufig oder rechtläufig sind.

Die *Sonne* bewegt sich um ungefähr 1° am Tag (zwischen 57' und 1° 1'). Der *Mond* legt zwischen 11° 47' und 15° 12' zurück. Die Geschwindigkeit von *Merkur* beträgt 2°; er kann sein Tempo auf Zehntelgrade verringern, kurz bevor er seine Richtung ändert. Das geschieht dreimal im Jahr. *Venus* liegt im Durchschnitt bei etwas mehr als 1° täglich, normalerweise bei ca. 72'; *Venus* wird wie *Merkur* vor ihrer Richtungsänderung äußerst langsam; sie wird jedoch nur einmal im Jahr rückläufig und in manchen Jahren gar nicht. *Mars* tägliche Geschwindigkeit reicht im Durchschnitt von 30' bis 40'. Auch er verringert vor einer Richtungsänderung seine Geschwindigkeit erheblich, was ungefähr alle zwei Jahre passiert.

Wenn wir die persönlichen Planeten verlassen und uns weiter ins Weltall hineinbewegen, verlangsamt sich die tägliche Bewegung der Planeten erheblich. *Jupiter* bewegt sich nur um 14' am Tag, häufig auch weniger. Er ist einmal im Jahr für ungefähr vier Monate rückläufig und erreicht vor und nach seiner Richtungsänderung fast einen Stillstand. Die Geschwindigkeit von *Saturn* übersteigt nie 7' am Tag, und er ändert seine Richtung einmal im Jahr für ungefähr fünf Monate. *Uranus* ist noch langsamer, zwischen 2' und 5' pro Tag, und er ist für mehr als fünf Monate rückläufig. Das gleiche gilt für *Neptun* und *Pluto*, deren tägliche Geschwindigkeit 2' nie übersteigt.

Das bedeutet, daß, selbst wenn Sie 90 Jahre alt werden, sich Pluto und Neptun in Ihrem progressiven Horoskop nicht mehr als um 2° bis 3° fortbewegen werden. Uranus kann 6° wandern, Saturn legt höchstens 10° zurück, und selbst Jupiter wird kaum die 20°- Grenze überschreiten. Sollte einer dieser Planeten bei Geburt rückläufig sein oder während eines 90-jährigen Lebens seine Richtung ändern, so wird die Vorwärtsbewegung auf ein Minimum reduziert werden, und in manchen Fällen gibt es ausschließlich eine Rückläufigkeit. (Siehe Kapitel 3, Seite 64)

Progressive Aspekte

Lediglich der Mond und die anderen persönlichen Planeten können in einem progressiven Horoskop neue Aspekte bilden. In einem solchen Falle handelt es sich fast immer um einen Hinweis auf ein wichtiges Ereignis im Leben eines Menschen. Der Mond hat eine so große Bedeutung, daß wir ihm ein eigenes

Kapitel widmen. (Siehe Kapitel 2, Seite 46) Vergessen Sie nicht, daß das Geburtshoroskop der wichtigste Faktor ist. Wenn in Ihrem Geburtshoroskop zwei Planeten im Trigon oder Sextil zueinander stehen, und diese bei der Progression ein Quadrat oder eine Opposition bilden, dann haben wir hier das Jahr, in dem Sie von dem Energiefluß der Planeten im Geburtshoroskop profitieren und mit den progressiven Aspekten positiv umgehen können. Oder umgekehrt – falls ein Quadrat oder eine Opposition im Geburtshoroskop in der Progression zu einem Sextil oder Trigon wird, ist die Zeit gekommen, die herausfordernde Energie des Geburtshoroskops in eine fließende (kreative) Energie umzuwandeln oder sie auf andere Weise positiv zu nutzen.

Bei Ed Asner zum Beispiel bildet Merkur im Geburtshoroskop ein Trigon zu Pluto. Pluto ist für ihn von besonderer Bedeutung, da er seinen Aszendenten, seine Sonne, seinen Merkur und seine Venus im Skorpion regiert. Als er das 40. Lebensjahr erreicht hatte, wurde ihm die Rolle des Lou Grant angeboten, und hierdurch erlangte er Berühmtheit. Schon immer war er ein guter Schauspieler gewesen, aber durchschlagender Erfolg und Ruhm stellten sich erst ein, als Merkur progressiv bei ungefähr 19° im Steinbock das 3. Haus, das Haus der Kommunikation, erreicht hatte und eine Opposition zum Geburtspluto bildete.

Ein weiteres anschauliches Beispiel ist Marlon Brando. Im seinem Radix bildet seine Sonne ein Quadrat zu Mars. Mit 34 Jahren näherte sich seine Sonne progressiv, bei ca. 17° im Stier, einem Trigon zum Geburtsmars, der sein 5. Haus, das Haus der Kinder, regierte; und zu diesem Zeitpunkt wurde sein einziger Sohn geboren.

Hätte Ed Asners Merkur im Geburtshoroskop keinen Aspekt zu Pluto gehabt, so wäre das Quadrat progressiv von weitaus geringerer Bedeutung gewesen. Dasselbe gilt für die Veränderungen im progressiven Horoskop von Marlon Brando. Ein neu geformter Aspekt hat selten dieselbe Bedeutung wie ein schon im Geburtshoroskop vorhandener, der entweder verstärkt wird oder wie in den vorhergehenden Beispielen eine andere Aspektierung erfährt.

Die wichtigsten Ereignisse finden unserer Erfahrung nach dann statt, wenn ein einfacher Aspekt zu einer Aspektfigur wird

(Quadrat zu einem T-Quadrat, Trigon zu einem Großen Trigon, Quinkunx zu einem Yod – (ein Yod besteht aus 2 Quinkunxen, die über ein Sextil miteinander verbunden sind), oder, was noch bedeutsamer ist: wenn ein T-Quadrat zu einem Großen Kreuz wird. Wenn sich der Astrologe dieser Potentiale bewußt ist, kann er in die Zukunft schauen und besonders wichtige Jahre im voraus erkennen.

Bei progressiven Aspekten sollten Sie bei den persönlichen Planeten einen Orbis zugrundelegen, der nicht größer als 1° in beiden Richtungen (bei der Applikation beziehungsweise bei der Separation) ist. Da die Planeten von Jupiter aufwärts sich nur um wenige Minuten im Jahr vorwärtsbewegen, sollte der Orbis bei Aspekten auf die Minute genau sein. Eine geeignete Richtlinie bei progressiven Aspekten sollte ein Orbis sein, der die Bewegung des Planeten innerhalb eines Jahres (ein Tag in den Ephemeriden) nicht übersteigt.

Ein Radix-Aspekt kann – wie der bereits vorhandene Quinkunx zwischen Uranus und Neptun in dem Horoskop von Rock Hudson (siehe Kapitel 4, Seite 77) im Laufe des Lebens exakt werden. Bei unseren Studien haben wir nicht festgestellt, daß dies Einfluß auf bestimmte Ereignisse hätte, außer wenn zum selben Zeitpunkt ein persönlicher Planet einen progressiven Aspekt zu einem anderen Planeten bildet. Jedoch kann derjenige Aspekt, der exakt wird, angeborene Charaktereigenschaften verstärken.

Das Geburtshoroskop von Betty Ford

«Übung macht den Meister«, und deshalb wollen wir uns an ein durch sekundäre Progression vorgerücktes Horoskop begeben. Als Beispiel nehmen wir die ehemalige »First Lady« (US-Präsidentengattin) Betty Ford. Eine Orientierungshilfe soll uns dabei dabei ihre Autobiographie *The Times of My Life* sein, die uns ihre Lebenseinstellung und Verhaltensweisen zeigt.

Betty Ford, geb. Elizabeth Ann Bloomer, wurde am 8. April 1918 um 15.46 Uhr /CWT in Chicago, Illinois (41° Nord 52' – 87° West 39') geboren. Ihr Vater arbeitete für die Royal Rubber-Gesellschaft im Außendienst und verkaufte Fließbänder an Fabriken. Seine religiöse Überzeugung war von der Christian Science (Christliche Wissenschaft) geprägt. Bettys Mutter stammte aus einer Mittelschichtfamilie, die der Episkopalkirche angehörte. Familie Bloomer hatte vor Betty bereits zwei Söhne, den siebenjährigen Bill und den fünfjährigen Bob; und anscheinend war Betty eine, wenn auch unerwartete, so doch glückliche Bereicherung für die Familie.

Betty vergötterte ihre beiden älteren Brüder (Pluto, der Regent des 3. Hauses, des Hauses der Geschwister, steht im Trigon zu Venus und Uranus, im Sextil zu Merkur und zum Aszendenten). Sie wuchs ein wenig wie ein Wildfang auf. Im Jahre 1920 zog die Familie von Chicago nach Grand Rapids, Michigan. Es ging ihnen finanziell recht gut, so daß sie sich ein Ferienhaus am Whitefish Lake leisten konnten, wo sie sich von da an jeden Sommer aufhielten. Als Betty acht Jahre alt wurde, begann sie, Tanzunterricht zu nehmen, was ein wichtiger Schritt in ihrem Leben war. 1932 hatte die Wirtschaftskrise ihren Höhepunkt erreicht, und mit 14 Jahren fing Betty an, ihren Beitrag zum Lebensunterhalt der Familie zu leisten. An Samstagen arbeitete sie um die Mittagszeit als Vorführmodell in einem Kaufhaus, und nachmittags gab sie Tanzunterricht.

Im Jahre 1934 starb ihr Vater. Damals war sie sechzehn Jahre alt. Nach seinem Tode stellte sie folgendes fest: »Es wurde für jeden von uns härter, weil wir ihn geliebt hatten und er jetzt nicht mehr da war.« Wie nahe sie sich ihrem Vater, der in ihrer Kindheit und Jugend die meiste Zeit unterwegs war, wirklich gefühlt hatte, ist fraglich.

In ihrem Geburtshoroskop hat ihre Sonne nur einen wichtigen Aspekt, und zwar ein Quinkunx zu Mars (Sonne und Mars repräsentieren beide sowohl das innere Bild vom Mann als auch die Vorstellung von Männlichkeit allgemein). Das Quinkunx verlangt in der Regel Anpassungen, in einer Vater-Tochter Beziehung zum Beispiel die des Kindes an den Erwachsenen. Der dritte Planet, der bei der Untersuchung der Vaterfigur oder anderer Autoritätspersonen betrachtet wird, ist Saturn, der im Quadrat zu Merkur, dem Regenten des 10. Hauses, steht (das 10. und das 4. Haus werden beide als die Häuser betrachtet, die Hinweise auf die Eltern geben). Dieses Quadrat deutet häufig auf Kommunikationsschwierigkeiten mit dem Vater in der frühen Kindheit hin und später auch mit anderen Menschen; es gibt jedoch die Möglichkeit, Schwierigkeiten zu erkennen und zu verarbeiten. Saturn hat außerdem ein Quinkunx zur Venus,

Radix

Betty Ford

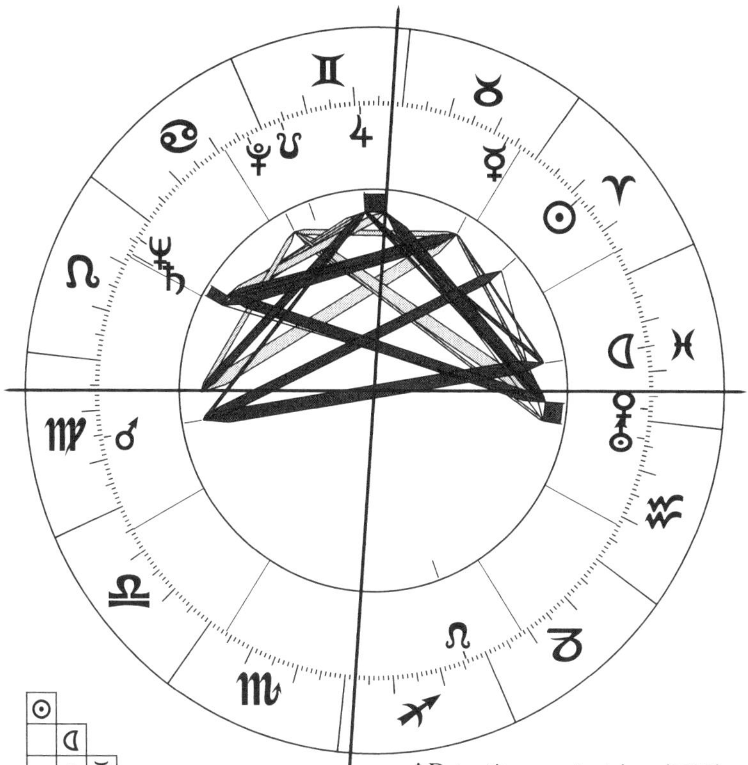

☉											
	☽										
	✶	☿									
		✶	♀								
⊼	☍			♂							
	□		□	□	♃						
		□	⊼		✶	♄					
✶			☌				⛢				
		□	⊼		✶	☌		♆			
		✶	△				△		♇		
		△			□				✶	A	
			□		☌	✶	□	✶			M

♄D im Alter von 1 Jahr (1919)
♆D im Alter von 7 Jahren (1925)
☿R im Alter von 8 Jahren (1926)
♂D im Alter von 17 Jahren (1935)
☿D im Alter von 32 Jahren (1950)
⛢R im Alter von 55 Jahren (1973)

Quelle: A - "Contemporary Sideral Horoscopes"
8. 4. 1918 15:46 CWT 20:46 GMT
Chicago/IL 87W39 41N52
Häuser nach KOCH/GOH

was darauf hindeutet, daß Betty sich wahrscheinlich sehr um die Anerkennung beider Eltern bemüht hat. Bis auf Saturns Sextil zu Jupiter, der das 4. Haus regiert, stellen alle Indikatoren, die für die Beziehung zum Vater beziehungsweise zu Männern allgemein stehen, eine recht große Herausforderung dar. Die Saturn/Neptun-Konjunktion schafft auch keine Erleichterung, da man diesen Aspekt als Idealisierung oder Abwesenheit des Vaters interpretieren kann. Einen Verstorbenen zu idealisieren, fällt häufig leichter. (Andere Interpretationsmöglichkeiten könnten auf einen sehr idealistischen, einen sehr religiösen beziehungsweise einen gesellschaftlich nicht anerkannten Vater hinweisen.)

In einer Passage ihres Buches berichtet Betty folgendes: »Es ist merkwürdig, aber als Mädchen schwor ich mir, daß ich niemals einen Mann heiraten würde, der viel reist. Doch in meinen Sternen war es wohl schon so vorgegeben. Mein erster Mann war viel unterwegs. Am Ende war Jerry von 365 Tagen im Jahr 200 Tage nicht zu Hause, und zwar hauptsächlich zu der Zeit, als unsere Kinder aufwuchsen.« – Neptun, Herrscher des 7. Hauses (Ehemann oder Lebenspartner), im Quadrat zu Merkur, Regent des 10. Hauses (Vater), deutet auf eine Wiederholung der elterlichen Muster hin.

Obwohl die Hinterlassenschaft des Vaters allmählich aufgebraucht war, schaffte es Betty doch, zwei Sommer lang die Bennington Tanzschule in Vermont zu besuchen; und schließlich ging sie mit zwanzig Jahren nach New York, wo sie die Tanzschule von Martha Graham besuchte. Ihre Mutter brachte sie nach New York, suchte ein Appartment für sie und eine Freundin aus, und gab ihr allerlei Verhaltensregeln für das Leben in der »großen Stadt«.

Sie sagt über sich selbst: »Es mag in den Ohren moderner junger Leute merkwürdig klingen, daß eine Frau von zwanzig Jahren ihrer Mutter so ergeben lauscht, aber meine Mutter unterstützte mich liebevoll, so daß ich ihre Ratschläge gerne annahm.« Der Fische-Mond im 7. Haus weist daraufhin, daß ihre Mutter wahrscheinlich intuitiv und einfühlsam gegenüber den Bedürfnissen ihrer Tochter war, was andererseits wiederum Bettys Bereitschaft förderte, ihrer Mutter zuzuhören. Das gleiche gilt auch für Venus (das andere Symbol für Weiblichkeit und Mütterlichkeit) in den Fischen im 6. Haus. Venus und Mond sind jedoch in zwei veränderliche T-Quadrate eingebunden – oder man kann auch sagen in ein großes, das von 2° zu 15° in den Fischen reicht, eine Opposition zum Aszendenten und zu Mars bildet, sowie ein Quadrat zum MC und zu Jupiter, der das 4. Haus (Mutter) regiert. Diese Aspekte beschreiben eine recht durchsetzungsfreudige Dame, die mit ihrer Tochter umzugehen verstand.

«Andererseits,« so fährt Betty fort, »hatte ich überhaupt keine Angst. Vor nichts. Ich war schnell und hatte einen starken Willen. Ich hätte mich von niemandem übervorteilen oder ausnutzen lassen. Ich ging davon aus, daß ich in dieser Welt meinen Platz hatte, so wie jeder andere Mensch auch; und damals schien mein Platz eben New York zu sein.« (Mars im Eckhaus in einem T-Quadrat und die Sonne im 8. Haus im Widder). Betty ging es recht gut in New York; tagsüber arbeitete sie als Vorführmodell und abends nahm sie Tanzunterricht. Aber nach zwei Jahren brachte die Überredungskunst der Mutter die abtrünnige Tochter wieder nach Hause.

Im Frühjahr des Jahres 1942 heiratete Betty Bill Warren. Die Ehe mit ihm bezeichnete sie als das »fünfjährige Mißverständnis«. Während das Scheidungsverfahren noch lief, machte sie die Bekanntschaft des »begehrtesten Junggesellen von Grand Rapids«, des Rechtsanwalts Jerry Ford. Sie warteten jedoch, bis das Scheidungsverfahren abgeschlossen war. Unabhängig voneinander gingen sie eine Zeitlang auch noch mit anderen möglichen Partnern aus, doch dann wurde beiden klar, daß sie die Zeit am liebsten miteinander verbrachten.

Am 15. Oktober 1948 heirateten sie und verbrachten ihre Flitterwochen damit, einen Wahlkampf zu führen, denn Jerry Ford kandidierte für einen Sitz im Kongreß. Er gewann die Wahl und wurde am 2. November 1948 Kongreßabgeordneter. Dieses Ereignis sollte der Beginn seiner Karriere sein, die 1974 ihren Höhepunkt erreichte, als Jerry zum Präsidenten der Vereinigten Staaten gewählt und Betty Ford »First Lady« wurde. Unmittelbar nach der Wahl zum Kongreßabgeordneten zogen Senator Ford und seine junge Ehefrau nach Washington, DC. Nur wenige Wochen später starb Bettys Mutter an den Folgen einer Gehirnblutung.

Das progressive Horoskop von Betty Ford

Lassen Sie uns das progressive Horoskop von Betty Ford für den 8. April, ihren Geburtstag, im Jahr 1948 betrachten. In diesem Jahr gab es einige wichtige Ereignisse in ihrem Leben: eine Scheidung vor Gericht, eine Heirat, einen Umzug und den Tod eines Elternteils. (Vgl. das entsprechende Horoskop auf S. 37; Anleitung für die Berechnung und ausführliche Erläuterungen dazu, wie das Horoskop zusammen mit den progressiven Planeten aufgezeichnet wird, finden Sie im Anhang, Seite 335.) Nach Erstellung des progressiven Horoskops sollten wir uns einen raschen Überblick verschaffen, um die Veränderungen seit der Geburt richtig einschätzen zu können.

Überblick

Bettys Geburtshoroskop zeigt sieben Planeten oberhalb des Horizonts und drei Planeten unterhalb. Um 1948 herum standen neun Planeten oberhalb und nur noch einer unterhalb des Horizonts. Möglicherweise weist dies auf eine Person hin, die zunehmend in der Öffentlichkeit wirkt. Die Konstellation des Geburtshoroskops mit fünf Planeten auf der Ostseite und fünf auf der Westseite hatte die neue Form von vier auf der Ostseite und sechs auf der Westseite angenommen. Keine allzu wichtige Veränderung, doch kann man hier die Tendenz erkennen, mit anderen Menschen stärker in Kontakt zu treten. Darüber hinaus zeigt sich auch, daß die Freiheit, Entscheidungen zu treffen, ohne dabei an andere denken zu müssen, eingeschränkt wird.

Überprüfen Sie, ob sich ein neuer Schwerpunkt bezüglich der Elemente oder der Kreuze herausgebildet oder eine Neubetonung der Häuser stattgefunden hat. Vielleicht hat sich auch ein Haus bezüglich seiner Größe verändert. In Bettys Geburtshoroskop sind die Häuser relativ gleichgroß, wobei das 4. und das 10. Haus etwas größer sind. Durch Progression haben sich die Häuser in ihrer Größe angeglichen. Sehr oft ist das Gegenteil der Fall. Wenn ein Haus größer wird, so liegt der Schwerpunkt stärker auf dem durch dieses Haus symbolisierten Thema.

Was können wir außerdem in diesem Horoskop erkennen? Die beiden *vorgeschobenen Achsen* (der *Aszendent* und der *MC*)

Sekundärprogressionen - Heirat im 31. Lebensjahr

Betty Ford

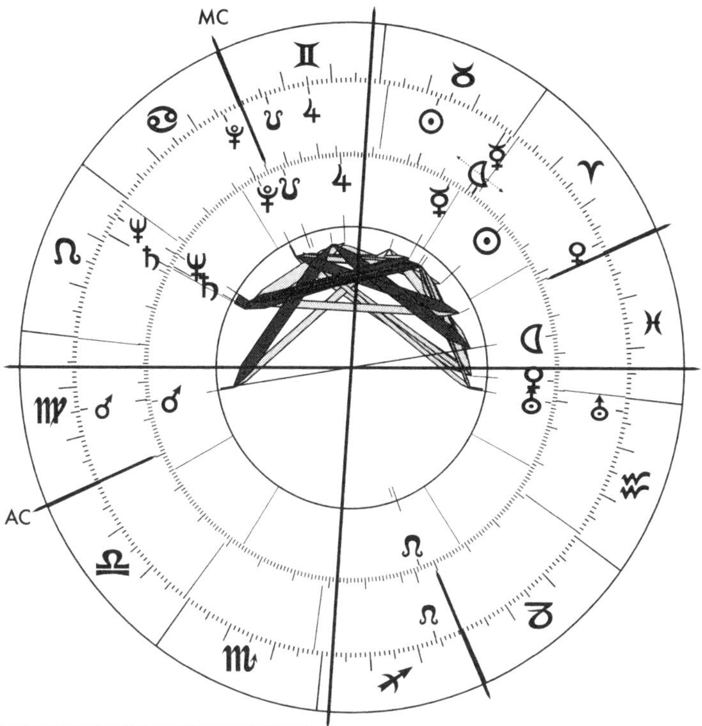

Progressiver Mond (8. und 9. Haus)		
8. 4. 1948	24♈13	
8. 5. 1948	25♈27	△☊
8. 6. 1948	26♈41	⚹♅
8. 7. 1948	27♈56	
8. 8. 1948	29♈10	⚹pr.MC, ⚺pr.AC
8. 9. 1948	00♉24	☌pr.☿
8. 10. 1948	01♉38	⚹♀
8. 11. 1948	02♉58	⚹♆, ☽ in 9
8. 12. 1948	04♉07	□♆
8. 1. 1949	05♉21	
8. 2. 1949	06♉35	△AC, ☌☿, □♄
8. 3. 1949	07♉50	
8. 4. 1949	09♉04	

Sekundärprogessionen (außen), Radix (innen)
Interaspekte Progr./Radix: siehe Zeichnung

Prog. Datum 8. 5. 1918 20:46 GMT
Chicago/Il. 87W39 41N52
Häuser nach KOCH/GOH

sind auf 29° vorgerückt und befinden sich dort seit Mitte des Jahres 1947 (dem Jahr der Trennung von ihrem ersten Ehemann). Sie werden bald auf 0° Waage beziehungsweise 0° Krebs vorrücken, somit ein mögliches Ende der bestehenden Situation andeuten, und einer Zeit den Weg frei machen, in der sich die Horoskopeignerin stärker mit ihrem Selbst (Aszendent), ihrer Karriere und ihrem gesellschaftlichen Status (MC) auseinandersetzt. Auch die Häuserspitzen des 2. Hauses (Besitz, Einkommen, Werte), des 6. Hauses (Arbeit), des 8. Hauses (Unterstützung durch andere und Tod) und das 12. Haus (innere Stärke, Aktivitäten in den eigenen vier Wänden) werden bald in ihrer Gesamtheit in ein anderes Zeichen vorrücken und damit einen neuen Zyklus beginnen. Das ist äußerst interessant, da die Spitzen all dieser Häuser im Geburtshoroskop bei einer anderen Gradzahl lagen, bei 2°, 5° beziehungsweise 6°, und jetzt alle zusammengetroffen sind.

Ein exaktes Quadrat zum Geburtsmond bildete *Jupiter progressiv* bei 15° 08' in den Zwillingen einige Monate vor Bettys Geburtstag. Der Mond stellt Bettys Mutter dar, ihre Gefühlswelt und ihre gefühlsmäßigen Einstellungen; er regiert das 11. Haus, das Haus der Freunde, Gruppen und Ziele. Jupiter, der Planet des Wachstums und der Expansion, regiert das 4. Haus, das Haus der Ursprünge, der Wurzeln und des Heims. Im Herbst 1950 bildete er bei 15° 41' Jungfrau ein exaktes Quadrat zu Mars. Mars, der Planet der Energie und Aktivität, regiert das 8. Haus, das Haus der Regeneration, der Unterstützung durch andere und des Todes. Er regiert auch Bettys Sonne, die dadurch eine nochmalige Widder-Betonung erfährt. Ungefähr drei Jahre lang wird das im Geburtshoroskop sehr weite T-Quadrat einen äußerst engen Orbis haben, und dadurch wird es in den hier beschriebenen Hauspositionen besonders verstärkt.

Venus progressiv bildete bei 2° Widder 08' im Mai 1948 ein Sextil zur Himmelsmitte (Venus bewegt sich um ca. 5' im Monat), aber unserer Meinung nach war dieser Aspekt bereits ab Mai 1947 von Bedeutung, als Venus bei 1° 13' im Widder stand und mit einem Orbis von 1° ein Sextil zum MC bildete. Venus steht im Horoskop für Liebe und Zuneigung; der MC repräsentiert das Ego, Veränderung des gesellschaftlichen Status sowie Karriere und Position innerhalb der Gesellschaft. Man könnte annehmen, daß sich auf diesen Gebieten Neues ergibt.

Dieser Aspekt erhält doppelte Betonung, da Venus im Geburtshoroskop ein Quadrat zum MC bildet. Betty konnte dieses Jahr dazu benutzen, ihre Energie und die vor ihr liegenden Herausforderungen positiv umzusetzen.

Sie lernte in dieser Zeit Gerald Ford kennen, und durch ihre Heirat wandelte sich ihr Status – von einer geschiedenen Frau wurde sie zur Ehefrau. Die Progression hätte auch für einen Karriereschub stehen können, vornehmlich in einem Bereich, für den Venus steht (Fotomodell, Kosmetik- beziehungsweise Schönheitsbranche, Innenausstattung und so weiter). Da Venus sowohl ihr 2. als auch ihr 9. Haus regiert, hätten sich auch neue Möglichkeiten bezüglich ihres Einkommens oder Besitzes (2. Haus) ergeben können oder ein Umzug an einen weit entfernten Ort oder eine neue Ausbildung (9. Haus).

Wenn Betty unsere Klientin gewesen wäre und uns 1948 persönlich gegenübergesessen hätte, hätten wir sie gefragt, ob sie Veränderungen wahrnahm, als Saturn progressiv in ihr 12. Haus eintrat. Da Saturn in ihrem 5. Haus, dem Haus der Liebe und Kreativität, steht, hätten wir sie nach ihrer beruflichen Weiterentwicklung gefragt. Hatte sich ihr die Möglichkeit eröffnet, ihre Kreativität positiv einzusetzen oder mußte sie Enttäuschungen in ihrem Liebesleben oder in anderen Bereichen hinnehmen? Wir hätten ihr erklärt, daß, wenn Saturn erstmalig in das 12. Haus eintritt, wir uns desillusioniert oder verloren fühlen bis zu dem Zeitpunkt, an dem wir uns mit unseren Gefühlen auseinandergesetzt haben und mit ihnen wieder klarkommen.

Betty hätte uns vielleicht erzählt, daß sie 1945 eingesehen hatte, daß ihr Mann und sie nicht zueinander paßten. Doch bis dahin hatte sich keine Gelegenheit ergeben, ihm diese Feststellung mitzuteilen, da er plötzlich an Diabetes erkrankte und beinahe im Koma gestorben wäre. Es blieb eine halbseitige Lähmung zurück und nach Meinung der Ärzte würde er niemals mehr laufen können. Betty pflegte ihn zwei Jahre lang, und über diese Zeit sagt sie: »Ich war damals 27 Jahre alt und sah den Rest meines Lebens schon als eine lange Reihe verschiedener Jobs, mit denen ich uns würde durchbringen müssen. Das einzige, was ich damals denken konnte, war, daß dies wohl mein Schicksal sei. Es gab nichts daran zu rütteln, und das einzige, was ich tun konnte, war, so hart zu arbeiten, daß mir keine Zeit mehr zum Denken blieb.«

Aber wie durch ein Wunder genas Bill. Als es ihm wieder gut ging, und er einer Vollzeitbeschäftigung nachgehen konnte, reichte Betty die Scheidung ein. Diesen Schritt unternahm sie wahrscheinlich, als ihr Mond progressiv bei 18 ° im Widder in Konjunktion zu ihrer Geburtssonne stand. Jedesmal, wenn der Mond eine Konjunktion zur Sonne eingeht oder umgekehrt, hat dies die Wirkung eines »Neumonds«, der die Tür für einen Anfang oder ein neues Kapitel öffnet, und der auch dafür steht, die Vergangenheit zu überdenken und aus ihr für zukünftige Unternehmungen zu lernen. Im Jahre 1947 war Bettys Zeit gekommen, einen neuen Anfang zu machen.

Zu Beginn des Jahres 1948 befand sich Bettys *Mond progressiv* bei 24 ° 13' im Widder und bis zu ihrem nächsten Geburtstag würde er bei 9 ° 04' im Stier angelangt sein. (Siehe Horoskop auf S. 37) Im Verlauf dieser zwölf Monate hatte der Mond eine Reihe von Aspekten zum Geburtshoroskop und auch zum progressiven Horoskop gebildet. Aufgrund seiner hohen Geschwindigkeit eignet er sich als Indikator für mögliche Ereignisse und deren zeitliche Abstimmung aufeinander. Die anderen Planeten bewegen sich weitaus langsamer und schon auf Jahre im voraus können wir beobachten, wie sie sich annähern und wieder entfernen. So, wie wir mit unseren Augen die Annäherung der Planeten wahrnehmen können, so spüren wir auch die Veränderungen, die in unserem Leben dabei auf uns zukommen. Da sie sich nur allmählich einstellen, sind wir in der Lage, sie langsam zu integrieren oder auch sie zu bekämpfen. Aber den genauen Zeitpunkt, wann bei uns eine Reaktion eintritt, können wir nicht bestimmen. Wir können nur sagen, in welchem Jahr dies sein wird.

Beim Mond sieht das anders aus. Aufgrund seiner schnellen Bewegung können wir das Auftreten von heftigen Emotionen oder Ausbrüchen besser verstehen und dabei nicht nur erkennen, was uns passiert und warum, sondern auch, wann es stattfindet. Im Falle von Betty Ford wissen wir, daß, als ihr Mond progressiv ein Sextil zum Geburtsuranus (Juni 1948) bildete, Jerry Ford öffentlich hatte verlauten lassen, er wolle für das Amt des Senators kandidieren und außerdem die Absicht bekanntgegeben hatte, Betty Bloomer zu heiraten. Betty sagt hierzu: »Ich habe ihn immer beschuldigt, daß er mich deshalb geheiratet habe, um seinen gesellschaftlichen Status aufzuwerten.«

Sollten Sie sich fragen, wie sich ein Sextil zwischen Mond und Uranus auswirken könnte, so lesen Sie Bettys eigene Worte: »Im Juli, nachdem Jerry und ich uns offiziell verlobt hatten, brach es plötzlich aus Jerry heraus, und er gab zu, daß er mich liebte. Ich wußte, daß es ihm schwerfiel, mit so etwas herauszurücken. Und wenn er jemals diese Worte sagen würde, dann würde er sie auch wirklich meinen. Und so versetzten sie mich in einen Zustand der Erregung. Ich war damals 30 Jahre alt und Jerry war 35, aber ich fühlte mich wieder wie ein junges Mädchen ...« (eine ziemlich typische Aussage für den Mond). »Das war auch gut so, da die nächsten Monate verrückt waren. Die Vorwahlen der Republikaner fanden im September statt; wir heirateten im Oktober, und die eigentlichen Wahlen fanden am 2. November statt.« (Ziemlich uranisch, meinen Sie nicht auch?)

Das Sextil von Mond progressiv zu Venus und Pluto erklärt sich im nachhinein wie von selbst – sie war jung verheiratet (Venus, der Planet der Liebe und Zuneigung, in Konjunktion mit der Spitze ihres 7. Hauses, dem Haus der Partnerschaft), und hatte in einer neuen Umgebung einen anderen Status. (Pluto regiert das 3. Haus, das Haus der Umwelt und befindet sich im 10. Haus, dem Haus des gesellschaftlichen Status. Er ist auch der natürliche Regent des 8. Hauses, des Hauses des gemeinsamen Besitzes und der Sexualität.) Wie es Pluto entspricht, intensiviert er schon in Gang befindliche Prozesse.

Der Mond bildete im Dezember ein Quadrat zu Neptun, als ihre Mutter starb. Neptun regierte ihren Mond (Mutter) und ihr 7. Haus (das das 4. Haus ihrer Mutter war); Ende November verließ der Mond das 8. Haus, und nach Bettys Aussagen war das der Zeitpunkt, als ihre Mutter erkrankte. Auch hier können wir im nachhinein Aussagen treffen. Hätten wir die Zukunft betrachtet, hätten wir Betty nicht gesagt, daß sie ihre Mutter verlieren würde.

Erstens, weil wir es nicht gewußt hätten; zweitens, weil man eine derartige Aussage einem Klienten gegenüber nicht trifft, außer, wenn viele andere Faktoren auf einen Tod hinwiesen, wenn die Mutter zum Beispiel zum Zeitpunkt der Beratung bereits sehr schwer erkrankt wäre und das progressive Horoskop viele Hinweise auf eine Trennung enthielte. Drittens reicht ein Aspekt nie aus, um wichtige Ereignisse zu bestimmen. Dabei muß das Gesamthoroskop betrachtet werden, und anhand dessen erfolgt die Analyse. Nachdem wir Sie in Direktionen, Transite und Rückläufigkeiten eingeführt haben, werden wir Ihnen im weiteren Verlauf weitere unterstützende Hinweise zeigen, die die Möglichkeit einer Heirat, eines Umzugs oder den Tod eines Elternteils in Betty Fords Horoskop anzeigen.

Um über mögliche Entwicklungstrends oder Ereignisse hinaus etwas vorherzusagen, sind drei oder vier bestätigende Hinweise für das betreffende Ereignis erforderlich, und selbst dann ist Vorsicht geboten: Die Entscheidungsfreiheit des Menschen kann den Ausgang einer Situation wesentlich beeinflussen.

Wäre Betty im April 1948 zu einer Beratung gekommen, dann hätten wir ihr eventuell gesagt, daß ihr durchaus eine emotionale Zeit bevorstehen könnte, entweder mit einem Partner (7. Haus) oder mit einer weiblichen Person, der sie sich sehr nahe fühlt, wahrscheinlich ihre Mutter (Mond), und daß bei ihr der Wunsch entstehen könnte, für eine Zeit der Realität entfliehen zu wollen (Neptun). Wir hätten sie warnen können, in dieser Zeit vorsichtig mit Alkohol und Drogen umzugehen. Und wir hätten ihr versichern können, daß sie sich im Februar wieder gut fühlen würde (Mond im Trigon zum Aszendenten).

Tatsächlich erzählt Betty eine interessante Geschichte über die erste Zeit in Washington D.C. und die Veränderungen, die sich bis Februar einstellten: » Als wir erst kurze Zeit in Washington waren, traf eine Reihe von Einladungen zu gesellschaftlichen Ereignissen für Jerry ein. Sie gingen nur an Senator Gerald R. Ford und nicht an seine Frau. Er zog dann für den Abend los, und als ich am nächsten Tag die Ehefrauen der anderen Senatoren traf, fragten sie mich: »Wo waren Sie gestern abend? Jerry haben wir gesehen, Sie jedoch nicht.« – »Ich war nicht eingeladen,« lautete meine Antwort . . . Es dauerte ungefähr einen Monat, bis jeder begriffen hatte, daß Jerry verheiratet war.«

Betty engagierte sich im Kongreß-Klub (ein Zweiparteienklub, dessen Mitglieder die Ehefrauen von Senatoren, Kabinettmitgliedern und Richtern des Obersten Bundes- und Verfassungsgerichts waren) und nahm an vielen Veranstaltungen des Klubprogramms teil. Das brachte sie auch dazu, an einem Seminar über »das Reden in der Öffentlichkeit« teilzunehmen. (Mond progressiv in Konjunktion zu Merkur.)

Im März, als Mond progressiv ein Quadrat zum Geburts-Saturn bildete, fing Betty an, Jerry vorwurfsvoll anzusehen, weil sie noch immer nicht schwanger war; und da sie mittlerweile dreißig Jahre alt war, wollte sie auch nicht mehr allzu lange warten. »Wir ließen uns Termine bei Ärzten geben. Mit Jerry war alles in Ordnung, nur ich hatte eine abgekippte Gebärmutter. Die notwendige Korrektur wurde vorgenommen, und im Sommer des Jahres 1949 wurde ich schwanger.«

Weitere Progressionen auf einen Blick

Ihr erstes Kind, Mike, wurde am 14. März 1950 geboren. Das progressive Horoskop, mit dem wir gearbeitet haben, hatten wir für den 8. Mai 1918 berechnet – das ist das progressive Datum für Betty im Alter von dreißig Jahren. 1950 war Betty 32 Jahre alt, das heißt, daß wir uns in den Ephemeriden auf den 10. Mai 1918, zwei Tage (= zwei Lebensjahre) später, beziehen müssen.

Addieren Sie den gleichen Korrekturfaktor zu den schnellen (persönlichen) Planeten, so wie Sie es beim Horoskop vom 8. Mai getan haben. Sie werden sehen, daß sich Venus progressiv bei 4° 15' im Widder kurz vor einem Trigon zum Geburtsneptun befand. Jupiter progressiv näherte sich einem exakten Quadrat zum Geburtsmars; außerdem ist die Tatsache von Bedeutung, daß Merkur, der seit Bettys neuntem Lebensjahr rückläufig war, seine Richtung änderte und rechtläufig wurde. In der Progression sind Richtungsänderungen wichtige Faktoren bei der Einschätzung von Veränderungen bezüglich des Lebensstils oder der Lebenseinstellung; und wir werden diesem Phänomen ein ganzes Kapitel widmen. Für den jetzigen Augenblick soll es genügen festzustellen, daß Merkur Bettys 10. Haus, das Haus des gesellschaftlichen Status, regiert. Offensichtlich hatte sich ihr gesellschaftlicher Status gerade geändert – sie war Mutter geworden. Diese Projektion in die Zukunft für zwei Jahre im voraus soll Ihnen anschaulich darstellen, wie leicht es ist, den Blick nach vorne zu richten (oder nach hinten).

Zusammenfassung

1. Machen Sie sich mit dem Geburtshoroskop vertraut, bevor Sie mit der Bewertung von Progressionen beginnen. Wir halten es wirklich nicht für sinnvoll, einem Klienten Vorhersagen zu machen, wenn nicht vorher eine Beratung zu seinem Geburtshoroskop stattgefunden hat.
2. Untersuchen Sie, was sich ein oder zwei Jahre zuvor ereignet hat, so daß Sie besser nachvollziehen können, welche Umstände seine jetzige Situation beeinflussen könnten.
3. Aspekte zwischen progressiven Planeten und Geburtsplaneten haben größeres Gewicht als Aspekte von einem progressiven Planeten zu einem anderen progressiven Planeten (wie zum Beispiel Betty Fords progressiver Mond zu ihrer progressiven Venus), und zwar hauptsächlich deshalb, weil die Wirkung länger anhält und das Geburtshoroskop immer größeres Gewicht hat. Aber unterschätzen Sie die progressiven Aspekte nicht; sie können etwas verändern, besonders dann, wenn sie in einem Eckhaus stehen oder wenn der Aszendentenherrscher oder die Sonne betroffen sind.
4. Machen Sie sich ein Bild vom progressiven Horoskop: wieviele und welche Planeten befinden sich in der oberen beziehungsweise unteren Horoskophälfte; auf der Ost- beziehungsweise auf der Westseite; dominante und weniger dominante Planeten; Häusergrößen; Wechsel von eingeschlossenen Zeichen.
5. Betrachten Sie, ob im Geburtshoroskop Aspektfiguren angesprochen werden (Bettys progressiver Jupiter aktiviert ihr veränderliches T-Quadrat im Geburtshoroskop dadurch, daß es zu einem exakten Aspekt kommt); oder ob ein T-Quadrat im Geburtshoroskop zu einem Großen Kreuz wird. In Bettys Horoskop wäre ein Planet zwischen ungefähr 2° und 15° im Schützen erforderlich, um eines ihrer T-Quadrate im Geburtshoroskop zu vervollständigen.
6. Stellen Sie fest, ob ein Planet oder eine Achse das Zeichen oder Haus wechselt. Bettys Saturn ist erst vor kurzem vom 11. ins 12. Haus gewandert. Ihr Aszendent und ihr MC standen bei 29° kurz vor einem Zeichenwechsel. Untersuchen Sie, ob in der Progression ein eingeschlossenes Zeichen jetzt an der nachfolgenden Häuserspitze erscheint oder ob ein anderes

Zeichen eingeschlossen worden ist. (Vgl. Kapitel 13, Seite 326.)

7. Ziehen Sie keine voreiligen Schlußfolgerungen, die sich nur auf einen Aspekt stützen. Das Gesamthoroskop muß betrachtet werden, und um ein wichtiges Ereignis und eine veränderte Einstellung voraussagen zu können, bedarf es zweier oder dreier bestätigender Hinweise. Dies kann aufgrund der Beurteilung anderer progressiver Aspekte geschehen, die auf eine ähnliche Möglichkeit hinweisen, wie die Sonnenbogendirektion, Transite oder Solare. Alle diese verschiedenen Methoden, das Horoskop vorzurücken, werden im vorliegenden Buch dargestellt.

Kapitel 2

Der progressive Mond

Bei der sekundären Progression ist der Mond für das progressive Jahr der zeitliche Indikator, mit dem Ereignisse eingeordnet werden können. Hierbei geht man von seiner durchschnittlichen Bewegung aus. Er hilft dem Astrologen nicht nur bei der zeitlichen Einordnung eines bestimmten Ereignisses, sondern zeigt auch, worauf sich das Bewußtsein einer Person an diesem Tag aufgrund der Häuser- und Zeichenposition am stärksten richtet. Der Mond braucht etwa 27 bis 28 Jahre, um vollständig durch alle Zeichen und Häuser des Horoskops zu wandern, und das erste Lunar progressiv findet kurz vor dem Transit des rückläufigen Saturn statt. (Siehe Kapitel 7, S. 131).

Während der Mond durch die Zeichen und Häuser Ihres Horoskops wandert, können Sie sehen, welche Bereiche Ihres Lebens aktiviert werden und beurteilen, wie Ihre Reaktion darauf aussehen könnte. Es ist wichtig, die Position des Mondes sorgfältig zu berechnen und so herauszufinden, wo er sich jeden Monat befindet. (Siehe Anhang 1 für diese Berechnungen).

Wenn der Mond Aspekte zu irgendeinem anderen Planeten im Horoskop bildet, dann können Sie erwarten, bei sich eine Reaktion zu fühlen, die mit dem Wesen dieses Planeten zusammenhängt. Auch das Haus, in dem er sich befindet, und das Haus, das er im Geburtshoroskop regiert, werden angesprochen. »Fühlen« ist hier unser Schlüsselwort. Wenn der Mond Aspekte zu progressiven Planeten bildet, dann können Ihre Reaktionen emotionaler Art sein; und diese Reaktionen sind oftmals auch ein Indikator für ein tatsächliches Ereignis. Der Theorie zufolge bedeutet der Kontakt des Mondes mit den Geburtsplaneten für die betreffende Person Aktivität, aber die Praxis hat gezeigt, daß Aspekte zu sekundären progressiven Planeten genauso häufig tatsächliche Ereignisse anzeigen.

Man kann davon ausgehen, daß der Mond im Durchschnitt während eines Menschenlebens zwei- bis dreimal durch das Horoskop wandert. In diesem Kapitel werden wir detailliert auf die Progression des Mondes durch alle Zeichen und Häuser eingehen, aber zunächst einmal ist es wichtig, daß Sie die Funktion des Mondes in Ihrem Geburtshoroskop verstehen. Diese sollten Sie gründlich untersuchen; und dabei sollten Sie den Mond in den verschiedenen Zeichen und Häusern sowie in der Wirkungsweise seiner Aspekte betrachten.

Wenn Sie ein vom Mond geprägter Mensch sind – das heißt Mond in einem Eckhaus, erhöht, oder als Regenten einer Krebs-Sonne oder eines Krebs-Aszendenten haben – dann können Sie davon ausgehen, daß Mondprogressionen für Sie von höchster Bedeutung sein werden. In den 27 oder 28 Jahren, die der Mond braucht, um einmal durch das gesamte Horoskop zu wandern, aktiviert er einen Planeten nach dem anderen und bildet innerhalb dieser Zeitspanne etwa 130 Hauptaspekte. Ihr freier Wille erlaubt es Ihnen dann, entsprechende Maßnahmen zu treffen.

Wenn Sie zum Beispiel ein Mond/Mars-Quadrat in Ihrem Geburtshoroskop haben, dann wird dieser Aspekt bei der Progression des Mondes durch Ihr Horoskop mindestens sechszehnmal aktiviert werden; und jedesmal, wenn das geschieht, können Sie hoffentlich besser mit Ihrem Mond/Mars-Quadrat umgehen. Nach Vollendung des ersten progressiven Mondumlaufs sollten Sie aufgrund Ihrer wiederholten Erfahrungen gelernt haben, wie man mit sämtlichen Aspekten des Mondes am positivsten umgehen kann. Wenn der Mond dann zum zweiten Mal durch Ihr Horoskop wandert, sind Ihnen Ihre Reaktionen bereits vertraut; und es wird wahrscheinlich leichter für Sie sein, mit den Ereignissen, die dadurch ausgelöst werden, umzugehen. Haben Sie diese Lektionen nicht gelernt, dann werden Sie ständig die alte Platte laufen lassen; und die Lektionen werden so lange wiederholt werden, bis Sie diese schließlich beherrschen. Die Wahl liegt also bei Ihnen!

Die tägliche Durchschnittsgeschwindigkeit des Mondes beträgt 13° 10'; aber manchmal bewegt er sich auch langsamer, und zu anderen Zeiten erreicht seine Geschwindigkeit 15° 10' in 24 Stunden. Daher ist es notwendig, die Bewegung des Mondes von einem Geburtstag progressiv bis zum nächsten zu berechnen, um dann das Ergebnis durch 12 zu teilen. So erhält man die durchschnittliche Monatsgeschwindigkeit des Mondes. Da der Horoskopkreis 360° hat und der Mond progressiv etwa 27 ½

Jahre braucht, um sich durch das gesamte Horoskop zu bewegen, braucht er etwa 2 ¼ Jahre, um durch jedes einzelne Zeichen zu wandern. Je nach Häusergröße können Sie berechnen, wie lange es dauern wird, bis er ein Zeichen durchwandert hat. Über die Reise des Mondes durch die Tierkreiszeichen sind viele faszinierende Theorien entwickelt worden. Eine relativ schlüssige Theorie besagt, daß der Mond beim Einsetzen der Pubertät (mit 13 oder 14 Jahren) in Opposition zu seiner Position im Geburtshoroskop steht. Zu dieser Zeit tritt der Stimmbruch des Mannes ein und der Körper der Frau entwickelt sich. Egal, wo der Mond hinwandert, Sie werden wahrscheinlich Unruhe verspüren und ein Bedürfnis nach Veränderung haben. Eines der Schlüsselworte für den Mond ist Fluktuation, und diese wird durch die Position des progressiven Mondes ans Licht gebracht.

Der progressive Mond in den Häusern

1. Haus

Wenn der Mond über den Aszendenten läuft, dann könnte es sein, daß das Bedürfnis auftaucht, etwas in Ihrem Leben zu verändern. Dabei könnte es sich um Veränderungen in Ihrer äußeren Erscheinung, Ihrer Persönlichkeit oder Ihrer Situation zu Hause handeln. Die Position des Mondes bei Ihrer Geburt wird Ihnen Aufschluß darüber geben, welcher Art die Veränderung sein wird oder wie Sie sich äußern wird. Sie fühlen sich kribbelig, ungeduldig und haben einen starken Drang, Ihr Leben irgendwie zu ändern. Wenn dies jedoch das einzige Anzeichen für eine Veränderung ist, dann nehmen Sie sich Zeit, und üben Sie sich in Geduld. Normalerweise ist ein Mondaspekt nur einen Monat lang wirksam, und wenn er vorüberzieht, dann verblassen die damit verbundenen Gefühle und Bedürfnisse allmählich. Wenn der Mond durch Ihr 1. Haus wandert, dann sind Sie mit sich selbst, Ihren Bedürfnissen und Wünschen beschäftigt. Sie konzentrieren Ihre bewußten Gedanken auf Ihre eigene Person, und die anderen Menschen in Ihrem Leben fühlen sich oft vernachlässigt oder sogar von Ihnen nicht geliebt. Sie sind so sehr mit Ihren eigenen Dingen beschäftigt, daß Sie nicht soviel Zeit für andere haben wie normalerweise. Natürlich wird dieser Vorgang durch die Position des Mondes bei der Geburt modifiziert. Wenn Sie den Mond im 7. Haus haben und er ist ins 1. Haus gewandert ist, dann werden Sie nicht annähernd so selbstbezogen sein, als wenn er aus dem 5. oder 10. Haus käme. Sie werden sich jedoch mit sich selbst und Ihren Gefühlen auseinanderzusetzen haben.

Der emotionale, nährende, sicherheitsbetonte Fokus des Mondes ist auf die eigene Person gerichtet. Wenn sich schließlich die Ich-Orientierung des 1. Hauses durchsetzt, dann ist Ihr Verhalten möglicherweise egozentrisch, und Sie sind zu sehr mit Ihren eigenen Bedürfnissen beschäftigt. Wenn Ihr Geburtshoroskop dagegen auch Eigenschaften wie Mitgefühl, Warmherzigkeit und Sensitivität nahelegt, dann werden diese Mondqualitäten unabhängig von der Stellung des progressiven Mondes wirksam sein. Eine zu emotionale Einstellung könnte Sie anmaßend, zornig oder aggressiv machen (alles Themen des 1. Hauses). Versuchen Sie daher, die Emotionen und Instinkte des Mondes mit den aktiven Wünschen des 1. Hauses zusammenzubringen, anstatt beide Seiten Ihres Wesens miteinander kämpfen zu lassen.

Oft wirkt sich diese Stellung auch auf Ihren physischen Körper aus. Ernest Hemingway wurde 1918 als Soldat verwundet. 26 Jahre später, als sich der progressive Mond erneut in seinem 1. Haus befand, geriet er in Europa zum zweiten Mal in Lebensgefahr und trug eine sehr schwere Kopfverletzung davon. Einige Monate später wurde er in einen schweren Autounfall verwickelt. Eine Bekannte von uns, in deren Horoskop die fixen Zeichen stark betont sind, ist nur zweimal in ihrem Leben umgezogen: beide Male bildete der Mond progressiv eine Konjunktion zu ihrem Aszendenten. Beim ersten Mal zog sie von Kalifornien nach Japan um, beim zweiten Mal von Japan nach New York.

Der Schauspieler Ed Asner wurde in seiner Rolle als Lou Grant berühmt, als sein Mond progressiv über seinen Aszendenten lief. Robin Smith Astaire erreichte ihren ersten großen Sieg als Rennreiterin mit derselben Konstellation. Henry Kissinger wurde zu Nixons persönlichem Berater ernannt, als der Mond progressiv zu Mars in seinem 1. Haus in Konjunktion stand.

2. Haus

Wenn der Mond progressiv durch dieses Haus wandert, dann sind Sie mit Geld, Besitz, Einkommen und persönlicher Freiheit beschäftigt. Sie haben finanzielle Höhen und Tiefen zu erwarten, Veränderungen in der Einstellung gegenüber Besitz; und es könnte sogar sein, daß Sie in dieser Zeit Ihre Arbeitsstelle wechseln. Sie scheinen ein Bedürfnis für die Art von persönlicher Freiheit zu entwickeln, die Ihnen mehr Geld einbringen kann. Je nachdem, welche Aspekte der Mond in Ihrem Geburtshoroskop hat, könnten Sie zu Geld kommen; oder aber Sie müssen sich nach der Decke strecken, um irgendwie zurechtzukommen.

In vielen Fällen wird sich Ihr Wertesystem ändern, und obwohl Sie sich zu dieser Zeit dessen nicht bewußt sind, so werden Sie rückblickend einige tiefgreifende Veränderungen in Ihren Prioritäten und Ihrem Selbstbild bemerken, die stattgefunden haben, als sich der Mond in Ihrem 2. Haus befand.

Mit dieser Mondstellung erhielt Hemingway im Jahre 1947 den Bronzestern für seine Beiträge am »European Theatre of Operations« während des Zweiten Weltkriegs. Dieses Ereignis gab ihm ein größeres Selbstwertgefühl und war zugleich eine Bestätigung seines Wertesystems.

Barbra Streisand heiratete mit 21 und hatte ihren ersten Broadway-Erfolg, der mit einer hohen Gage verbunden war, als der Mond durch ihr 2. Haus wanderte.

3. Haus

Wenn der Mond progressiv durch das 3. Haus wandert, ergeben sich oft Möglichkeiten für Reisen. Auch hier tritt wieder ein Gefühl von Rastlosigkeit und ein Bedürfnis nach Veränderung ein; aber diese finden eher im Kopf statt, als daß tatsächliche materielle Veränderungen vonnöten wären. Diese Zeit ist besonders günstig für die eigene Weiterbildung, besonders dann, wenn der Mond harmonische Aspekte bildet; sind sie nicht harmonisch, so könnte es Ihnen schwerfallen, Entscheidungen zu treffen. Wenn jedoch der Mond progressiv und der Herrscher des 3. Hauses harmonische Aspekte bilden, dann sind Sie geistig reger als sonst und in der Lage, logisch und intuitiv zu kommunizieren.

Das 3. Haus ist das Haus des Schreibens, und mehrere Schriftsteller haben Bücher veröffentlicht, als sich ihr Mond progressiv dort befand. So haben zum Beispiel Hemingway und Hermann Hesse unter dieser Progression Bücher veröffentlicht.

Jan, Lehrerin an einer Schule, hatte einen schrecklichen Nervenzusammenbruch, als der Mond durch ihr 3. Haus wanderte. Er bildete eine Reihe von Quadraten mit den Planeten in ihrem 12. und 6. Haus, und 1 ½ Jahre lang ging sie durch eine schwere Zeit.

Mehrere unserer Schüler haben angefangen, Astrologieunterricht zu nehmen, als der Mond progressiv durch ihr 3. Haus wanderte. Eine Klientin versöhnte sich mit ihrer Schwester, mit der sie 27 Jahre lang im Streit gelegen hatte, als der Mond zum letzten Mal durch ihr 3. Haus ging.

4. Haus

Diese Mondstellung zeigt eine Beschäftigung mit Heim und Familie an, und weist oft auf Veränderungen zu Hause hin, wenn weitere progressive Aspekte diese Tendenz verstärken. Es besteht sicherlich der Wunsch, die Situation zu Hause verändern zu wollen. Zumindest wird viel darüber gesprochen werden. Sie könnte auch Verantwortung für oder Beschäftigung mit einem Elternteil anzeigen, der lange aus dem eigenen Leben verschwunden war. Dies ist oft die Zeit in Ihrem Leben, in der Sie zum ersten Mal Eigentum erwerben. Wenn der Mond einen Aspekt mit einem Planeten im 9. Haus bildet, dann könnte es sein, daß Sie an einen entfernt gelegenen Ort umziehen, vielleicht sogar ins Ausland. Wenn der Mond einen Aspekt zu einem anderen Planeten bildet, trifft, unabhängig von der zeitlichen Dauer seines Aufenthaltes in einem Haus, normalerweise ein erhofftes Ereignis ein.

Judy Garland heiratete David Rose, als die erste Progression ihres Mondes durch das 4. Haus stattfand. Ihr Lebensstil veränderte sich in entscheidender Weise: sie zog in ein neues Haus ein und brach den Kontakt zu ihrer Familie ab. Cassius Clay wurde Boxweltmeister im Schwergewicht und nahm einen neuen Namen an – Muhammad Ali –, als der progressive Mond durch sein 4. Haus zog.

5. Haus

Wandert der Mond durch dieses Haus, dann werden im allgemeinen Ihre Emotionen geweckt: es könnte sein, daß sich Ihre Gefühle und Einstellungen gegenüber Ihren Kindern beziehungsweise den Menschen, die Sie lieben, verändern. Häufig entdecken Sie einen neuen kreativen Bereich oder Sie finden einen einzigartigen Weg für Ihren Selbstausdruck. Ein Kind geht vielleicht von zu Hause weg, oder ein anderes kehrt nach Hause zurück. Sie könnten eine sehr unbeständige Zeit erleben und jeden Monat Ihren Geliebten wechseln. Bei positiven Aspekten könnte Ihr Leben zu dieser Zeit glatt verlaufen, und es könnte eine wundervolle Zeit für Vergnügungsreisen, Spaß und Romantik sein.

Judy Garlands Tochter Liza wurde geboren, als der Mond sich in ihrem 5. Haus befand und ein Trigon mit Pluto, dem Herrscher des 5. Hauses, bildete. Hermann Hesses zweites Kind wurde bei einer ähnlichen Position des Mondes progressiv geboren; gleichzeitig veröffentlichte er sein erstes Buch. Cher bekam Ihre Tochter Chastity, und Farah Fawcett gebar Redmond James. Die Sprinterin Wilma Rudolph gewann dreimal Olympisches Gold, als sich der Mond progressiv einem Trigon mit Venus näherte sowie eine Opposition mit Jupiter, dem Herrscher Ihres 5. Hauses, bildete.

6. Haus

Da dieses Haus für Gesundheit und Arbeit steht, sind Veränderungen auf diesen Gebieten zu erwarten. Sie müssen sich nicht unbedingt eine neue Arbeitsstelle suchen, aber Sie werden wahrscheinlich anders mit Ihrer jetzigen Arbeit umgehen. Haben Sie bisher nicht gearbeitet, dann werden Sie es vielleicht jetzt tun. Haben Sie bereits gearbeitet, dann ergibt sich jetzt möglicherweise eine Umbesetzung in Ihrer Arbeit oder mit Ihren Kollegen. In Abhängigkeit von den Aspekten und der Art und Weise, wie Sie mit Ihrem Bedürfnis nach emotionaler Sicherheit umgehen, könnte sich Ihre Gesundheit entweder verbessern oder verschlechtern.

Je nachdem, in welchem Zeichen sich der Mond befindet und wie Ihre Lebenseinstellung zu dieser Zeit ist, könnten

Schwierigkeiten im gesundheitlichen Bereich auftreten. Der Mond im Krebs im 6. Haus zum Beispiel könnte zu Magenproblemen führen. Der Mond progressiv könnte hier aufgrund von Wasseransammlung zu einer Gewichtszunahme führen; bei unharmonischen Aspekten könnten Sie Gewohnheiten entwikkeln, die Ihr Wohlbefinden beeinträchtigen.

Wir haben zahlreiche Klienten, Freunde und Schüler, die Ihre Arbeitsstelle gewechselt haben, als sich der Mond progressiv in Ihrem 6. Haus befand. Andere haben sich einer ernsthaften oder nicht ganz so ernsthaften Diät unterzogen. Eine Freundin, deren Horoskop auf große gesundheitliche Probleme hindeutet, erkrankte schwer, als ihr Mond zum ersten Mal durch das 6. Haus wanderte. Als das 27 Jahre später zum zweiten Mal geschah, eröffnete sie mit großem Erfolg ein Diätzentrum. Henry Kissinger wurde am offenen Herzen operiert, als der Mond progressiv sich im 6. Haus befand.

7. Haus

Dieses Horoskophaus steht für andere Menschen in Ihrem Leben. Wenn der Mond progressiv durch dieses Haus wandert, werden Ihre Handlungen durch Ihre Reaktion auf andere Menschen bestimmt. Sie ziehen stärker in Betracht, was andere von Ihnen denken, und wie Sie mit ihnen in Verbindung treten. Selbst wenn Sie ein sehr unabhängiger Mensch sind (1. oder 10. Haus betont beziehungsweise viele Planeten östlich des Meridians), werden Sie sich intensiver und liebevoller um andere Menschen in Ihrem Leben kümmern als gewöhnlich. Wenn Sie jedoch diese Energie negativ nutzen, dann könnten Sie das Gefühl haben, daß andere Menschen Ihre Rechte verletzen und über Ihre Zeit verfügen. Sie könnten ihnen die kalte Schulter zeigen, gereizt und launisch werden, oder sich sogar in direkte Auseinandersetzungen begeben. Es versteht sich von selbst, daß diese Zeit auch Aktivitäten im Zusammenhang mit dem Thema Partnerschaft auslösen kann: Geschäfte, Heirat, Scheidung etc.

Marlon Brando heiratete und wurde Vater, als der Mond in seinem 7. Haus stand. Cher ließ sich von Sonny scheiden, als der progressive Mond auf ihren Radix-Mond im 7. Haus lief.

Betty Friedan erhielt zum ersten Mal öffentliche Anerkennung (7. Haus = Haus der Öffentlichkeit), als ihr Buch *Der*

Weiblichkeitswahn veröffentlicht wurde. Barbara Walters heiratete und moderierte ebenfalls zum ersten Mal das Magazin *Today*.

8. Haus

Wenn der Mond progressiv durch diesen Abschnitt Ihres Horoskops wandert, dann könnten Sie es mit dem Tod einer Ihnen nahestehenden Person zu tun haben. Wenn der Mond zum ersten Mal durch dieses Haus wandert, wird die betreffende Person oft zum ersten Mal mit dem Thema Tod auf einer persönlichen Ebene konfrontiert. Genauso oft aber kann diese Mondstellung Unterstützung und Rückhalt durch nahestehende Personen oder sogar durch die Öffentlichkeit bedeuten. Sie sind sich Ihrer sexuellen Gefühle und Bedürfnisse bewußt. Je nachdem, wo der Mond in Ihrem Geburtshoroskop steht, könnten Sie sich auf eine tiefe, verbindliche Beziehung einlassen oder aber viele flüchtige Affären haben.

Der progressive Mond stand im 8. Haus, als Judy Garlands Mutter starb. Dort stand er auch in Hemingways Horoskop, als dieser am 2.Juli 1961 Selbstmord beging. Eine unserer Freundinnen kandidierte für einen Sitz im Gemeinderat, als der Mond durch ihr 8. Haus wanderte; und obwohl sie nicht erfolgreich war, war sie sehr überrascht über die große Unterstützung, die sie von seiten der Bevölkerung bekam. Ein anderer Freund wurde gleich zweimal vom Fernsehen interviewt, als der Mond im 8. Haus stand. Nach zweijährigem Tauziehen wurde endlich die umstrittene Erbschaft einer Klientin geregelt, als der Mond ihr 8. Haus erreichte und in Opposition zu Jupiter, dem Regenten des 4. Hauses in ihrem Geburtshoroskop, stand.

9. Haus

Wenn der Mond progressiv im 9. Haus steht, dann richtet sich Ihr Bewußtsein auf Ihre Träume und Ziele im Leben. Diese Stellung könnte bedeuten, daß Sie jetzt die Gelegenheit haben, sich weiterzubilden, in ein fremdes Land zu reisen, oder sogar zu heiraten. Das 9. Haus steht für Vorstellungen und Ideale, und Sie könnten diese Zeit gut dazu nutzen, Ihren Horizont zu erweitern. Wenn der Mond in Ihrem Geburtshoroskop nicht gerade viele herausfordernde Aspekte hat, mit denen Sie noch nicht umzugehen gelernt haben, ist diese Zeit normalerweise von Optimismus, Hoffnung und Leichtigkeit geprägt. Das Leben scheint ein Abenteuer zu sein, und Sie haben Lust, nach vorne zu schauen und Pläne für die Zukunft zu machen. Wenn Sie mit dieser Progression jedoch negativ umgehen, dann könnten Sie eine schwere Zeit haben. Statt sich den Herausforderungen religiöser oder philosophischer Natur zu stellen, könnten Sie auf das zurückfallen, was Ihrer Meinung nach richtig ist, und sich im eingefahrenen Gleis Ihrer Banalitäten bewegen.

Als ihr Mond durch das 9. Haus wanderte, zog Judy Garland von Minnesota nach Kalifornien, und es war höchste Zeit hierfür, denn erst in Kalifornien sollte Sie Karriere machen. Hermann Hesse ging bei einer ähnlichen Progression auf die Lateinschule. Pearl Bailey immatrikulierte sich im Alter von sechzig Jahren an einer Hochschule, als ihr Mond progressiv das 9. Haus durchlief.

10. Haus

Im Leben eines Menschen wird der Mond progressiv mindestens zweimal über die Häuserspitze des 10. Hauses laufen. Dieses Ereignis markiert jedesmal eine Zeit der Höhepunkte. Das 10. Haus repräsentiert Ihr Ego sowie Ihr Ansehen und Ihren gesellschaftlichen Status, und damit erreichen Sie in Ihrem Horoskop den höchsten Punkt. Wenn der Mond diesen Punkt durchwandert, erlangen Sie ein klares Bewußtsein darüber, wo Sie in der materiellen Welt stehen und wie Sie mit ihr in Verbindung treten. Diese Zeit dient der Bestimmung Ihres zukünftigen Weges und der Möglichkeiten, die Ihnen zugänglich sind, damit Sie auf dem gewählten Weg weiterkommen.

Oft ist das, was Sie von diesem Punkt aus sehen, nicht unbedingt das, was Sie zu brauchen meinen. Jetzt ist Ihre Chance gekommen, die Hebel der Veränderung in Gang zu setzen. Denken Sie daran, daß Sie, wie wir bereits gesagt haben, das Bedürfnis nach Veränderung in dem Haus wahrnehmen, in dem der Mond progressiv steht. Hieraus ergibt sich auch der richtige Zeitpunkt für Veränderungen. Wenn der Mond progressiv Aspekte mit irgendeinem der anderen Planeten des Horoskops bildet, dann kann die dabei erzeugte Energie den »Modus operandi« für Veränderungen bilden.

Hermann Hesse gewann den Nobelpreis, als sein Mond progressiv eine Konjunktion mit seinem MC bildete; Henry Kissinger wurde mit Mond progressiv im 10. Haus der Woodrow-Wilson-Preis zugesprochen. Barbara Walters veränderte ihr Image und wurde Mutter, indem sie ein kleines Mädchen adoptierte. Prinzessin Diana heiratete, als der Mond progressiv eine Konjunktion mit Neptun in ihrem 10. Haus bildete. Judy Garland begann eine erfolgreiche Radioshow, als der Mond in ihrem 10. Haus eine Konjunktion mit Uranus bildete. Bei einem unserer Klienten fand zwar sehr plötzlich aber erfolgreich eine berufliche Neuorientierung statt, als sein Mond progressiv in seinem 10. Haus eine Konjunktion mit Jupiter einging. Saturn regiert sein 2. Haus, und wenn er auch eine Weile mit weniger Geld auskommen mußte, so zahlte sich das Risiko schließlich aus. Er ist jetzt viel zufriedener mit seiner Arbeit und hat eine positivere Einstellung zu seinen Werten, seinem Lebensstil und seinem gesellschaftlichen Status.

11. Haus

Mit dem progressiven Mond in diesem Abschnitt Ihres Horoskops werden Sie sich Ihres sozialen Gewissens bewußt. Vielleicht reagieren Sie auf diesen Stimulus, indem Sie sich irgendeiner Gruppenaktivität anschließen und indem Sie freundlicher und besonnener mit Freunden und Kollegen umgehen. Sie könnten ein Gefühl dafür bekommen, wie andere Menschen Sie sehen. Sie könnten in dieser Zeit karitativ tätig werden oder aber Ihr Geld anders einsetzen. Vergessen Sie nicht, daß das 11. Haus ein finanzielles Haus ist (das 2. nach dem 10.), und daß Sie sich des öfteren gedanklich mit finanziellen Angelegenheiten beschäftigen werden, wenn die Energie hier konzentriert wird. Das trifft besonders auf den Mond zu, wenn er sich durch dieses Gebiet bewegt und Aspekte mit den anderen Planeten im Horoskop bildet. Sie könnten zu dieser Zeit auch das Gefühl haben, daß Sie nicht genügend Kontrolle über ihr Leben haben und von den äußeren Ereignissen hin und her geworfen werden. Da der Mond immer Hinweise auf Ihre Emotionen gibt, könnte es sein, daß Sie sich einsam und von Ihren Freunden im Stich gelassen fühlen; besonders dann, wenn der Mond gerade Ihr 10. Haus verlassen hat und Sie sehr erfolgreich waren.

Ernest Hemingway erlebte eine sehr aktive Phase, als der Mond sein 11. Haus durchquerte, in dem sich in seinem Geburtshoroskop Sonne und Venus befinden. Daher handelt es sich um ein Schlüsselhaus in seinem Horoskop. Zu dieser Zeit ließ er sich scheiden, heiratete wieder und kaufte sein erstes Haus. Hermann Hesse dagegen durchlebte eine sehr sorgenvolle Zeit. Er machte eine geistige Krise durch und war unfähig zu schreiben. In seinem Geburtshoroskop ist der Mond in den Fischen in ein T-Quadrat eingespannt. Gegen Ende desselben Jahres wurde dann jedoch eines seiner erfolgreichsten Bücher, *Siddharta*, veröffentlicht.

12. Haus

Die Wanderung des Mondes durch diesen Bereich bedeutet für Sie vielleicht Heulen und Zähneknirschen; und wenn Sie dieses Vorurteil pflegen, könnte das auch sehr wohl eintreffen. Am besten können Sie jedoch mit dieser Stellung umgehen, indem Sie Ihre innere Stärke entwickeln und Kontakt zu Ihrem Unterbewußtsein aufnehmen. Wenn der Indikator für das Tagesbewußtsein (Mond progressiv) durch dieses tiefe, versteckte Haus des innerlichen Durchhaltens hindurchgeht, besteht für Sie die Möglichkeit, mit Ihrem tiefsten Selbst Verbindung aufzunehmen. Das könnte einem Menschen, der mit dieser Seite seines Wesens nichts zu tun haben will, Angst machen, aber Ihnen, die Sie tief in Ihre Psyche eintauchen möchten, eröffnen diese Wanderung und die sich daraus ergebenden Aspekte ungeahnte Möglichkeiten der Selbstentfaltung.

Während sein Mond progressiv im 12. Haus stand, wurde Roman Polanski als neunjähriger während des Zweiten Weltkriegs in die Gaskammer gesteckt. Wahrscheinlich kam er mit dem Leben davon, weil er positiv auf den Mond progressiv reagierte, der mit Mond und Pluto in seinem Geburtshoroskop ein Trigon bildete. Als sich 27 Jahre später der Mond progressiv der 12. Häuserspitze näherte, wurde seine Frau Sharon Tate von der Mansonbande ermordet.

Ein positiverer Ausdruck dieser Mondposition könnte Bereiche wie Kreativität, Meditation und selbstloses Handeln umfassen. Bei dieser Mondstellung erfand Walt Disney Mickymaus; Margret Mead unternahm erste Feldstudien und Judy Garland, die frühere Frances Gumm, änderte auf Vorschlag von George Jessel ihren Namen. Als der Mond progressiv beim nächsten Mal in ihrem 12. Haus stand, wurde sie für den Oskar nominiert.

Wie immer hängt das, was wirklich passiert, von vielen Faktoren im Geburtshoroskop und der Lebenseinstellung eines Menschen ab.

Der Mond in den verschiedenen Zeichen

Während Sie bei der Wanderung des Mondes durch ein *Haus* viele der Szenarios, für die dieses Haus steht, auszuagieren scheinen, wird der Mond, wenn er durch ein spezifisches *Zeichen* wandert, nicht notwendigerweise durch dessen Eigenschaften bestimmt. Der Mond im 5. Haus kann ein Kind oder eine Liebesaffäre anzeigen, je nachdem, ob er sich in den Fischen, in den Zwillingen oder im Skorpion befindet. Der Mond im Löwen könnte Ihnen eine Extradosis Selbstsicherheit, Glanz oder Begeisterung geben, aber es liegt ganz bei Ihnen, was Sie damit anfangen. Wichtiger als das Zeichen, durch das der Mond wandert, scheint zu sein, in welchem Zeichen der Mond im Geburtshoroskop steht, welches Haus er regiert und welche Aspekte er in der Progression bildet. Bitte behalten Sie dies im Auge, wenn Sie die Wirkungsweise des progressiven Mondes in jedem einzelnen Zeichen betrachten.

Widder

Wenn der Mond progressiv den Widder durchläuft, dann bekommt Ihr Gefühlsleben eine zusätzliche Prise Wagemut und Abenteuergeist, unabhängig davon, wo der Mond im Geburtshoroskop steht. Sie werden wahrscheinlich Risiken in Ihrem Gefühlsleben eingehen, die Sie normalerweise nicht eingehen würden. Ihre Emotionen könnten aufflackern, und Sie neigen dazu, sich bereitwilliger und mit mehr Begeisterung in etwas hineinzustürzen. Wie immer in der Astrologie hängt viel von der Stellung des Mondes im Geburtshoroskop, seiner Haus- und Zeichenposition und den Aspekten, die er bildet, ab. Wenn zum Beispiel der Mond in Ihrem Geburtshoroskop in den Fischen steht, dann würde man Sie von Ihrer emotionalen Struktur her niemals als aggressiv bezeichnen; wenn der progressive Mond durch den Widder zu wandern beginnt, dann werden Sie diese Qualitäten durch die Brille Ihrer Fischenatur erfahren. Vielleicht sind Menschen, die Sie gut kennen, überrascht, wenn Sie plötzlich emotionale Abenteuer suchen. Das ist besonders dann der Fall, wenn der Mond während seiner Wanderung durch den Widder Aspekte zu Sonne, Mars oder Pluto bildet.

Stier

Wenn der Mond progressiv in den Stier eintritt, dann könnten Sie nach der aufregenden Wanderung durch den Widder die Ruhe nach dem Sturm erfahren. Sie könnten eine gewisse Gelassenheit erleben und so die emotionalen Schwankungen stabilisieren, die der Mond normalerweise mit sich bringt. Der Mond steht im Stier erhöht, und seit der Antike haben Astrologen das Gefühl gehabt, daß dies die beste Mondstellung ist. Diese Wanderung könnte auf ein Interesse an den schönen Künsten hindeuten beziehungsweise auf den Genuß all dessen, was schön ist. Vielleicht haben Sie das Bedürfnis, Ihre finanziellen und häuslichen Angelegenheiten zu ordnen und ganz allgemein die Verantwortung für Ihr Gefühlsleben zu übernehmen.

Zwillinge

Bei dieser Progression stellt sich im allgemeinen eine verstärkte Rastlosigkeit ein. Damit ist eine verbesserte Denkfähigkeit und das Bedürfnis zu reisen verbunden. Sie verspüren die Notwendigkeit, Ihre Umgebung zu verändern. Ihre Neugierde wird angeregt; und in dieser Zeit fühlen Sie sich häufig motiviert, sich weiterzubilden. Vielleicht schreiben Sie endlich mal wieder einen Brief oder rufen ehemalige Schulkameraden an, um sich wieder mit Ihnen zu treffen. Und vielleicht genießen Sie es sogar, viel zu tun zu haben. Das gilt besonders dann, wenn der Mond während seines Aufenthaltes in diesem Zeichen einen Aspekt zu Merkur bildet.

Krebs

Wenn der Mond progressiv durch den Krebs wandert, werden sich Ihre Gedanken auf Heim und Familie richten, und Sie könnten ziemlich nostalgisch werden und sich an langvergessene Begebenheiten aus Ihrer Kindheit erinnern. Das Hauptaugenmerk werden Sie auf Ihre häusliche Umgebung richten, egal, wo die Progression stattfindet. Wenn Sie im 2. Haus stattfindet, könnte es sein, daß Sie Geld ausgeben, Eigentum kaufen oder instand setzen. Wenn die Progression im 11. Haus stattfindet, werden Sie wahrscheinlich einem Freund dabei helfen, ein Haus zu kaufen, oder ein Bekannter besucht Sie zu Hause. Es könnte sein, daß Sie ziemlich intuitiv, nachdenklich und einfühlsam werden, besonders dann, wenn der Mond einen Aspekt zu Neptun oder Jupiter bildet. In dieser Zeit wollen Sie mit den tiefsten Seiten Ihres Wesens und Ihrer Natur in Verbindung treten; Sie möchten andere umsorgen und umsorgt werden.

Löwe

Mit dem Mond progressiv im Löwen verleihen Sie Ihren Gefühlen auf dramatische Art und Weise Ausdruck, so daß Sie sich emotional offener, romantischer, selbständiger und selbstbewußter fühlen als sonst, wenn der Mond durch dieses Zeichen wandert, unabhängig davon, wo er sich in Ihrem Geburtshoroskop befindet. Zu dieser Zeit suchen Sie das Rampenlicht, besonders, wenn sich der Mond in Ihrem Geburtshoroskop in einem unauffälligen Zeichen befindet. Sie wollen Applaus, Lob und Liebe und werden sich Ihren Beifall mit Hilfe der Themen desjenigen Hauses suchen, durch das sich der Mond bewegt.

Jungfrau

Bei dieser Progression werden Sie mit Ihrer Gesundheit beschäftigt sein, besonders mit solchen Themen wie richtigen Ernährungsgewohnheiten und Ihrem Körpergewicht. Darüber hinaus haben Sie das Gefühl, daß es an der Zeit sei, Ihre Haushalts- und/oder geschäftlichen Angelegenheiten zu ordnen und zu systematisieren. Der Wunsch nach Analyse wird ebenso wie das Bedürfnis nach mehr Information und Wissen in den Vordergrund treten, und in dieser Phase Ihres Lebens saugen Sie normalerweise mentale Bilder wie einen Schwamm auf und finden es leicht, Daten in Ihrem Gedächtnis zu speichern.

Waage

Spaß haben, Unterhaltung und Austausch mit anderen Menschen – das sind Ihre Bedürfnisse, während der progressive Mond durch die Waage wandert.

Sie sind freundlich und extravertiert und haben einen starken Wunsch, anderen zu gefallen; wenn jedoch der Mond herausfordernde Aspekte hat, dann könnte es sein, daß Sie Streit oder Konfrontation suchen, aber vermutlich werden Sie sehr darunter leiden. Wenn Sie von Natur aus unentschlossen und zögerlich sind, dann verstärkt diese Stellung solche Eigenschaften, und Sie müssen aufpassen, daß Sie nicht auf Betrüger oder skrupellose Machenschaften hereinfallen.

Skorpion

Wandert der progressive Mond durch den Skorpion, dann scheint das Ihre Gefühle ebenso zu intensivieren wie die Notwendigkeit, Ihr tiefes emotionales Selbst zu erforschen. Vielleicht beginnen Sie zu diesem Zeitpunkt eine Therapie oder nehmen psychologische Beratung in Anspruch. Der Mond in diesem fixen Zeichen wird Ihre Willenskraft ebenso stärken wie Ihre Bereitschaft, das Begonnene auch zu Ende zu führen. Bei herausfordernden Aspekten des progressiven Mondes im Skorpion lassen Sie sich möglicherweise auf Beziehungen ein, die Ihnen Qualen und Verletzungen einbringen. In dieser Zeit werden vergangene Ereignisse an die Oberfläche kommen, und damit wird Ihnen erneut die Chance gegeben, sich auf einer anderen Ebene mit ihnen auseinanderzusetzen.

Schütze

Zu dieser Zeit Ihres Lebens fühlen Sie sich idealistisch gestimmt und abenteuerlustig. Der progressive Mond im Schützen ist sich oft zu seinem eigenen Entzücken des profanen, alltäglichen Einerleis nicht bewußt und wertet jede Erfahrung als Lernprozeß. Jetzt scheinen gute Konzepte ebenso wie philosophische Diskussionen von Bedeutung zu sein, und zu dieser Zeit Ihres Lebens haben Sie das Bedürfnis, Ihren Horizont zu erweitern und sich Ihre Unabhängigkeit zu sichern; auch wenn der Mond in Ihrem Geburtshoroskop im Krebs steht, könnten Sie erfahren, was »Laß mir meine Freiheit« bedeutet.

Steinbock

Wenn der Mond progressiv vom extrovertierten Schützen zum reservierten Steinbock wandert, nehmen Ihre Gefühle eine konventionellere Färbung an. Sie sind um Ihren Status und Ihr Image besorgt, und plötzlich könnte Ihre Ehre ein wichtiges Thema für Sie sein. Sie sind weniger bereit, Risiken in Ihrem Gefühlsleben einzugehen und werden ziemlich vorsichtig in Ihrem Verhalten anderen Menschen gegenüber sein. Eine solche Progression deutet auf Geschäftsabschlüsse hin, wenn diese Tendenz von den übrigen Progressionen verstärkt wird.

Wassermann

Wenn der Mond progressiv sich im Wassermann befindet, werden Sie größeren Abstand zu Ihren Gefühlen gewinnen, was für unpersönliche Angelegenheiten von Nutzen ist, sich bei einer engen Beziehung, in der Intimität von Ihnen erwartet wird, jedoch fatal auswirken kann. Diese Mondstellung ist besonders angenehm für diejenigen, deren Mond im Geburtshoroskop in einem Wasserzeichen steht, weil sie die normalerweise aufgewühlten Emotionen beruhigen kann. Da Sie sich in dieser Zeit unkonventionell, tolerant und fortschrittlich fühlen, ist es jetzt leichter für Sie, sich mit einem breiten Spektrum von Themen wie Erziehung und Bildung, Organisation sowie neuen Trends innerhalb von Astrologie und Wissenschaft auseinanderzusetzen.

Fische

Dies ist die sensibelste und verletztlichste Mondstellung, und während der Mond durch dieses Zeichen wandert, könnten Sie sich emotionalen Ängsten und Selbstzweifeln ausgeliefert fühlen. Wenn Sie jedoch Ihren Mond im Geburtshoroskop in positiver Weise integriert haben, könnte diese Zeit für Sie sehr lehrreich sein. Sie gibt Ihnen Gelegenheit, mit der weicheren Seite Ihres Wesens in Kontakt zu kommen und sich aufgeschlossener gegenüber denjenigen Menschen zu verhalten, die Ihre Hilfe bewußt oder unbewußt benötigen. Bei dieser Mondstellung werden Sie sich manchmal mit Trauer auseinanderzusetzen haben, aber Sie werden daraus lernen und auf diese Weise stärker und verständnisvoller werden. Sie laufen allerdings Gefahr, sich in die emotionalen Probleme anderer Menschen hineinziehen zu lassen und sie zu Ihren eigenen zu machen. In dieser Situation können Ihnen Hoffnung und Vertrauen die nötige emotionale Sicherheit geben, und Vertrauen in Ihr Höheres Selbst kann ebenfalls Wunder wirken. Jetzt ist es an der Zeit zu lernen, was real und wichtig für Ihr eigenes Wachstum ist und was nicht. Machen Sie das Bestmögliche aus Ihrem emotionalen Potential; suchen Sie in Gefühlsangelegenheiten und bei der Sorge für sich und andere stets das Beste.

Kapitel 3

Planeten, die ihre Bewegungsrichtung ändern

Eines der Phänomene, dem Sie beim Berechnen von Progressionen begegnen werden, ist die scheinbare Richtungsänderung eines Planeten, der von einer rückläufigen zu einer rechtläufigen Bewegung wechselt oder umgekehrt. In den meisten der neueren Ephemeriden wird dies mit einem »*R*« (für »*rückläufig*«) gekennzeichnet; in den älteren werden Sie auch das Symbol »*Rx*« oder ein ähnliches finden. Sie könnten ebenfalls ein »*D*« für »*direkt*« vorfinden, womit ausgedrückt wird, daß ein rückläufiger Planet seine Richtung ändert und jetzt nach vorne wandert.

Sie sind diesen Symbolen zweifelsohne begegnet, als Sie sich mit der Astrologie des Geburtshoroskops beschäftigt haben, aber zur Erinnerung sei noch einmal gesagt: Der Begriff »*rückläufig*« impliziert eine Rückwärtsbewegung. Wir wissen, daß in unserem Sonnensystem alle Planeten in ekliptischer *Vorwärtsbewegung* wandern. Ein rückläufiger Planet ändert nicht plötzlich seine Bewegungsrichtung und bewegt sich fortan rückwärts; es scheint lediglich so zu sein. Wenn sich die Längsbewegung dieser Planeten verlangsamt, sieht es von der Erde gesehen so aus, als ob sie zunächst langsamer würden und sich schließlich rückwärts bewegten.

Denken Sie an zwei Züge, die nebeneinander her beziehungsweise aneinander vorbei fahren. Wenn Sie in dem schnelleren Zug sitzen, dann werden Sie zunächst das Gefühl haben, daß der langsamere Zug stillsteht, und dann werden Sie plötzlich den Eindruck haben, daß der langsamere Zug rückwärts fährt. Im folgenden geben wir die Geschwindigkeiten sämtlicher Planeten an, das heißt die Zeit, die sie benötigen, um einmal die Sonne zu umkreisen. Venus braucht hierzu zum Beispiel 224 ½ Tage, während die Erde 365 ¼ Tage benötigt. Daher wird es zu einem bestimmten Zeitpunkt so aussehen, als ob Venus als der schnellere Zug an der Erde vorbeiführe; während es von der Erde aus so scheint, als ob Venus zunächst stillstünde und sich dann rückwärts bewegte. Zu dieser Zeit sagen wir auf der Erde, daß Venus rückläufig sei.

Mars braucht 22 Monate, das heißt also fast zwei Jahre, um seine Umlaufbahn um die Sonne zu vollenden, so daß die Erde als der schnellere Zug erscheint, während Mars langsamer wird, und sich schließlich rückwärts zu bewegen scheint. Die gleiche optische Täuschung passiert immer dann, wenn ein Planet seine Eckposition in bezug auf die Erde verändert. Da wir unsere Horoskope von der Erde aus betrachten, müssen wir diese Täuschung in Betracht ziehen.

Die Richtungsänderung vollzieht sich in drei Stufen. Zunächst wird der Planet langsamer, kommt dann zum Stillstand und wird schließlich *D* beziehungsweise *R*. Die transzendentalen Planeten Uranus, Neptun und Pluto können bis zu fünfzehn Tage lang bei derselben Grad- und Zehntelgradzahl stehenbleiben; nur die Hundertstelgrad verändern sich, und selbst diese können drei oder vier Tage lang gleich bleiben. Jeder Planet umkreist die Sonne in seiner eigenen Geschwindigkeit:

Merkur braucht 88 Tage, um eine Umlaufbahn zu vollenden;
Venus braucht 224 ½ Tage;
Mars benötigt 22 Monate, um den Zyklus zu vollenden;
Jupiter braucht etwa 12 Jahre für eine Umlaufbahn;
Saturn braucht 28 bis 30 Jahre für einen Zyklus;
Uranus benötigt 84 Jahre für eine volle Umlaufbahn;
Neptun braucht mehr als 165 Jahre;
Pluto benötigt nahezu 248 Jahre.

Um ihre Bewegung scheinbar zu »verlangsamen« beziehungsweise zu »beschleunigen«, mit dem Ziel, sich der Umlaufbahn der Erde um die Sonne von 365 1/4 Tagen anzugleichen, sind:

Merkur dreimal im Jahr für 19 bis 24 Tage rückläufig;
Venus nur einmal im Jahr ca. 43 Tage lang rückläufig, in manchen Jahren überhaupt nicht;
Mars etwa alle zwei Jahre fast 80 Tage lang rückläufig;
Jupiter einmal pro Jahr fast 4 Monate lang rückläufig;
Saturn einmal im Jahr für fast fünf Monate rückläufig;

Uranus ca. fünf Monate pro Jahr rückläufig;
Neptun mehr als fünf Monate pro Jahr rückläufig;
Pluto einmal im Jahr mehr als 5 Monate lang rückläufig.

Wie Sie sehen können, finden Sie wahrscheinlich eher Horoskope, in denen die langsamen Planeten rückläufig sind, da sie es im allgemeinen fast ein halbes Jahr lang bleiben, während die persönlichen Planeten viel weniger Zeit in dieser sogenannten Rückwärtsbewegung verbringen. Bitte denken Sie daran, daß Mond und Sonne Himmelslichter sind, und ihre Richtung nie zu ändern scheinen.

Jetzt verfügen Sie über alle technischen Daten, aber was können Sie damit anfangen? Wir haben herausgefunden, daß jedesmal dann, wenn ein Planet im Horoskop seine Richtung ändert, im Leben des betreffenden Individuums ein wichtiges Ereignis stattzufinden scheint. Wir glauben sogar, daß dies ein so wichtiger Indikator ist, daß wir die auftauchenden Veränderungen irgendwo im Geburtshoroskop festhalten.

In Betty Fords Horoskop (S. 33) haben wir folgendes notiert:

Saturn, mit *SD* markiert (stationär direkt), wurde rechtläufig, als sie ein Jahr alt war (1919), nämlich am 19. April 1918.

Neptun wurde im Alter von sieben Jahren (1925) rechtläufig, nämlich am 25. April 1918.

Merkur wurde im Alter von acht Jahren (1926) rückläufig.

Mars wurde im Alter von siebzehn rückläufig (1936).

Merkur wurde im Alter von zweiunddreißig Jahren rechtläufig (1950).

Uranus wurde im Alter von fünfundfünfzig Jahren rückläufig (1973).

Gebrauchen Sie die Symbole für die Planeten, um Platz zu sparen, und nur *D* oder *R*, wie zum Beispiel: Saturn *D* mit einem Jahr (1919); Neptun *D* mit sieben Jahren (1925) und so weiter.

Das kann Sie schon viele Jahre im voraus darauf aufmerksam machen, wie Sie mit einem anscheinend neuen Energieschub umzugehen haben, der mit einer Richtungsänderung einhergeht. Da Betty Ford eine berühmte Persönlichkeit und keine Klientin von uns ist, mußten wir Informationen über sie aus Artikeln und ihrer Biographie sammeln; – und wir haben nirgendwo einen Hinweis darauf gefunden, was bei ihr im Alter von ein beziehungsweise sieben Jahren passiert ist. Im Alter von acht Jahren, als ihr Merkur rückläufig wurde, begann sie mit Tanzunterricht, der sich einige Jahre später zu ernsthaften Tanzstunden weiterentwickelte. Das war ein bedeutendes Ereignis in ihrem Leben, da sie Tänzerin werden wollte. Der Merkur regiert ihren Aszendenten (physischer Körper) und ihren MC (Karriere). 24 Jahre später, mit 32 (1950) wurde Merkur rechtläufig, und Betty bekam ihr erstes Kind (MC= Statusveränderung), einen Sohn namens Mike.

Mars wurde rückläufig, als Betty 17 war; ihr Vater starb, als sie 16 ½ war. Mars regiert ihr 8. Haus (Tod); die Unterstützung, die sie von anderen bekam (8.) nahm nach dem Tode ihres Vaters ab, und sie mußte arbeiten, um ihren Lebensunterhalt zu verdienen.

Betty war 55, als ihr Uranus rückläufig wurde. Das war das Jahr, als ihr Mann Vizepräsident wurde. Er wurde im Oktober 1973 ernannt und im Dezember vereidigt. Als Richard Nixon im August 1974 zurücktrat, wurde Gerald Ford Präsident der Vereinigten Staaten und Betty seine First Lady.

Kann man all das in die entsprechenden Schubladen einordnen? – Nicht wirklich. Wie Sie anhand einiger Beispiele aus Bettys Leben sehen können, betont Merkur nicht unbedingt geistige oder kommunikative Tendenzen; Uranus könnte für etwas Unerwartetes stehen, aber auch das ist nicht zwingend. Mit anderen Worten: Es wird dem Planeten neue Bedeutung beigemessen. Manchmal liegt der Schwerpunkt auf dem Haus, in dem er steht, und zu anderen Zeiten auf dem Haus/den Häusern, das/die er regiert, aber der Astrologe kann nicht mit hundertprozentiger Sicherheit voraussagen, was passieren wird.

Aber was können wir dann überhaupt mit relativer Sicherheit sagen? Jede Richtungsänderung ist wichtig. Wie immer in der Astrologie werden Sie bei der Interpretation vom Wesen des Planeten, der Häuser und Aspekte sowie der Grundbedeutung des Planeten und seiner Funktion im Horoskop geleitet. Wir haben herausgefunden, daß ein rückläufiger Planet, der im Begriff ist, rechtläufig zu werden, sich normalerweise in einer offeneren, direkteren und hemmungsloseren Art und Weise äußern wird. Diese Menschen haben während der vielen Jahre, in denen der Planet rückläufig war, Zeit gehabt, eine Basis zu schaffen. Wenn er rechtläufig wird, sollten sie bereit sein, seine Energie optimal zu nutzen.

Umgekehrt können Menschen ihre neugewonnenen Energien auf eine eher nach innen gerichtete, reflektive und tiefere Weise nutzen, wenn ein in ihrem Geburtshoroskop rechtsläufiger Planet rückläufig wird. Sie können lernen, nachzudenken und genau hinzuschauen, bevor sie ein Wagnis eingehen und so weiter. Das ist an sich weder gut noch schlecht, weder mit Glück noch mit Unglück verbunden; es kommt vielmehr darauf an, was jemand daraus macht. Eine andere wichtige Beobachtung, die wir gemacht haben, besteht darin, daß der Planet während seiner »Verlangsamungs«- beziehungsweise Stillstandsphase etwas größere Bedeutung zu bekommen scheint, als ob er sich auf die Veränderung vorbereiten wollte, die bald darauf erfolgen wird.

Eine unserer Schülerinnen hat Pluto in ihrem 8. Haus (Metaphysisches), er regiert ihr 12. (Einsicht); als der Planet fast zum Stillstand kam, wurde ihr Interesse an Metaphysischem geweckt. In dem Jahr, in dem Pluto dann wirklich rechtsläufig wurde, wurde sie professionelle Astrologin. Eine Klientin mit einem sehr ähnlichen Horoskop, ebenfalls mit Pluto im 8. Haus (Sex), Regent des 12. Hauses (Geheimnisse), nutzte die Energien etwas anders. Sie hatte ca. elf Jahre lang außereheliche Beziehungen, und als Pluto rechtläufig wurde, ließ sie sich von ihrem Mann scheiden. Bei unserer Schülerin steht Pluto mit Mars und dem MC in einem T-Quadrat. Bei der Klientin bildet Pluto ein großes Trigon mit Merkur und dem Mond.

Um Ihnen eine bessere Vorstellung davon zu geben, auf welche Weise sich eine Richtungsänderung auswirken kann, werden wir Ihnen einige Beispiele für jeden einzelnen Planeten geben.

Merkur wurde rückläufig, als die Autorin Pearl S. Buck den Nobelpreis für ihr Buch *Die gute Erde* erhielt. Das war das erste Mal, das eine Frau diesen Preis erhielt. Merkur regierte Bucks 9. Haus, das für das Heraustreten an die Öffentlichkeit steht, und auch ihr 12., das Haus, das im Horoskop von Schriftstellern von so großer Bedeutung ist. Merkur regierte ebenfalls das 9. Haus, das für lange Reisen steht, und das 12., das Zurückgezogenheit symbolisiert, als er im Horoskop von Corazon Aquino rückläufig wurde. Sie und ihr Mann Benigno mußten damals die Philippinen verlassen.

Der Komponist Ferde Grofe lief mit 14 von zu Hause weg, als

sein Merkur rückläufig wurde. Er regierte sein 4. Haus (Zuhause), sein 5. (Kreativität) und sein 8. Haus. Als er 23 Jahre später rechtläufig wurde, brachte er sein berühmtestes Stück, die »Grand Canyon Suite«, heraus. Merkur war gerade für Charles Lindbergh rechtläufig geworden, als er Anne Morrow heiratete. Er regierte sein 7. Haus, das für Partnerschaft steht. Merkur wurde ebenfalls rechtläufig, als Henry Kissinger Deutschland verließ und mit seinen Eltern in die Vereinigten Staaten kam. Merkur regiert seine Sonne und seinen Aszendenten.

Venus wurde bei Joel Grey rückläufig, als er und seine 23-jährige Frau sich scheiden ließen; Venus regiert sein 7. und sein 11. Haus. Der Maler Marc Chagall, der mit 56 Witwer geworden war, heiratete wieder, als Venus, Herrscherin seines 7. und 12. Hauses, rückläufig wurde. Als Venus (Aszendentenherrscherin) in Adolf Hitlers Horoskop rechtläufig wurde, wurde er Führer der NSDAP. Marlene Dietrich gab ihr erfolgreiches Debüt in »Der Blaue Engel«, als Venus Herrscherin ihres 2. Hauses (Einkommen) und ihres 10. Hauses (Karriere) rückläufig wurde.

Mars regiert die Himmelsmitte (Beruf) im Horoskop des Designers Bill Blass. Als er rechtläufig wurde, wurde er von Anne Miller & Co. übernommen und begann eine brillante Karriere. Mars ist der Herrscher im 8. Haus im Horoskop der Sängerin Peggy Lee; als er rechtsläufig wurde, starb ihre Mutter. Sie war damals erst 4 ½ Jahre alt. Als der Mars im Horoskop des Schauspielers Dudley Moore im Alter von 28 rechtsläufig wurde, begann er mit einer Psychoanalyse. Nach jüngsten Berichten ist er immer noch dabei. Mars regiert sein 7.Haus, das für intime Beziehungen steht; dieses Haus betrifft jeden, mit dem Sie eine intime Beziehung haben, auch Ihren Analytiker. Der Mars des Guru Sai Baba wurde rechtläufig, als er 14 war; zu der Zeit, als Menschen anfingen, einen Heiligenschein um sein Gesicht herum wahrzunehmen und ihm das erste von vielen Wundern zugeschrieben wurde. Mars regiert sein 5. Haus und regiert ebenfalls seinen Skorpionaszendenten.

Jupiter wurde rechtläufig, als Cher ihre eigene erfolgreiche Fernsehshow bekam; er regiert ihr 6. Haus (Arbeit). Der Autor Hermann Hesse schrieb den »Steppenwolf«, einen seiner beliebtesten Romane, als Jupiter in seinem Horoskop rechtläufig wurde; gleichzeitig ließ er sich von seiner zweiten Frau scheiden. Jupiter regiert seinen Schützeaszendenten. In Marilyn Monroes Horoskop regiert Jupiter ihr 5. Haus, das Haus der Liebesaffären. Als er rückläufig wurde, traf sie ihren ersten Ehemann. Einer unserer Klienten ließ sich im Alter von fünfzig Jahren pensionieren, als Jupiter in seinem Horoskop rechtläufig wurde; er regiert sein 2. Haus (Einkommen) und steht in seinem 10. (Statusveränderung).

Der *Saturn* wurde in Desi Arnaz Horoskop rechtläufig, als er Lucille Ball ehelichte. Er regiert sein 8. Haus im Geburtshoroskop und zum Zeitpunkt seiner Heirat das 7. Haus progressiv. Der Saturn des Naturwissenschaftlers Robert Oppenheimer wurde rückläufig, als er nach Los Alamos ging, um an der Atombombe zu arbeiten. Er regiert sein 8. Haus. Im Alter von 45 Jahren erlitt die Schauspielerin Patricia Neal einen Schlaganfall, als Saturn (Herrscher ihres 2. Hauses im Geburtshoroskop und des 12. Hauses progressiv) rückläufig wurde. Mit der Hilfe ihres Ehemanns Roald Dahl wurde sie wieder vollkommen gesund. Sie mußte jedoch wieder gehen und sprechen und im Grunde genommen auch leben lernen. Saturn wurde in Henry Fondas Horoskop rückläufig, als er mit 28 Jahren die Schauspielerin Margaret Sullavan heiratete, was für beide ihre erste, jedoch nicht letzte Ehe sein sollte. Saturn steht in Konjunktion zu Fondas Aszendenten und regiert sein 11. Haus.

Uranus wurde rückläufig im Horoskop der Rennreiterin Robyn Smith, als sie Fred Astaire heiratete; er regiert ihr 10. Haus. Er war ebenfalls bei dem Schauspieler Clint Eastwood gerade rückläufig geworden, als er sich im Alter von 28 Jahren von seiner Frau trennte. Uranus regiert sein 4. Haus (Heim und Herd). Ernest Hemingway begann, ernsthaft zu schreiben (*Fiesta*), als Uranus, der Herrscher seines 6. Hauses der Arbeit, rechtläufig wurde. Er heiratete ebenfalls im gleichen Jahr seine erste Frau Hadley. In Henry Kissingers Horoskop war Uranus, der Herrscher seines 9. Hauses, das für höhere Bildung steht, und des 10. Hauses, ebenfalls gerade rückläufig geworden, als er eine Professur in Harvard bekam.

Der *Neptun* wurde für Zubin Mehta rechtläufig, als er im ungewöhnlich frühen Alter von 26 Jahren ständiger Dirigent beim Philharmonischen Orchester von Los Angeles wurde. Neptun ist der Herrscher seines Horoskops. Dieser Planet wurde ebenfalls für Prinzessin Diana rechtläufig, als sie Prinz

Charles heiratete. Er regiert ihr 2. Haus und steht im 10. In Hugh Hefners Horoskop regiert Neptun sein 7. Haus, und er heiratete, als Neptun rechtläufig wurde. Als Neptun in Bette Midlers Horoskop zum Stillstand kam, heiratete sie; und als er zwei Jahre später rückläufig wurde, bekam sie ihr erstes Kind.

Pluto war gerade zum Stillstand gekommen und im Begriff, rechtläufig zu werden, als der frühere Präsident Nixon zurücktrat. Er regiert sein 3. Haus, das Haus der Kommunikation, und steht in seinem 10. Haus, das für gesellschaftlichen Status steht. Die Feministin Betty Friedan gründete die Nationale Frauenorganisation (National Organization for Women), als Pluto, der Herrscher ihres 11. Hauses (Gruppen) und des 12. Hauses rechtläufig wurde. Der Zeitungskolumnist Ernie Pyle bekam den Pulitzer-Preis, als Pluto, der Herrscher seiner Himmelsmitte, rückläufig wurde. Stalins Pluto wurde 1917, zu Beginn der Bolschewistischen Revolution, rückläufig; zu dieser Zeit regierte er sein 8. Haus progressiv. Als Charles Lindbergh im Alleinflug mit seinem Flugzeug »Spirit of St.Louis« den Atlantik überquerte, war Pluto, der sein 12. Haus im Geburtshoroskop (Einsamkeit) und seinen Aszendenten progressiv regiert, gerade rechtläufig geworden.

Das waren nur einige Beispiele, um Ihr Interesse anzuregen. Wir hoffen, daß Sie sich viele Horoskope von Freunden, Verwandten, Schülern oder Klienten ansehen werden, um selbst beurteilen zu können, inwieweit diese Richtungsänderungen wichtige Neuorientierungen im Leben eines Menschen widerspiegeln.

Zusammenfassung

1. Überprüfen Sie die Ephemeriden auf jede mögliche Richtungsänderung der Planeten hin, die während der Lebenszeit eines Menschen auftreten könnten. (Wir rechnen normalerweise bis etwa zum Alter von achtzig Jahren).
2. Halten Sie diese Veränderungen irgendwo im Geburtshoroskop fest.
3. Diskutieren Sie mit Ihren Klienten, Freunden oder Verwandten, welche Ereignisse bei zurückliegenden Richtungsänderungen aufgetreten sind. Benutzen Sie diese als Richtlinie für mögliche Veränderungen in der Zukunft.

4. Obwohl es unmöglich ist, mit Sicherheit vorauszusagen, was passieren wird, benutzen Sie Ihren logischen Verstand, um dem Betreffenden dabei zu helfen, zukünftige Veränderungen möglichst positiv zu nutzen. Schauen Sie, wo sich der Planet befindet, welches Haus/welche Häuser er regiert, wo seine Aspekte liegen, und ziehen Sie dann Ihre eigenen Schlußfolgerungen.
5. Unabhängig von möglichen Ereignissen bei einer tatsächlichen Richtungsänderung des Planeten, denken Sie daran, Menschen langfristig zu beraten. Machen Sie Ihren Klienten klar, wie man die früher rückläufige Energie nutzen kann, die sich jetzt in anderer, vielleicht freierer Weise äußert; beziehungsweise wie man einen rechtläufigen Planeten, der jetzt gerade rückläufig wird, am besten nutzen kann.

Kapitel 4

Die Sonnenbogendirektionen

Der *Sonnenbogen* ist die einfachste und beliebteste Methode, ein Horoskop zeitlich vorzuschieben. Wie wir bereits angedeutet haben, ist es zur Vermeidung von Unklarheiten sehr wichtig, eine einheitliche Terminologie zu verwenden. Wenn man mit der Sonnenbogenmethode ein Horoskop vorrückt, handelt es sich um eine *Direktion.* Sie basiert auf der Entsprechung »1 Tag = 1 Jahr«. (Vgl. Einleitung und Kapitel 1.) Mit 25 Jahren wird die Sonne zum Beispiel um 25° vorgerückt sein. Addiert man diese Gradzahl, die dem zurückgelegten Weg der Sonne entspricht, zur Position aller Planeten und Häuserspitzen hinzu, so wird das Gesamthoroskop parallel zur Bewegung der Sonne vorgeschoben.

Hintergrund

Diese Methode hat sich aus dem »Radix-System« entwickelt, das 1918 von Sepharial eingeführt und 1930 von Vivian Robson erweitert wurde. Robson trifft folgende Aussage: »Der einzige Weg, die ursprüngliche Beziehung zwischen den Planeten aufrechtzuerhalten, besteht darin, sie alle um den gleichen Faktor vorzurücken und dabei ihre (natürliche) Umlaufgeschwindigkeit nach der Geburt außer acht zu lassen.« In Zusammenhang mit diesem Konzept steht auch die »primäre Progression« (eine andere Methode, mit der man das Geburtshoroskop vorrückt); dabei stellt die Drehung der Erde den Ausgangspunkt für die Berechnungen dar. Grundlage für das Radix-System ist die durchschnittliche Bewegung der Sonne um die Erde, die sich auf 59' täglich (= jährlicher Direktionsbogen) beläuft. Diese ungefähre jährliche Bewegung wird auch als »Mittlerer Sonnenbogen« bezeichnet. Hier sei angefügt, daß der »Kleine Bogen« auf der durchschnittlichen Bewegung des Mondes basiert, die nach den Berechnungen bei 13° 10' 35'' pro Tag (= jährlicher Direktionsbogen) liegt.

Der »*wahre Sonnenbogen*« (im Gegensatz zum »mittleren Sonnenbogen«) berechnet sich aus dem betreffenden progressiven Tag, der in den Ephemeriden nachgeschlagen werden muß. Und dann wird vom Sonnenstand dieses Tages der Geburtssonnenstand abgezogen. Die dabei entstehende Strecke ist der *wahre Sonnenbogen*, um den jeder Planet und jede Häuserspitze vorgerückt wird. (Siehe Anhang, Seite 335) Es gibt einige Gründe dafür, warum es besser ist, mit dem wahren Sonnenbogen zu arbeiten als mit dem Mittleren Sonnenbogen. Zuallererst sollte gesagt werden, daß jeder für das untersuchte Horoskop speziell berechnete Wert besser ist als ein Durchschnittswert oder ein auf Gesetzmäßigkeiten beruhender Zahlenwert. Zweitens bewegt sich kein Planet mit einer durchschnittlichen Geschwindigkeit fort; insbesondere nicht die Sonne, deren tägliche Geschwindigkeit im Winter 1° 01' beträgt, und die sich im Sommer auf ca. 57' verringert.

Einige allgemeine Regeln

Der *Sonnenbogen* hat einen Vorteil gegenüber anderen Progressions- und Direktionsmethoden: es ist sehr leicht, die ungefähre Bewegung im Kopf auszurechnen, und dabei mit einem Blick bestimmte wichtige Jahre im Geburtshoroskop zu erkennen (in der Vorausschau und im Rückblick.) Wie wir bereits dargestellt haben, verändert sich das Verhältnis der Planeten zueinander im dirigierten Horoskop nicht, sondern bleibt so wie im Geburtshoroskop, da jeder Planet und jede Häuserspitze um dieselbe Strecke vorgeschoben werden. Mit anderen Worten, die Planeten und Häuserspitzen bewahren den gleichen Abstand zueinander wie im Geburtshoroskop. Wenn Ihre Geburtssonne bei 20° in der Waage ein Trigon zu Ihrem Geburtsmond bei 15° in den Zwillingen bildet, so wird Ihre progressive Sonne, wenn man im Alter von 25 Jahren ungefähr 25° hinzufügt, bei 15° im Skorpion stehen und weiterhin ein Trigon zum progressiven Mond bei 10° im Krebs bilden. *Die einzigen Aspekte, die untersucht werden müssen, sind die neu entstehenden zwischen dem Sonnenbogenhoroskop und dem Geburtshoroskop.*

Wenn Sie die Aspekte vom Sonnenbogenhoroskop zum Geburtshoroskop einzeichnen, sollte der Orbis in jeder Richtung nicht größer als ein Grad sein (denn ein Grad entspricht ungefähr einem Jahr). Selbstverständlich können Sie applikative Aspekte (mögliche Erlebnisse oder Begebenheiten in der Zukunft) schon einige Grade vorher erkennen; und Sie können Dinge, die sich in der Vergangenheit ereignet haben, auch rückblickend feststellen. Das ist einer der großen Vorteile der Sonnenbogenmethode: sie ermöglicht es Ihnen, die Gültigkeit eines Geburtshoroskops mit einem Blick zu prüfen, ohne daß Sie dabei die Ephemeriden heranziehen müssen. Sie können vergangene Aspekte heraussuchen und die möglichen Ereignisse, die sich daraufhin einstellten, diskutieren, während Ihr Klient, Verwandter oder Freund Ihnen direkt gegenüber sitzt.

Wenn man ein Horoskop mit der Methode der sekundären Progression vorrückt, kann man nur die Bewegungsbögen der persönlichen Planeten (insbesondere den des Mondes), mit denen man das Horoskop vorschiebt, als zeitliche Indikatoren verwenden, die anderen Planeten benötigen Jahre, um auch nur ein Grad zurückzulegen. Die Bewegung des Sonnenbogens ist dagegen gleichbleibend, und alle Planeten einschließlich des dirigierten Azendenten und des Medium Coeli können als Zeitmesser dienen.

Mögliche, aber nicht unbedingt richtige Theorien

Wenn Sie mit anderen Astrologen über die verschiedenen Methoden sprechen, wie man ein Horoskop zeitlich vorrücken kann, werden Ihnen viele »Regeln« begegnen, die »mit Sicherheit« funktionieren. Nehmen Sie nicht alles für bare Münze und verwenden Sie nur jene Methoden, mit denen Sie gut arbeiten können. Probieren Sie alle alten und neuen Theorien aus, einschließlich derjenigen, die Sie in diesem Buch erlernen. Dabei sollten Sie sich jedoch angewöhnen, jedes System, das Sie bei Ihrer Arbeitweise nicht verwenden können, sogleich zu verwerfen.

Einige Astrologen schwören ausschließlich auf die sekundäre Progression; andere wiederum arbeiten nur mit dem Sonnenbogen und spotten über andere Systeme. Wir haben festgestellt, daß einige Menschen den unterschiedlichen Methoden eine unterschiedlich große Bedeutung einräumen. Da man jedoch im voraus nie weiß, auf welche Methode ein Mensch reagieren wird, verwenden wir beide Methoden. Nach unseren Erfahrungen werden unsere Interpretationsmöglichkeiten dadurch sehr erweitert.

Sie mögen gehört oder gelesen haben, daß es sich nicht lohnt, alle Aspekte zwischen dem Geburtshoroskop und dem progressiven oder dirigierten Horoskop zu betrachten; daß jede Person ihren eigenen »Zeitmesser« hat, und daß dieser Planet und kein anderer den Zeitpunkt und Inhalt eines Ereignisses anzeigen wird. Solche eindeutigen Aussagen konnten wir nicht treffen. Zwar haben einige Menschen einen Schlüsselplaneten, dessen Aspekte ein sehr wichtiger Schlüssel zum Verständnis ihres Lebens sind. Dabei könnte es sich um den Aszendentenherrscher, den höchststehenden oder den Planeten mit den meisten Aspekten handeln, doch sind die anderen Planeten sowie Aspekte zu den Achsen auch von Bedeutung und sollten in die Interpretation mit einbezogen werden.

Viele Astrologen sind der Ansicht, daß applikative Aspekte stärker sind als separative. Diese Ansicht hat sich unserer Erfahrung nach in der Realität nicht bestätigt. Unter unseren Klienten, Schülern, Freunden und Verwandten haben wir feststellen können, daß beide Arten von Aspekten funktionieren, und bisher waren wir nicht in der Lage, ein so umfassendes Konzept zu entwickeln, das alle Fragen nach dem Wann, Was, Wo oder Warum damit beantwortet werden können. Wir haben herausgefunden, daß jedes Individuum, so wie es in der Astrologie allgemein gilt, einzigartig ist und seinem eigenen Rhythmus entsprechend reagiert.

Einige plausible und nützliche Hinweise

Wenn Aspekte von progressiven oder dirigierten Planeten zum Geburtshoroskop auftauchen, sollten Sie sich an Ihre Schlüsselworte erinnnern und sie genauso anwenden, als würden Sie ein Geburtshoroskop beschreiben. Wenn Venus progressiv eine Konjunktion zur Geburtssonne bildet, werden Sie eine Verbindung zwischen Ihrer liebenden, zarten Seite und Ihrer tief innewohnenden Persönlichkeit, Ihrem wahren Ich, herstellen. Mit Ihrem gesunden Menschenverstand sollten Sie dabei erkennen, was überhaupt passieren kann, wie Sie sich fühlen könnten. Falls dieser Aspekt im Alter von zwölf Jahren auftaucht, könnte er Ihren ersten großen Schwarm bedeuten; mit 20 Jahren könn-

Radix

Rock Hudson

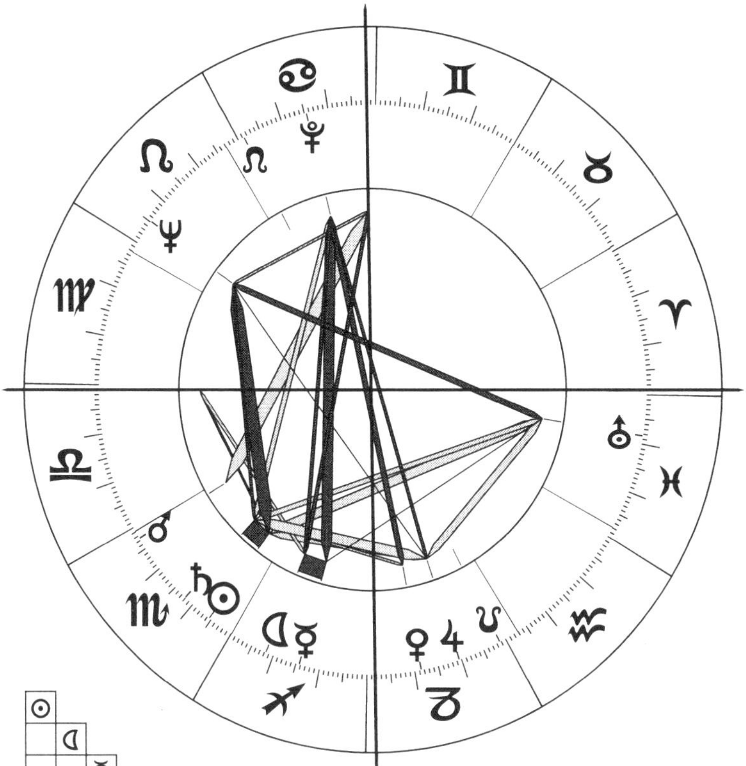

☉											
	☾										
	☌	☿									
			♀								
				♂							
⚹					♃						
☌			⚹		⚹	♄					
△		□			⚹	△	⛢				
□					⚻	□	⚻	♆			
	⚻	⚻	☍		☍	△			♇		
⚹	⚹									A	
	⚻			△				⚹			M

♆℞ im Alter von 2 Jahren (1927)
⛢D im Alter von 6 Jahren (1931)
☿℞ im Alter von 6 Jahren (1931)
☿D im Alter von 26 Jahren (1951)
♀℞ im Alter von 61 Jahren (1986)

Quelle: AA - Lois Rodden, Geburtsurkunde
17. 11. 1925 2:15 CST 8:15 GMT
Winnetka/IL 87W44 42N06
Häuser nach KOCH/GOH

ten Sie heiraten oder Ihre erste Liebe treffen. Es besteht auch die Möglichkeit, daß dieser Aspekt die Geburt eines geliebten Kindes anzeigt, in vielen Fällen des erstgeborenen. In Ihren Vierzigern könnte der Aspekt auf eine Liebesaffäre hinweisen oder auf Glück in geldlichen Dingen. Alle Ereignisse, die sich innerhalb eines realistischen Rahmens bewegen, sind möglich. Falls die Konjunktion im 10. Haus plaziert sein sollte, könnte das einen langersehnten Durchbruch in Ihrem beruflichen Leben bedeuten, insbesondere wenn Sie einen Beruf haben, der in einem für Venus typischen Bereich liegt.

Wenn Saturn, mit dem Sonnenbogen vorgeschoben, vom 6. ins 7. Haus wechselt, hat das nicht zwangsläufig zur Folge, daß eine Ehe in dieser Zeit nicht geschlossen werden kann. Diese Konstellation kann auf eine erhöhte Bereitschaft hinweisen, Verantwortung zu übernehmen oder auf die notwendige Disziplin, um eine Ehe oder ernste Partnerschaft einzugehen.

Wir möchten Ihnen vermitteln, wie Sie Ihren astrologischen Menschenverstand einsetzen können; und dabei spielt es keine Rolle, ob Sie ein Geburtshoroskop, ein progressives, ein dirigiertes oder irgendein anderes Horoskop interpretieren.

Das Horoskop von Rock Hudson

Da Übung den Meister macht und über jede Theorie erhaben ist, werden wir mit dem Horoskop des verstorbenen Schauspielers Rock Hudson, dessen bürgerlicher Name Roy Harold Scherer war, arbeiten. Er wurde am 17. November 1925 um 2.15 Uhr CST in Winnetka, Illinois, 42°06' Nord, 87°44' West geboren.

Untersuchung von Ereignissen in der Vergangenheit mit Hilfe des Sonnenbogens

Sie werden bei der nachfolgenden Darstellung sehen, wie leicht es ist, Ereignisse, die im Leben eines Menschen von Bedeutung waren, im Horoskop herauszuarbeiten. Wenn man herausfinden möchte, wie ein Klient in der Vergangenheit reagiert haben könnte, dann ist diese Arbeitsmethode unerläßlich. Außerdem läßt sie erkennen, ob Sie mit einem korrekten Geburtshoroskop arbeiten. (Sie wissen hoffentlich noch, wie wichtig es ist, das korrekte Geburtsdatum zu haben!)

Dem biographischen Material aus Rock Hudson, *His Story*, herausgegeben von Rock Hudson und Sara Davidson, und verschiedenen Zeitschriften und Zeitungsartikeln, konnten wir entnehmen, daß der Vater die Familie verließ, als Rock Hudson sechseinhalb Jahre alt war. Bei einigen Autoren wird Hudson mit den Worten zitiert, sein Vater habe die Familie »im Stich gelassen«. An anderer Stelle heißt es, »mein Vater war ein Opfer der Wirtschaftskrise und mußte uns verlassen.« Saturn, der in der Direktion auf ca. 18° im Skorpion stand, bildete in der Progression eine Konjunktion zur Sonne bei 24° 28', als Rock, noch den bürgerlichen Namen Roy Scherer tragend, sechseinhalb Jahre alt war. Saturn sowie die Sonne repräsentieren das innere Bild vom Mann im Horoskop. Ein anderer Aspekt, der im Alter von sechs Jahren entstand, war Merkur progressiv im Quadrat zu Uranus auf 21° 39' in den Fischen. Man kann annehmen, daß es zu verbalen Auseinandersetzungen und möglichen Androhungen, sich zu trennen, kam, bevor der Vater schließlich wirklich ging.

Der Vater in Rock Hudsons Geburtshoroskop

Die Sonne/Saturn-Konjunktion im Geburtshoroskop und das Quadrat von beiden Planeten zu Neptun zeigen eine mögliche Verwirrtheit gegenüber der Vaterfigur (auch dem Stiefvater) oder eine Idealisierung (Neptun) dieser Person an. Die Sonne/Saturn-Aspekte entsprechen dem männlichen Rollenvorbild (Sonne/Saturn) und zeigen sein Bedürfnis, sich gegenüber männlichen Personen oder Autoritätspersonen beweisen zu müssen. Diese Planentenkonstellation deutet außerdem auf eine Anlage zu innerer Unsicherheit hin.

Sein nicht-aspektierter Mars (keine Haupt- oder interplanetaren Aspekte) im Skorpion deutet auf ein anderes, für unsere Analyse interessantes, spezifisch männliches Bedürfnis hin. Eine nicht vorhandene Integration in das System der übrigen Planeten kann auf eine Überkompensation in den für Mars typischen Bereichen hinweisen, die auch ein ausschweifendes Sexualleben einschließen. Der Mars im Skorpion kann auch eine energetische Aufladung anzeigen oder zu hohe Geldausgaben, wenn er im 2. Haus steht. Diese Marsplazierung steht auch häufig dafür, daß jemand mit seinen Kräften Raubbau treibt.

Die Mutter im Geburtshoroskop und im Rückblick

Wenn wir unsere Untersuchung der Vergangenheit Hudsons mit Hilfe des *Sonnenbogens* fortsetzen, können wir erkennen, daß zu einem etwas späteren Zeitpunkt (kurz vor Rocks siebtem Geburtstag) der dirigierte Aszendent ein Sextil zum Mond bildete und der progressive Mond eine Konjunktion zu Merkur. Hier kam es wahrscheinlich zu einer sehr entspannten Phase, in der Mutter und Kind sehr viel Zeit miteinander verbrachten. Seine Mutter, Kay, spielte in Hudsons Leben eine sehr wichtige Rolle. »Sie war meine Mutter, mein Vater, meine große Schwester und mein bester Freund,« sagte er 1984 in einem Interview. »Und ich war ihr großer Bruder oder kleiner Bruder, ihr Sohn, Vertrauter und all das, egal mit wem sie verheiratet war.« Im Geburtshoroskop treffen wir auf einen Mond im Schützen im 3. Haus mit nur einem Aspekt, nämlich einer Konjunktion zu Merkur. Dies könnte ein Hinweis auf eine Mutter sein, die ihren Sohn Rock sein eigenes Leben leben ließ, ihm jedoch im Hintergrund mit ihrer Lebenserfahrung unterstützend zur Seite stand. Rock zitiert folgende Worte seiner Mutter: »Werde nicht zur Zielscheibe des Spotts anderer und mach auch mich nicht lächerlich.« Diese Konjunktion, die sich im 3. Haus befindet, könnte auch der Grund dafür sein, daß es ihm leicht fiel, mit ihr zu kommunizieren. Der Mond im 3. Haus kann auch auf eine Mutter hindeuten, die wie eine Schwester ist oder auf ein »mütterliches« Geschwisterteil.

Venus, die die zweite »Mutter« oder »weibliche« Person in einem Horoskop repräsentiert (der Mond ist die erste), steht im Steinbock im 4. Haus, in Opposition zu Pluto, der wiederum häufig als die dritte mögliche weibliche Person angesehen wird. Hier trifft diese Betonung zu, da die Planeten an der Achse des 4. und 10. Hauses stehen, die die Eltern repräsentieren. Hier könnten wir eine Erklärung dafür finden, warum Rock seine Mutter als starke (Venus in Opposition zu Pluto) und fürsorgliche (4. Haus) Person empfunden hat. Die Steinbock/Krebs- und Venus/Pluto-Achse könnte auch auf eine traditionsorientierte Person hinweisen, die ihrem Sohn gegenüber zu intensiven (Pluto) Gefühlsbekundungen fähig war.

Als Rock acht Jahre alt war, heiratete Kay Scherer, seine

Mutter, zum zweiten Mal. (Venus, die Aszendentenherrscherin, ist in der Sonnenbogendirektion kurz zuvor eine Konjunktion mit Jupiter eingegangen.) In den meisten Biographien erinnert sich Hudson daran, daß er seinen Stiefvater anfangs ganz gerne mochte und er deshalb auch den Nachnamen Fitzgerald angenommen hatte. Die Beziehung verschlechterte sich jedoch; und nach Aussagen Rock Hudsons in späteren Interviews schlug und beschimpfte ihn sein Stiefvater.

Sowohl Vater als auch Stiefvater werden von der Sonne, von Saturn, von Mars und dem 4. und 10. Haus dargestellt. Das Haus, das in Opposition zu dem Haus steht, das nach Rocks persönlichen Erleben seine Mutter darstellt, repräsentiert den Ehemann oder Partner der Mutter, egal ob dies ihr erster, zweiter oder dritter Lebensgefährte ist. Deshalb können die Schwierigkeiten, die Rock Hudson in der Beziehung zu seinem richtigen Vater erlebt hat, auch in der Beziehung zu seinem Stiefvater schließlich wieder auftauchen. Die Ehe der Fitzgeralds ging im Jahre 1943 auseinander, und Kay heiratete ein drittes Mal. Zu diesem Zeitpunkt hatte Hudson das Haus seiner Mutter jedoch schon verlassen, und er war materiell von ihr unabhängig.

Der Umzug nach Hollywood

Bereis mit zehn Jahren hatte Hudson verschiedene Jobs, um zum Lebensunterhalt seiner Familie beizutragen. Sein Stiefvater war des öfteren arbeitslos. In der Sonnenbogendirektion bildet der Aszendent ein Quadrat zu seiner Herrscherin, Venus, und das Medium Coeli eine Opposition zu ihr. Pluto, der das 2. Haus regiert, das für Einkommen steht, steht im Trigon zur Sonne im 2. Haus. Die Aszendentenherrscherin Venus bildet ein Sextil zu Uranus im 6. Haus, dem Haus der Arbeit.

Ein starker Einfluß des Sonnenbogens wird erkennbar, als Hudson mit 20 Jahren nach Hollywood umzog. Zwei sehr wichtige Quinkunxe sind erkennbar: der Aszendent zu Uranus und die Sonne zu Pluto; Saturn steht in Konjunktion zum Mond, Venus im Quadrat zu Mars und die Himmelsmitte im Trigon zu Uranus, um nur einige Aspekte zu nennen.

Der Umzug könnte der Wendepunkt in seinem Leben gewesen sein; als er jedoch stattfand, war er mit Anpassungsprozessen, neuen Lebensgewohnheiten und emotionalen Höhen- und Tiefflügen belastet (Quinkunxe = Anpassungen). Eine Zeitlang lebte Hudson mit seinem leiblichen Vater zusammen, der wieder geheiratet hatte und ein Geschäft für Elektrowaren besaß.

Es war schon immer Rocks Wunsch gewesen, Schauspieler zu werden, doch seine Chancen sahen anfangs nicht besonders gut aus. Er hatte Probleme, seinen Text zu behalten; und die Schauspielabteilung der Universität von Los Angeles lehnte ihn ab, da seine Noten nicht ausreichten. Jupiter, der im Geburtshoroskop das 3. Haus regiert, das für Lernen steht, und eine Konjunktion zu Venus hat, könnte auf eine Tendenz zur Selbstgefälligkeit hinweisen; zu der Erwartung, daß die Dinge sich schon irgendwie regeln werden, ohne daß man viel dafür tun muß; obwohl das Sextil von Jupiter zu Saturn auf die Fähigeit zu Disziplin hinweist. Das Sextil zu Uranus kann für Langeweile bei der Verrichtung von Routinearbeiten stehen. Merkur, der das 9. Haus regiert, das für höhere Ausbildungen oder Fortbildungen im Erwachsenenalter steht, bildet ein Quadrat zu Uranus und verstärkt damit Hudsons Wunsch, lieber ungewöhnliche Ziele zu verfolgen als gewöhnliche, wie zum Beispiel ein anstrengendes Studium.

Statt dessen arbeitete Rock bei seinem Versuch, in der Schauspielbranche Fuß zu fassen, als Briefträger, Staubsaugervertreter und Fernfahrer. Erst mit 23 Jahren hatte er endlich einen Agenten gefunden. Zu diesem Zeitpunkt bildete das dirigierte Medium Coeli (Status, Karriere) ein Trigon zur Sonne. Pluto (der Regent des 2. Hauses, das für Einkommen und Besitz steht) näherte sich einem Trigon zum Mond; und der Mond (der Regent der Himmelsmitte) näherte sich einer Opposition zu eben dieser Himmelsmitte; Neptun bildete ein Sextil zu Saturn, der das 4. Haus regiert, seinen Wurzelboden. Der dirigierte Aszendent stand im Sextil zu Neptun, dem Regenten des 6. Hauses, das Arbeit symbolisiert, und Uranus ist ein Quadrat zu Pluto eingegangen.

Die Bedeutung von Aspektfiguren beim Sonnenbogen (oder in der Progression)

Als Hudson zwanzig Jahre alt war, begann Uranus in der Sonnenbogendirektion auf 11° im Widder ein T-Quadrat zu bilden, wobei er gleichzeitig ein Quadrat zu Venus bildete und drei Jahre später eins zu Pluto, der wiederum in Opposition zu Venus stand. Man könnte sagen, daß dieses T-Quadrat bis zu seinem 28. Lebensjahr Einfluß ausgeübt hat, da Uranus durch die Verschiebung mit dem Sonnenbogen ein Quadrat zu Jupiter bildete, der seinerseits in Opposition zu Pluto stand. Zwischendurch gab es durchaus einige Jahre, in denen der Einfluß weniger stark spürbar war, und in denen es weniger Herausforderungen gab.

In den Lebensphasen, in denen eine Aspektfigur zustandekommt, aktiviert wird oder, wie bei einem T-Quadrat im Geburtshoroskop, vervollständigt wird, erleben Sie eine sehr aktive und bedeutsame Zeit. Das Herausarbeiten dieser Aspektfiguren ist ein wichtiger Bestandteil der Methode, die wir bei der Vorausschau verwenden, um einen möglichen Wendepunkt im Leben zu lokalisieren. Bei Hudson zum Beispiel waren die Jahre zwischen 20 und 28 (1945 bis 1953) die prägendsten Jahre für sein Liebesleben, seine Karriere und seine Zukunft.

Ein Hinweis darauf war nicht nur das auf der Grundlage des Sonnenbogens zustande gekommene T-Quadrat mit Uranus, sondern interessanterweise ein zweites T-Quadrat, das sich 1946 herausbildete, als Neptun (der Regent des 6. Hauses, das für Arbeit und Gesundheit steht) ein Quadrat vom 12. Haus zum Merkur im 3. Haus bildete. (Merkur ist im Geburtshoroskop der Regent des 9. Hauses, das höhere Bildung und Fernreisen symbolisiert, als auch des 12. Hauses, mit dem man unterbewußte Gefühle und hintergründige Geschehnisse in Verbindung bringt.) Zur gleichen Zeit näherte sich Neptun einer Opposition zu Uranus (der Regent des 5. Hauses, das Kreativität und Liebesaffären symbolisiert). Dabei handelte es sich offensichtlich um ein T-Quadrat, das mit wechselnder Intensität sechs Jahre lang bis 1952 große Bedeutung hatte.

Wenn Rock diese wichtigen Jahre beschreibt, spricht er von seiner Einsamkeit, als er neu nach Kalifornien kam: »Die Menschen waren nicht so freundlich wie im Mittleren Westen,« sagte er. »Es fiel mir schwer, Freunde zu finden.« In Long Beach gab es jedoch eine Homosexuellenszene, und Rock stolperte dort sozusagen hinein, nachdem er erst einige wenige homosexuelle Begegnungen während seiner Dienstzeit in der Marine gehabt hatte. Zum ersten Mal in seinem Leben wurde er mit einer größeren Gruppe Männer bekannt gemacht, die offen mit ihrer Sexualität umgingen.

Hier traf er einen für ihn besonderen Mann, der Ken Hodge hieß und eine »große Nummer« beim Radio war. Ken war 36 und Rock 21. Ken schien das zu haben, was sich Rock unter einem eleganten Lebensstil vorstellte: er war gut gekleidet und lebte in einem Penthaus. Angeblich entspann sich zwischen beiden eine Liebesbeziehung, und im Jahre 1947 zogen sie zusammen (der mit dem Sonnenbogen vorgeschobene Mars, der Regent des 7. Hauses, das für Partnerbeziehungen steht, bildete eine Konjunktion zur Geburtssonne). Ken setzte sich dafür ein, daß Rock seine ersten Bewerbungsfotos machen ließ; er kümmerte sich um seine äußere Erscheinung und stellte ihn 1948 Henry Willson vor, der bei den David O. Selznick Studios für die Auswahl und Förderung junger Talente verantwortlich war.

Willson wurde Rocks Agent, er schloß einen Vertrag mit Rock ab, und Ken mußte mit gebrochenem Herzen nach Long Beach zurückkkehren. George Nader, der Rock bis zu seinem Lebensende ein treuer Freund blieb, sagte: »Henry Willson war ein Ausbund an Schlechtigkeit.« Obwohl Willson ein bekannter Homosexueller und nicht besonders attraktiv war, hatte er die Fähigkeit, Talente zu entdecken und Karrieren aufzubauen, und tatsächlich brachte er Hudson groß heraus, der dadurch ein Star ersten Ranges wurde.

Als befreundete Stars wußten Rock und George, daß sie ihre Homosexualität nicht öffentlich zeigen konnten, und mit peinlicher Genauigkeit verwischten sie jede Spur. Dabei waren ihnen die Filmstudios natürlich behilflich. Die Öfffentlichkeit wußte nicht, daß George mit Mark Miller zusammenlebte und daß Rock mit Jack Navaar zusammenzog, den er 1952 kennenlernte. »Rock war ein sehr romantischer Mann,« sagte Jack. Wenn andere Leute zugegen waren, pochte Rock dreimal auf den Tresen oder sagte »eins-zwei-drei«, was ihr Geheimzeichen für »Ich liebe dich« war. An Sonntagen besuchten sie entweder Rocks Mutter, die in Arcadia lebte, oder Jacks Mutter, die in Santa Monica war.

Homosexualität im Horoskop

Dies bringt uns zu einer heiklen Frage: Ist Homosexualität aus dem Geburtshoroskop ersichtlich? Es gibt eine Anzahl sogenannter »Signaturen« für Homosexualität im Horoskop. Nach unseren Erfahrungen sind sie jedoch nicht zuverlässig und sollten daher skeptisch betrachtet werden. Unlängst veröffentlichte Statistiken besagen, daß ein Sechstel der Bevölkerung in den westlichen Industriestaaten bisexuell oder homosexuell ist. Sie können nicht alle die gleichen Signaturen haben. Tatsache ist, daß es auch für Religions- oder Rassenzugehörigkeit keine Signaturen gibt, und wenn man es nicht vorher weiß, geht aus dem Horoskop auch nicht hervor, ob die Person männlich oder weiblich ist.

Was wir jedoch feststellen können, ist, daß bestimmte psychologische Probleme zur Bevorzugung des eigenen Geschlechts führen können (oder viele andere Herausforderungen, die das Leben stellt). Schwierige Eltern-Vorbilder, dominante oder schwache Eltern, abwesende, lieblose, oder Eltern, die mit Worten verletzen, können Faktoren sein, die zu einer homosexuellen Entwicklung beitragen. Aber keine dieser problematischen Ausgangssituationen führt zwangsläufig zu Homosexualität. Sie könnten auch dazu beitragen, daß die Person Angst vor der Elternrolle empfindet, eine übertrieben große Verantwortung ihren Kindern gegenüber entwickelt oder eine Beziehung zu ihren Kindern hat, in der verbale Kränkungen an der Tagesordnung sind. Rückzug aus Beziehungen oder ein intelligentes Ausspielen der Macht, die man als Elternteil besitzt, könnten weitere Folgen sein, um hier nur ein paar Möglichkeiten aufzuführen.

In Hudsons Geburtshoroskop könnten die Radix-Sonne in Konjunktion zu Saturn und beide Planeten im Quadrat zu Neptun die Ursache für Störungen sein. Venus im Steinbock zeigt immer eine gewisse Unsicherheit bezüglich der eigenen Liebesfähigkeit an; Venus in Opposition zu Pluto im Horoskop eines Mannes könnte auf eine zu große Intensität von seiten der Mutter hinweisen, besonders dann, wenn Venus die Aszendentenherrscherin ist und beide Planeten in Eckhäusern stehen. Wassermann im 5. Haus, im Haus der Liebesaffären und Vergnügungen, könnte auf einen Genuß hinweisen, der einzigartig ist, andersartig oder die unterschiedlichsten Begegnungen einschließt. Stier im 8. Haus, im Haus der sexuellen Bedürfnisse, kann auf ein Liebesbedürfnis hinweisen, das sinnlich und greifbar ist, vielleicht mit einer zu großen Betonung, da Venus in Konjunktion zu Jupiter steht. Die Sonne im Skorpion und der unaspektierte Mars weisen darauf hin, daß Sex in Rocks Leben von großer Bedeutung ist.

Aber keiner dieser aufgeführten Faktoren besagt zwingend, daß Hudson homosexuell sein muß; sie besagen: Vorsicht, psychische Probleme könnten auftreten, die zu sexuellen Fixierungen, sexuellen Exzessen oder zu Homosexualität führen können.

Unausgeglichenheiten im Horoskop von Hudson

Hudsons Geburtshoroskop weist einige Unausgeglichenheiten auf. Im Horoskop gibt es keinen Planeten in einem Luftzeichen; jedoch sind sein Mond und Merkur im 3. Haus, dem Haus der Kommmunikation, und Neptun befindet sich im 11. Haus, dem Haus der Freunde und Gruppen, die beide als Lufthäuser bezeichnet werden. Wichtiger ist jedoch, daß sich sein Aszendent im Luftzeichen Waage befindet. Das bedeutet, daß alle Formen der Kommunikation für ihn wichtig werden, oder daß er spürt, daß er einen Mangel kompensieren muß. Diese ambivalenten Gefühle könnten abwechselnd in seinem Verhalten auftreten.

Es gibt keine Planeten im 1., im 5. und im 9. Haus (die dem Feuer zugeordnet werden), Mond und Merkur im Schützen und Neptun im Löwen, die alle in Feuerzeichen stehen, weisen auf eine weitere Unterbetonung hin, die kompensiert werden soll. So könnte Hudson zum Beispiel seinen Mars (den Planeten für Handlungen) und seinen Aszendenten (Körper und Persönlichkeit) als Betätigungsfeld benutzt haben, um diesen Mangel auszugleichen. Sein Mars und sein Aszendent weisen keine Aspekte zu anderen Planeten auf, sie sind nicht wirklich in das übrige Horoskop integriert und können deshalb leicht benutzt oder mißbraucht werden.

Die Biographin Sara Davidson schreibt in »*Rock Hudson, His Story*« folgendes: »Der Schauspieler, der in Hollywood die Rolle des romantischen Helden spielte, war in der Tat ein komplexer, geheimnisvoller Mann, der mit den Jahren rücksichtlos bei der

Befriedigung seines sexuellen Appetits wurde.« Sein Freund Jim Gagner fügte hinzu, daß »seine sexuelle Energie so stark war, daß man seine Hitze spüren konnte.« Mark Miller behauptet, daß Hudson eine Zeitlang so viel Gin trank, daß der Alkohol aus seinen Poren heraustrat. Auch nach seiner fünffachen Bypass-Operation im Jahre 1981 änderte er seine Ernährungsgewohnheiten nicht; er stellte sein Rauchen nicht ein, verringerte jedoch seinen Alkoholkonsum und nahm statt 15 Drinks nur noch zwei zu sich.

Hudsons Sonne und Aszendent

Dieser »komplexe, geheimnisvolle Mann«, wie Davidson ihn schildert, kann nicht nur mit seinen Unausgeglichenheiten oder Mängeln beschrieben werden, sondern auch mit dem starken skorpionischen Einschlag, der durch Hudsons Sonne, Mars und Saturn in diesem intensiven und komplexen Zeichen zustandekommt. Die mögliche Tendenz zu einem besitzergreifenden Verhalten in Kombination mit einer herausfordernd aspektierten Sonne und einem unaspektierten Mars im Skorpion scheint durch die Tatsache verstärkt zu werden, daß der Herrscher des Skorpion, Pluto, in einem großen Trigon in den Wasserzeichen steht, die gefühlsbetont sind und oft keine Grenzen kennen.

Ein anderer wichtiger Faktor, der zu Hudsons Komplexität beiträgt, ist der unaspektierte Aszendent in der Waage. Das grundlegende Wesen der Waage liebt den Frieden und die Harmonie, es möchte freundlich sein, und mehr als alles andere wünscht es sich, gemocht zu werden. In seiner Art kontaktfreudig, überzeugend und liebenswürdig suchte Hudson die Geselligkeit, aber nicht unbedingt das tiefere Einlassen. Und diese Waage-Komponente steht den meisten Skorpion-Bedürfnissen diametral entgegen.

Sein Freund George Nader beschreibt dieses Phänomen mit folgenden Worten: »Rock war ein Meister der Illusion, verschlagen und undurchdringlich, und er war fähig, in einem Moment unheimlich liebevoll zu sein und im nächsten herzlos. Es gibt nicht nur den einen Rock Hudson. Es gibt viele Rock Hudsons. Er stellt das dar, was dem Menschen, mit dem er gerade zusammen ist, gefällt, und er wird das Herz dieses Menschen erobern, koste es, was es wolle.«

Wir können Sara Davidsons Feststellung folgendes hinzufügen: »Wenn man versucht, Rock Hudson zu verstehen, ist es, als ob man eine Sphinx durchdringen wollte. Je mehr ich mich mit ihm beschäftigte, desto mysteriöser und unangenehmer wurden Einzelheiten aus seinem Leben ... Es war, als ob man auf ein Spinnennetz trat ... Hudson sprach selten mit anderen über seine Ängste und Gefühle, auch nicht mit seinen Liebhabern. Er war der erste, der einem Freund in Not half, der das Filmstudio verließ, um einen Freund zum Zahnarzt zu begleiten. Was er selbst wollte, was er plante, wohin er am Abend gehen würde, ließ er diesen Freund jedoch nicht wissen.«

Hudsons Heirat

Rock Hudsons Karriere war auf ihrem Höhepunkt, und um das Bild des romantischen Helden aufrechtzuerhalten, arrangierte Willson eine Heirat zwischen seiner Sekretärin, der hübschen Phyllis Gates, und Hudson. Sie brannten 1955 durch und ließen sich 1958 scheiden. Aber zu diesem Zeitpunkt war er bereits der Filmstar, der den Kinokassen das meiste Geld einspielte.

Davidson zitiert Gates in einem Interview aus dem Jahre 1986: »Mir war bisher nicht zu Ohren gekommen, daß unsere Heirat arrangiert gewesen sei. Ich glaubte die ganze Zeit, daß wir unsere Ehe mit guten Absichten begonnen hatten, aber jetzt glaube ich, daß sie nicht ehrlich war. Rock war ein Charmeur. Er schauspielerte von morgens bis abends.«

Zum Zeitpunkt ihrer Heirat hatte die mit dem Sonnenbogen vorgeschobene Sonne auf 24° 54' im Schützen gerade ein Trigon zum großen Illusionisten Neptun verlassen. Der normalerweise unaspektierte Aszendent, der zu dieser Zeit auf 1° 55' im Skorpion war, bildete fast eine Konjunktion zu Mars (ebenfalls unaspektiert), der der Herrscher des 7. Hauses ist, des Hauses der Ehe und Partnerschaften, während der MC bei 2° 10' im Löwen ein Quadrat zu Mars bildete. Der dirigierte Pluto, Herrscher von Mars und dem dirigierten Aszendenten, näherte sich auf 15° 06' im Löwen einem Trigon zu Merkur.

Sonnenbogendirektionen - 57. Lebensjahr

Rock Hudson

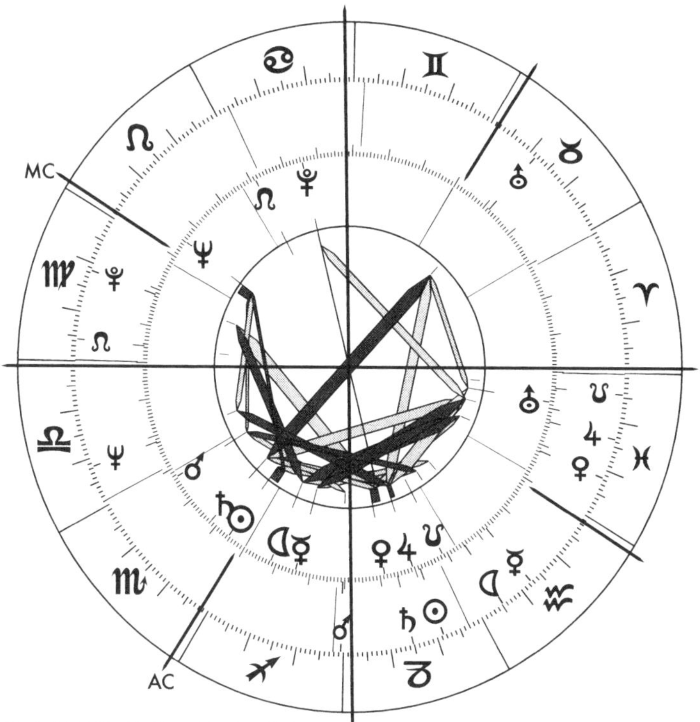

Sonnenbogen / Radix			
AC in ♐	Juni 83	MC in ♍	Apr. 83
AC△☊	Feb. 82	♇△♀	Aug. 81
AC in 3	Jun. 83	♆⚹♅	Nov. 81
♂ in ♑	Jun. 82		
♂☍MC	Feb. 84		
♄☍♇	Sep. 81		
♂□AC	Nov. 83		
☉⚹♅	Feb. 82		
☿⚹♇	Okt. 84		
♀□☽	Nov. 81		
♃□☿	Feb. 81		
♃△♄	Mai 83		
♅△♃	Nov. 82		

Sonnenbogendirektion (außen), Radix (innen)
Interaspekte Direktion/Radix: siehe Zeichnung

Alter 56, Bogen 56°55
87W44 42N06
Häuser nach KOCH/GOH

Hudsons Sonnenbogen für 1981
Eine fünffache Bypass-Operation

Selbstverständlich ist in Hudsons Geburtshoroskop weitaus mehr enthalten. In diesem Buch geht es jedoch darum, wie man ein Horoskop vorschiebt, und nicht wie man ein Geburtshoroskop deutet. Wir nehmen an, daß wir Ihnen mit den vorangegangenen Ausführungen genügend Informationen über die Potentiale und Reaktionsmöglichkeiten von Rock Hudson gegeben haben. Deshalb wollen wir fortfahren und ein Sonnenbogenhoroskop (siehe Seite 89) für Hudsons fünffache Bypass-Operation im November 1981 erstellen. (Berechnung siehe Anhang S. 335.)

Das erste, was uns auffällt, ist die Anzahl der Aspekte, die durch den Sonnenbogen im Jahr vor der Operation zustandekommen sind, und die Zahl derer, die sich im selben Jahr ankündigen. Das an sich deutet schon auf eine aktive Phase hin, die weder als gut noch als schlecht zu werten ist. Es ist einfach viel los. Die zweite Sache, die unsere Aufmerksamkeit auf sich lenkt, ist die Anzahl der Achsen oder Planeten, die im Begriff waren, das Zeichen oder Haus zu wechseln, denn dieses Phänomen deutet fast immer auf einen neuen Lebensstil oder eine sich ändernde Einstellung der Zukunft gegenüber hin.

Wir wollen die Veränderungen hier anführen: Der Aszendent auf 28° 24' im Skorpion würde Mitte 1983 in den Schützen wandern. Dabei würde er auch das 2. Haus verlassen. Die Himmelsmitte würde von 28° 39' im Löwen im Frühjahr 1983 auf 0° in der Jungfrau sein. Mars bei 29° 26' im Schützen würde im Sommer 1982 in den Steinbock und im Laufe des Jahres 1984 in das 4. Haus eintreten. Diese Veränderungen sollten einen Einfluß auf den Körper (Aszendent) von Rock Hudson haben, seinen Status/ Karriere (MC), sein Vertrauen in seine Antriebskraft (Mars) und darauf, wie die Öffentlichkeit ihn wahrnehmen sollte (Mars regiert das 7. Haus im Radix).

Da es hier um Rock Hudson, einen berühmten Hollywood-Schauspieler im Alter von 56 Jahren geht, könnte es auch um ein Gesichtslifting gehen oder um eine andere Schönheitsoperation, die seine äußere Erscheinung verjüngen beziehungsweise verändern würde. Besonders deshalb, weil Mars, der Planet, der für Einschnitte oder Operationen steht, auch betroffen ist. Wie wir rückblickend erkennen können, steht Mars in Hudsons Horoskop auch für sexuelle Angelegenheiten.

Wenn wir uns daran erinnern, wie wichtig Venus, die Aszendentenherrscherin, und Pluto, der Sonnenherrscher in Hudsons bisherigem Leben waren, sollten wir dem dirigierten Saturn, der eine Konjunktion mit Venus verläßt und nun eine Opposition zu Pluto bildet, ausreichend Aufmerksamkeit schenken. Saturn, Regent des 4. Radixhauses steht progressiv ebenfalls im 4. Haus und hatte drei Jahre vorher eine Konjunktion zur Aszendentenherrscherin Venus gebildet und steht nun in Opposition zum Sonnenherrscher Pluto. Dies könnte auf mögliche langanhaltende Gefühle der Selbstverleugnung oder Depression deuten, oder auch auf mögliche körperliche Schwächen, besonders da im Jahre 1985 die Konjunktion zu Jupiter innerhalb des Orbis sein würde; dies müßte nicht eintreten, wenn Hudson bereit wäre, diese Betonung auf andere Weise zu nutzen als er es bisher gewohnt war.

Die mit dem Sonnenbogen vorgeschobene Venus bildete genau im November ein Quadrat zum Mond, ein möglicher Hinweis auf einige Unruhen in Hudsons Liebesleben. Und wirklich bahnte sich eine Trennung von seinem langjährigen Freund und Geliebten, dem Publizisten und Manager Tom Clark, an. 1982 fing Hudson heimlich an, Marc Christian zu treffen. Schließlich zog Tom Anfang 1983 aus dem schönen Stuckhaus im spanischen Stil in Beverly Hills aus, und Marc zog ein.

Ebenso würde im November der dirigierte Neptun, der Regent des 6. Hauses, des Hauses der Gesundheit, im Quinkunx zu Uranus uns auffordern, Hudson freundlich daran zu erinnern, daß er mit seinen Ernährungsgewohnheiten, seinem Alkohol- und Drogenkonsum vorsichtig umgehen sollte und, wenn irgend möglich, seine Gewohnheiten mäßigen (die mit dem Sonnenbogen vorgeschobene Venus und Jupiter waren beide im 6. Haus) und daß er mehr als einen Arzt aufsuchen sollte zwecks unterschiedlicher Gutachten. (Fische im 6. Haus, Neptun am Quinkunx beteiligt).

Wir wären nicht hundertprozentig sicher gewesen, ob eine Krankheit in der Lebensphase 1981/82 schlimme Konsequenzen gehabt hätte, da es zu der Zeit auch viel Schutz gab. Die mit dem Sonnenbogen vorgeschobene Sonne bildete ein Sextil zu Uranus im 6. Haus. Eben dieser Uranus bildete in der Direktion ein Trigon zum Radix-Jupiter im 4. Haus, dem Haus des Beendens. Der dirigierte Jupiter bewegte sich auf ein Trigon zu Saturn zu, dem Regenten des 4. Hauses. Allen Berichten zufolgte erholte sich Hudson überraschend schnell nach seiner fünffachen Bypass-Operation.

Wäre Hudson unser Klient gewesen, hätten wir sorgenvoll beobachten müssen, daß er seine Lebensweise in keiner Weise verändert hatte und auch seine Lebenseinstellung keiner Überprüfung unterzog. Wir hätten uns Gedanken darüber gemacht, wie die Zeichen- und Häuserwechsel sich in seinem Leben auf lange Sicht widergespiegelt hätten. Im November 1983 hätten wir uns gefragt, welche körperlichen Herausforderungen oder auch Anforderungen bezüglich seiner beruflichen Karriere sich eingestellt hätten, da der normalerweise unaspektierte Mars zuerst im Quadrat zum Aszendenten und dann in Opposition zum MC gestanden hätte.

Während eines so aktiven Sonnenbogenjahres hätten wir mit Sicherheit alle weiteren Methoden untersucht, mit denen man das Horoskop vorschieben kann, um einige unserer Vermutungen zu bestätigen und nach positiven Betätigungsfeldern zu suchen, die helfen, die Energie zu kanalisieren.Das führt uns zum nächsten Kapitel, in dem wir ein kombiniertes progressives und dirigiertes Horoskop untersuchen. (Siehe Kapitel 7, Seite 131, und Kapitel 11, S. 207, für weitere Prognosemöglichkeiten)

Zusammenfassung

1. Machen Sie sich mit dem Geburtshoroskop vertraut, bevor Sie ein mit dem Sonnenbogen vorgeschobenes Horoskop analysieren. Bei der Anwendung dieser einfachen Methode mit der Entsprechung »1 Tag = 1 Jahr« ist es empfehlenswert, als erstes zurückliegende Aspekte zu untersuchen, um zu sehen, wie das Individuum die Energien umsetzte; und auch um zu überprüfen, ob Sie ein korrektes Horoskop haben. (Sie könnten ein fehlerhaftes Geburtsdatum haben oder auch einen Berechnungsfehler gemacht haben.)
2. Falls Sie durch die Untersuchung der Vergangenheit darauf aufmerksam geworden sind, daß ein bestimmter Planet oder bestimmte Planeten eine wichtige Rolle spielen, richten Sie Ihre konzentierte Aufmerksamkeit auf die Bewegung dieses

oder dieser Planeten. (Venus und Pluto im Horoskop von Hudson.)

3. Betrachten Sie nur die Aspekte vom Sonnenbogenhoroskop zum Geburtshoroskop; der Abstand der mit dem Sonnenbogen vorgeschobenen Planeten zueinander bleibt gleich.
4. Wenn Sie vorausschauen (oder zurückblicken), untersuchen Sie mögliche Aspektfiguren. Die Jahre, während derer eine solche Figur aktiv ist, sind Schlüsseljahre im Leben eines Menschen.
5. Untersuchen Sie, ob Planeten oder Achsen ein Haus oder Zeichen wechseln; in der Regel ist dies ein Hinweis auf eine andere Einstellung oder Lebensweise in der Zukunft.
6. Achten Sie darauf, ob im Sonnenbogenhoroskop gerade viel los ist; wenn ja, sollten Sie auf ein sehr dynamisches Jahr vorbereitet sein.
7. Schauen Sie im voraus auf neue applikative Aspekte und untersuchen Sie, ob ein ähnliches Muster mit Hilfe anderer Methoden auftaucht (sekundäre Progression, Transite, Neumonde, Solare).
8. Das Beste, was Sie als Astrologe tun können, besteht darin, Betätigungsfelder und positive Möglichkeiten aufzuzeigen, wie mit den Energien, die durch die planetaren Muster symbolisiert sind, umgegangen werden kann.

Behalten Sie bitte in Erinnerung, daß ungeachtet der Hinweise, die es gibt, Sie keine endgültigen Vorhersagen treffen können, da die Einstellung des Individuums und seine eigenen Aktivitäten seiner persönlichen Entscheidungsfreiheit unterliegen und deshalb der endgültige Ausgang einer Situation nicht vorhersagbar ist.

Kapitel 5

Progressionen und Direktionen

Sekundäre Progression und Sonnenbogendirektionen anhand des Horoskops von Rock Hudson

In Kapitel 4 untersuchten wir das Sonnenbogenhoroskop von Rock Hudson, das wir für seinen Geburtstag am 17. November für das Jahr 1981 berechnet hatten. In diesem Jahr mußte er sich einer fünffachen Bypass-Operation unterziehen, nach der er sich gut und auch recht schnell erholte. Wir hatten festgestellt, daß die kommenden Jahre sehr aktiv werden könnten und hielten es daher für angebracht, auch die sekundären Progressionen heranzuziehen, um einen tieferen Einblick und mehr Klarheit zu gewinnen.

Auf Seite 95 ist Hudsons Horoskop mit dem Sonnenbogen und den sekundären Planeten und Achsen in einer einzigen Horoskopzeichnung abgebildet. Das *Geburtshoroskop* ist im inneren Kreis abgebildet. Die *progressiven* Planeten und Achsen befinden sich im zweiten Kreis. Die mit dem *Sonnenbogen* vorgeschobenen Planeten und Achsen befinden sich im dritten Kreis des großen Horoskoprings.

In diesem Kapitel wollen wir zwei verschiedene Methoden zeigen, ein Horoskop aufzuzeichnen. Eine Methode wird anhand von Betty Fords Horoskop dargestellt. Hier werden die sekundären Achsen um das Geburtshoroskop eingezeichnet. Alle progressiven Planeten werden in den zweiten Kreis und die mit dem Sonnenbogen vorgeschobenen in den dritten Kreis eingetragen. Die andere Methode zeigen wir anhand von Rock Hudsons Horoskop. Hierbei werden im Unterschied zur ersten nur die Häuserspitzen markiert. Die Eintragung aller anderen Informationen wie der progressiven und dirigierten Planeten und Achsen erfolgt wie vorher beschrieben in den entsprechenden Kreisen. In Kapitel 7 werden wir Transite behandeln, und auf S. 95 u. S 107 finden Sie die Horoskope von Rock Hudson und Betty Ford so, wie die meisten Astrologen sie zeichnen

Auslösungen im 57. Lebensjahr

Rock Hudson

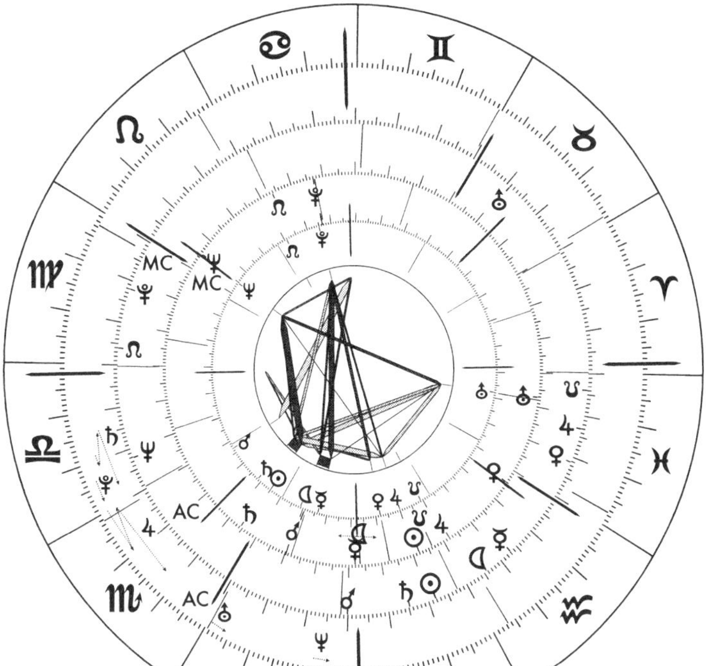

☉											
	☽										
	☌	☿									
			♀								
				♂							
⚹					♃						
☌			⚹		⚹	♄					
△		□			⚹	△	♅				
□					⚻	□	⚻	♆			
	⚻	⚻	☍		☍	△			♇		
⚹	⚹									A	
	⚻			△				⚹			M

Innenkreis: Radix mit Aspekten
2. Kreis: Sekundärprogessionen, Prog. Datum: 12.1.1926
3. Kreis: Sonnenbogendirektionen, Bogen 56°55'
4. Kreis: Radixhäuser mit den Transiten der Langsamläufer ab dem 17. 1. 1981 für 1 Jahr

17. 11. 1925 2:15 CST 8:15 GMT
Winnetka/Ill. 87W44 42N06
Häuser nach KOCH/GOH

würden. Dabei sind die sekundären Planeten, der Sonnenbogen und die Transite in ihrer korrekten Position eingezeichnet. Jedes Horoskop hat seine eigene persönliche Geschichte. Auch wenn sich die Geschichten unterscheiden, so sagen sie trotzdem auf ihre individuelle Weise auch das gleiche aus.

Rückblick mit Hilfe der sekundären Progression

Wenn wir Hudsons Vergangenheit betrachten, so stellen wir in seinem Horoskop einige auffallende Planetenaktivitäten fest. Die sekundäre Venus, die Aszendentenherrscherin, hat im Jahre 1986 ihre Geschwindigkeit erheblich verringert, bevor sie ihre Richtung änderte. (Siehe Kapitel 3). Sie bildete ein Quadrat zur Sonne und eine Opposition zu Neptun, wodurch ein T-Quadrat entstand. Ungefähr zur gleichen Zeit näherte sich Mars, der im Radix keine Aspekte hat, einer Konjunktion mit dem Mond. Aus früheren Erfahrungen wissen wir, daß die Wirkung dieser Planeten in Hudsons Horoskop eine wichtige Rolle spielt. Wäre er zu uns zur Beratung gekommen, dann hätte er uns vermutlich erzählt, daß sich im Jahr 1977 seine Alkoholprobleme deutlich verschlimmerten und daß er 1978 damit begann, regelmäßig Homosexuellenclubs in San Francisco aufzusuchen.

Etwa zur selben Zeit näherte sich die Sonne einer Konjunktion zu Jupiter, was uns einen weiteren Anhaltspunkt dafür gibt, daß er es mit dem »guten Leben« und den damit verbundenen Ausschweifungen eindeutig übertrieb.

Aktivitäten von November 1981 bis November 1982

Anhand dieser Erlebnisse aus Hudsons Vergangenheit und der Ereignisse, die wir bereits mit dem Sonnenbogen herausgearbeitet haben, können wir sehen, wie Hudson mit den durch die Planeten symbolisierten Energien umgegangen ist. Wir können feststellen, daß die Progression für das Gesamtjahr von November 1981 an gerechnet ein hohes Maß an Aktivität anzeigt, und auch der Sonnenbogen zeigt ähnlich viele Aktivitäten für den gleichen Zeitraum an.

Betrachten wir das einmal genauer:

Der *sekundäre Merkur* stand im November 1981 auf 1° 25' im

Steinbock im Quadrat zum Aszendenten; zu diesem Zeitpunkt wurde Rock Hudson am Herzen operiert. Er bewegte sich Anfang 1982 in das 4. Haus und bildete im Sommer 1982 ein Sextil zum Radix-Mars. Merkur, der im Geburtshoroskop das 9. Haus und das 12. Haus regiert, regiert in der Progression das 8. Haus (Sex oder Unterstützung durch andere) und das 11. Haus (Gruppenaktivitäten oder Freunde). Da Mars im Geburtshoroskop das 7. Haus regiert, könnte man einen guten Kommunikationfluß oder ein gutes Verhältnis (Merkur) zu einem Partner (7. Haus) erwarten; diese Beziehung könnte eher eine sexuelle als eine geschäftliche Beziehung sein; eine Beobachtung, die sich auf Hudsons früheren Gebrauch der Marsenergie stützt. (Im Spätsommer 1982 traf er Marc Christian.)

Der *sekundäre Mond*, der häufig als zeitlicher Indikator verwendet wird, wandert von 24° 34' im Schützen auf 9° 13' im Steinbock und bildet um seinen Geburtstag herum ein Trigon zum Radix-Neptun. Wir hatten an früheren Stellen Bedenken wegen Hudsons allgemeinen Gesundheitszustands angemeldet, aber dieses Trigon wäre eine weitere Bestätigung dafür, daß seine Gesundheit und sein Status in der unmittelbaren Zukunft geschützt sein würden (Neptun regiert das 6. Haus und der Mond den MC). Unterstützt wird dieser Umstand dadurch, daß im November der progressive Jupiter auf 1° 28' im Wassermann ein exaktes Trigon zum Aszendenten einging und der progressive Aszendent auf 14° 22' im Skorpion sich einem Trigon zum Radix-Pluto näherte (im April exakt).

Ebenfalls im April bildete der *sekundäre Mond* ein Quadrat zum Aszendenten. Diese Aspektenhäufung, die den Aszendenten betrifft (zu der noch die durch den Sonnenbogen entstandenen hinzukommen), gibt uns eine Menge Anhaltspunkte dafür, daß es hierbei um Hudsons physischen Körper und seine äußere Erscheinung geht. Das soll nicht heißen, daß sich die Konstellation unbedingt negativ auswirken muß; sie bedeutet in erster Linie, daß Hudson Herausforderungen und Veränderungen ausgesetzt ist. Außerdem bedeutet sie, daß er Ziele mit einer gewissen Leichtigkeit erreichen kann (Jupiter progressiv im Trigon zum Radix-Aszendenten) und leichte Genesung bei Krankheiten (der progressive Aszendent im Trigon zum Radix-Pluto) zu erwarten hat.

Im November 1981 bildete der sekundäre MC auf 24° 47'

im Löwen eine Konjunktion zum Geburtsneptun, dem Planeten des Scheins und Glanzes und des Geheimnisvollen, der Hudsons 6. Haus, das für Arbeit und Gesundheit steht, regiert. Hier haben wir ein weiteres Anzeichen dafür, daß seine Gesundheit oder seine Arbeit ihm die erneute Aufmerksamkeit der Öffentlichkeit beziehungsweise ein gewisses Prestige einbringen würden. Seine fünffache Bypass-Operation brachte ihm in der Tat ungeheuer viel Publicity!

Im Frühjahr 1982 wechselte der sekundäre Mond seine Zeichen- und Hausposition. Im Mai bildete er ein Sextil zu Mars und Anfang 1983 eine Konjunktion zur Venus. Der Regisseur Stockton Briggle sagt, daß Hudson nach der Bypass-Operation bereit war, sein Leben von Grund auf zu verändern. Folgendes sagte er zu Briggle: »Ich fühle mich wie jemand, dem eine zweite Chance gegeben worden ist. Es wird Zeit, daß ich selbst Entscheidungen treffe; daß ich das tue, was ich will . . . Ich habe genug von mittelmäßigen Rollen und mittelmäßigen Drehbüchern.« Briggle fügte hinzu: »Er verspürte eine Bitterkeit darüber, daß die langen arbeitsreichen Jahre beim Film so unbemerkt vorbeigezogen waren.« Doch anscheinend blieb es hauptsächlich bei den guten Vorsätzen, denn die einzige Veränderung, die er in seinem Leben vornahm, bestand darin, daß er aus dem Schlafzimmer, das er mit Tom teilte, auszog und eine Beziehung mit Marc Christian begann.

Vorausschau

Bei jeder Art von Voraussage ist es ratsam, auch die Vergangenheit zu untersuchen. Frühere Lebensumstände können nämlich Aufschluß darüber geben, an welchem Punkt ein Mensch heute steht. Ebenso wichtig ist der Blick nach vorne, um bedeutende Entwicklungen in der näheren Zukunft aufdecken zu können. Es ist wie bei der Wettervorhersage, bei der schon Tage vorher untersucht wird, ob ein Hurrikan in der entlegenen Südsee Einfluß auf die momentan herrschenden Windverhältnisse in Oregon haben könnte.

Auf diese Weise überprüfen wir auch, ob ein applikativer Aspekt eine Veränderung in der Einstellung eines Menschen bewirken könnte. In Hudsons Horoskop können wir feststellen, daß im Oktober/ November 1985 der progressive Mond bei 24°

im Wassermann ein *T-Quadrat* bildete; dabei ging er in Opposition zum Radix-Neptun und bildete ein Quadrat zur Radix-Sonne. Diese Konstellation ist ein Alarmzeichen, wenn man sich vergegenwärtigt, wie hilflos Hudson in früheren Lebensphasen mit Mond und Neptun umgegangen ist. Neptun regiert Hudsons 6. Haus, das Haus der Arbeit und der Gesundheit. Der Mond, der eine Widerspiegelung der emotionalen Seite des Menschen ist, regiert seinen MC (Status, Karriere), und zu diesem Zeitpunkt regiert die Sonne seinen MC progressiv. Neue Herausforderungen, die seine Karriere und seine gesellschaftliche Stellung betreffen, könnten ihn erwarten; außerdem steht diese Konstellation mit ziemlicher Sicherheit dafür, daß man mit Vorsicht an die Arbeit herangehen und behutsam mit seiner Gesundheit umgehen sollte.

Die Aspekte sind auch deshalb sehr beunruhigend, da zur selben Zeit der sekundärprogressive Aszendent sich einer Konjunktion zum *Geburtssaturn* näherte (1986 exakt), während sich der sekundärprogressive Saturn einer exakten Konjunktion mit der Radix-Sonne annäherte. Obwohl der zweite Aspekt seit der Geburt innerhalb des Orbis lag, spielt eine Konjunktion, die sich innerhalb weniger Zehntelgrade bewegt, ein große Rolle, insbesondere, da gleichzeitig eine Menge anderer Aspekte auftritt. Die progressive Sonne war bereits durch ein applikatives Quinkunx zum Radix-Neptun im Frühjahr 1985 stark beansprucht.

Da Saturn die Sonne und den Aszendenten aspektierte, stellt sich die Frage, ob Hudson bereit wäre, neue Aufgaben und mehr Verantwortung zu übernehmen oder ob er lieber eine Phase der körperlichen Schwäche erführe, besonders dann, wenn er Neptun mißbrauchen würde, indem er weiterhin seinen Körper durch Alkohol, Drogen etc. schädigen würde.

Man könnte auch seine Reaktion auf weitere Veränderungen in seiner Karriere oder seinem Status erwägen, da der sekundäre Jupiter Ende 1982 ein Quinkunx zum Radix-MC bildet; und im Herbst 1985 der progressive MC den theatralischen Löwen verläßt und in das bravere Zeichen der Jungfrau wandert.

Im Jahr 1983 verlor Rock Hudson enorm viel Gewicht, 1984 stellten die Ärzte dann fest, daß er an Aids erkrankt war. Wahrscheinlich hatte er sich schon 1978 infiziert. Obwohl man ihn mit einigen noch nicht klinisch erprobten Medikamenten in Frankreich behandelte, nahm die Krankheit ab Sommer 1985 ihren unerbittlichen Lauf. Sein alter Freund Tom Clark verbrachte die letzten Monate seines Lebens bei ihm und pflegte ihn fast 24 Stunden am Tag im Krankenhaus. Er begleitete ihn auch, als Hudson darum bat, zu Hause in seinem eigenen Bett sterben zu dürfen. Rock Hudson starb am 3. Oktober 1985.

Der Tod im Horoskop

Jeder Astrologe wird früher oder später mit einem Horoskop konfrontiert, das schwierige Aspekte aufweist – Aspekte, die einen beunruhigen können, besonders dann, wenn man mit den Umständen vertraut ist, die zu der entsprechenden Situation geführt haben, so wie es bei Rock Hudson der Fall war. Was hätten wir gedacht und was hätten wir gesagt, wenn er unser Klient gewesen wäre?

An dieser Stelle möchten wir ernsthaft betonen, daß es nach unserer Meinung nicht möglich ist, den Tod eines Menschen vorauszusagen. Da das Horoskop der betreffenden Person weiterlebt, können wir keine Aussage darüber treffen, wie sie der Herausforderung einer sehr schwierigen Situation begegnen wird. Das Mysterium und die Komplexität von Leben und Tod sind so groß, daß sie mit Hilfe festgelegter Regeln nicht vollständig zu erfassen sind.

Eine ältere Person zum Beispiel, die allein in einem Altersheim lebt, körperliche Schmerzen hat und sich überflüssig vorkommt, die das Gefühl hat, eine Belastung für ihre Familie zu sein, hätte wahrscheinlich ein Menge Trigone und Sextile, die auf eine Befreiung aus der bestehenden Situation hindeuten. Menschen, die überraschend einem gewaltigen Erdbeben ausgesetzt sind und zusammen mit Tausenden von anderen Menschen ums Leben kommen, können von einem kosmischen Ereignis erfaßt worden sein, das sich im Horoskop des betreffenden Landes widerspiegelt, aber nicht unbedingt in ihrem eigenen Geburtshoroskop. Jeder Tod wird von individuellen Umständen begleitet, von sehr persönlichen Gefühlen wie Widerstand, Frustration, Loslassen oder Verzweiflung. Deswegen weist jeder Tod im Horoskop unterschiedliche Aspekte auf.

Bei der Untersuchung von Horoskopen nach dem Tod der betreffenden Person stellten wir fest, daß häufig eine Reihe von Aspekten zu Jupiter (Loslassen, lange Reise, Horizonterweiterung) bestanden; auch bemerkten wir viele Quinkunxe (Anpassungen) in derartigen Horoskopen und einige Aspekte zu den Mondknoten – im Radix, progressiv, dirigiert oder im Transit. Aber – und das ist ein äußerst wichtiger, starker Einwand – man findet dieselbe Art von Aspekten in vielen Horoskopen, bei denen die betreffende Person noch jahrelang glücklich weiterlebt; und je nach den beteiligten Häuserstellungen können dieselben Aspekte auch viele andere bedeutende Aktivitäten anzeigen.

Das Horoskop selbst lebt weiter. In der Tat ist es faszinierend, das Horoskop einer verstorbenen Person für einen Zeitpunkt vorzuschieben, zu dem der Name wieder in der Presse auftaucht. Zum Beispiel Marilyn Monroe: Jedes Mal, wenn ihr Name wieder in den Medien erscheint, sei es wegen einer neuerschienenen Biographie oder irgendwelchem Klatsch, wird ihr Horoskop aktiviert. Beobachten Sie dieses Phänomen einmal selbst, bezogen auf das Horoskop irgendeiner berühmten Persönlichkeit, die gestorben ist und aus irgendeinem Grunde wieder in das Rampenlicht der Öffentlichkeit gerückt wird. (In Kapitel 8 gehen wir am Beispiel von Van Gogh näher auf diesen Umstand ein.)

In einem Horoskop können wir mögliche Schwierigkeiten, Herausforderungen, Gesundheits- und Eheprobleme sehen sowie Schwierigkeiten im Arbeitsleben, finanzielle Einbußen oder den Verlust einer nahestehenden Person. Der Verlust einer nahestehenden Person ist die *einzige* Möglichkeit, einen möglichen Tod voraussehen zu können, nämlich dann, wenn das Horoskop eines Freundes, eines Partners, eines Kindes, eines Geschwister oder Elternteils irgendeine Art von Trennung anzeigt.

Wäre Rock Hudson unser Klient gewesen, so hätten wir mit keinem Wort das Thema Tod erwähnt, sondern ihn lediglich auf mögliche Probleme hingewiesen. Darüber hinaus hätten wir ihm positive Schritte vorgeschlagen, um seine Schwierigkeiten zu überwinden. Wäre seine Mutter noch am Leben gewesen, so hätte ihr Horoskop den Tod oder die Trennung von einem Kind angedeutet. Das Horoskop von Marc Christian hätte den Verlust einer nahestehenden Person (7. Haus) anzeigen können, da er mit Rock Hudson zum Zeitpunkt seines Todes zusammenlebte. Falls er Rock Hudson nicht wirklich geliebt hatte, dann könnten das 5. Haus (Liebesaffären) oder auch das 2. Haus (Einnahmequelle) den Verlust angezeigt haben. Die Art von Beziehung, um die es sich handelt, muß geklärt sein, bevor eine Interpretation erfolgen kann.

Das Horoskop von Henry Kissinger zum Zeitpunkt seiner Bypass-Operation

Astrologische Interpretationen sind eine anspruchsvolle Kunst; und wir wollen noch einmal sicherstellen, daß Sie, verehrter Leser, nicht annehmen, daß alle großen Operationen oder Bypass-Operationen durch die gleichen Aspekte angezeigt werden, wie das bei Rock Hudson der Fall war. Deswegen fügen wir zum Vergleich das progressive und dirigierte Horoskop von Henry Kissinger auf Seite 111 bei. Das Horoskop wurde für den Zeitraum von einem Jahr, beginnend mit seinem Geburtstag im Mai 1980, berechnet. (Siehe Kissingers biographische Skizzen und Solarhoroskope in Kapitel 11, Seite 241; mathematische Berechnung siehe Anhang 1.)

Am 10. Februar 1981 hatte Henry Kissinger eine dreifache Bypass-Operation, und sein Vater starb am 6. März. Es ist hier sehr wichtig, daß wir seine Lebenseinstellung vor 1980 untersuchen. Das können wir tun, indem wir uns seine vergangenen progressiven und dirigierten Aspekte ansehen, so wie wir es für Betty Ford und Rock Hudson getan haben. In Kissingers Biographie erfahren wir, daß er bis 1976 Staatssekretär unter den Präsidenten Nixon und Ford war. Danach wurde er politischer Berater und ein erfolgreicher Autor, der viele Vorträge hielt und im Fernsehen auftrat.

Zu Beginn des Jahres 1980 können wir den dirigierten Saturn auf 8 ° 09' im Schützen im 6. Haus, dem Haus der Gesundheit, in Opposition zum Radix-Merkur sehen, während der mit dem Sonnenbogen vorgeschobene Mond (Emotionalität) auf 16 ° 58' im Schützen ein Quadrat zu den Mondknoten im Radix bildet. Der sekundäre Merkur (auf 0 ° 13' im Löwen) ist vom Krebs in den Löwen gewandert. Der mit dem Sonnenbogen vorgeschobene Aszendent (physischer Körper) bildet auf 17 ° 27' im Löwen ein Quinkunx zum Radix-Uranus. Neptun, ebenso mit dem Sonnenbogen vorgeschoben, bildet auf 10° 04' in der Waage ein Quadrat zum Radix-Pluto im 1. Haus, der zugleich Regent des 6. Hauses (Gesundheit) ist.

Sekundärprogressive Aspekte zum Geburtshoroskop

Um seinen Geburtstag im Jahre 1980 herum werden sich bei Kissinger schon einige körperliche Symptome bemerkbar gemacht haben. Den *sekundären Mond*, der durch das 6. Haus wandert (siehe Kapitel 2, Seite 52), könnte man als Bestätigung möglicher gesundheitlicher Probleme interpretieren, besonders da Kissinger im Verlaufe des Jahres eine Anzahl von Quinkunxen vom Mond zu den Planeten Mars, Venus und Pluto erfahren hat sowie auch eine Opposition zur Sonne und zu Merkur. Wir können außerdem feststellen, daß dieser sekundäre Mond ein Trigon zum progressiven Merkur, Mars und zum Aszendenten bildet, was auf ein Auflösen von emotionalem Streß oder auf eine relativ schnelle Genesung nach einer Krankheit hindeutet.

Der sekundäre *Mars*, der auf 4° 35' im Löwen ein *Sextil* zur *Radix-Sonne* bildet, bedeutet mögliche physische Stärke und Durchhaltevermögen, was wiederum ein stabilisierender Faktor bei Krankheit ist.

Kissingers *Sonne* ist vom Krebs in den Löwen gewandert. Der sekundäre Merkur hat eine ebensolche Bewegung vollzogen. Wenn die Sonne das Zeichen wechselt, deutet das auf wichtige Ereignisse im Leben hin und da es sich bei Merkur um Kissingers Aszendentenherrscher handelt, wissen wir, daß es um ein für ihn wichtiges Jahr geht. Wir hoffen, hiermit gezeigt zu haben, daß jedes Individuum einzigartig ist und daß sich deshalb auch Bypass-Operationen voneinander unterscheiden.

Sonnenbogen-Aspekte zum Geburtshoroskop

So wie Hudsons Horoskop hat auch Kissinger im betreffenden Jahr ein sehr aktives *Sonnenbogenhoroskop* mit vielen vergangenen, gegenwärtigen und zukünftigen Aspekten, die für ein aktives und bemerkenswertes Jahr stehen. Wenn wir uns auf die Bereiche Gesundheit und Genesung konzentrieren (das kommt relativ häufig vor, da ein Klient schon im voraus weiß, wann er sich einer Operation unterziehen muß und als Folge davon einen Astrologen aufsucht), stellen wir fest, daß der mit dem Sonnenbogen vorgeschobene *Uranus*, der Regent des 8. Hauses, dem Haus der operativen Eingriffe, auf 11° 42' im Stier in Opposition zu *Jupiter*, dem Planeten der Expansion und des Wachstums, steht. Wachstum und Expansion kann bei Tumoren schreckliche Folgen haben. Bei Bypass-Operationen ist es jedoch äußerst hilfreich, da die Venen, die die verstopften, zum Herz führenden Arterien ersetzen, wieder wachsen und sich erweitern müssen.

Der dirigierte *Merkur*, der Aszendentenherrscher, ist in das *3. Haus* gewandert, was jedoch nicht zwangsläufig Folgen für Kissingers Gesundheit haben muß. Diese Position kann jedoch auf ein unvergeßliches Jahr hinweisen.

Der mit dem Sonnenbogen vorgeschobene *Mars* auf 22° 00' im Löwen bildet ein *Sextil* zum *Radix-Mond* und später ein Sextil zum *Aszendenten*, was wiederum das Vorhandensein von positiver emotionaler und physischer Energie bestätigt. Der dirigierte *Pluto*, der Regent des 6. Hauses, das für Gesundheit und Gewohnheiten steht, bildet auf 04° 16' in der Jungfrau ein *Quadrat* zur *Sonne* (das Herz des Horoskops). Auch der dirigierte *Uranus*, der Regent des 8. Hauses, das für operative Eingriffe steht, bildet ein *Quadrat* zum emotionalen *Mond*. Hier handelt es sich um zwei Aspekte, die besorgniserregend sind. Sie könnten innere Anspannung, Nervosität und Gereiztheit hervorrufen und somit das Herz zusätzlich belasten. Das könnte ein Diskussionspunkt in einer Beratung sein, besonders dann, wenn der Klient bereits weiß, daß ihm eine Operation bevorsteht. Wenn nicht, dann sollten Sie ihm raten, besser auf seine Gesundheit aufzupassen. Er sollte sich von einem Arzt untersuchen lassen und das Leben etwas ruhiger angehen.

Daß es sich bei den kommenden Jahren um Schlüsseljahre handelt, läßt sich auch daran erkennen, daß der mit dem Sonnenbogen vorgeschobene *Uranus* auf 11° im Stier ein *T-Quadrat* bildet, indem er sich erst einer Opposition zum Geburtsjupiter nähert und dann im Jahre 1985 ein Quadrat zum Geburtsneptun bildet. Im Jahre 1989 wird Uranus ein weiteres T-Quadrat eingehen, indem er eine Opposition zur Himmelsmitte bildet, die er im Geburtshoroskop regiert (dabei ist das Quadrat zu

Neptun immer noch wirksam). Uranus hat in Kissingers Horoskop doppelte Bedeutung, da er im Geburtshoroskop Regent der Himmelsmitte ist und im fraglichen Zeitraum den progressiven Deszendenten regiert.

Betty Fords Horoskop mit Sonnenbogendirektionen

In Kapitel 1 untersuchten wir eingehend das progressive Horoskop von Betty Ford. Wir stellten kurz ihre Biographie vor, indem wir ihr Geburtshoroskop als Leitfaden für die astrologische Interpretation und ihre Autobiographie *The Times of My Life* als Tatsachenbericht zur Unterstützung verwendeten. Wir wählten die Jahre 1948 bis 1949 aus, um die sekundären Progressionen zu zeigen, da diese Zeit eine aktive Phase in ihrem Leben war. In dieser Zeit ließ sie sich scheiden und lernte ihren zukünftigen Ehemann Gerald Ford kennen. Sie zog von ihrer Heimatstadt nach Washington D.C. um und verlor ihre Mutter (ihr Vater war bereits tot).

Was können wir zusätzlich zu den sekundären Progressionen mit dem Sonnenbogen herausfinden? Können einige Ereignisse bestätigt werden, für die eine einzige Methode nicht ausgereicht hatte? (Siehe Horoskop, S. 107)

Rückblick

Wie wir bereits mit Hilfe der Sonnenbogendirektion anhand von Rock Hudsons Horoskop gezeigt haben (siehe Kapitel 4), ist es relativ leicht, wichtige Ereignisse aus der Vergangenheit mit dieser Methode zu bestimmen. Der Tod von Bettys Vater beispielsweise, der eintrat, als sie 16 Jahre war, kann astrologisch bestimmt werden, indem man 16° zu der Position ihrer Sonne (die den Vater repräsentiert) auf 18° im Widder addiert; wir erhalten eine Sonnenposition auf 4° im Stier mit einem Quadrat zum Geburtsneptun bei 4° im Löwen. Wenn wir Jupiter, der das 4. Haus (Zuhause) regiert und im 10. Haus (Autoritätsfigur/Vater) steht, um 16° vorschieben, kommen wir bei 25° in den Zwillingen an, und hier entsteht eine Konjunktion zum südlichen Mondknoten.

Bettys erste Heirat mit 24 Jahren können wir bestimmen, indem wir zu ihrer Himmelsmitte (Status) bei 2° in den Zwillingen 24° dazurechnen. Der entstehende dirigierte MC bildet auf 26° in den Zwillingen ein Trigon zum Geburtsuranus auf 26° im Wassermann. Wenn wir bei Jupiter 24° dazurechnen – er regiert das 4. Haus, das ihr Zuhause bezeichnet – rückt er auf 3° im Krebs vor und bildet eine Konjunktion zum Geburtspluto und ein Trigon zur Geburtsvenus. Wenn man den Aszendenten mit Hilfe des Direktionbogens im Alter von 24 Jahren vorschiebt, betritt er gerade bei 0° die Waage, was einen Neubeginn impliziert.

Wir könnten weitere Beispiele anführen, aber Ihnen ist bestimmt schon jetzt klargeworden, was wir Ihnen zeigen wollten. Nicht die Wirkungsweise einzelner Planeten steht im Vordergrund. Es geht in erster Linie darum, daß wichtige Ereignisse im Leben durch viele planetarische Aspekte bestätigt werden. Wenn das nicht der Fall sein sollte, überprüfen Sie noch einmal, ob Sie das Horoskop richtig berechnet haben (falscher Geburtstag, falsche Geburtszeit, falscher Geburtsort); vielleicht hatte das Ereignis für die betreffende Person auch keine so große Bedeutung.

Betty Fords Sonnenbogenhoroskop für das Jahr 1948

Wenn wir das vorhergehende Jahr betrachten – etwas, was wir immer tun sollten, um den Klienten besser verstehen zu können – dann stellen wir fest, daß im Frühjahr 1947 der dirigierte *Jupiter*, der Regent des Hauses, das für Wurzeln und Heim steht, ein *Sextil* zum *Radix-Merkur* bildete, dem Regenten des Hauses, das für Status und Karriere (MC) steht. Sie hatte sich gerade von ihrem Ehemann getrennt und war in ihren Beruf in der Modebranche zurückgekehrt. Man kann auch sagen, daß sie neue Möglichkeiten (Sextil) entdeckte und einen anderen Status erhielt, wofür der MC steht. Zur selben Zeit bildete der dirigierte *Neptun*, der Regent des 7. Hauses (Ehepartner), eine *Opposition* zur *Radix-Venus*, dem Planeten der Liebe und Zuneigung, was auf eine mögliche Trennung von einem nahestehenden Menschen oder auf eine Veränderung in einer Beziehung deutet.

Im Herbst 1947 bildete der mit dem Sonnenbogen vorgeschobene Pluto, der Regent des 3. Hauses, ein Sextil zum MC, was auf Möglichkeiten in bezug auf Karriere, Status und

Auslösungen im 31. Lebensjahr

Betty Ford

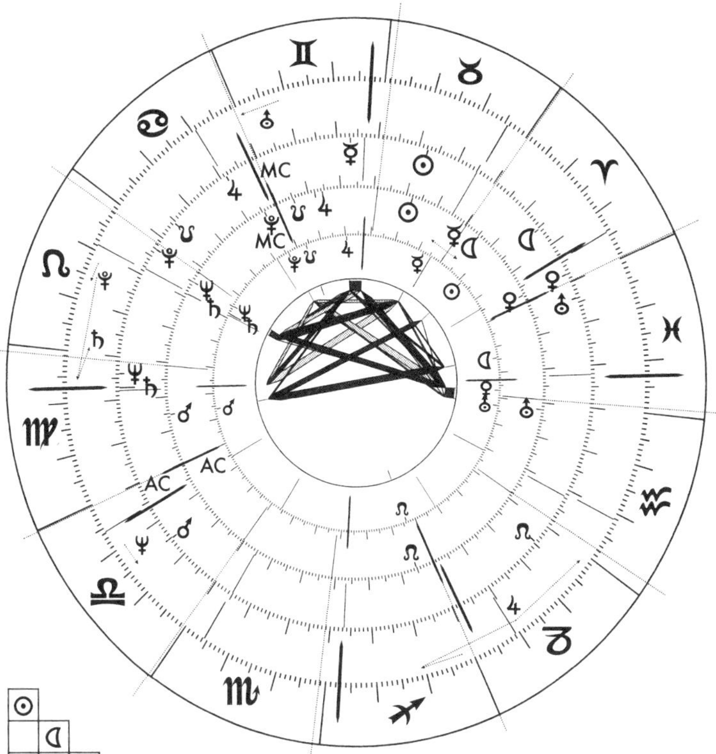

☉											
	☽										
	✱	☿									
		✱	♀								
⚻	☍			♂							
	□		□	□	♃						
		□	⚻		✱	♄					
✱			☌				♅				
		□	⚻		✱	☌		♆			
		✱	△				△		♇		
		△			□				✱	A	
			□		☌	✱	□	✱			M

Innenkreis: Radix mit Aspekten
2. Kreis: Sekundärprogessionen, Prog. Datum: 8.5. 1918
3. Kreis: Sonnenbogendirektionen, Bogen 29° 14′
4. Kreis: Radixhäuser mit den Transiten der Langsamläufer ab dem 8.4.1948 für 1 Jahr

8.4.1918 15:46 CWT 20:46 GMT
Chicago/Ill. 87W39 41N52
Häuser nach KOCH/GOH

Egobereiche schließen läßt sowie auf ihre Fähigkeit, ihre Kommunikationsfähigkeiten zu verbessern. Ihre Karriere begann sich zu entfalten, sie organisierte erfolgreiche Modeshows und – was noch noch wichtiger ist – sie lernte Gerald Ford kennen.

Im Winter 1947/48 gibt es ein *Quinkunx* vom dirigierten *Pluto* zu *Venus*. Betty beschreibt mit eigenen Worten ihre Gefühle und das Bedürfnis, etwas zu verändern und Anpassungen vorzunehmen: »Ich bin mir nicht ganz sicher, an welchem Punkt genau ich die Grundregeln, die Jerry und ich und aufgesetzt hatten, in Frage zu stellen begann. Wir hatten vereinbart, unsere Beziehung nicht zu ernst werden zu lassen, aber plötzlich stellte sich in meinem Inneren die Frage, ob ich jetzt nicht alles zerstören würde, wenn ich mich in einen Mann verliebte, der nicht wollte, daß ich ihn liebte. Dann befürchtete ich auch, daß er vielleicht noch ein bißchen vernarrt in das New Yorker Modell war.« Sie waren vier Jahre miteinander ausgegangen, und in der Zeit, als Jerry im Krieg war, hatte sie einen anderen Mann geheiratet – und war auch schon wieder geschieden. »Weihnachten stand vor der Tür; Jerry ging für drei Wochen nach Sun Valley, und ich mußte in Grand Rapids bleiben (da in ihrer Branche Hochsaison war, konnte sie zu dieser Zeit keinen Urlaub nehmen), aber ich war eifersüchtig.«

Zu Beginn des Jahres 1948, im Februar, bildete der mit dem Sonnenbogen vorgeschobene Saturn eine Konjunktion zu Bettys Aszendenten im Geburtshoroskop, und tatsächlich machte Jerry ihr im Februar einen Heiratsantrag. Betty war bereit, die Verantwortung für eine nochmalige (da sie bereits verheiratet gewesen war) Ehe einzugehen. Ein sehr positiver und richtig eingesetzter Gebrauch des Saturns am Aszendenten.

Die Bestätigung früherer Trends

Welche Aspekte bestätigen einige der Möglichkeiten, die wir bereits in der sekundären Progression erarbeitet haben? Beginnen wir mit den wichtigsten: ihrer Freundschaft und späteren Heirat mit Gerald Ford und ihrem Umzug nach Washington, D.C.

Der dirigierte *Jupiter*, der Regent des 4. Hauses (Zuhause), war kurz vor einem Häuserwechsel, und zwar vom 10. Haus ins 11. Haus, was auf eine wichtige Veränderung in den Angelegenheiten deutet, die Jupiter betreffen: ihre Wurzeln, ihren persönlichen Hintergrund und ihr Zuhause. Der dirigierte *Neptun*, der Regent des Partnerschaftshauses, bildete ein *Sextil* zum *Radix-Pluto*; *Saturn*, der Bettys 5. Haus, das für Liebesangelegenheiten steht, regiert, bildete ein *Trigon* zum *Radix-Merkur*, dem Regenten des Aszendenten im Geburtshoroskop.

Die dirigierte *Venus* bildete auf 01° 49' im Widder ein *Sextil* zum *MC*, was ein ziemlich wichtiger Aspekt ist, da sie im Radix ein Quadrat bilden. Dieser Aspekt gab Betty die Chance, den für ein Quadrat charakteristischen Herausforderungen zu begegnen, um neue Möglichkeiten in der Liebe zu finden und den Bereich Status/Ego aufzubessern. Eine ähnliche Situation wurde verstärkt, als das Radix-Trigon von *Merkur* zum *Aszendenten* in der Sonnenbogendirektion zu einem Quadrat wurde. Dadurch erhielt Betty die Möglichkeit, den Fluß und die Leichtigkeit der Energie im Geburtshoroskop auf neue Weise anzuwenden. Sie tat das, indem sie Gerald Ford heiratete. Merkur regiert ihren Aszendenten und ihre Himmelsmitte im Geburtshoroskop, und ihre Verlobung und Heirat brachten ihr eine völlig neuartige Art von Leben. Das *Quinkunx* zwischen dem dirigierten *Mars* und dem *Radix-Mond* ist ein weiterer Indikator dafür, daß sie in ihrem Gefühlsleben Veränderungen vornehmen sollte und daß sich der Schwerpunkt ihrer Aktivitäten auf neue Bereiche verlagern sollte, nachdem sie Gerald Ford kennengelent hatte.

Sie hatte schon in ihrer Verlobungszeit mit einigen der anstehenden Anpassungsprozesse (Quinkunxe) begonnen, als sich Jerry dafür entschied, für einen Sitz im Abgeordnetenhaus zu kandidieren. So schreibt sie: »Die nächsten Monate waren verrückt . . . Mir war nicht klar, was es bedeutet, für den Senat zu kandidieren . . . Es war einfach zuviel. Man fing an, Verlobungsparties für uns zu geben . . . Jerry stürzte sich wie ein Besessener in den Wahlkampf, und ich übte weiterhin meinen Beruf aus. Jeden Abend nach Geschäftsschluß ging ich in Jerrys Büro, um dort Briefumschläge zuzukleben . . .So konnte ich erkennen, wie mein zukünftiges Leben aussehen würde . . . Seine Familie gab uns das Probe-Hochzeitsessen; Jerry kam zum Cocktail, aber als das Abendessen serviert wurde, mußte er gehen, um irgendwo anders eine Rede zu halten . . . Zum Nachtisch war mein Verlobter dann rechtzeitig wieder da.«

Die schon erwähnten Aspekte bestätigen, was wir bereits im progressiven Horoskop gesehen hatten. Auch erhalten wir einen besseren Zeitrahmen. Wir haben herausgefunden, daß die Sonnenbogenmethode, bei der alle Planeten mit der gleichen Geschwindigkeit vorgeschoben werden, sich besser für die zeitliche Einordnung von Ereignissen eignet als die sekundäre Progression mit Ausnahme des sekundären Mondes. Machen Sie sich jedoch mit der zeitlichen Festlegung nicht verrückt. Sie ist dann wichtig, wenn Ihr Klient sie benötigt (für ganz bestimmte Ereignisse wie Vertragsunterzeichnungen, Geschäftsabschlüsse etc., die in einem festgelegten Zeitrahmen stattfinden). Es ist besser, die gefühlsmäßige Einstellung zu dem vorliegenden Gesamtjahr zu diskutieren als spezifische Aktivitäten für einen bestimmten Monat oder ein bestimmtes Jahr.

Vorausschau

Ähnlich wie die Progressionen weisen die Sonnenbogendirektionen auf ein glanzvolles (Pluto-Konjunktion zu Neptun) Jahr voller Liebe (MC im Trigon zu Venus) hin, ein sehr aktives Jahr, in dem sie ihre Fähigkeiten, mit ihrem Partner zu kommunizieren (Merkur im Sextil zu Saturn) verbessern kann. Natürlich mußten viele Veränderungen vorgenommen werden; jede frischvermählte Braut und jeder Bräutigam gehen durch diese Erfahrung (Aszendent im Quinkunx zu Merkur und Mond im Quinkunx zu Mars).

Das Jahr, in dem Bettys erstes Kind geboren wurde – am 14. März 1950 wurde ihr Sohn Mike geboren – zeigt wiederum eine Betonung des gesellschaftlichen Status (sie wurde Mutter, MC in Konjunktion zu Pluto). Sie gebar ein Kind, und die Beteiligung ihres Körpers wird durch Venus (Herrscherin des dirigierten Aszendenten) im Aspekt zu Pluto angezeigt, der ihr 2. Haus regiert. Damit gingen auch eine Veränderung oder Intensivierung ihres Wertmaßstabs einher, da Pluto ihr 2. Haus progressiv regiert.

Unterschiede durch das Weglassen oder Miteinbeziehen von progressiven Häuserspitzen

Im Horoskop von Rock Hudson (Seite 95) befinden sich die Geburtsplaneten, die progressiven und dirigierten Planeten

Auslösungen im 58. Lebensjahr

Henry Kissinger

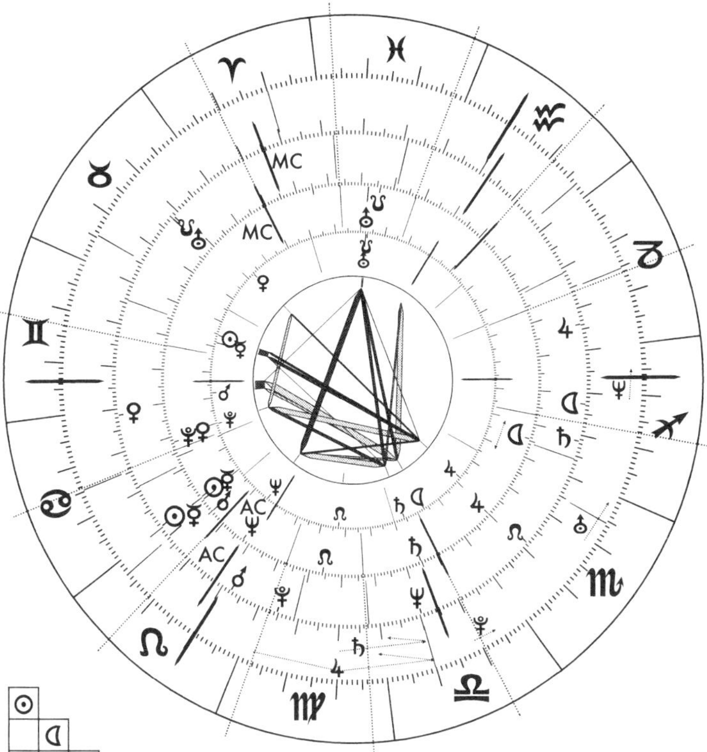

☉											
	☽										
☌		☿									
			♀								
	△			♂							
⚻		⚻	☍		♃						
		△				♄					
	⚻				△	⚻	♅				
	✱				□	✱	⚻	♆			
			✱		△	□			♇		
	△			☌			□			A	
	△					△					M

Innenkreis: Radix mit Aspekten
2. Kreis: Sekundärprogessionen, Prog. Datum: 23. 7. 1923
3. Kreis: Sonnenbogendirektionen, Bogen 54°26′
4. Kreis: Radixhäuser mit den Transiten der Langsamläufer ab dem 27. 5. 1980 für 1 Jahr

27. 5. 1923 5:30 MEZ GMT 4:30
Fürth/D 10E59 49N29
Häuser nach KOCH/GOH

allesamt in ihrem richtigen Horoskopkreis; die Häuserspitzen des Geburtshoroskops sind eingezeichnet, die progressiven und dirigierten Achsen sind jedoch nicht eingezeichnet, sondern nur erwähnt. Sie sind sicher mit uns einer Meinung, daß unsere Beschreibung sehr tiefgehend war und keine Lücken bei der Interpretation aufwies. Hierbei handelt es sich um eine angemessene Vorgehensweise, ein vorgeschobenes Horoskop für ein bestimmtes Jahr zu interpretieren; und ehrlich gesagt: Es ist leichter, es ohne die progressiven Häuserspitzen aufzuzeichnen.

Warum sollten wir uns dann noch mit der anderen Methode beschäftigen? Es gibt eindeutige Gründe hierfür, denn einige weniger deutliche Punkte entdecken wir erst, wenn wir die progressiven Häuserspitzen einzeichnen. Lassen Sie uns das Horoskop von Henry Kissinger (Seite 111) als Beispiel nehmen. Im Geburtshoroskop haben das 5. und 11. Haus eine Größe von 50°. In der Progression für das Jahr 1980 sind das 5. und das 11. Haus auf 31° geschrumpft, dagegen sind die Häuser an der Achse 4./10. Haus bis auf 52° angewachsen. Das gibt uns Auskunft darüber, daß die Häuser, die für Zuhause und Karriere stehen, an Bedeutung gewonnen haben, während das 5. und das 11. Haus – Häuser, die für Liebe/Kreativität/Kinder beziehungsweise Gruppen/Freunde stehen – in ihrer Bedeutung zurückgetreten sind. Wenn es Sie interessiert, dann können Sie in einer Häusertabelle bei der Länge 49° 26' Nord nachprüfen, wann die Veränderung angefangen hat.

Eine andere erwähnenswerte Feinheit liegt darin, daß nicht nur ein progressiver Planet, der in ein neues Radix-Haus eintritt, sondern auch ein Radix-Planet, der in ein neues progressives Haus fällt, von Bedeutung ist. In Kissingers Horoskop für das Jahr 1980 steht der Radix-Pluto auf 09° 58' im Krebs nun im 11. Haus progressiv. Er ist vor fünf Jahren dorthin gewandert, als die Spitze des 12. Hauses auf 10° im Krebs vorrückte. Man kann berechnen, wann der Radix-Saturn im 4. Haus progressiv sein wird oder der Radix-Mond im 3. Haus progressiv etc.

Dieser Punkt ist für die allgemeine Interpretation nicht von Bedeutung, sollte sich jedoch ein Klient (wie wir dies bei Kissinger gezeigt hatten) einer Operation unterziehen wollen, dann können die progressiven Häuserspitzen Hinweise geben. Bei Kissinger zeigte das Horoskop, daß der progressive Mond im

6. Haus ist, während das 6. Haus progressiv mit dem 8. Haus im Radix fast zusammenfällt und keinen Planeten enthält. Ins 8. Haus progressiv fallen sowohl der Radix- als auch der progressive Uranus; die beiden südlichen Mondknoten (wahrer und mittlerer) befinden sich auch hier. Sowohl Mond als auch Uranus im 6. Haus deuten auf ein mögliches Auf und Ab hin; wir müssen hier mit einer labilen gesundheitlichen Verfassung rechnen.

Wäre Betty Ford Ihre Klientin, so könnten Sie ihr Horoskop auf das Jahr 1974 vorrücken, als ihr eine Brust amputiert wurde, oder auf das Jahr 1978, als sie sich nach Alkohol- und Drogenmißbrauch wieder in die Gesellschaft eingliedern konnte.

Anhand von Betty Fords Horoskop läßt sich ein weiterer wichtiger Grund dafür aufzeigen, warum man die progressiven Häuserspitzen beachten sollte. Wenn Sie für das Jahr 1948 ihre Häuserspitzen im Geburtshoroskop mit den progressiven vergleichen, werden Sie feststellen, daß das 4. und das 10. Haus progressiv eingeschlossen sind – was im Radix nicht so war. Hier handelt es sich um die Zeichen Krebs und Steinbock. Jungfrau erscheint sowohl im 12. als auch im 1. Haus und die Fische im 6. und 7. Haus. Der Einschluß der Häuser begann 1947 und wird vor Ende 1948 beendet sein. Zu diesem Zeitpunkt wird das Zeichen Krebs am MC sein; Zwillinge und Schütze werden im 3. und im 9. Haus eingeschlossen sein; Widder/Waage befinden sich dann am Deszendenten/8. Haus beziehungsweise Aszendent/2. Haus.

Hierbei handelt es sich vielleicht nicht um eine weltbewegende Entdeckung, es ist jedoch eine Hilfestellung bei der Erklärung, daß Pluto – der im 10. Haus progressiv eingeschlossen war – sich weniger offen, möglicherweise ein wenig vorsichtiger äußerte.

Zusammenfassung

Bei Anwendung beider Methoden, der sekundären Progression und der Sonnenbogendirektion, erweitert sich Ihr Blickfeld. Ein Großteil der alten Informationen wird bestätigt und neue Informationen kommen hinzu.

1. Beachten Sie, daß Sie keine Aspekte von progressiven Planeten zu dirigierten Planeten verwenden. Hierbei handelt es sich um zwei unterschiedliche Methoden, und es wäre, als ob Sie Äpfel und Orangen zusammenzählen würden. Beziehen Sie jede Methode nur auf das Geburtshoroskop.
2. Untersuchen Sie sowohl bei der Progression als auch bei der Direktion immer bereits vergangene Aspekte und versuchen Sie, in einem Gespräch mit Ihrem Klienten, Ihrem Freund oder Ihrem Verwandten herauszufinden, was im vergangenen Jahr passiert war. Dabei gewinnen Sie nicht nur einen Einblick in die gegenwärtige Situation der Person, sondern erfahren auch, wie die betreffende Person auf bestimmte Planetenkonstellationen reagiert hat.
3. Wenn Sie das betreffende Jahr untersuchen, suchen Sie nach möglichst vielen Bestätigungen, bevor Sie eine definitive Aussage treffen. Packen Sie Ihren Klienten in keine Schublade oder legen Sie ihn nicht auf ein konkretes Ereignis fest; denn es könnte sein, daß die Ereignisse gar nicht eintreten oder aber, daß Sie diese hervorrufen, indem Sie sie voraussagen. Machen Sie nur Aussagen über Trends und darüber, welche Häuser betont sind (das 5. Haus kann auf Liebesbeziehungen deuten, kreativen Ausdruck, Kinder etc.) und lassen Sie den Klienten entscheiden, um was es für ihn gehen könnte.
4. Obwohl man den sekundären Mond und die Sonnenbogenplaneten für einen bestimmten Monat berechnen kann, ist es unklug, sich oder den Klienten auf solch einen engen Zeitraum festzulegen. Die planetarischen Themen können in manchen Fällen schon vorher begonnen haben; bei einigen mögen sie zum exakt berechneten Zeitpunkt eintreten und bei anderen später. Auch hier sei wieder gesagt, daß der Klient Raum für Wachstum braucht. Das ganze Jahr sollte angesprochen werden; machen Sie höchstens Vorhersagen wie »diesen Sommer« oder »nächstes Frühjahr«.
5. Behalten Sie in Erinnerung, daß Sie immer über die Ränder des betreffenden Jahres hinausblicken sollten, und wenn Sie wichtige Entwicklungen voraussehen – wie ein sich anbahnendes T-Quadrat oder ein T-Quadrat, das zu einem großen Kreuz wird, Häuser oder Achsen, die ihr Zeichen oder Haus wechseln, oder Planeten, die ihre Richtung ändern – dann

diskutieren Sie die mögliche Entwicklung mit ihrem Klienten.

6. Untersuchen Sie, ob ein Aspekt im Radix sich in der Progression oder in der Direktion verändert hat (Trigon in ein Quadrat, Opposition in ein Trigon, Quinkunx in eine Opposition etc.). In diesem Falle sollten Sie diesem Aspekt große Aufmerksamkeit zukommmmen lassen und ihn als eine Chance interpretieren, die Energie des Geburtshoroskops auf andere Weise (hoffentlich positive) anzuwenden.
7. Ihr astrologisches Grundwissen ist Grundlage für die Interpretation. Es spielt keine Rolle, ob es sich um ein Geburts-, um ein progressives oder dirigiertes Horoskop handelt. So ist zum Beispiel bei der Geburt eines Kindes das 5. Haus angesprochen, Krankheit oder ein operativer Eingriff stehen mit dem 6. oder dem 8. Haus in Zusammenhang, Heirat mit dem 7. oder dem 10. Haus. Wenn Sie mit der Interpretation des Geburtshoroskops vertraut sind, dann können Sie auch jede andere Art von Horoskop beschreiben. Der Tod ist nicht aus dem Geburtshoroskop zu erkennen, wird aber manchmal im Horoskop von Verwandten oder nahestehenden Personen angezeigt.

Kapitel 6

Der sich verändernde Aszendent und die Sonne

Das Geburtshoroskop stellt ein Abbild des Himmels zum Zeitpunkt der Geburt dar und zeigt als solches die Möglichkeiten, Fähigkeiten, Talente, Hauptschwierigkeiten sowie Charaktereigenschaften und -mängel des Horoskopeigners an. Wie wir jedoch wissen, ist das Geburtshoroskop kein statisches Bild. Weder die Sterne noch die Planeten stehen bei der Geburt eines Menschen still; somit ist das Horoskop lediglich eine Momentaufnahme. Die Planeten und Häuserspitzen bewegen sich auch weiterhin vorwärts, und es gibt viele Methoden, um diese Vorwärtsbewegung zu messen. In diesem Buch werden die meisten dieser Methoden besprochen, aber im Moment wollen wir uns darauf konzentrieren, was geschieht, wenn der Aszendent oder die Sonne ihre Position im Geburtshoroskop verändern und in das nächste Zeichen wandern.

Das 1. Haus ist das Haus des »Ich bin« beziehungsweise des »Hier bin ich«; aber über kurz oder lang wird das zu der Frage »Wer bin ich?«. Wir alle müssen verschiedene Zyklen durchlaufen; wir alle müssen lernen und wachsen, aber jeder von uns tritt durch eine andere Tür ins Leben ein – und das gilt nicht nur für das Geburtshoroskop, sondern auch für die Progressionen. Der Fischeaszendent wird schließlich zum Widderaszendenten, während der Aszendent in den Zwillingen schließlich zum Krebsaszendenten wird; die Sonne im Löwen wird zur Sonne in der Jungfrau und so weiter. Für den Astrologen ist es deshalb so wichtig, solche Veränderungen in Betracht zu ziehen, weil die Persönlichkeit die Färbung desjenigen Zeichens annimmt, in das der Aszendent oder die Sonne progressiv gewandert sind.

Ein Beispiel: Ein Mann, in dessen Geburtshoroskop der Waageaszendent bei 23° beziehungsweise bei dem die Sonne bei dieser Gradzahl stand, wird im Alter von 7 Jahren durch die Sonnenbogendirektion seinen Aszendenten bei 0° im Skorpion haben und so seiner Waagepersönlichkeit eine Skorpionnuance hinzufügen. Im Alter von 37 Jahren wird sein dirigierter Aszendent beziehungsweise seine Sonne in das Zeichen des Schützen treten, und seine Persönlichkeit wird sich erneut ändern. Aus diesem Grunde können zum Beispiel Menschen mit Waageaszendenten sehr unterschiedlich sein.

Zwei zeitliche Faktoren sind hier von Bedeutung: der eine ist die Veränderung aufgrund der Sonnenbogendirektion, der andere die Veränderung des Zeichens aufgrund der sekundären Progression. Unserer Erfahrung nach funktionieren beide Methoden, aber letztere scheint besser für eine genaue zeitliche Einordnung geeignet zu sein. Beim Gebrauch dieser Methode und abhängig davon, ob eine Person einen Aszendenten hat, der sich schnell oder langsam bewegt, kann der Aszendent zu einem sehr unterschiedlichem Zeitpunkt in ein neues Zeichen wandern. Sie werden erst nach sehr eingehender Beobachtung mit Sicherheit sagen können, welches System für Sie am besten geeignet ist. Es funktionieren jedoch beide; und Sie werden erstaunt sein, wie wertvoll das Wissen um diese Veränderung für Sie sein kann. Bei beiden Methoden bewegt sich die Sonne mit der gleichen Geschwindigkeit.

Je mehr Horoskope Sie untersuchen, um so deutlicher werden diese Veränderungen für Sie werden. Als wir mit der Astrologie begannen, wußte ein guter Bekannter von uns seine Geburtszeit nicht, und deshalb kamen wir – wie Astrologen auf der ganzen Welt – nicht umhin, über seinen Aszendenten zu spekulieren. Er forderte eine schriftliche Auswertung seiner Daten an: seine Sonne stand im Widder und sein Mond in den Zwillingen. Hierzu sagt der ehrwürdige Grant Lewi: »Das ist eine der redseligsten Positionen im gesamten Tierkreis . . . Du solltest deine gewandte Ausdrucksweise für deine Karriere nutzen: Schriftsteller, Redner, Schauspieler, Werbefachmann – irgendetwas, das mit dem geschriebenen oder gesprochenen Wort zu tun hat«. Unser Bekannter war jedoch reserviert, ruhig, nach innen gekehrt. Er rang oft nach Worten und wäre nicht in der Lage gewesen, einem Frierenden einen Mantel zu verkaufen. Deshalb tippten wir auf ein Wasser- oder Erdzeichen als Aszendenten, um die Feuer-/Luft-Kombination abzumildern.

Schließlich kam die Nachricht über die genaue Geburtszeit; und stellen Sie sich unsere Überraschung vor, als wir feststellten, daß er einen Waageaszendenten hatte, was unserem astrologischen Verständnis nach die unbeschwerte Heiterkeit, Extrovertiertheit und sprachliche Gewandtheit der Sonne/Mond-Kombination noch hätte verstärken müssen. Mars, der Regent seiner Sonne, stand im 7. Haus im Widder in Konjunktion zu Uranus; sein Mond im 9. Haus fügte eine Feuer- und Luftkomponente hinzu. Die Sonne stand im 6. Haus, aber daraus ließen sich kaum genug Hinweise auf eine zurückhaltende, distanzierte Persönlichkeit ableiten.

Dieses Horoskop verwirrte uns jahrelang, bis wir schließlich bemerkten, daß sein Waageaszendent zu der Zeit, als wir ihn kennenlernten, bereits weit in den Skorpion gewandert war. Das soll jedoch nicht heißen, daß er keine offensichtlichen Waage-Eigenschaften hatte: auf seine ruhige Art war er ziemlich gesellig, gut aussehend; er aß gern Süßes, war friedliebend und partnerschaftsorientiert. Er war überhaupt nicht redselig und behielt einen Großteil seiner Gefühle für sich. Es gab da deutliche Züge einer gewissen Launenhaftigkeit, die man normalerweise nicht mit dem Waagezeichen assoziiert. Er wies viele Skorpiontendenzen auf. Venus, seine Aszendentenherrscherin, steht in Konjunktion zu Saturn in den Fischen, was tendenziell die Umgänglichkeit der Waage modifiziert. Er nimmt das Leben ernst, – eine Einstellung, die eher für den Skorpion als für die Waage zutrifft. Wir möchten Sie jedoch auch noch einmal daran erinnern, daß nicht jeder, dessen Sonne progressiv oder Aszendent progressiv in den Skorpion wandert, sich gleich verhalten wird. Das Verhalten hängt noch von vielen weiteren Faktoren im Horoskop ab.

Viele Jahre lang haben wir beobachtet, wie der Aszendent und die Sonne in andere Zeichen gewandert sind, und wir haben herausgefunden, daß wir unsere Klienten, Freunde und Schüler viel besser verstehen können, wenn wir das progressive und dirigierte Horoskop ebenso detailliert betrachten wie das Geburtshoroskop. Wenn Sie diese Veränderungen in Ihren eigenen Horoskopen interpretieren, dann denken Sie daran, daß der Aszendent das Horoskop normalerweise stärker und äußerlicher beeinflußt als die Sonne. Denken Sie ebenfalls daran, daß sich Horoskope deutlich voneinander unterscheiden. All unsere Beschreibungen desselben dienen als Leitlinien, und wir erheben keinen Absolutheitsanspruch. Erinnern Sie sich in jedem Fall daran, daß Sonne und Aszendent in einer Lebenszeit durch drei oder vier Zeichen wandern und jedes Zeichen bestimmte Charakterzüge und Nuancen hervorbringt. Wir werden darauf später noch genauer eingehen.

Da alle Astrologen seit ewigen Zeiten mit dem Zeichen Widder beginnen, dachten wir, es sei sehr originell, mit dem Zeichen Fische zu beginnen. In den folgenden Abschnitten werden wir also die natürliche Progression des Aszendenten und der Sonne durch die Zeichen analysieren. Wir werden mit den Fischen beginnen und dann bis zum Wassermann fortfahren.

Sonne oder Aszendent in den Fischen

Diese Menschen werden im allgemeinen als etwas nachlässig angesehen, manchmal als ziellos und unentschlossen, als träumerisch und nicht sehr energiegeladen. Sie haben ein instinktives Bedürfnis, anderen zu dienen oder andere zu retten; sie lassen sich leicht entmutigen, sind nicht sehr praktisch veranlagt und oft geistesabwesend. Natürlich hängt viel davon ab, wo Neptun (Herrscher der Fische) sich im Horoskop befindet.

Aber kennen Sie nicht auch einen sehr energiegeladenen, tatkräftigen, verantwortungsbewußten Menschen, dessen Sonne oder Aszendent in den Fischen steht? Wir tun es. Sie können das natürlich leicht damit abtun, daß Sie sagen, diese Menschen hätten viele Planeten in ihrem Horoskop in Feuerzeichen stehen. Das stimmt vielleicht, aber es gibt viele Tatmenschen, die mit zunehmender Lebenserfahrung ein Gefühl für ihre Führungsqualitäten bekommen. Wir schreiben das der Tatsache zu, daß die Sonne oder der Aszendent in den Widder eintreten. Die genaue zeitliche Festlegung dieser charakterlichen Veränderung hängt von der Position der Sonne und des Aszendenten im Zeichen ab. Bei frühen Gradzahlen werden die Widder-Eigenschaften zu einem späteren Zeitpunkt an die Oberfläche kommen. Auf der anderen Seite können die Widder- Eigenschaften bei sehr späten Gradzahlen schon in jungen Jahren sichtbar sein.

Die Tochter einer unserer Klientinnen, die normalerweise sehr schüchtern und zurückgezogen ist (Sonne bei 15° in den Fischen, den Aszendenten bei 14° im Steinbock), wurde ziemlich extrovertiert und entwickelte ein großes Geltungsbedürfnis, als sie aufs Gymnasium kam. In ihrem Horoskop progressiv stellten wir fest, daß die Sonne gerade in den Widder gewandert war und der Aszendent bei 0° im Wassermann stand. Die Persönlichkeitsveränderung war wirklich verblüffend.

Ted Kennedy begann als aktiver Mitstreiter bei der Präsidentschaftskandidatur seines Bruders John politisch aktiv zu werden, als seine Sonne mit 27 ½ Jahren in den Widder trat. Später führte er seine eigene erfolgreiche Kampagne als Senator für Massachussetts. Seine Sonne weist im Geburtshoroskop in Konjunktion mit Merkur und Mars auf große kommunikative Fähigkeiten hin.

Sonne oder Aszendent im Widder

Widder sind als rastlose, direkte, im allgemeinen ziemlich extrovertierte und eigensinnige Individuen oft für ihre waghalsige Haltung dem Leben gegenüber bekannt. Ihr Motto scheint zu sein »voller Dampf voraus und den letzten beißen die Hunde«. Es ist jedoch interessant, sie zu beobachten, wenn sie älter werden und Aszendent oder Sonne in den Stier wandern. Plötzlich bekommen sie ein Interesse daran, Dinge zu besitzen. Sie entwickeln ein Bedürfnis, Besitz zu erwerben und zu einer tragenden Säule der Gesellschaft zu werden. Es wird leichter für sie, sich den Widder- Herausforderungen im Geburtshoroskop zu stellen, die sie sich selber zum Ziel gesetzt haben; und sie sind weniger geneigt, Veränderungen nur um des Veränderns willen herbeizuführen.

Marlon Brandos Sonne stand in der Lebensspanne von 17 bis 47 Jahren im Stier, als er sich seiner Karriere widmete, die Ehe erprobte und einen Sohn bekam. Als Joel Grays Sonne mit 8½ Jahren in den Stier trat, begann er, mit seiner Bühnenkarriere Geld zu verdienen. Als Sandy Koufax' Widderaszendent in den Stier wanderte, fing er an, als Starwerfer der Los Angeles Dodgers Baseballmannschaft das große Geld zu verdienen.

Sonne oder Aszendent im Stier

Stieraszendenten und Menschen, deren Sonne im Stier steht, sind für ihre Stetigkeit und Unermüdlichkeit bekannt und werden oft als »starke, ruhige« Typen bezeichnet. Aber: Haben Sie schon mal bemerkt, wie Menschen mit Stieraszendent kontaktfreudiger und redseliger werden, wenn sie älter werden und mehr Dinge in Frage stellen? Wenn diese Zwillinge-Eigenschaften zu ihren grundlegenden Stier-Eigenschaften hinzukommen, dann werden sie zu gelassenen, freundlichen, zuverlässigen Menschen, die gesellschaftliches Engagement zeigen, besonders dann, wenn es darum geht, Geld für einen guten Zweck zu sammeln. Diese neuerworbenen Zwillinge-Eigenschaften helfen ihnen dabei, ihren tiefverwurzelten Glauben an ihr eigenes Potential auch auszudrücken. Jugendliche mit Stieraszendent sind möglicherweise etwas langsam beim Lernen und Kommunizieren, aber als Erwachsene verblüffen sie oft Menschen, die sie schon länger kennen, damit, daß sie in einem Bereich Arbeit suchen, in dem es darum geht, jemandem etwas zu verkaufen oder beizubringen.

Der Erfinder Nikola Tesla, der sein praktisches Stier-Genie anwandte, um eine wirksame Methode für die Nutzung von Wechselstrom zu erfinden, ist ein gutes Beispiel dafür, wie erfolgreich sich der Einfallsreichtum und das Know-how des Zwillings mit der Beständigkeit des Stiers verbinden können. Als Barbra Streisands Stiersonne in die Zwillinge wanderte, ließ sie sich von Elliott Gould scheiden und gewann einen »Tony« für ihre Broadway-Auftritte. Als ihre Sonne in die Zwillinge trat, wurde Robyn Smith Astaire als erste Frau professionelle Rennreiterin. Joan Sutherlands progressiver Aszendent wanderte in die Zwillinge, als sie 34 war; sie verließ damals Australien, trat in Amerika auf und verbesserte ihre kommunikativen Fähigkeiten.

Sonne oder Aszendent in den Zwillingen

Zwillinge haben den Ruf, die Schmetterlinge des Tierkreises zu sein, und oft werden sie diesem Ruf auch gerecht; aber haben Sie jemals bemerkt, wie heim- und familienorientiert Zwillinge werden können, wenn sie heranreifen? Wenn der progressive Aszendent oder die Sonne in den Krebs wandern, sind sie oft diejenigen, die die Familie zusammenhalten, mit allen Verwandten in Kontakt bleiben, die Familientreffen und -zusammenkünfte organisieren. Sie entwickeln auch sentimentale Züge, was wohl kaum dem Archetyp der Zwillinge entspricht. Hierin zeigt sich die Widerspiegelung der besorgten und fürsorglichen Haltung des Krebses. Wir kennen viele Menschen, die Zwillinge am Aszendenten oder als Sonnenzeichen haben und ein wenig sentimental sind, obwohl sie nur wenige oder überhaupt keine Planeten in einem Wasserzeichen stehen haben. Der Aszendent oder die Sonne haben einige Gefühle des Krebses angenommen. Als Patrioten entwickeln sie oft ein Interesse an Kommunalpolitik, und sie können regelrechte Forschungsgenies sein. Als junge Menschen haben Zwillinge (Aszendent oder Sonnenzeichen) kaum die Geduld oder Hingabe für etwas so Anspruchsvolles wie seriöse wissenschaftliche Forschung, aber mit zunehmender Reife versetzen sie diejenigen, die sie zu kennen meinen, in Erstaunen.

Der französische Forscher und Paläontologe Pierre Teilhard de Chardin ist besonders aufgrund seiner Forschungsarbeiten über die Urbevölkerung Ostasiens bekannt geworden. Könnte sein Interesse daran erloschen sein, als sein Zwillingeaszendent in den Krebs trat? Zu der Zeit, als Henry Kissingers progressive Sonne im Krebs stand, bewies er seiner Wahlheimat gegenüber Loyalität. Als sie in den Löwen wanderte, unterzog er sich einer Bypass-Operation. Als Joe Namaths Zwillingesonne in den Krebs trat, begann er sich ernsthaft auf seine Fußballkarriere zu konzentrieren.

Sonne oder Aszendent im Krebs

Krebse stehen in dem Ruf, etwas schüchtern und gehemmt zu sein; für junge Menschen dieses Zeichens stimmt das sicherlich. Aber haben Sie beobachtet, wie viele Menschen mit Sonne oder Aszendent im Krebs ins Showgeschäft gehen? So die Stars Peter Ustinov, John Travolta, Ava Gardner, Ursula Andres, Farah Fawcett, Cher, Burl Ives und Julie Christie, um nur einige zu nennen. Jeder Krebs entwickelt ein Bedürfnis nach Anerkennung, und viele brauchen darüber hinaus die Möglichkeit, ihre Führungsqualitäten unter Beweis zu stellen. Sie neigen dazu, sich stark mit Kindern zu identifizieren und entwickeln oft eine Vorliebe für irgendeine Form kreativen Schaffens.

Wachstum scheint für Krebs-Menschen die Fähigkeit zu implizieren, anderen Menschen zu zeigen, wie man aktiv am Leben teilnehmen und es gestalten kann. So gibt es relativ viele Lehrer mit Sonne oder Aszendent im Krebs. Natürlich hängt auch viel von der Stellung des Mondes ab. Ein Mensch mit Aszendent oder Sonne im Krebs, der den Mond in den Fischen oder im

Skorpion hat, entwickelt normalerweise nie ganz die Pracht und Extravaganz des Löwen. Aber wie bei jeder astrologischen Bewertung müssen auch hier alle Faktoren berücksichtigt werden.

Als die Krebssonne im Geburtshoroskop Hermann Hesses in den Löwen trat, begann seine Kreativität zu fließen und er wurde Schriftsteller. Prinzessin Diana bekam ihr erstes Kind, als die Sonne in den Löwen wanderte. Vincent van Gogh wurde bei einem Kunsthändler angestellt, als sein Aszendent in den Löwen wanderte – der Rest ist nur allzu bekannt. Als die Sonne im Geburtshoroskop des Schriftstellers Erich Maria Remarque im Alter von 31 Jahren vom Krebs in den Löwen trat, schrieb er *Im Westen nichts Neues.* Dieses Buch machte ihn berühmt, und er wurde als einer der ersten nichtjüdischen Flüchtlinge aus dem nationalsozialistischen Deutschland verbannt.

Sonne oder Aszendent im Löwen

Es ist wirklich erstaunlich, wie organisiert Löwen mit zunehmendem Alter werden können. Der unbesonnene Jugendliche, der sein Spielzeug oder seine Kleidung nie dorthin legte, wo sie hingehörten, entwickelt allmählich ein Bedürfnis nach System und Ordnung. Es ist möglich, daß der Löwe einige Jungfrau-, Stier-, oder Skorpioneinflüsse hat, aber normalerweise tritt diese Organisationsfähigkeit erst dann auf, wenn die Sonne oder der Aszendent vom Löwen in die Jungfrau gewandert sind. Der Löwe neigt dazu, unbekümmert zu sein und will sich nicht mit Details abgeben, aber mit zunehmender Reife kann er zum Handwerker, Kunsthandwerker oder einem sehr fähigen Geschäftsmann werden.

Der Löwe-Schauspieler oder die Löwe-Schauspielerin engagieren sich oft sehr erfolgreich für soziale Belange. Robert Redford, dessen Sonne im Löwen steht, ist ein gutes Beispiel dafür, wie jemand mit progressiver Sonne in der Jungfrau einen großen Gerechtigkeitssinn entwickelt. Fünf Planeten im 6. Haus plus Mond, Merkur, Venus und Neptun in der Jungfrau haben sicherlich ebenfalls dazu beigetragen. Als seine progressive Sonne in die Waage trat, drehte er seinen ersten wirklich romantischen Film *The Way We Were.* Cassius Clay änderte seinen Namen und wurde Boxweltmeister im Schwergewicht in dem Jahr, als sein Aszendent progressiv in die Jungfrau trat.

Sonne oder Aszendent in der Jungfrau

Die Jungfrau-Persönlichkeit ist praktisch und arbeitet hart; sie kann Kritiksucht und Effizienz bis zum Exzess betreiben. Jungfrauen können etwas zögerlich wirken, und sie beschäftigen sich oft mit Gesundheit und Körperhygiene. Mit zunehmender Reife entwickeln sie in vielen Fällen eine gewisse Eleganz. Als junge Menschen können sie mit ihrer Kritiksucht bei Altersgenossen anecken, aber wenn die Sonne oder der Aszendent in der Jungfrau etwas von dem Charme der Waage annehmen, dann entwickeln sie ein starkes Kameradschaftsgefühl und sind mehr an Frieden und Harmonie interessiert als daran, anderen Menschen ihre Schwächen anzukreiden. Ihre Kritikfähigkeit wird dann von Taktgefühl begleitet.

Der Sänger Rick Nelson, der bei der Gestaltung seiner Songs und in seinem Terminkalender die Jungfrau-typische Detailgenauigkeit erkennen läßt, vermittelte auch viel von der Gelassenheit und dem Charme der Waage. Die Entertainerin Nanette Fabray, die einen Jungfrauaszendenten hat und bei der sowohl Sonne als auch Merkur im Skorpion stehen, ist besonders für ihre Herzenswärme, ihre Großzügigkeit und Offenheit bekannt – alles Eigenschaften, die viel eher einem progressiven Waageaszendenten entsprechen. Hierzu trugen zweifelsohne auch ihre progressive Sonne und ihr progressiver Merkur bei, die in den Schützen gewechselt waren. Sowohl Franklin Delano Roosevelt als auch Walt Disney heirateten, als ihr Jungfrauaszendent in die partnerschaftsorientierte Waage wanderte.

Sonne oder Aszendent in der Waage

Wir stellen uns die Waage oft als etwas zu unentschlossen vor und als zu sehr darum bemüht, anderen zu gefallen, aber desgleichen läßt sich wohl kaum von dem Schauspieler Richard Widmark sagen, der für seine Fähigkeit, den Bösewicht zu spielen, bekannt ist; oder von Paul Volcker, dem geschickten währungspolitischen Taktiker, der Vorsitzender der amerikanischen Zentralbank war; von Billy Martin, dem streitsüchtigen, aggressiven Baseballmanager, der nicht die Spur zögert, wenn es darum geht, andere seine Meinung wissen zu lassen; von Pauline Kael, der scharfen und respektlosen Kritikerin. All diese

Menschen haben einen verfeinerten und ausgewogenen Waageaszendenten gemeinsam, aber sie alle zeigen darüber hinaus deutliche Skorpion-Züge wie Selbstbestimmtheit und Intensität.

Natürlich haben sie alle auch eine weichere Seite; sie sind gewissenhaft und pflichtbewußt; von sympathischem Äußerem und großer Integrität; sie sind allesamt gute Unterhalter, was wir als positive Waage-Eigenschaften vermerken. Aber sie alle haben sich die Eigenschaften, die sie durch die natürliche Progression des Aszendenten oder der Sonne in den Skorpion hinzugewonnen haben, zunutze gemacht.

Sonne oder Aszendent im Skorpion

Der Skorpion ist das Zeichen der Selbstbestimmtheit, des Scharfsinns, der Subtilität und des Durchsetzungsvermögens. Wie deutlich sich diese Eigenschaften in der Persönlichkeit zeigen, hängt direkt von der Stellung von Mars und Pluto im Horoskop ab.

Unabhängig von diesen Stellungen gibt es hier eine Intensität, die selten in anderen Sonnen- oder Aszendentenzeichen zu finden ist. Reserviert, aber nicht schüchtern, sofern es nicht viele Krebs- oder Fische-Elemente im Horoskop gibt, leben sie sehr stark sich selbst und lassen sich nur wenig von anderen beeinflussen. Oft wird der starke, ruhige Typ durch diesen Aszendenten personifiziert.

Aber was ist mit den Skorpionen, die, sobald sie den Mund öffnen, ins nächste Fettnäpfchen treten? Wie kann man sich den sehr schwatzhaften, extrovertierten und lebenslustigen Sportfan erklären? – Jetzt wissen Sie die Antwort schon: der Aszendent oder die Sonne sind in den freundlichen, sympathischen Schützen gewandert.

Als sportbegeisterter Nonstop-Redner ist der Dirigent James Levine ein gutes Beispiel für die Kombination der grundlegenden Skorpion-Eigenschaften mit denjenigen des Schützen progressiv; und was ist mit dem sehr redseligen Journalisten Pierre Salinger? Als junger Mensch war er introvertiert und konnte sich nicht ausdrücken, aber im Alter von etwa 14 Jahren wanderte sein dirigierter Aszendent in den Schützen, und jetzt ist er für sein Wissen und seine Bildung sowie seine Fähigkeit sich auszudrücken bekannt.

Sonne oder Aszendent im Schützen

Aufrichtig, ehrlich und gerecht ist dieses Zeichen auch dafür bekannt, daß es direkt, lebenslustig, sehr offen und oft ziemlich philosophisch ist. Es macht Spaß zu beobachten, wie diese Menschen Steinbock-Züge annehmen und eine konservativere Haltung sowie Organisationstalent entwickeln. Einige unserer erfolgreichsten Geschäftsleute haben ihren Aszendenten im Schützen stehen. Caspar Weinberger, der frühere US-Verteidigungsminister, hat viel von der Geschäftstüchtigkeit und der konservativen Haltung des Steinbocks, aber er hat seinen Aszendenten im Schützen ebenso wie Ted Turner, dessen Aszendent sich in seiner Liebe für den Sport zeigt; aber sein Engagement und seine Workaholic-Tendenzen sind eher dem progressiven Aszendenten im Steinbock zuzuschreiben.

William Rehnquist, Richter am Obersten Gerichtshof der Vereinigten Staaten, wird auf der einen Seite als philosophisch angesehen (Schütze), auf der anderen Seite ist er jedoch auch als konservativ, besonnen und distanziert bekannt; alles Eigenschaften, die eher seiner 30-jährigen Erfahrung im Umgang mit einem progressiven Steinbockaszendenten entsprechen. Als Bette Midlers progressive Sonne in den Steinbock wanderte, gab sie ihr Schauspieldebüt in *The Rose.* Prinzessin Diana ging in ein Mädchenpensionat, als ihr Aszendent in den gemäßigten Steinbock trat. Das soll nicht heißen, daß diese Menschen nicht auch Schütze-Qualitäten verkörpern, aber der Leser sollte sich bewußtmachen, daß das Horoskop nicht statisch ist; daß wir alle wachsen, lernen und die Eigenschaften des jeweils folgenden Zeichens im Tierkreis ausleben.

Sonne oder Aszendent im Steinbock

Von Natur aus effizient, organisiert und normalerweise ziemlich ehrgeizig, ist dieses Sonnenzeichen oder dieser Aszendent im allgemeinen nicht besonders freundlich oder kontaktfreudig, außer wenn das Horoskop viele Feuer- oder Luftplaneten aufweist. Wenn diese Menschen sich jedoch auf den Wassermann zu bewegen, dann können Sie viel überschwenglicher werden und ein deutliches Interesse für Philanthropie und Politik entwickeln. Wir bemerken vielleicht sogar eine wesentlich entspanntere Haltung dem Leben gegenüber und eine deutliche Abnahme der angeborenen Saturnängste.

Der Dirigent Michael Tilson-Thomas ist für seine Geselligkeit, für seine unorthodoxen Programmideen und seine aufrichtige Freundlichkeit bekannt. Diese Qualitäten finden wir normalerweise nicht bei einem Steinbockaszendenten; sie entsprechen wesentlich eher der natürlichen Progression in den Wassermann. Der Basketballstar Jerry Lucas ist ein weiteres Beispiel für die eklektischen Interessen, die eher dem Wassermann als dem Steinbock entsprechen, obwohl auch seine Geschäftstüchtigkeit sehr deutlich zutage tritt. Er hat ein Buch geschrieben, in dem er erklärt, wie man seine mentalen Fähigkeiten verbessern und sich leichter an wesentliche Details erinnern kann. Als Josef Stalins Sonne in den bisweilen rebellischen Wassermann wanderte, wurde er aus der theologischen Fakultät ausgeschlossen, wo er damals studierte.

Sonne oder Aszendent im Wassermann

Unvoreingenommen, kühl, freundlich, aber etwas distanziert – all das sind Beschreibungen für den typischen Wassermann. Freiheit ist wichtig, und es ist ihm ein Greuel, in einer ihn einschränkenden Beziehung gefangen zu sein. Wie können wir also die Hingabe, das Mitgefühl und das einfühlsame Verständnis erklären, das der Fußballspieler Gale Sayers seinem unglückseligen Freund Brian Piccolo entgegengebracht hat. Als sein Teamkamerad an einer unheilbaren Krankheit erkrankte, tat Sayers alles Menschenmögliche, um auf Brian Piccolos Bedürfnisse einzugehen. Sayers verbrachte viele Stunden damit, Piccolo aufzuheitern und zu trösten – Eigenschaften, die man von jemandem, der die Sonne im Stier und den Aszendenten im Wassermann stehen hat, nicht unbedingt erwarten würde. »Schüchtern, mit leiser Stimme und großer Zuneigung für seine Teamkameraden« - diese Beschreibung wird in der *Lincoln Library of Sports Champions* über Sayers abgegeben – was wieder eher typisch für seinen Fischeaszendenten progressiv ist.

Alle Wassermannsonnen und -aszendenten werden etwa 30 Jahre lang mit den Fische-Themen wie Auflösung und der darauf folgenden Ernüchterung konfrontiert; durch diese Erfahrung lernen sie, sich an die Wechselfälle des Lebens anzupassen, statt kopflos voranzustürzen, um alle Ideologien und Wirkungsweisen in sich aufzunehmen. Sie gewinnen an Sensitivität und werden sich ihrer tiefen Gefühle bewußt. Diese Lehrjahre ermöglichen es ihnen, besser mit den nächsten dreißig Jahren umzugehen, in denen ihr progressiver Aszendent oder ihre progressive Sonne durch den Widder wandern.

Diese Methode, den Aszendenten und die Sonne vorzuschieben, kann sich für Sie, den Astrologen, als sehr nützlich erweisen, wenn Sie ganz genau wissen wollen, woher ein Mensch kommt. Wenn der Aszendent oder die Sonne in das dritte oder vierte folgende Zeichen gewandert sind, dann berücksichtigen Sie das, wenn Sie das entsprechende Horoskop zeichnen. Es wird Ihnen ein besseres Verständnis für das Wachstum und die Fortschritte der betreffenden Person vermitteln.

Wir können einige bemerkenswerte Beispiele anführen. Als sich die Widdersonne im Geburtshoroskop der Entertainerin Pearl Bailey im Alter von 54 Jahren in die Zwillinge bewegte, wurde sie UN-Abgeordnete für die Vereinigten Staaten. Henry Mancini komponierte zwei seiner größten Hits »Moon River« und »The Peter Gunn Theme«, kurz nachdem die Sonne, die in seinem Geburtshoroskop im Widder stand, in die Zwillinge wanderte. Franklin Roosevelt wurde Gouverneur von New York in dem Jahr, in dem sein Jungfrauaszendent im Geburtshoroskop auf 0 ° im Skorpion wanderte. Der Schauspieler Ed Asner, der sowohl die Sonne als auch den Aszendenten in seinem Geburtshoroskop im Skorpion stehen hat, bekam seine größte Anerkennung für seine Rolle als Lou Grant, als seine progressive Sonne in den Steinbock trat.

Wie bereits dargelegt, kann diese Methode sowohl für die Progression der Sonne wie auch für diejenige des Aszendenten angewendet werden. Denken Sie nur daran, daß die Sonne die innere Seinsebene repräsentiert, während der Aszendent auf den äußeren Ausdruck der Persönlichkeit verweist.

Sie können das ebenfalls auf Merkur und Venus übertragen. Wenn Merkur in die folgenden Zeichen wandert, dann hat das Auswirkungen auf das logische Denken und Denkprozesse im allgemeinen. Die Progression von Venus wird für das Wertesystem stehen und dafür, wie Zuneigung ausgedrückt wird. Probieren Sie es selbst und lassen Sie sich überraschen, wie sich Ihr Astrologie-Verständnis verbessern wird.

Planeten, die die Häuser wechseln

Wir haben herausgefunden, daß normalerweise irgendein »zufälliges« Ereignis stattfindet, wenn die Planeten ihre Häuserposition verändern. Das trifft besonders auf die Sonne zu, ist aber für alle Planeten von Bedeutung. Dieses System scheint am leichtesten anwendbar zu sein, wenn sich die Planeten durch die Sonnenbogendirektion von Haus zu Haus bewegen; aber es funktioniert auch mit sekundärer Progression. Wir schlagen vor, daß Sie beide Methoden benutzen. Als die 2. Haus- Sonne im Geburtshoroskop von Richard Rogers (die Stellung der sekundären Sonne und der mit dem Sonnenbogen vorgeschobenen ist dieselbe) über die 3. Häuserspitze lief, traf er Larry Hart. Sie bereicherten die Welt, indem sie wundervolle Musik zusammen komponierten. Unter ähnlichen Umständen ging Jack Benny mit einer Varietétruppe auf Tournee. Als Bennys Sonne in das 4. Haus trat, erhielt er seinen einzigen »Emmy«. (Es ist bemerkenswert für uns, daß oft das 4. Haus irgendwie betont ist, wenn Menschen Preise gewinnen oder Anerkennung finden. Es könnte sich hierbei um einen Ausdruck der Stärke von der Opposition zur Himmelsmitte handeln.)

Marilyn Monroes Sonne war gerade in ihr 12. Haus gewandert, als sie starb. Als die Sonne im 11. Haus in Walter Mondales Geburtshoroskop in Konjunktion zu seinem Aszendenten trat, trat er öffentlich sehr deutlich in Erscheinung, aber leider blieb er als Präsidentschaftskandidat erfolglos.

Als in Ernest Hemingways Geburtshoroskop Jupiter, der Regent seines 4. Hauses, in der Sonnenbogendirektion in Konjunktion zur Spitze des 4. Hauses stand, kaufte er sein erstes Heim. Als Merkur vom 12. in sein 2. Haus wanderte, wurde sein Buch *Wem die Stunde schlägt* für die höchste Summe verfilmt, die ein Roman bis zu diesem Zeitpunkt jemals erzielt hatte. Merkur, im Geburtshoroskop von Charles Lindbergh im 3. Haus stehend, bildete in der sekundären Progression eine Konjunktion zu seiner 4.Häuserspitze in dem Jahr, als er seinen berühmten Flug in »The Spirit of St. Louis« durchführte. Als er 32 Jahre alt war, stand der Sonnenbogen-Mars in Konjunktion zur 4. Häuserspitze, und sein erstgeborener Sohn wurde entführt und später tot aufgefunden.

Wie wir bereits festgestellt haben, »lebt« das Horoskop auch dann weiter, wenn der Betreffende gestorben ist. Ein Beispiel: Vincent van Goghs berühmtes Gemälde »Sonnenblumen« wurde an seinem 153. Geburtstag für den höchsten, jemals dokumentierten Preis von nahezu vierzig Millionen Dollar versteigert. Wenn wir sein progressives und dirigiertes Horoskop untersuchen, dann stellen wir fest, daß der mit dem Sonnenbogen vorgeschobene Neptun in Konjunktion zu seinem Aszendenten steht und der rückläufige Merkur progressiv gerade in sein 2. Haus zurückgewandert ist.

Kapitel 7

Transite

Allgemeine Regeln

In den vorhergehenden Kapiteln haben wir besprochen, wie sich Planeten in der Progression und Direktion symbolisch einen Tag pro Jahr beziehungsweise ein Grad pro Jahr in der Zeit vorwärts bewegen. Bei beiden Methoden wird das Horoskop vorgeschoben, doch ist bei keiner das tatsächliche Datum Gegenstand der Untersuchung. Bei den *Transiten* sieht das anders aus. Hier geht es um das, was am Sternenhimmel wirklich geschieht. Mit anderen Worten: Transite sind die tatsächlichen tagtäglichen Bewegungen der Planeten.

Angenommmen, Sie haben am 18. August 1965 geheiratet und wollen Ihre Transite für diesen Tag in Erfahrung bringen. Das ist ganz einfach! Öffnen Sie die Ephemeriden für den 18. August 1965. Es ist wirklich einfach: keine langen mathematischen Berechnungen, keine symbolischen Entsprechungen, keine Vermutungen darüber, wann etwas passieren wird. Hierbei handelt es sich um die Planetenkonstellationen für den entsprechenden Tag in astrologische Sprache übertragen.

Wenn diese Transite durch eine Konjunktion, eine Opposition oder einen anderen Hauptaspekt über einen Geburtsplaneten (und in geringerem Maße über einen progressiven oder dirigierten Planeten) laufen, dann hat das betroffene Individuum die Möglichkeit, einige der neuen Energien zu nutzen, die jetzt im Horoskop sichtbar werden. Die meisten Astrologen nehmen an, daß *Transite die äußere Welt repräsentieren, die uns beeinflußt, während Progressionen und Direktionen Veränderungen in unserem Bewußtsein hervorrufen, die dann auch zu Veränderungen in unserem Umfeld führen; das heißt, das Innere wirkt sich nach außen aus.*

Das klingt wirklich überzeugend, soll aber nicht besagen, daß Transite bei Ihnen lediglich auf einer äußeren Ebene etwas auslösen. Ihre Reaktionen auf Transite, Progressionen und Direktionen können auf allen Ebenen spürbar sein, denn vergessen Sie nicht, daß letztendlich immer Ihre Entscheidungsfreiheit den Ausschlag gibt. Wenn Sie sich schlecht fühlen wollen, dann werden Sie das tun, egal, was bei Ihnen auf der astrologischen, psychologischen oder physischen Ebene gerade passiert. Wenn Sie sich jedoch dafür entscheiden, ein positives Leben zu führen, dann wird Ihnen das auch gelingen, egal, wieviele Steine man Ihnen in den Weg legt. – Und das bringt uns zu einer weiteren wichtigen astrologischen Erkenntnis. *Jedes bedeutende Ereignis wird einige astrologische Aspekte aufweisen* (von progressiven, dirigierten oder transitierenden Planeten), aber umgekehrt wird nicht jeder astrologische Aspekt ein wichtiges Ereignis ankündigen.

Mit diesen Kriterien im Gedächtnis wollen wir uns zum dritten Mal auf das spannende Unternehmen einlassen, uns anhand des Geburtshoroskops zeitlich vorwärts zu bewegen.

Timing und Orben

Werden Transite zu progressiven, dirigierten oder Geburtsplaneten anders interpretiert als progressive und dirigierte Planeten in bezug auf das Geburtshoroskop? Nicht wirklich, denn wenn Sie sich an die in den Kapiteln zuvor aufgestellten Regeln erinnern, dann stellen Sie fest, daß die Symbolsprache der Astrologie unabhängig von der angewandten Methode immer gleich bleibt. Es gibt jedoch bei den verschiedenen Methoden einen *wesentlichen* Unterschied: das Timing.

Die progressiven Planeten bewegen sich mit einer Geschwindigkeit von einem Tag pro Jahr, daher wird jeder von den langsam laufenden transsaturnischen Planeten gebildete Aspekt sich die meiste Zeit Ihres Lebens innerhalb des Orbis befinden (vgl. Kapitel 1). Auch die symbolische Bedeutung der schnell laufenden persönlichen Planeten wird zwei bis drei Jahre lang wirksam sein. Der progressive Mond wandert ca. 12° pro Jahr und wird bis zu drei Monaten innerhalb des Orbis sein: und die *dirigierten Planeten*, die mit der symbolischen Ein-Grad-pro-Jahr-Geschwindigkeit der Sonne wandern, werden ausnahmslos zwei bis drei Jahre lang innerhalb des Orbis sein.

Transite dagegen verhalten sich vollkommen anders. Da die tatsächliche Geschwindigkeit der Planeten zu Grunde gelegt wird, bewegt sich zum Beispiel die Sonne um etwa 1° pro Tag.

Wenn man also einen Orbis von 1° zugrunde legt, wäre sie nur zwei Tage lang wirksam (1° in der Applikation, 1° in der Separation). Merkur ist sogar noch schneller; und der Mond, der um mehr als 12° pro Tag wandert, wäre nur sechs Stunden lang wirksam. Das führt zu zwei logischen Schlußfolgerungen:

1. nur langsam laufende Planeten, angefangen bei Jupiter, geben im voraus Aufschluß über Aktivierungen im Horoskop;
2. die schneller laufenden Planeten werden in ihrer Wirkung auf einen bestimmten Tag oder eine bestimmte Woche beschränkt sein.

Das sind tolle Neuigkeiten für Sie, wenn Sie etwas ganz genau wissen wollen. Wenn zum Beispiel Ihr Klient in der ersten Oktoberhälfte ein Geschäft eröffnen will, dann können Sie, sein Astrologe, ihm dabei sehr behilflich sein. Sie können ihn nämlich durch einen Blick auf die progressiven und dirigierten Aspekte in bezug auf das Geburtshoroskop auf seine persönliche Sicht der Dinge, seine Aktivitäten und Verwicklungen hinweisen. Wenn Sie jedoch etwas über einen bestimmten Tag im Oktober sagen möchten, dann schauen Sie sich die Transite an. Pluto, Neptun, Uranus, Saturn und sogar Jupiter werden einige Zeit brauchen, bis sie durch ein Haus oder ein Zeichen gewandert sind. Aber die schnell laufenden Planeten in Verbindung mit allen anderen Parametern im Horoskop können Ihnen helfen, bei der Anfrage eines Klienten Auskunft darüber zu geben, welcher Tag für eine Geschäftseröffnung am besten wäre.

Meistens werden Astrologen jedoch gebeten, ihren Klienten einen Überblick über das folgende Jahr zu geben, und dann ist es nicht angebracht, sich mit Wochen- oder gar Tagesprognosen abzugeben. Es ist viel besser, in erster Linie den Schwerpunkt für das Jahr zu besprechen, zu erklären, welche Häuser aktiviert werden, welche Planeten aspektiert werden und wie man sie nutzen könnte. Dieselben Regeln, die für Progressionen und Direktionen gelten, sind auch auf Transite anwendbar. Da die transitierenden Planeten mit unterschiedlichen Geschwindigkeiten wandern, werden sie normalerweise in zwei Gruppen eingeteilt: die Schnelläufer Sonne, Mond, Merkur, Venus und

Mars, und die Langsamläufer Jupiter, Saturn, Uranus, Neptun und Pluto.

Wir möchten Ihnen, Ihren Freunden, Verwandten und Klienten an dieser Stelle eine jährliche Aktualisierung Ihres Horoskops vorschlagen – am besten um Ihren Geburtstag herum, (aber prinzipiell ist jeder Tag möglich). Sie können das betreffende Horoskop anhand der Sekundärprogressionen oder dem Sonnenbogen vorschieben, oder Sie erstellen ein Solarhoroskop und prüfen die Transite für das gesamte Jahr. Die Bewegung der fünf Langsamläufer könnte beispielsweise wie folgt notiert werden:

Jupiter, läuft ab dem 27.Mai 1980 von 1° 40' in der Jungfrau bis 10° 23' in der Waage ein Jahr später; rückläufig ab 24.Januar 1981 bis auf 0° 26' in der Waage; rechtläufig am 27.Mai 1981. Machen Sie sich dann neben diesen Gradzahlen und Daten Notizen, wenn diese Transite zu einem Radixplaneten, einem progressiven Planeten oder zu den Achsen Aspekte bilden. Vergleichen Sie dazu zum Beispiel unsere Notizen zu Henry Kissingers progressivem und dirigiertem Horoskop auf S. 102 ff., die anschaulich zeigen, wie man Transite bestimmt.

Was wir im folgenden beschreiben werden, sind im wesentlichen Archetypen und allgemeine Merkmale, die den Planeten zugeschrieben werden. Da wir alle einzigartige Individuen und keine Archetypen sind, sollten Sie sich auf Ihr Urteilsvermögen und Ihre Unterscheidungsfähigkeit verlassen, wenn Sie einige der von uns verwendeten Schlüsselworte anwenden. Aber darum geht es schließlich in der Astrologie ohnehin: Sie machen sich mit allgmeinen Beschreibungen vertraut, und dann geben Sie diesen durch die praktische Anwendung eine individuelle Prägung. Wir werden Sie selbstverständlich wie bisher mit zahlreichen Beispielen unterstützen.

Machen Sie sich nicht zuviele Gedanken über die Art der gebildeten Aspekte (Konjunktion, Quadrat, Trigon etc.), sondern richten Sie Ihre Aufmerksamkeit vielmehr auf eine mögliche positive oder negative Nutzung der betreffenden Planeten-, Häuser- und Zeichenkombinationen.

Bei der Arbeit mit den Transiten wird Ihnen auffallen, daß die sogenannten herausfordernden Aspekte wirksamer zu sein scheinen als Trigone oder Sextile. Wir sind uns noch nicht darüber im klaren, ob das wirklich so ist, da wir Menschen alle erfreulichen Ereignisse für selbstverständlich zu halten scheinen, während wir uns über jede noch so kleine Unannehmlichkeit beklagen.

Die Transite der Schnelläufer

Mond

Als schnellster aller Himmelskörper benötigt der Mond weniger als 28 Tage, um den gesamten Tierkreis zu durchqueren; er verbringt nicht mehr als 2½ Tage in einem Zeichen und weniger als drei Stunden auf einer Gradzahl. Seine Wirkung ist immer flüchtig, aber er kann Ihre tagtäglichen Angelegenheiten, Launen und Geschäfte beeinflussen. Er dient oft als Zeitmesser, mit dem man bis auf die Stunde genau ein zukünftiges Ereignis bestimmen kann (Heirat, eine Geschäftseröffnung, eine Party oder Reise etc.).

Der transitierende Mond steht für dieselben Gefühle wie der Radix-Mond beziehungsweise der progressive oder dirigierte Mond. Wenn Sie einen Klienten nur einmal im Jahr beraten, nämlich von einem Geburtstag zum nächsten, dann werden Sie den transitierenden Mond *nicht* in Betracht ziehen.

Merkur

Merkur braucht ein Jahr für seine Wanderung durch den Tierkreis; er verbringt zwischen 15 Tagen und zwei Monaten in jedem Zeichen, und seine durchschnittliche tägliche Bewegung beträgt 1 ½ Grad, aber Merkur wird dreimal im Jahr 20 bis 24 Tage lang rückläufig. Bevor er seine Richtung ändert, wird er so langsam, daß er sich pro Tag nur um wenige Bogenminuten weiterbewegt. Daher wird die Zeitspanne, in der jeder Aspekt innerhalb des Orbis ist, unterschiedlich sein, aber im Durchschnitt sind es ungefähr zwei Tage. Merkur wird mit den Bereichen Kommunikation, Briefwechsel, Verträge, Kaufen und Verkaufen, Verkehr und Studium assoziiert.

Die meisten Astrologen werden einem Klienten raten, keine teuren Neuanschaffungen zu machen (einen Wagen, ein Haus usw.) oder einen Vertrag zu unterzeichnen, wenn Merkur rückläufig ist. Der »arme« rückläufige Merkur wird auch für ganze

Stapel verlorengegangener Post, verlegter Papiere und einen wirren Kopf verantwortlich gemacht. Obwohl es ja ganz bequem ist, gelegentlich mal einen Sündenbock zur Verfügung zu haben, so ist es doch wesentlich konstruktiver, sich klarzumachen, daß wir uns mit Hilfe unserer Entscheidungfreiheit darauf konzentrieren können, keine wichtigen Gegenstände zu verlieren oder es uns nicht zu gestatten, einen wirren Kopf zu haben, egal, ob Merkur jetzt rückläufig ist oder nicht.

Wenn Merkur rückläufig ist, dann könnte das eine hervorragende Zeit sein, um liegengebliebene Aufgaben zu Ende zu führen, unbezahlte Rechnungen zu begleichen, unerledigte Geschäfte zu tätigen oder unklare Gedanken zu ordnen. Jetzt ist auch eine gute Zeit für Forschungsarbeiten, eine gute Zeit zum Schreiben und für alle Angelegenheiten, die tiefes Nachdenken erfordern. Wir haben festgestellt, daß Menschen, deren Merkur im Geburtshoroskop rückläufig ist, anders auf Merkur reagieren, wenn er im Transit rückläufig wird. Einige unserer Schüler und Klienten mit dieser Position berichten, daß sie zu dieser Zeit besonders erfolgreich waren; ihre Gedanken sind klarer, und sie scheinen in der Lage zu sein, wahre Herkulesarbeiten zu vollbringen. Wenn Sie eine jährliche Vorausschau vornehmen, dann werden Sie sich vermutlich nicht um die täglichen Transite Merkurs kümmern, daher es ist sinnvoll, Ihre Klienten auf rückläufige Phasen hinzuweisen, damit sie entsprechend planen können.

Venus

Dieser Planet benötigt ebenfalls ungefähr ein Jahr, um durch den gesamten Tierkreis zu wandern. Venus verbringt etwa einen Monat in jedem Zeichen. Ihre durchschnittliche Bewegung beträgt etwas mehr als 1° pro Tag (72') und ihre Transite sind ungefähr drei Tage lang wirksam. Bitte beachten Sie den Begriff »durchschnittliche Bewegung«, denn Venus wird auch rückläufig und wird sowohl vor als auch nach der Richtungsänderung bedeutend langsamer. Während Merkur etwa dreimal im Jahr für etwa je drei Wochen rückläufig wird, ändert Venus ihre Richtung alle 1 ½ Jahre einmal und ist dann für fast sechs Wochen rückläufig.

Venus kann Vergnügungen, soziale Angelegenheiten, Ihre

Popularität, Liebesbeziehungen, Geld sowie Werte und Wertgegenstände betonen. Während sie rückläufig ist, könnten Sie es angebracht finden, auf den Kauf teurer Gegenstände zu verzichten. Es ist nicht so, daß etwas Schreckliches passieren würde, aber es könnten kleinere Unannehmlichkeiten auftauchen, die hätten vermieden werden können. Beispiele: Einer unserer Klienten hat ein 12 m langes Kajütboot gekauft, als Venus rückläufig war, und mußte feststellen, daß das Innere nicht nach seinen Anweisungen ausgestattet worden war; das Boot mußte zurückgegeben werden und wurde erst einen Monat später geliefert, als Venus wieder rechtläufig war. Ein anderer Klient kaufte seiner Frau eine teure Perlenkette und stellte fest, daß sie schlecht aufgezogen war und neu aufgezogen werden mußte.

Auch die tägliche Bewegung der Venus spielt für eine jährliche Vorausschau eine untergeordnete Rolle, aber Sie sollten ihre Position berücksichtigen, wenn Ihr Klient eine spezifische Frage zu einem spezifischen Bedürfnis oder einem spezifischen Tag hat.

Sonne

Die Bewegung der transitierenden Sonne beträgt immer etwa ein Grad pro Tag und ein Zeichen pro Monat. Ihre Transite sind daher ungefähr zwei Tage lang von Bedeutung. Es ist nicht notwendig, sich bei einer jährlichen Vorhersage mit ihren täglichen Aspekten herumzuschlagen, sofern Ihr Klient nicht spezielle Bedürfnisse hat, die sich auf das Haus beziehen, in dem die Sonne steht, oder das sie regiert.

Da die Sonne Ihren Energiepegel, Ihren Lebenswillen, Ihre Aussichten auf Erfolg beziehungsweise Mißerfolg, Ihr Ego sowie jeglichen Umgang mit Vorgesetzten oder Autoritäten repräsentiert, sind ihre transitierenden Aspekte besonders dann wichtig, wenn es um Arbeits- oder Karrierefragen geht, wenn sie gesundheitliche Probleme haben oder Ihnen eine Operation bevorsteht.

Einmal im Jahr, um Ihren Geburtstag herum, kehrt die Sonne zu ihrer Position im Geburtshoroskop zurück und aktiviert alle darin vorhandenen Sonnenaspekte. Das ist dann eine wundervolle Zeit, um Probleme anzugehen, die im Geburtshoroskop noch nicht gelöst worden sind, oder um sich Herausforderungen zu stellen, die man bisher gemieden hat.

Mars

Mars braucht nahezu zwei Jahre, um durch alle zwölf Zeichen zu wandern. Er verweilt etwa zwei Monate lang in jedem Zeichen. In den Jahren, in denen er rückläufig ist, was etwa alle 26 Monate für neun bis elf Wochen der Fall ist, kann sich Mars bis zu sieben Monate lang in einem Zeichen aufhalten. Wenn er nicht rückläufig ist, sind Marstransite nahezu fünf Tage lang wirksam.

Da Mars der Planet für Handlung und Energie ist, kann er bei allen Ereignissen, die den physischen Körper betreffen, von großer Bedeutung sein. Sollte Ihnen ein Klient die Frage stellen, ob es ratsam für ihn sei, an einem Leichtathletikwettkampf teilzunehmen, dann sollten Sie Mars zu Rate ziehen. Die Marsenergie kann auch für Gefühle der Selbstsicherheit, für Leistungsstreben, richtiges Zeitgefühl, Durchhaltevermögen und sexuelle Wünsche wichtig sein. Gefühle des Überschwangs, die mit Mars assoziiert werden, können Sie wie Superman reagieren lassen (Mars im Transit in Konjunktion zu Uranus: »Schau mal, Mutti, ich kann fliegen!«), Sie in wirkliche Hochstimmung versetzen (transitierender Mars im Quadrat zu Pluto), oder aber Ihnen soviel Selbstvertrauen verleihen, daß Sie beim Marathon mitmachen, obwohl Sie sich nur auf ein 10 km-Rennen vorbereitet haben (der transitierende Mars bildet einen Aspekt zu Jupiter).

Für eine jährliche Vorausschau berücksichtigen viele Astrologen den transitierenden Mars nicht. Einige markieren die Häuser, durch die er wandern wird, andere erwähnen bestimmte Aspekte, die man beachten oder vor denen man sich hüten sollte. Da es sich hierbei in den meisten Fällen um schwierige und Spannung erzeugende Aspekte handelt, kann das eine negative Erwartungshaltung beim Klienten hervorrufen, so, als ob Ihre Vorhersage das Ereignis tatsächlich eintreten ließe, oder das Ereignis kann sich dadurch manifestieren, daß es in das Bewußtsein des Klienten dringt. Hierbei handelt es sich um eine ethische Frage, die alle Astrologen angeht. Soll man es sagen oder nicht? Wenn Sie es tun und der »mögliche« Unfall passiert, haben Sie, der Astrologe, ihn dann verursacht? Aber wenn Sie es nicht sagen und dann ein Unfall passiert, hätte er verhindert werden können, wenn der Klient vorgewarnt worden wäre? Wir haben hierfür keine Standardantwort. Sie müssen

Ihrem eigenen Gewissen, Ihren eigenen Überzeugungen, Ihrer eigenen Moral und Ihren eigenen Gewohnheiten folgen. Wir tun das ebenfalls und machen unsere Vorgehensweise von der Persönlichkeit des Klienten abhängig.

Die Transite der Langsamläufer

Jupiter

Wir verlassen jetzt den Bereich der persönlichen Planeten. Jupiter braucht zwölf Jahre, um durch das gesamte Horoskop zu wandern, und ein Jahr für jeden Zeichendurchgang. Daher wird er etwa ein Jahr in jedem Haus verweilen und so dieses Haus für das betreffende Jahr hervorheben. Jupiter kann Expansion, auch physische, anzeigen, und viele Klienten haben sich darüber beklagt, daß sie zuviel essen und entsprechend zunehmen, wenn Jupiter über ihren Aszendenten oder ihre Sonne wandert. Die rechtläufige, rückläufige und dann wieder rechtläufige Bewegung der langsam laufenden Planeten hat zur Folge, daß sie bis zu dreimal über einen sensiblen Punkt im Horoskop vor und zurück laufen können.

Bei Jupiter kann das in der kurzen Zeit von nur sechs Monaten geschehen, aber bei den sehr langsam laufenden Planeten wie Neptun oder Pluto kann diese Vorwärts- beziehungsweise Rückwärtsbewegung fast zwei Jahre in Anspruch nehmen, und auch die durch sie symbolisierten Themen können für diese lange Zeit spürbar sein.

Jupiter repräsentiert in seiner archetypischen Form so wundervolle Themen wie Reichtum, Erfolg, Schutz, Zusammenarbeit, Glück, Geschenke, Wachstum, den Wunsch zu lernen und zu studieren, mögliche Auslandsreisen oder Unternehmungen in fremden Ländern, Angelegenheiten, in denen es um Religion oder Recht geht. All diese großartigen Dinge könnten auf Sie zukommen, wenn der transitierende Jupiter einige leichte und fließende Aspekte in Ihrem Geburtshoroskop bildet. Klingen wir ein wenig sarkastisch? Ja, denn so viele Segnungen regnen nicht einfach deshalb auf Sie herab, weil ein Planet »etwas mit Ihrem Horoskop macht«.

Genausowenig, wie das Unglück deshalb über Sie hereinbrechen wird, weil irgendein »schlechter« Planet herausfordernde

Aspekte bildet. Wie wir immer wieder betonen: *Sie sind Ihres eigenen Glückes Schmied.* Ihre Einstellung und Ihre Entscheidungsfreiheit werden Ihre Realität erschaffen. Die Planeten können Aktivitäten in einem Horoskopbereich oder eine Betonung bestimmter Themen anzeigen, aber wie sich diese Energien manifestieren werden, liegt ausschließlich in Ihrer Hand.

Jupiter wird als »günstiger« Planet angesehen und hat als solcher einen ausgezeichneten Ruf; aber solange Sie Ihren Jupiter im Geburtshoroskop nicht verstehen und mit ihrer Jupiter-Energie nicht gearbeitet haben, kann ein Transit von sich aus keine Wunder vollbringen. Das Wohlgefühl, das mit Jupiter assoziiert wird, kann genauso schnell in Maßlosigkeit umschlagen. Man meint es zu gut mit sich, wie etwa beim Essen und Trinken, nimmt Drogen, veranstaltet eine Sause, widmet sich Glücksspielen, Ferien und anderen Dingen, die »Spaß« machen.

Jupiter-Transite bei Rock Hudson im November 1981

In Rock Hudsons Horoskop zum Beispiel (siehe Kapitel 5 und das Horoskop auf S. 95) trat Jupiter zur Zeit seiner fünffachen Bypass-Operation im November 1981 in sein 2. Haus, dem Haus des Geldes und der Werte. Man hatte ihm gerade eine neue Fernsehserie angeboten, was ihm eine neue Geldquelle nach langer Trockenheit erschlossen hätte. Aber einige seiner Verfehlungen aus der Vergangenheit holten ihn ein, und so wurde seine fünffache Bypass-Operation, die in den Kapiteln 4 und 5 besprochen wird, notwendig. Wie er seinem Regisseur nach der Operation sagte, war er »ohne Einschränkung bereit, meinen Lebensstil zu ändern . . . Ich fühle mich wie ein Mensch, dem eine zweite Chance gegeben worden ist«. Ziemlich typisch für Jupiter, der ins 2. Haus gewandert ist und die Fähigkeit verstärkt, seine Werte zu ändern. Wenn man seinen Biographen glauben darf, dann versuchte er es zwar, kam aber nicht sehr weit damit. Er hörte nie auf zu rauchen und änderte auch seine Ernährungs- und Sexualgewohnheiten nicht; er schränkte jedoch seinen Alkoholkonsum ein.

Im Dezember 1981 ging der transitierende Jupiter eine Konjunktion zu Mars in seinem Geburtshoroskop ein. Wie wir schon einige Male vorher erwähnt haben, war Hudson nicht besonders geschickt im Umgang mit der Mars-Energie, und anscheinend hatte das Zusammentreffen des expansiven Jupiter mit seinem immer hungrigen und lebenslustigen Mars sein Verlangen nach viel Spaß aktiviert. Er hatte einfach keine Lust, es wie alle anderen zu machen und seine Genußsucht einzuschränken.

Jupiter-Transite in Betty Fords Horoskop

Bettys Fords erstes Kind Mike wurde im Juni 1949 gezeugt, während der transitierende Jupiter in ihrem 5. Haus stand. Da sie gerade frisch verheiratet war, zeigte Jupiter dort auch Liebe und Romantik an (vgl. Kapitel 5 und das Horoskop auf S. 107). Im Jahre 1974, einem weiteren Schlüsseljahr für die Fords, wanderte der transitierende Jupiter in den Fischen durch Bettys 7. Haus. Das war das Jahr, in dem sie die Frau eines Vizepräsidenten wurde und schließlich First Lady, als Präsident Nixon am 9.August 1974 zurücktrat. Wie aus ihrem 7. Haus deutlich zu erkennen war, wurde Betty in die Öffentlichkeit geworfen, und am 9.August stand Jupiter im Transit auf 16° in den Fischen in Konjunktion zu ihrem Radix-Mond, der für Öffentlichkeit und Emotionalität steht und in Opposition zu ihrem Radix-Mars, der eine geradezu fiebrige Aktivität andeutet.

Übersehen Sie nicht die Tatsache, daß diese Jupiter-Aspekte ihr T-Quadrat im Geburtshoroskop aktivieren. Wie bereits gesagt, spielt eine solche Aktivierung immer eine wichtige Rolle. Einen Monat später, am 26. September, als Betty eine Brust amputiert wurde, war Jupiter im Transit bis auf 10° in den Fischen rückläufig geworden; er bildete ein Quadrat zu ihrem Jupiter im Geburtshoroskop und aktivierte den Brennpunkt ihres Radix-T-Quadrates. Diese Operation fand übrigens im Lichte der Öffentlichkeit statt, und nach Shirley Temple war Betty Ford die erste bekannte Persönlichkeit, die öffentlich zugab, an Krebs erkrankt zu sein. Im Geburtshoroskop steht Jupiter in Bettys 10. Haus, dem Haus für gesellschaftlichen Status.

Natürlich passierten auch noch viele andere Dinge in Bettys Geburtshoroskop; dieses Beispiel ist nur eine weitere Bestätigung dafür, daß Transite den genauen Zeitpunkt anzeigen, was bei Progressionen und Direktionen selten der Fall ist.

Saturn

Saturn braucht zwischen 29 und 30 Jahren, um durch das gesamte Horoskop zu wandern; sein Zyklus wird als wichtiger Faktor für jede Art von Vorhersage angesehen. (In Kapitel 9 werden wir Zyklen detaillierter besprechen). Saturn verbringt etwa zweieinhalb Jahre in jedem Zeichen und daher relativ viel Zeit in jedem Haus, dem er dann seine saturnische Prägung und Betonung verleiht.

Saturn hat in der Vergangenheit einen schrecklichen Ruf gehabt. Die Menschen des Altertums, für die er den äußersten Planeten darstellte – den begrenzenden Faktor zwischen ihnen und der Ewigkeit –, nannten ihn einen Übeltäter. Auch in der Literatur, die wir zu diesem Thema gelesen haben, wird kaum ein gutes Haar an Saturn gelassen. Trotzdem haben die moderne Astrologie und die heutigen Astrologen herausgefunden, daß Saturn einer der nützlichsten Planeten ist.

Wenn man davon ausgeht, daß jeder Mensch Grenzen braucht, dann ist Saturn der Planet, der dafür steht, daß Ihr Körper seine Form wahrt, indem Ihre Knochen gehalten werden. (Saturn regiert die Haut und das Skelett). Er repräsentiert Ihr Verantwortungsgefühl, Ihre Fähigkeit, sich zu konzentrieren und Ihre Selbstdisziplin aufrechtzuerhalten, organisiert zu sein und durchzuhalten. Saturn kann anzeigen, wie ehrgeizig Sie sind; er steht für Ihr Leistungsstreben, Ihren Ordnungssinn, Ihr Pflichtgefühl, Ihr Ego, Ihre Lektionen im Leben und Ihre Karriere.

Der positive Gebrauch der Saturn-Prinzipien bestimmt Ihre Organisationsfähigkeit; er gibt Ihnen die rechte Vorsicht im Geschäftsleben, verbessert Ihre Disziplin, hilft Ihnen dabei, mit Leichtigkeit Verantwortung zu übernehmen und steigert Ihre Konzentrationsfähigkeit. Die Stelle im Horoskop, an der sich Saturn im Transit befindet, ist besonders geeignet, um neue Fundamente zu legen; und jetzt ist auch eine gute Zeit, um positiv zu handeln. Der negative Gebrauch der Saturn-Energie könnte zu Gefühlen des Verleugnens, der Begrenzung und Frustration führen. Sie könnten Schwierigkeiten im Berufsleben erfahren, physische Schwächen, Trennungen, zuviel Verantwortung oder sogar Leid erleben.

Auslösungen im 58. Lebensjahr

Henry Kissinger

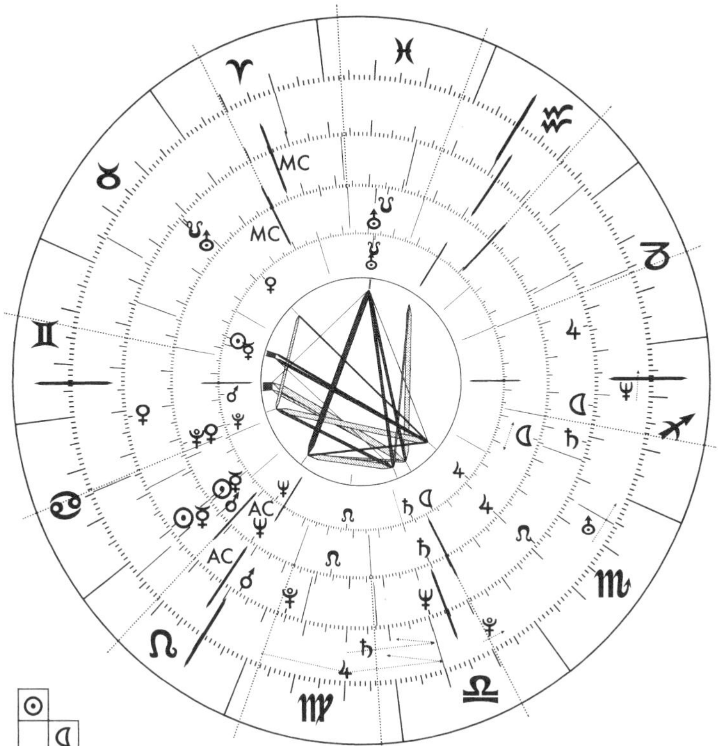

☉											
	☽										
☌		☿									
			♀								
	△			♂							
⚻		⚻	☍		♃						
		△				♄					
	⚻				△	⚻	♅				
	✶				□	✶	⚻	♆			
			✶		△	□			♇		
	△			☌			□			A	
	△					△					M

Innenkreis: Radix mit Aspekten
2. Kreis: Sekundärprogessionen, Prog. Datum: 23. 7. 1923
3. Kreis: Sonnenbogendirektionen, Bogen 54°26′
4. Kreis: Radixhäuser mit den Transiten der Langsamläufer ab dem 27. 5. 1980 für 1 Jahr

27. 5. 1923 5:30 MEZ GMT 4:30
Fürth/D 10E59 49N29
Häuser nach KOCH/GOH

Henry Kissinger und Saturn 1980 bis 1981

Zur Veranschaulichung ein konkretes Beispiel. Schauen Sie sich Henry Kissingers progressives und dirigiertes Horoskop für seinen Geburtstag, den 27. Mai 1980 an (Kapitel 5 und Horoskop auf S. 143). Der transitierende Saturn begann das Jahr bei 20° 12' in der Jungfrau und wanderte die lange Strecke bis hin zu 9° 47' in der Waage. Am 1. Januar 1981 wurde er rückläufig und war bis zu seinem Geburtstag am 27. Mai 1981 bis auf 3° 03' in der Waage zurückgewandert. Er wurde am 5. Juni wieder rechtläufig. Während dieser Zeit stand er im Juli 1980 im Quadrat zu Kissingers Aszendenten und im August und September im Quadrat zu seinem Mars. Ende Dezember, den gesamten Januar hindurch, und zwei Drittel des Monats Februar 1981, während seines Stillstandes und der anschließenden Rückläufigkeit, bildete Saturn ein Quadrat zum Radix-Pluto. Der Aszendent und Mars in enger Konjunktion beschreiben Kissingers physischen Körper; Pluto regiert sein 6. Haus, das Haus der Gesundheit und des Wohlbefindens. All diese Aktivitäten zeigen mögliche physische Schwächen an, aber auch die Fähigkeit, sich wirklich zu konzentrieren (Saturn bildet einen Aspekt zum Aszendenten, zu Mars und Pluto) und hart zu arbeiten (6. Haus), je nachdem, wie man mit den Saturn-Energien umgeht.

Kissinger beschreibt in seiner Autobiographie, daß er sich zu dieser Zeit schon teilweise aus dem Berufsleben zurückgezogen hatte und sehr damit beschäftigt war, seinen zweiten Memoirenband zu schreiben. Seit jenem Herbst hatte er immer wieder Schmerzen in einer Schulter und im Nacken gehabt, was er auf alte Verletzungen in diesem Bereich zurückführte. Aber er war zu sehr in das Schreiben vertieft, als sich um seine Gesundheit zu sorgen und drückte sich um eine mögliche orthopädische Operation oder Behandlung herum. In den nächsten Monaten traten jedoch immer wieder unerträgliche Schmerzen und Anfälle von Atemnot auf, so daß seine Frau schließlich auf einer gründlichen Untersuchung bestand. Einige Tage später mußte er sich einer dreifachen Bypass-Operation unterziehen.

Saturn-Transite bei Betty Ford

In Betty Fords Horoskop (siehe Kapitel 5 und das Horoskop auf S. 107) wanderte der transitierende Saturn von 15° 45' im Löwen bis 6° 12' in der Jungfrau, wo er am 17.Dezember 1948 rückläufig wurde, um am Ende ihres Jahres am 8.April 1949 auf 29° 49' im Löwen zu stehen. Während ihrer Verlobungszeit und ihres Engagements bei der Wahlkampagne für ihren zukünftigen Ehemann wanderte Saturn durch ihr 12. Haus. Er stand im Trigon zu ihrer Radix-Sonne bei 2° in der Jungfrau in Opposition zur Radix-Venus und im Quadrat zur Himmelsmitte und bildete ein T-Quadrat, als Jerry und sie heirateten. Im Juni 1949, als Saturn zum dritten und letzten Mal dieses T-Quadrat bildete, wurde sie schwanger. Saturn ist der Herrscher ihres 5. Hauses, des Hauses der Liebe und der Kinder.

Im Dezember, als Saturn im Transit ihren Aszendenten bei 6° in der Jungfrau erreichte, starb ihre Mutter. Der dirigierte Saturn stand ebenfalls dort. Diese Konjunktion des Saturn zum Aszendenten zeigt nicht immer Tod an. In der Regel zeigt sie die Fähigkeit an, Verantwortung für sich selbst zu übernehmen. Bei Betty Ford bedeutete diese Konjunktion zweierlei: Die Verantwortung für eine Heirat und dafür, unabhängig von ihren Eltern für sich selbst zu sorgen. Eine andere hervorragende Zeit für eine Heirat ist dann gegeben, wenn Saturn im Transit in das 7. Haus, das Haus der intimen Partnerbeziehungen tritt.

Uranus

Dieser Planet der unerwarteten Ereignisse braucht 84 Jahre, um durch alle zwölf Zeichen zu wandern und verbringt fast sieben Jahre in jedem Zeichen. Da seine Bewegung sehr langsam ist, nur etwa zwei Zehntelgrad pro Tag, sind seine Auswirkungen lange spürbar. Nehmen Sie an, Ihr Merkur steht im Geburtshoroskop auf 24° im Schützen, dann wird der transitierende Uranus zum ersten Mal im Januar 1987 eine Konjunktion zu ihm eingehen, dann wieder durch eine rückläufige Bewegung im Juni 1987 und zum letzten Mal im November 1987. Daher könnten Sie schon im Dezember 1986 (23° im Schützen) einige der »Erweckungs«-Eigenschaften von Uranus fühlen bis hin zum Dezember 1988 (26° im Schützen).

Der archetypische Uranus steht für unerwartete Veränderungen, plötzliche Anziehung, Geistesblitze, intellektuelle Stimulation, Intuition, Originalität, Inspiration und göttliche Unzufriedenheit. In seiner positiven Anwendung können seine Schwingungen verbessertes kreatives Denken, ein erweitertes Verständnis für metaphysische Themen, einen größeren Genuß des Ungewöhnlichen, des Plötzlichen, des Unerwarteten anzeigen.

Für diejenigen, die den Status quo lieben, könnte der Einfluß des Uranus ziemlich überwältigend sein. Menschen mit starkem Erd- und Wasser-Einfluß im Horoskop, die konservativ und sicherheitsorientiert sind, könnten durch abrupte Veränderungen oder impulsive Aktionen erschreckt werden. Luft- und Feuerzeichen scheinen Vielfalt zu lieben; Löwe und Wassermann mögen, obwohl sie fixe Zeichen sind, den Wechsel, aber alle fixen Zeichen verändern sich nur zu ihren *eigenen* Bedingungen und lassen sich nur äußerst ungern von anderen beeinflussen. Für diejenigen, die oft unüberlegt handeln und die gern mit dem Feuer spielen, kann die uranische Schwingung zu stark sein und sie könnten zu impulsiv und sprunghaft reagieren.

Rock Hudson und verschiedene Uranus-Transite

Den meisten Biographien zufolge hat Rock Hudsons Vater die Familie im Sommer 1932 verlassen, als Rock 6 ½ Jahre alt war (siehe Geburtshoroskop, Kapitel 4, Seite 77). Uranus im Transit stand bei 23° im Widder, im Quinkunx zu seiner Radix-Sonne (die den Vater repräsentiert) auf 24° im Skorpion, was viele Anpassungen für Rock und seine Mutter erforderlich machte. Uranus machte an diesem Punkt Station und wurde rückläufig. Er kam im Dezember 1933 und im Januar 1934 auf 23° im Widder zurück, als Kay Scherer (seine Mutter) wieder heiratete, was Rock sicher wie ein Blitz aus heiterem Himmel traf und zusätzliche Anpassungen erforderlich machte.

Im Frühjahr 1946, als Rock mit zwanzig Jahren nach Hollywood übersiedelte, wanderte Uranus im Transit durch sein 9. Haus, das für lange Reisen steht, und stand in Opposition zu seinem Radix-Merkur. Nach fast drei Jahren vergeblicher Versuche, im Filmgeschäft Fuß zu fassen, angelte er sich im Herbst 1948 schließlich einen Agenten, als Uranus bei 0° im Krebs stand und dabei war, eine Konjunktion zum MC zu bilden, und somit Möglichkeiten für eine neue Karriere signalisierte. Er drehte seinen ersten Film, *Fighter Squadron*, der seiner Zeit als Lastwagenfahrer und Postbote ein Ende bereitete.

Im November 1955 heiratete Rock Hudson Phyllis Gates, die Sekretärin seines Agenten. Das war ein vollkommen überraschendes Ereignis; eine Ehe, die nur zum Schein geschlossen wurde, um Gerüchte über Hudsons Homosexualität zu entkräften. Uranus stand bei 2° im Löwen, im Quadrat zu seinem Radix-Mars. Im Jahre 1960 drehte er *Bettgeflüster* mit Doris Day, einen Film, den er offensichtlich nicht einmal hatte drehen wollen, der jedoch der drittgrößte Kassenerfolg nach Cary Grant und Elizabeth Taylor wurde. Uranus war gerade in Konjunktion zu Neptun getreten, dem Planeten des Charismas, des Glanzes, des Filmgeschäftes und der unerwarteten Ergebnisse.

Neptun

Dieser sehr langsam laufende Planet braucht bis zu 165 Jahre, um durch alle Zeichen zu wandern; er verweilt fast 14 Jahre in jedem Zeichen. Er war zuletzt zwischen 1820 und 1834 im Steinbock und trat im Januar 1984 erneut in dieses Zeichen und wird dort bis Januar 1998 bleiben. Neptuns Transitaspekte können zwei Jahre andauern, da er fünf Monate pro Jahr rückläufig wird und nur zwischen 2° und 5° pro Jahr wandert.

Chers Mond zum Beispiel steht auf 18° im Steinbock (siehe Horoskop, Kapitel 11, S. 209). Neptun erreichte 17° im Steinbock zum ersten Mal im Januar 1992. Er ging auf 18° im Steinbock, wurde bis 16° im Steinbock rückläufig, wanderte dann bis auf 18° im Steinbock nach vorn und schließlich weit genug nach vorn, um den Aspekt mit ihrem Radix-Mond im Dezember 1993, also fast zwei Jahre später, zu verlassen.

Neptun webt Träume. Er kann Erhellung oder Illusion anzeigen, Idealismus oder die rosarote Brille, Inspiration, Imagination und kreatives Denken. Er kann Ihr Mitgefühl, Ihre Intuition und Ihre Wahrnehmungen so weit verzerren, daß Sie in Betrügereien hineingezogen werden oder aber Enttäuschungen erleben. Er ist der flüchtigste aller Planeten, und die Fähigkeit, die Neptun-Prinzipien positiv zu nutzen beziehungsweise ihnen zum Opfer zu fallen, hängt davon ab, wie bewußt Sie in dem jeweiligen Augenblick sind.

Neptun-Transite bei Betty Ford

Betty Fords Neptun steht in ihrem Geburtshoroskop in Konjunktion zu Saturn (siehe Horoskop, Kapitel 1, S. 33). Wir nennen das die »Architektenposition«, weil das Zusammentreffen dieser beiden Planeten die Fähigkeit verstärkt, Träumen und Phantasien Form und Struktur zu verleihen. Betty ist vielleicht keine Architektin, aber sie kann ihre Träume in die Realität umsetzen; oder sie kann das Merkur-Quadrat zu Neptun nutzen und eine große Geschichtenerzählerin werden – oder aber sich selbst zum Narren halten, wenn sie der Leichtigkeit des Sextils nachgibt, das Neptun zu Jupiter bildet. Wie Sie Bettys bisherigem Leben entnehmen konnten, hat sie je nach Situation von all ihren Möglichkeiten Gebrauch gemacht.

Im Jahr 1926 zum Beispiel, als sie ihre ersten Tanzstunden nahm, was ein wichtiges Erlebnis für sie war, stand der transitierende Neptun gerade zum ersten Mal bei 26° im Löwen in Opposition zu Uranus. Betty wurde sich ihres Körpers bewußt (Opposition) und in dem früheren Wildfang erwachten Gefühle von Geschmeidigkeit und Grazie.

Im Jahre 1934, als Bettys Vater starb, kam Neptun bei 9° in der Jungfrau im Quadrat zu Jupiter zum Stillstand. Jupiter ist der Herrscher ihres 4. Hauses (Zuhause) und steht im 10. Haus (Vater). Als Betty im Herbst 1947 Gerald Ford traf, stand Neptun auf 9° in der Waage und im Trigon mit demselben Jupiter. Als ihre Mutter im Dezember 1948 starb, war Neptun bis auf 15° in der Waage weitergewandert und stand im Quinkunx zu Bettys Mond, der die Mutter symbolisiert.

Neptun regiert Bettys 7. Haus, das Haus der intimen Partnerbeziehungen und der Öffentlichkeit. Als Gerald Ford im Dezember 1973 zum Vizepräsidenten ernannt wurde, hatte Neptun gerade 7° im Schützen erreicht, stand im Trigon zum Radix-Saturn, im Quinkunx zum Radix-Merkur und im Quadrat zum Radix-Aszendenten. Verantwortung und Begrenzungen, Kommunikation, Public Relations, die Presse, ihre Persona und die Art und Weise, wie die Welt sie sehen würde – es war alles da. Als Gerald Ford am 9. August 1974 Präsident wurde, war Neptun bis auf 9° im Schützen (in Opposition zu Jupiter) und anschließend zurück auf 6° im Schützen gewandert, wo er zum Stillstand kam.

Wie Betty in ihrem zweiten Buch *A Glad Awakening* enthüllt: »Ich begann täglich Medikamente für einen eingeklemmten Nerv im Nacken zu nehmen. Die Tabletten linderten meine Schmerzen, und das war auch notwendig, denn schließlich hatte ich mich um vier aktive Kinder zu kümmern. Meine Kinder wuchsen heran und meine Tablettengewohnheit ebenfalls. Ich hatte eine Gourmet-Pillensammlung, und wenn ich der Mischung Wodka hinzufügte, dann fühlte ich mich wunderbar verschwommen; alles war in Ordnung, und ich konnte mit allem fertig werden.«

Betty hatte sich Jerrys Niederlage im Jahre 1976 ziemlich zu Herzen genommen; und nachdem sie im Januar 1977 das Weiße Haus verlassen hatten, verschlechterte sich ihr Gesundheitszustand erheblich. Die ganze Familie machte sich zusehends Sorgen, wußte aber nicht, wie sie ihr helfen sollte. Schließlich arrangierte ihre Tochter Susan, die große Angst hatte, daß ihre Mutter sterben könnte, eine Familien-«Intervention«, und am 1.April 1978 konfrontierten ihre ganze Familie und ein erfahrener Psychologe sie mit einigen harten Tatsachen. Das Ergebnis war dann, wie ja bekannt ist, ihre Kur im Long Beach Naval Hospital (Marinehospital); was Betty später dazu veranlaßte, das Betty-Ford-Center in Palm Springs zu gründen; ein sehr erfolgreiches Alkohol- und Drogenrehabilitationszentrum, das nach dem Vorbild des Long Beach Naval Hospital arbeitet.

Im Januar 1977 erreichte Neptun zum ersten Mal 15° im Schützen und aktivierte Bettys Radix-T-Quadrat, indem er exakte Quadrate zu ihrem Mars auf 15° in der Jungfrau und ihrem Neptun-regierten Mond auf 15° in den Fischen bildete. Dieses Quadrat blieb bis Dezember 1978 wirksam, als Neptun zum letzten Mal über diesen empfindlichen Punkt lief.

Dieses Beispiel veranschaulicht einige Möglichkeiten des positiven und negativen Gebrauchs der Neptun-Energie. Kann man Neptun für Bettys Trinkgewohnheiten und Tablettenmißbrauch verantwortlich machen? Natürlich nicht! Sie hätte auch Geschichten erfinden oder Romane schreiben können, als Neptun durch ihr 3. Haus wanderte und verschiedene Aspekte bildete. Sie hätte sehr religiös werden können oder sogar auf das Tanzen oder eine andere Art sportlicher Betätigung zurückkommen können, bei der Geschmeidigkeit eine Rolle spielt. Wenn Neptun durch das 4. Haus wandert, dann werden viele unserer

Klienten kreativ und planen eine Neueinrichtung ihres Hauses.

Neptun hat Bettys 6. Haus progressiv seit 1948 regiert. Wäre sie unsere Klientin gewesen, dann hätten wir sie gewarnt, sehr vorsichtig mit Medikamenten, Drogen und Alkohol umzugehen. Wenn Neptun das 6. Haus, das Haus der Gesundheit, regiert oder durch es hindurchwandert, dann scheint es für den Körper schwieriger zu sein, seine Grenzen zu wahren; es scheint viele unerwartete Reaktionen wie zum Beispiel Allergien zu geben, und für Ärzte ist es dann in einem solchen Falle oft schwierig, genaue Diagnosen zu stellen.

Pluto

Pluto, der langsamste aller Planeten, wandert nur etwa ein Grad pro Jahr, während er im Stier ist, und fast drei Grad pro Jahr, während er im Skorpion ist. Auf seiner elliptischen Umlaufbahn braucht er 248 Jahre, um den Tierkreis zu durchlaufen. Obwohl er bereits 1930 entdeckt wurde, bestreiten viele Menschen auch heute noch seine Bedeutung. Wissenschaftler fragen sich, ob Pluto wirklich ein Planet ist oder vielleicht eher ein Doppelplanet, da sein Mond Charon fast so groß ist wie Pluto selbst. Astrologen streiten sich immer noch, ob Pluto den Skorpion oder den Widder regiert oder beide. Wir können aber mit Bestimmtheit sagen, daß Plutos Position eine große Rolle spielt.

Pluto im Transit ist so langsam und bedächtig, daß sich seine Bedeutung kaum von den progressiven oder dirigierten Planeten unterscheidet, die fast drei Jahre lang innerhalb des Aspektorbis sind. Aber trotz seiner langsamen Bewegung unterscheidet sich der transitierende Pluto von den progressiven oder dirigierten Planeten dadurch, daß er rechtläufig ist, dann fünf Monate rückläufig wird und dann wieder rechtläufig wird, das heißt, er bleibt nicht bei ein und derselben Gradzahl stehen. Wegen seiner trägen und zögerlichen Bewegung haben Astrologen das Gefühl, daß Pluto die Samen für Veränderung und Transformation sät, wenn er Aspekte zu den Planeten und Achsen im Geburtshoroskop bildet. Aber das tatsächliche Aufkeimen der Saat kann zu einem späteren Zeitpunkt stattfinden, und zwar oft dann, wenn einer der schnelleren Planeten denselben Bereich aktiviert, den Pluto gerade angesprochen hat.

Pluto steht für Macht, Intensität, konzentrierte und ausdauernde Energie, Regeneration, Transformation, die Fähigkeit des Neubeginns und Neuaufbaus, den Wunsch, Dinge in großem Maßstab zu tun sowie für die Energie der Massen; aber er kann auch Aufruhr, Obsession, brutale Gewalt, dramatische Veränderungen oder Kriminalität anzeigen.

Pluto-Transite bei Henry Kissinger

Pluto im Transit zeigt in seiner günstigeren Wirkungsweise die Fähigkeit zum Neuaufbau und zur Regeneration an, was in Henry Kissingers dirigiertem und progressivem Horoskop zwischen 1980 und 1981 ziemlich offensichtlich war. Zur Zeit seiner Bypass-Operation (siehe Kapitel 5, Horoskop auf Seite 143) wurde Pluto bei 19° 15' in der Waage bis auf 18° 58' in der Waage rückläufig. Am 28. Juni 1980 wurde er wieder rechtläufig und wanderte bis auf 24° 20' in der Waage. Am 26. Januar 1981 wurde Pluto erneut auf 21° 52' in der Waage rückläufig. Während dieser ganzen Zeit aktivierte er Kissingers großes Luft-Trigon im Geburtshoroskop, indem er ein Trigon zur Radix-Himmelsmitte und zum Aszendenten (physischer Körper) bildete und in Konjunktion zum Radix-Mond stand. (Das Trigon zu Mars wurde erst im November 1982 wirksam.) Pluto regiert in Kissingers Geburtshoroskop das 6. Haus, das Haus der Gesundheit. Abgesehen von einigen gesundheitlichen Belastungen muß dies ein sehr emotionales Jahr für ihn gewesen sein, da Pluto im Transit in Konjunktion zum Radix-Mond sehr intensive Gefühle und Launen auslösen kann.

Im Jahre 1969, als Präsident Nixon Kissinger zum Nationalen Sicherheitsberater ernannte, fand Kissinger zum ersten Mal Geschmack an der Macht. Sein Name war fortan in aller Munde. Er übte seine Macht und seinen Einfluß auf den Präsidenten geschickt aus, sehr zum Leidwesen des damaligen Außenministers William P. Rogers. Pluto im Transit hatte gerade 23° in der Jungfrau erreicht und bildete ein Quadrat zu Kissingers Radix-Aszendenten. Als Nixon zum zweiten Mal zum Präsidenten gewählt wurde, ernannte er Kissinger zum Außenminister. Kissinger trat diesen Posten im Januar 1973 an und blieb bis zu Nixons Rücktritt und anschließend unter Gerald Fords Präsidentschaft bis zum Januar 1977 Außenminister. Der transitierende Pluto erreichte zum ersten Mal Ende November 1972 die Position von 4° in der Waage und stand somit im Trigon zu Kissingers Radix-Sonne. Als dieser 1977 zurücktrat, stand Pluto auf 13° in der Waage in Konjunktion zu seinem Radix-Saturn, was Machtbeschränkungen anzeigt.

Da Übung den Meister macht, werden wir Sie Transite anhand eines der großen Meister üben lassen (siehe Kapitel 8), einem wundervollen und verrückten Genie – Vincent van Gogh. Sein Leben war kurz, nur 37 Jahre lang, aber diese Jahre waren lebendig und produktiv. Dank der 1200 Briefseiten an seinen Bruder Theo und zahlreicher Biographien haben wir einen hervorragenden Überblick über van Goghs kurzes Leben inklusive vieler Monate, Wochen, Tage und sogar Stunden, zu denen bestimmte Ereignisse stattfanden. Sein Leben ist faszinierend, und seine astrologischen Konstellationen sind vielsagend.

Zusammenfassung

1. Transite beziehen sich auf die gegenwärtige Position oder die tagtägliche Bewegung der Planeten, die in den Ephemeriden für das betreffende Jahr, den betreffenden Monat oder Tag festgehalten ist.
2. Diese Transite können Gradbereiche im Geburtshoroskop sowie im progressiven oder dirigierten Horoskop aktivieren, wobei die Aspekte zum Geburtshoroskop stärker sind und wichtige Themen und mögliche Ereignisse anzeigen.
3. Die Bedeutung von Transiten hängt von persönlichen Einflüssen ab. Ihre Entscheidungsfreiheit, Ihre Einstellung dem Leben gegenüber, Gesundheit und Alter sowie ihre generelle Lebensperspektive spielen bei der Interpretation von Transiten eine wichtige Rolle.
4. Die Bedeutung und Interpretation von Transiten wird durch die astrologischen Faktoren aus Ihrem Geburtshoroskop bestimmt, ebenso durch das Wesen des transitierenden Planeten, dem Haus, durch das er wandert, und den Aspekten, die er bildet.
5. Der tatsächliche Transitaspekt ist weniger wichtig. Es kommt vor allem auf ein tiefes Verständnis der Eigenschaften aller beteiligten Planeten einschließlich ihrer Zeichen- und Hauspositionen an, um herausfinden zu können, was aus einer

Planetenkombination möglicherweise entstehen könnte und wie das entsprechende Thema möglichst konstruktiv gelöst werden könnte.
Die Konjunktion ist anscheinend der stärkste Transitaspekt; am zweitstärksten ist das Quadrat oder die Opposition; Trigon, Quinkunx und Sextil sind weniger wichtig.

6. Transite sind dann am wirksamsten, wenn die Aspektorben möglichst genau sind, nicht größer als 1° für die persönlichen Planeten, bis zu 5° für die Langsamläufer, da sich bestimmte Planeten (zum Beispiel Neptun und Pluto) durch ihre Recht- beziehungsweise Rückläufigkeit bis zu zwei Jahre lang im gleichen Bereich aufhalten.
7. Aufgrund seiner Rückläufigkeit kann ein Transitplanet bis zu dreimal über die gleiche Stelle im Horoskop laufen: zunächst bei seiner Vorwärtsbewegung, dann ein weiteres Mal, wenn er rückläufig wird oder rückwärts zu wandern scheint, und dann, wenn er wieder rechtläufig wird. Die Gradzahlen, bei denen ein Planet rückläufig (SR) beziehungsweise rechtläufig (SD) wird, heißen Stationen und können bei den fünf langsam laufenden Planeten von großer Bedeutung sein.
8. Transite zu einem Radix-Planeten oder einer Horoskopachse sind dann am bedeutsamsten, wenn gleichzeitig eine Progression oder eine Direktion zu der gleichen Position besteht. Transite über einen Punkt einer Aspektkonfiguration (T-Quadrat, Großes Kreuz etc.) aktivieren jeweils die gesamte Konstellation.
9. Denken Sie daran, daß die Interpretation von Transiten in Übereinstimmung mit den transitierten Häusern und allen anderen Transiten, die zur selben Zeit wirksam sind, geschehen muß. Auch die progressiven, dirigierten und Radixaspekte sind zu berücksichtigen. *Jede Vorwärtsbewegung im Horoskop kann Ihnen nur das bringen, was bereits im Geburtshoroskop versprochen worden ist.* Wie immer in der Astrologie müssen Sie das kosmische Geschehen in seiner Gesamtheit bewerten. Das Ganze ist nur so gut wie die Summe seiner Teile.

Kapitel 8

Transite in Aktion: Vincent van Gogh

Biographischer Hintergrund

Vincent van Gogh wurde am 30. März 1853 um elf Uhr morgens in Groot-Zundert, einem kleinen holländischen Dorf nahe der belgischen Grenze, geboren (51N28, 4E40). Er war das älteste von sechs Kindern des protestantischen Pfarrers Theodorus van Gogh. Die van Goghs waren eine alte niederländische Familie von Goldschmieden, Kunsthändlern und Pfarrern. Seine Mutter, Anna Cornelia, stammte aus Den Haag, wo ihr Vater den Titel »Buchbinder des Königs« trug. Nachdem man ihn dazu ausersehen hatte, die erste niederländische Verfassung zu binden, blühte sein Geschäft auf und er wurde im ganzen Land bekannt. Seine drei Töchter waren wohlerzogene junge Damen.

Eigentlich war Vincent nicht der erstgeborene Sohn. Ein Kind, das den Namen Vincent tragen sollte, war am 30. März 1852 um sieben Uhr morgens (LMT) tot auf die Welt gekommen. Genau ein Jahr später gebar Anna Cornelia einen weiteren Sohn, Vincent, einen gesunden, kleinen, rothaarigen Jungen. Kurze Zeit später machten fünf weitere van Gogh-Kinder, zwei Jungen und drei Mädchen, ihre Aufwartung. Aber nur eines davon war für Vincent von Bedeutung, nämlich sein geliebter Bruder Theodor, der am 1.März 1857 geboren wurde.

Geschwister und die Beziehung zu ihnen werden durch das 3. Haus repräsentiert. In Vincents Horoskop fällt die Spitze des 3. Hauses in die Jungfrau, und der Hausherrscher Merkur steht auf 25° 37' im Widder im 10. Haus. Merkur bildet ein Trigon zum Mond und zu Jupiter und zeigt so die Möglichkeit einer warmherzigen, expansiven und überschwenglichen Beziehung zu seinen Geschwistern an. Merkur in Konjunktion zu Pluto steht für die Möglichkeit, intensive Gefühle zu ihnen allen zu haben. Zu welchem seiner Geschwister sich Vincent am meisten hingezogen fühlen könnte, läßt sich nur durch einen direkten Vergleich der jeweiligen Horoskope feststellen.

Radix

Vincent Van Gogh

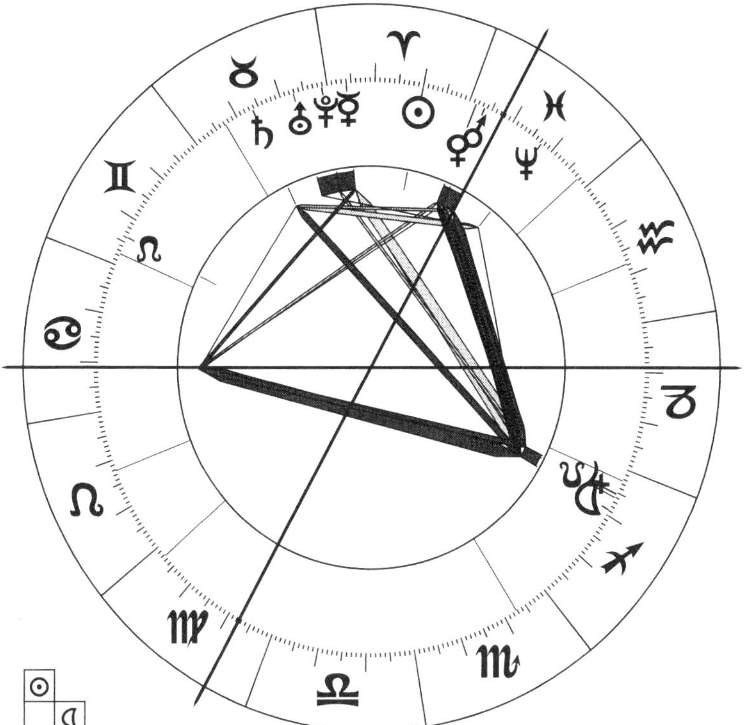

	☉	☽	☿	♀	♂	♃	♄	⛢	♆	♇	A	M
☽												
☿		△										
♀		□										
♂		□		☌								
♃		☌	△	□	□							
♄		⊼										
⛢												
♆		□					✱	✱				
♇			☌			△		☌				
A		⊼	□	△	△	⊼	✱					
M		□		☌	☌	□	✱					

♃R im Alter von 12 Jahren (1865)
☿D im Alter von 23 Jahren (1876)

Quelle: AA - E. Steinbrecher, Geburtsurkunde
30. 3. 1853 11:00 LMT 10:41 GMT
Zundert/Holland 4E40 51N28
Häuser nach KOCH/GOH

Vincents Bruder Theo

Den Biographien zufolge hegte Vincent sehr warmherzige Gefühle zu Wilhelmina, einer seiner Schwestern, aber seine anderen beiden Schwestern und sein jüngster Bruder waren ihm fremd. Zu Theo hatte er dagegen eine ganz besondere Beziehung.

Die meisten von Vincents 800 Gemälden und 850 Zeichnungen sind dank Theo entstanden, der Vincent sein ganzes Leben lang moralisch und finanziell unterstützte. Es war Theo, der der Familientradition folgte und Kunsthändler wurde. Es war Theo, der in einer Kunstgalerie in Paris arbeitete und als einer von wenigen Verständnis für die neue Bewegung hatte, die sich »Impressionismus« nannte. Es war Theo, der an Vincents Genie glaubte, der ihn vollkommen und bedingungslos liebte, der sich für Vincent aufopferte und nur sechs Monate nach ihm starb. Es ist Theo zu verdanken, daß alle van Gogh-Gemälde erhalten geblieben sind, die eine große Bereicherung für uns alle darstellen.

Zur Zeit von Theos Geburt stand der transitierende Neptun auf 21° 53' in den Fischen in Konjunktion zu Vincents Radix-MC und bildete ein Trigon zu seinem Aszendenten und ein Quadrat zu seinem Mond. Der transitierende Jupiter hatte auf 26° 45' im Widder gerade eine Konjunktion zu Merkur, dem Herrscher des 3. Hauses, das für Geschwister steht, verlassen; außerdem bildete er ein Trigon zu Vincents Jupiter im 5. Haus, dem Haus, das die von uns geliebten Menschen repräsentiert. Der transitierende Pluto näherte sich einer Konjunktion zum Radix-Uranus (exakt im Juli), während der transitierende Uranus auf 24° im Stier im Quinkunx zu Vincents Radix-Jupiter stand. Dieser Quinkunxaspekt zwischen den beiden Brüdern spielte eine große Rolle im späteren Leben, da Vincents Möglichkeit zu arbeiten (Jupiter ist der Herrscher seines 6. Hauses, des Hauses der Arbeit) vollkommen von der Bereitschaft seines Bruders Theo abhing, ihn finanziell zu unterstützen (Uranus regiert das 8. Haus, das Haus der Unterstützung durch andere). Uranus bildete ebenfalls ein Sextil zu Vincents Himmelsmitte und zu seinem Mars. Diese Sextile deuten darauf hin, daß er es zumindest ertragen konnte, seinem Bruder zur Last zu fallen.

Es gibt noch viel mehr Aspekte zwischen den Horoskopen der

Radix

Theodor Van Gogh

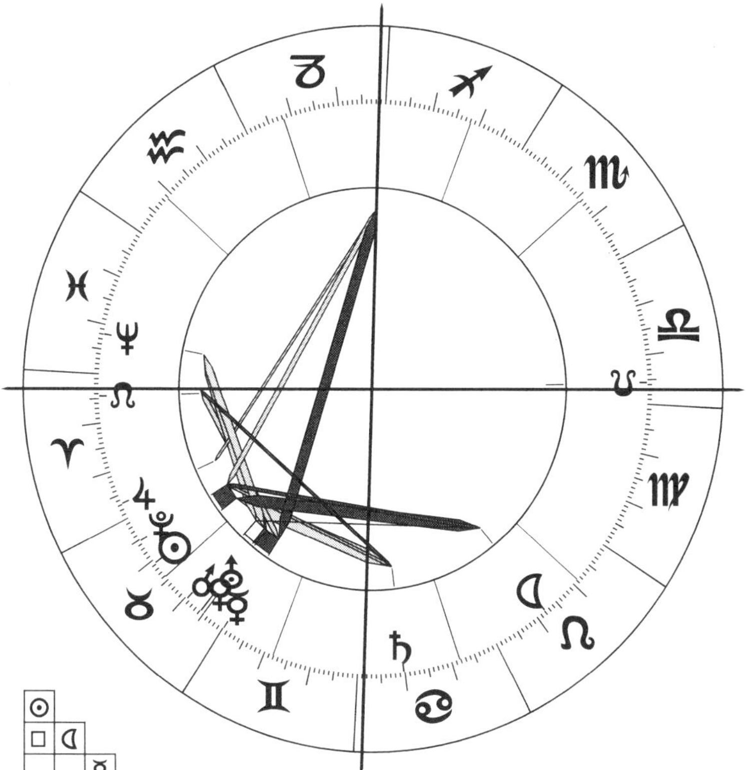

☉											
□	☾										
		☿									
		☌	♀								
	□		☌	♂							
					♃						
✶						♄					
		☌	☌	☌			♅				
			✶	✶			✶	♆			
☌	□					✶			♇		
		✶				□				A	
		⚻			△				△		M

☿R im Alter von 20 Jahren (1877)
♀D im Alter von 32 Jahren (1889)

Quelle: AA - E. Steinbrecher, Geburtsurkunde
1. 5. 1857 3:30 LMT 3:11 GMT
Zundert/Holland 4E40 51N28
Häuser nach KOCH/GOH

beiden Brüder, die die Intimität und Liebe zwischen ihnen erklärt, aber hier geht es um *Transite* und nicht um Synastrie (Horoskopvergleich). Daher möge es an dieser Stelle genügen, darauf hinzuweisen, daß der transitierende Saturn auf 9° 45' im Krebs im exakten Quadrat zu Vincents Sonne auf 9° 39' im Widder stand und so dazu beitrug, die tiefe Verbundenheit und das Verantwortungsgefühl zwischen den beiden hervorzuheben.

Die frühen Jahre

Mit seinem stämmigen Körper und seinen leuchtend roten Haaren ähnelte Vincent einem Bauern. Er wuchs als reserviertes und einsames Kind auf. »Stark, einsam und sogar in einer Menschenmenge allein«, das sind Attribute, die man oft bei einer Sonne findet, die im Geburtshoroskop nicht aspektiert ist. Dieselbe unaspektierte Sonne symbolisiert auch Vincents Haltung gegenüber seinem Vater, der von den meisten Biographen als unnachgiebig und unversöhnlich besonders im Hinblick auf moralische Verfehlungen beschrieben wird. Da er Gott unermüdlich und pflichtbewußt diente, konnte Theodorus van Gogh nicht verstehen, warum er nicht mehr Erfolg hatte. Seine Gemeindemitglieder bezeichneten ihn als stattliche Erscheinung und spöttelten darüber, daß er einen Seidenhut trug, während er sich dazu anschickte, »Gutes zu tun«. Theodorus fühle sich jedoch in dem kleinen Dorf Zundert, in dem er 23 Jahre lang seinen Dienst tat, vergessen und begraben. Er war der einzige der sechs älteren van Gogh-Brüder, der nie nationalen Ruhm erlangte.

In späteren Jahren gab er zu, daß er enttäuscht darüber gewesen war, daß sich sein ältester Sohn dazu entschieden hatte, Künstler zu werden, statt in seine Fußstapfen zu treten. Die Beziehung zwischen Vater und Sohn war nie warmherzig und beiden fehlte es an Verständnis füreinander. Frank Elgar schreibt in seinem Buch *Van Gogh – Nuenen/Paris* sogar: »Es gab nichts, was in der grauen, ungastlichen Umgebung, in der rigiden bürgerlichen Gesellschaft und dem kalten, nüchternen Zuhause Vincents großzügiges Herz hätte zufriedenstellen können.« Kein Wunder, daß er mit 16 ½ Jahren freiwillig sein Zuhause verließ, als sein Onkel Vincent für ihn eine Stelle als

Verkäufer in einer Kunstgalerie in Den Haag fand, die eine Zweigstelle der bekannten Pariser Galerie Goupil war.

Umzug nach Den Haag (Herbst 1869)

Im Alter von sechzehn Jahren kulminierte der *transitierende Jupiter* in van Goghs 10. Haus. Jupiter begann dieses Lebensjahr von Vincent am 30.März 1869 bei 23 ° im Widder, wanderte die weite Strecke bis 21 ° im Stier, wobei er Konjunktionen zu Merkur, Pluto, Uranus und Saturn im Radix bildete und zum Radix-Jupiter im Trigon und zum Radix-Neptun im Sextil stand. Zur Zeit von Vincents tatsächlichem Umzug im Herbst 1869 (die Vorbereitungen wurden im Sommer getroffen), wurde der transitierende Jupiter rückläufig, um erneut in Konjunktion zum Radix-Saturn zu treten. Er kam auf 11 ° im Stier zum Stillstand und stand dann zum dritten Mal im Sextil zum Radix-Neptun, dem Herrscher des 9. Hauses, des Hauses der Reisen, und zum MC, dem Status, sowie in Konjunktion zum Radix-Saturn, dem Herrscher des 7. Hauses, des Hauses der Öffentlichkeit, und im Trigon zum Radix-Mond, dem Aszendentenherrscher.

Der transitierende Saturn war genauso aktiv. Vom 1.April 1869 bis zum 1.April 1870 wanderte er von 17 ° 07' im Schützen zurück auf 10 ° 32' im Schützen ; im August 1969 wurde er rechtläufig und wanderte den weiten Weg bis auf 28 ° 30' im Schützen, wobei er das 5. Haus verließ und ins 6. Haus eintrat. Als Vincent dann von zu Hause wegging, stand Saturn zum letzten Mal im Quadrat zum Radix-Neptun (9. Haus und Herrscher der Himmelsmitte). Vorher hatte er zweimal, im Januar und Juni 1869, dort gestanden. Im Dezember erreichte Saturn eine Konjunktion zum Mond im Geburtshoroskop, und im Januar 1870 gesellte sich der transitierende Saturn zu Jupiter. Wir wissen aus diesen Monaten, daß sich für Vincent eine vollkommen neue Welt auftat. Es sind einige Zeichnungen des neunjährigen Vincent aus dem Jahre 1862 erhalten. Man nimmt jedoch an, daß seine ersten ernsthaften Skizzen entstanden, und er seine Liebe zur Kunst entdeckte, als er bei Goupil arbeitete.

Der transitierende Uranus, der Herrscher von van Goghs 8. Haus, dem Haus der Transformation, zeigt mehr als jeder andere Transit die Möglichkeit einer vollkommenen Veränderung an. Er wanderte in diesem Jahr von 13 ° 26' im Krebs bis auf

22° 03' im Krebs und dann zurück auf 17° 56' im Krebs. Zu der Zeit, als Vincent im September 1869 sein Elternhaus verließ, bildete Uranus eine genaue Konjunktion zu seinem Aszendenten und im Oktober ein Trigon zu seinem MC. Dabei erreichte Uranus zum ersten Mal die Position von 21° im Krebs. Während seiner Rückläufigkeit berührte er im November und Dezember erneut den Aszendenten und überquerte diesen zum letzten Mal während seiner Rechtläufigkeit im Juni und Juli 1870. Da wir keine biographischen Aufzeichnungen über außergewöhnliche Ereignisse aus dieser Zeit haben, können wir annehmen, daß der erste Übergang der wichtigste war.

Bedeutet das, daß bei van Gogh immer der erste Kontakt bei einem Transit Ereignisse anzeigt? Natürlich nicht! Wenn er bereit gewesen wäre, dem zündenden Funken im Innern, der durch Uranus ausgelöst wird, Raum zu geben, hätte er jederzeit die Möglichkeit dazu gehabt, unabhängig davon, ob sich Uranus vorwärts oder rückwärts bewegt oder ob er zum ersten oder zum letzten Mal über einen Punkt läuft. Das gleiche gilt für alle anderen Transite. Eine solche Aussage kann es dem Astrologen erschweren, eine genaue zeitliche Einordnung von Ereignissen vorzunehmen – und das ist uns nur recht, denn wir sind nicht der Meinung, daß Sie als Astrologe das Leben eines Menschen in allen Einzelheiten dadurch bestimmen sollten, daß Sie ihn auf Tage und Wochen festlegen. Ihre Rolle besteht darin, ihm die neuen Energien, von denen er erfüllt wird, deutlich zu machen und ihm zu zeigen, wie er sie am besten nutzen kann.

Um das Bild der aktuellen Transite, die bei van Goghs erstem großen Schritt von Bedeutung waren, zu vervollständigen, lassen Sie uns noch erwähnen, daß Neptun von 16° 49' im Widder bis 19° 36' im Widder wanderte, danach bis auf 16° 48' im Widder zurücklief und bis zum nächsten Lebensjahr wieder bis auf 18° 55' im Widder vorgelaufen war. Er bildete dabei keine exakten Aspekte zu van Goghs Geburtshoroskop, näherte sich jedoch einem Trigon zu seinem Radix-Mond an. Auf der anderen Seite stand der transitierende Pluto um seinen Geburtstag im April herum zum letzten Mal in Konjunktion zu seinem Radix-Saturn. Zuvor war er im Mai und im November 1868 an diesem Punkt gewesen. Der Same, der ein Jahr zuvor gesät worden war, begann jetzt zu sprießen. Obwohl es in diesem Kapitel um Transite geht, können wir Progressionen und Direktionen nicht vollkommen außer acht lassen, denn sie können, wie Sie bereits wissen, sehr wichtig sein. Auf van Goghs Horoskop trifft das im Alter von 16 bis 17 Jahren ohne Zweifel zu.

Die progressive Sonne stand in Konjunktion zum Radix-Merkur; Mars progressiv näherte sich einer Konjunktion zur Radix-Sonne an (exakt im April 1870); der MC progressiv hatte gerade die Konjunktion zur Radix-Sonne erreicht. Mit anderen Worten, es war sehr viel Sonnenenergie vorhanden, die es der inneren Persona erlaubte, aus sich herauszugehen, sich zu verändern und zu wachsen. Der Mond progressiv wanderte von 1° bis auf 24° im Krebs und trat etwa im Dezember 1869 in das 1. Haus ein.

Sonnenbogendirektionen waren ebenfalls wirksam: der dirigierte Mond stand im Trigon zum Radix-Uranus, der dirigierte Merkur im Sextil zum Radix-Neptun, der dirigierte Jupiter im Quadrat zur Radix-Sonne, der dirigierte Neptun in Konjunktion zur Radix-Venus und der dirigierte Aszendent im Quadrat zum Radix-Uranus. Müssen wir noch mehr sagen? Es war sehr wahrscheinlich, daß das hohe Maß an Aktivitäten, das von den progressiven, dirigierten und transitierenden Planeten ausging, tiefgreifende innere und äußere Veränderungen hervorrufen würde.

Zurückgewiesener Liebhaber (1874)

Van Gogh war als Angestellter von Goupil recht erfolgreich und konnte im Jahre 1873 in deren Londoner Galerie versetzt werden. Dort verliebte er sich in Ursula Loyer, die 19-jährige Tochter seiner Wirtin. Ihr war es zu verdanken, daß er einen Teil seiner Griesgrämigkeit ablegte, umgänglicher wurde und dadurch beliebter. Seine Verkaufserfolge für Goupil nahmen zu, und eine weitere Gehaltserhöhung stand an. Nachdem er seine Gefühle Ursula gegenüber monatelang geheimgehalten hatte, platzte er im Mai 1874 eines Tages mit einer Liebeserklärung und einem Heiratsantrag heraus, auf den Ursula offensichtlich nur entsetzt reagieren konnte. Mehrere spätere Versuche wurden in ähnlicher Weise abgewiesen, und im Juli bat Ursulas Mutter van Gogh, das Haus zu verlassen. Mit gebrochenem Herzen kehrte er zu seinen Eltern zurück, die jetzt in Helvoirt lebten.

Obwohl sein Vater jetzt eine neue Gemeinde hatte, schien er so fern und gefühllos wie immer zu sein. Seine Mutter jedoch spürte, wie unglücklich Vincent war und verhielt sich ihm gegenüber liebevoller und zärtlicher als sonst. Sie war als gutherzige Frau bekannt, die Schwäche und Versuchung ebenso gut kannte wie Härte und Schmerz. Wir können Vincents Mutter beschreiben, indem wir uns seinen Radix-Mond im Schützen im 5. Haus anschauen (offen, freundlich, klare Sinneseindrücke, bereit, anderen zu helfen, warmherzig und liebevoll). Die Konjunktion zu Jupiter im Geburtshoroskop steht für Toleranz in geistigen Dingen. Die Quadrate zu Mars und dem MC, beides männliche Symbole, deuten darauf hin, daß seine Mutter bei Auseinandersetzungen mit dem Vater möglicherweise für Vincent Partei ergriffen hat. Wir haben keine biographischen Fakten zur Verfügung, um diese These zu belegen oder sie zu widerlegen.

Vincent, der sehr unglücklich war, verbrachte den Rest des Sommers zu Hause; dann kehrte er nach London zurück, wo er angesichts der Nähe zu Ursula und seiner Unfähigkeit, ihr nahezukommen, ziemlich verzweifelt war. Seine Arbeit in der Galerie litt entsprechend; er wurde jedoch nicht einfach hinausgeworfen, sondern nach Paris versetzt, ein Zugeständnis an seinen Onkel, der Teilhalber von Goupil war.

In seiner Gleichgültigkeit, die er allem außer seinem eigenen Elend gegenüber hegte, sah Vincent von Paris nicht mehr als von London. Seine Arbeitsleistung war weniger als zufriedenstellend und im Jahre 1876 wurde er von der Galerie Goupil schließlich entlassen. Was ihn in den Jahren 1875 bis 1876 gefangennahm, war eine Art obsessiver Drang zur Religion und zur Mystik; keine unerwartete Wendung, wenn man seine strenge calvinistische Erziehung im Zusammenhang mit einem mitfühlenden und spirituellen Neptun in den Fischen im 9. Haus betrachtet.

Die Transite für das Jahr vom 1.April 1874 bis zum 1. April 1875 sind ziemlich aufschlußreich. *Der transitierende Pluto* bei 20° bis 22° im Stier verbrachte den größten Teil des Jahres im Quinkunx zu Vincents Mond, was intensive Anpassungen und einiges an Neuorganisation von Vincents Seite erforderte.

Der transitierende Uranus im 1. und 2. Haus bildete zwischen 6° und 15° im Löwen ein Trigon zur Radix-Sonne und repräsentierte wahrscheinlich zum Teil sein sexuelles Erwachen, seine Persönlichkeitsveränderung und den daraus folgenden religiösen Eifer (Uranus regiert das 8. Haus). Der transitierende Uranus im Quadrat zu seiner eigenen Position im Geburtshoroskop und im Quadrat zu Saturn könnten seinen inneren Aufruhr und schließlich die Zurückweisung durch seine erwählte Partnerin erklären (Saturn regiert das 7. Haus, das Haus der intimen Partnerbeziehungen).

Jupiter wanderte durch van Goghs sehr großes 4. Haus (über 60°) und stand so in Opposition zum MC, zu Mars, Venus, der Sonne, Merkur und Pluto, und im Quadrat zum Mond, zu Jupiter und den Mondknoten, als er von 25° in der Jungfrau auf 21° zurücklief und anschließend rechtläufig den ganzen Weg zu 1° im Skorpion in diesem so schwierigen Jahr zurücklegte. Dieses Tauziehen zwischen dem 4. Haus, dem Haus des inneren Selbst und dem Heim, und dem 10. Haus, dem Haus für Karriere und Status, verstärkt durch das Quadrat zum Mond, brachte sicherlich viel Aufruhr, Schmerz und Höhen und Tiefen mit sich.

Während desselben Jahres wechselte die *Sonne progressiv* ihr Zeichen vom Widder zum venusregierten Stier, was für eine erste »Liebe« passend ist. Um dieses Thema hervorzuheben, war der dirigierte Uranus bereits dabei, ein Sextil mit Venus einzugehen. Uranus/Venus-Kontakte finden sich häufig bei plötzlichen Verliebtheiten, obwohl sie selten dauerhafte beziehungsweise stetige Resultate verheißen. *Venus progressiv* hatte fast eine Konjunktion zu Merkur erreicht und signalisierte so eine diplomatischere und charmantere Art der Kommunikation, als sie Vincent sonst zu eigen war. Sie verstärkte auch sein Interesse an der Kunst, die ihn umgab. *Der dirigierte Merkur* in Konjunktion zum Radix-Saturn deutete auf seine Fähigkeit hin, sich neuen Verantwortungen zu stellen, ernsthaft nachzudenken und sich auf all seine Unternehmungen zu konzentrieren.

Der *sekundäre Mond*, der in van Goghs Horoskop stets eine große Bedeutung hat, nicht nur, weil er sein emotionales Wesen verkörpert, sondern auch, weil er sein Aszendentenherrscher ist, wanderte durch das 3. und 4. Haus, von 16° in der Jungfrau zu 1° in der Waage; trat in Opposition zu vielen seiner Planeten im 10. Haus und bildete ein Quadrat zu den Planeten im 5. Haus, wodurch ein T-Quadrat entstand. In den Frühlingsmonaten, als Vincent immer noch voller Hoffnung war, stand der Mond im Trigon zu Saturn. Zur Zeit der entscheidenden Zurückweisung durch Ursula stand der Mond fast auf 18° in der Jungfrau, und bei der endgültigen Zurückweisung, als man ihn bat, das Haus zu verlassen, stand der Mond auf 20° in der Jungfrau im Quadrat zu seiner eigenen Position im Geburtshoroskop.

Dieser im Grunde seines Wesens schüchterne, zurückhaltende und nicht sehr gesprächige Mann fühlte sich so zurückgewiesen und verschmäht, daß die daraus folgende Depression ihn sein ganzes Leben begleitete; und dieselben Gefühle der Ablehnung führten immer wieder zu unkontrollierbaren Ausbrüchen seiner Verzweiflung.

Jahre der Suche (1875-1880)

In den folgenden von tiefem Schmerz geprägten Jahren manövrierte sich van Gogh von einem Mißerfolg zum anderen. Während sein Bruder Theo nach einer Lehre bei Goupil-Brüssel nach Paris umzog, um dort die erfolgreiche Goupil-Kunstgalerie zu leiten, nahm Vincent im April 1876 eine Stelle als Lehrer in einer anglikanischen Schule in Ramsgate, England, an. Nach einigen Monaten wurde er gefeuert und begann im Juli mit seiner Arbeit als Laienprediger in Isleworth, einem Vorort Londons, wo er zum ersten Mal mit der Armut der Arbeiterklasse in Berührung kam.

Deprimierter denn je kehrte er an Weihnachten zu seiner Familie in den Niederlanden zurück. Im Januar 1877 begann er als Verkäufer in einem Buchgeschäft in Dordrecht zu arbeiten, hörte aber schon kurze Zeit später wieder damit auf und wurde im Mai zur großen Freude seines Vaters Theologiestudent in Amsterdam (transitierender Neptun, Herrscher des 9. Hauses, des Hauses der Religion, in Konjunktion zum Radix-Uranus; der transitierende Uranus im Trigon zum Radix-Mond), wo er mit seinem Onkel Jan van Gogh lebte. Er wurde ebenfalls mit der Familie Stricker bekannt, der Schwester seiner Mutter, seinem Schwager und deren verheirateter Tochter Kee, die ihm schön und außergewöhnlich erschien.

Nachdem er mit seinem Studium nicht besonders gut vorangekommen war, meldete er sich im Juli 1878 freiwillig als

Wanderprediger in einer der ärmsten Kohlenbergbauregionen im belgischen Borinage. Der Predigerausschuß war sehr erstaunt über seine Bereitschaft, sich aufzuopfern und über seinen Fleiß beim Dienst an den Bergleuten, so daß man ihm eine auf sechs Monate befristete Stelle in den Kohlenminen von Wasmes gab, die ihm 50 Francs im Monat einbrachte. Vincent bekam den Brief für seine Ernennung am Neujahrstag 1879. Er war entzückt! Seit fast zwei Jahren war er jetzt zum ersten Mal nicht mehr von seinem Vater abhängig, um seinen Lebensunterhalt zu bestreiten.

Die Freude war nur von kurzer Dauer. Es kam zu einem Minenunglück, bei dem 57 Menschen starben. In der Stadt herrschten Arbeitslosigkeit und Hunger. Vincent gab sein mageres monatliches Gehalt her, um damit Kinder zu ernähren. Das Geld reichte fünf Tage. Er verlor seinen Glauben an Gott, der solche Dinge armen, unschuldigen Menschen antat. Nachdem er wochenlang von nichts anderem als Kaffee gelebt hatte, wurde er krank und bekam Fieber, und seine fanatische Lehre klang alles andere als christlich. So fanden ihn einige Mitglieder des Predigerausschusses bei einer Inspektionstour vor.

Am Ende seiner Weisheit angekommen, begann er schließlich zu malen. Zunächst waren es nur Zeichnungen, und im Jahre 1880 malte er dann zum ersten Mal in Öl. Gelegentliche Zahlungen von Theo in Höhe von 50 Francs hielten ihn am Leben. Die *progressive* Sonne war in Konjunktion zum Radix-Saturn getreten (zur Sache kommen); der Mond progressiv vollendete auf 16° im Schützen seinen ersten vollständigen Zyklus durch den Tierkreis. Diesen Zyklus nennt man progressives Lunar. Er deutet oft die Möglichkeit an, eine vollkommen neue Phase zu beginnen. Bei van Gogh war das sicher der Fall. Bei den *Sonnenbogendirektionen* war ebenfalls viel los; von besonderem Interesse war hierbei der dirigierte Neptun, der Herrscher des MC, in Konjunktion zur Radixsonne. Der flüchtige, künstlerische, sensible und spirituelle Neptun spielte in van Goghs Leben die meiste Zeit über eine große Rolle.

Der *transitierende* Saturn kulminierte in van Goghs 10. Haus (siehe Zyklen, Kapitel 10). Während er sich dort befand, trat er in Konjunktion zu Merkur und in ein Trigon zu Mond und Jupiter, was die Möglichkeit beinhaltet, sich neuen Horizonten zu öffnen. Er bildete auch ein Quadrat zu seinem Aszendenten, was in van Goghs Fall mit all seinen persönlichen Schwierigkeiten und Leiden zusammenfiel. Der transitierende Jupiter stand ebenfalls im 10. Haus in Konjunktion zur Sonne und zu Merkur, im Trigon zum Mond und im Quadrat zum Aszendenten, bildete also ähnliche Aspekte wie Saturn. Jupiter kann jedoch zu hohe Erwartungen, Optimismus und Begeisterung anzeigen, während Saturn in der Regel eine ernsthafte Note bringt, egal, welchen Aspekt er bildet.

Holland: Die dunkle Periode (1881–1886)

Jetzt hatte Vincent das Gefühl, endlich seine Rolle im Leben gefunden zu haben. Ende 1880 kehrte er für viereinhalb Jahre in die Niederlande zurück, um zu malen. Diese Zeit wird normalerweise seine »dunkle Periode« genannt. Die Dunkelheit war nicht nur auf die oftmals öde und wenig sonnige niederländische Landschaft zurückzuführen, sondern auch auf eine weitere herzzerreißende, unerfüllte Liebesbeziehung zu seiner gerade verwitweten Cousine Kee Stricker-Voos, die bei seinen Eltern Urlaub machte.

Er wiederholte dasselbe Verhaltensmuster wie bei Ursula, hielt seine Gefühle zurück und explodierte dann mit einem dringenden Heiratsantrag heraus. »Nein, nie, nie!« soll Kee ausgerufen haben, und sie kehrte auf der Stelle zu ihrer Familie nach Amsterdam zurück. Vincent folgte ihr mit geliehenem Geld und platzte bei den Strickers herein. Kee weigerte sich, ihn zu empfangen, aber Vincent wollte nicht aufgeben und hielt bei seinem dritten Besuch seine Hand in die Flamme einer Öllampe und schwor, sie dort zu lassen, bis Kee bereit wäre, ihn zu sehen. Die Strickers, die fest entschlossen waren, diesen augenscheinlich Verrückten von ihrer Tochter fernzuhalten, teilten Vincent schroff mit, er solle nie wieder den Fuß über die Schwelle ihres Hauses setzen. Ferner kam es zu einer gewalttätigen Auseinandersetzung mit seinem Vater, und so verließ Vincent sein Elternhaus, um einer unsicheren Zukunft in Den Haag entgegenzugehen. Das war im Spätherbst 1881, und der transitierende *Neptun* hatte gerade zum letzten Mal auf 15° im Stier in Konjunktion zum Geburts-Saturn haltgemacht, während der transitierende *Jupiter* im Stier im Quinkunx zu Mond und Jupiter im Geburtshoroskop stand.

Im Jahre 1882 waren seine Leidenschaft für die Malerei, seine Armut und auch seine sexuellen Bedürfnisse gewachsen. »Ich muß eine Frau haben oder ich werde auf der Stelle einfrieren und zu Stein werden«, soll er sich einmal beschwert haben. Er ging auf die Straße und machte dort die Entdeckung, daß er Prostitutierte mochte, weil er sie, wie sich selbst, als Außenseiter ansah. Als er eine mittellose schwangere Prostitutierte namens Clasina Maria Hoornik traf, bat er sie und ihre fünf Jahre alte Tochter, bei ihm einzuziehen, und unter großen Schwierigkeiten unterhielt er sie und später ihren neugeborenen Jungen. Er nannte sie »Sien« (sein eigen) und zog eine Zeitlang sogar in Erwägung, sie zu heiraten.

Sien saß ihm Modell und infizierte ihn mit einer schweren Gonorrhöe, mit der er mehr als drei Wochen lang im Krankenhaus lag. Bald wurde Sien wieder so zickig wie zuvor und kehrte zu ihrer gewohnten schlampigen Lebensweise zurück, bei der Drogensucht und Alkoholmißbrauch an der Tagesordnung waren. Schließlich trennte sich Vincent mit Theos Hilfe im September 1883 von Sien, die er jetzt nicht mehr mit ihrem Kosenamen anredete, sondern nur noch als »die Frau, mit der ich lebe« bezeichnete. Er war halb verhungert, brauchte nicht nur Nahrung, sondern auch Liebe. Ein versöhnlicher Brief seines Vaters und einige liebende Worte von seiner Mutter veranlaßten ihn daher, zu seinen Eltern zurückzukehren, die jetzt in Nuenen lebten. Das war im Dezember 1883. Damit war für van Gogh eine schmerzvolle, aber wichtige Phase zu Ende gegangen, denn in Den Haag hatte er seine ersten bekannten Bilder gemalt: *Mädchen im Wald; Strand von Scheveningen bei stürmischem Wetter; Das Leid; Straße bei Loosduinen und Baumstudie,* um nur einige zu nennen.

Im Oktober stand der transitierende *Uranus* in Opposition zu seinem Mars und seiner Venus, was später noch zwei weitere Male der Fall war, zum letzten Mal im Spätsommer 1884, als van Gogh eine ganz andere Erfahrung machen sollte, in Form einer Frau, die ihm nachjagte: Margot Begemann, eine ziemlich verknöcherte 41 Jahre alte Jungfer, die zufälligerweise seine Nachbarin in Nuenen war. In einem seiner Briefe an Theo verglich Vincent sie mit einer Cremoneser Geige, die von ungeschickten Handwerkern gebaut worden war«. Er mochte sie jedoch und genoß das Gefühl, zum ersten Mal in seinem Leben geliebt zu werden. Sie beschlossen zu heiraten. Als ihre Mutter und ihre vier Schwestern die Heirat verboten, schluckte Margot Strychnin, und es war nur Vincents schnellem Handeln zu verdanken, daß sie gerettet wurde, indem er sie zwang, sich zu erbrechen. Die Heirat fand nie statt.

Ende 1883 hatte der transitierende *Jupiter* in seinem 1. Haus 4° im Löwen erreicht und wurde rückläufig, um noch einmal ins Quadrat zu Pluto und Merkur zu laufen und im Sommer 1884 wieder 4° im Löwen zu erreichen. Der transitierende *Neptun* im Stier hatte im September 1883 sowie nach einer langen rückläufigen Periode nochmals im Mai 1884 ein Sextil zum Aszendenten gebildet. Der transitierende *Saturn* in den Zwillingen näherte sich einem Quadrat zu Neptun; das im Mai 1884 exakt werden sollte. In der Tat zeichnet sich die Affäre mit Margot astrologisch gesehen als ziemlich bedeutsame Episode in van Goghs Leben ab.

Die häufigen Streitigkeiten mit seinem Vater, der van Gogh seine moralischen Verfehlungen ebensowenig verziehen hatte wie seine Entscheidung, Künstler zu werden, forderten ebenfalls ihren Tribut. Er verließ sein Elternhaus und mietete ein Zimmer in der Hausmeisterwohnung einer nahegelegenen katholischen Kirche. Seine einzige finanzielle und moralische Stütze war sein Bruder. Mit Theos Ermutigung im Hintergrund vertiefte sich Vincent in sein Handwerk und all die verschiedenen Techniken und Materialien, die sich ihm boten. Er wechselte von Ölfarben zu Aquarell, von Aquarell zu Gouache; er zeichnete mit Bleistiften, Holzkohle, Tusche, farbigen Stiften, Kohle und Kreide; er probierte Pinsel, Stifte und sogar ein geschnittenes Schilfrohr wie in *Bauer beim Umgraben* aus.

Am 27. März 1885, um die Mittagszeit, starb sein Vater. Der transitierende Neptun stand auf 21° 24' im Stier im Sextil zum Radix-Aszendenten und MC (Neptun regiert den MC und symbolisiert ein Elternteil). Der transitierende Uranus auf 0° 38' in der Waage stand im Quinkunx zum Radix-Pluto. (Uranus regiert das 8. Haus, das Haus des Todes und der Transformation). Der transitierende Saturn (Vatersymbol) näherte sich auf 18° 39' in den Zwillingen der Opposition zum Radix-Mond (Muttersymbol – mögliche Trennung der Eltern), während der transitierende Jupiter auf 26° 49' im Löwen gerade ein Quinkunx zum Mars gebildet hatte. Venus auf 27° 37' in den

Fischen (Venus-Wiederkehr) und der transitierende Merkur auf 20° 31' im Widder im Trigon zum Radix-Mond zeigen einige sehr gemischte Gefühle auf van Goghs Seite an. Die transitierende Sonne stand auf 6° 59' im Widder ; der transitierende Mond auf 26° im Löwen, im Quinkunx zu Mars.

Vincent schämte sich fast, weil ihm der Tod seines Vaters nicht naheging, aber der Bruch war tief gewesen; die Beziehungen zum Rest der Familie verschlechterten sich ebenfalls, und auch diejenige zu dem katholischen Priester, der schließlich seiner Gemeinde verbot, für ihn Modell zu sitzen, so daß Vincent ohne Modell dastand. An einem Novembermorgen nahm er den Zug nach Antwerpen und kehrte nie mehr in seine Heimat zurück. Er blieb drei Monate lang dort und arbeitete unaufhörlich. Trotz häufiger Krankheiten, die durch Überarbeitung und Hunger verursacht waren, nahm er Zeichenunterricht in mehreren Zeichenstudios. Mittellos wie er war, entschloß er sich schließlich, Theos Einladung anzunehmen. Krank und erschöpft machte er sich auf den Weg nach Paris. Gleichzeitig war er auch ein Künstler, der fest entschlossen war, das, was er als seine Berufung erkannt hatte, zu erfüllen. Als er am 28. Februar 1886 in Paris ankam, war er bereit, dessen Faszination nachzugeben und auch dem Reiz dessen, wovon ihm Theo bisher schon so viel erzählt hatte: dem Impressionismus.

Paris (Februar 1886–1888)

In den Jahren 1886 bis 1888 wanderte der transitierende Neptun zwischen 22° im Stier und 0° in den Zwillingen hin und her, bildete immer wieder ein Sextil zu Vincents Radix-MC, Mars und Venus, und bot so neue künstlerische und kreative Möglichkeiten in dem von ihm gewählten Bereich.

Der transitierende *Uranus* in der Waage bildete eine Art »Bumerang«, indem er im Quinkunx zum Radix-Uranus stand, dann eine Opposition zur Geburtssonne bildete und anschließend ein Quinkunx zum Radix-Neptun. Diese Konstellation, die den Großteil des Jahres andauerte, beinhaltete für Vincent die Möglichkeit, neu anzufangen beziehungsweise Anpassungen vorzunehmen; das Bedürfnis und die Möglichkeit, seine Zeit und seine Malerei anders anzugehen und seiner Vision neue Kraft zu verleihen.

Der transitierende *Saturn* befindet sich anfangs dieser Zeit auf 1° 27' im Krebs in seinem 12. Haus rückläufig und steht im Sextil zum Radix-Pluto. Er wandert bis 22° im Krebs, um dann in Konjunktion zu seinem Aszendenten zu stehen – ein äußerst wichtiger Transit, da er den Beginn einer vollkommen neuen Haltung und Sichtweise bedeuten kann. In seiner Wanderung durch den Krebs bildet er ebenfalls ein Quadrat zur Radix-Sonne und zu Merkur. Das könnte auf erhöhte Konzentration mit der Fähigkeit, mit seinen Energien hauszuhalten, hindeuten; aber da wir seine dunkle Seite und die schnell aufkommenden Depressionen schon kennen, können wir Phasen, die von Ängstlichkeit, Niedergeschlagenheit und Selbstzweifeln gekennzeichnet sind, voraussehen.

Der transitierende *Jupiter* stand im 4. Haus, beginnend auf 3° in der Waage, rückläufig bis auf 26° in der Jungfrau, und beendete das erste Jahr bei 5° im Skorpion. Er stand in Opposition zu den meisten seiner Planeten im 10. Haus, genau wie in den Jahren 1874 und 1875, als van Gogh, von Ursula zurückgewiesen, zwischen Heim und Arbeit, Liebe und Pflicht hin- und hergerissen war. Diesmal signalisierte Jupiter, der sein 6. Haus, das Haus der Arbeit regiert, die Möglichkeit neuer Bewußtheit in bezug auf seine eigene Fähigkeit, seinen Horizont zu erweitern und zu wachsen; ebenso stellt er die vielen Frustrationen dar, die mit dem Ausprobieren von etwas Neuem verbunden sind.

Von größter Bedeutung sind die *Progressionen* und *Direktionen* für 1886, da sie dem gesamten Jahr seine spezifische Note aufprägen. Zum ersten Mal schien alles richtig zu laufen; die dirigierte Sonne auf 12° im Stier stand im Sextil zum Radix-Neptun; der dirigierte Merkur auf 28° im Stier stand im Sextil zum Radix-Mars; der dirigierte Uranus auf 9° in den Zwillingen bildete ein Sextil zur Radix-Sonne. Um noch das Tüpfelchen auf das i zu setzen, trat der dirigierte MC auf 24° im Widder in ein Trigon zum Radix-Jupiter; und um die ganzen Aktivitäten, die wir mit van Gogh assoziieren, noch zu intensivieren, stand die dirigierte Venus in Konjunktion zum Radix-Pluto!

Der *sekundäre* Mond, der im Februar auf 7° in den Fischen stand, trat im Juli in Konjunktion zum Radix-Neptun und bildete dann während Vincents Aufenthalt in Paris eine Konjunktion zur Himmelsmitte, zu Mars und Venus. Der einzige herausfordernde Aspekt, der in jenem Jahr durch Progression oder Direktion gebildet wurde, war das Quadrat, das der progressive Mars im Widder zum Radix-Aszendenten bildete. Das betonte wahrscheinlich Vincents aggressiven und wenig umgänglichen Charakter, der weiter unten beschrieben wird.

Bevor er nach Frankreich übersiedelte, hatte sich van Gogh von den meisten seiner religiösen und moralischen Obsessionen befreit. Er war bereit, die Anmut Frankreichs und den französischen Sinn für Ordnung und Schönheit in sich aufzunehmen. Von jetzt an sprach und schrieb er immer in Französisch. Während er in der Akademie Cormon Unterricht nahm, traf er Toulouse-Lautrec und Emile Bernard. Theo stellte ihn Pissaro und Cézanne vor, und im Laden des freundlichen Farbenhändlers und Künstlerfreundes Pere Tanguy lernte er Gauguin und Dégas kennen. Aber am wichtigsten für ihn war, daß er jetzt endlich die Gemälde sehen konnte, die Theo so oft in seinen Briefen gelobt hatte. Er wohnte in Theos kleinem Appartment in der Rue Lepic, mitten im Bezirk Montmartre. Er malte am Seineufer, um die Île de France herum und in den Gärten von Montmartre und stellte 24 Selbstporträts und Porträts von anderen Personen fertig. Offen für alle neuen Ideen erarbeitete er sich bald einen kürzeren, flammenden Pinselstrich mit zarteren und helleren Farben. In Gesellschaft fühlte er sich genauso unwohl wie immer.

Freunde beschrieben ihn als einen »unansehnlichen, linkischen, kräftig gebauten Mann, der oft erschreckt zusammenfuhr und ruckartige Bewegungen machte. Er hatte durchdringende grünblaue Augen, beharrte starr auf seiner Meinung und war unfähig, seine Reaktionen zu kontrollieren.« Pissaro sagte über ihn, daß »sein Hunger nach Freundschaft so offensichtlich, seine Anforderungen so groß und seine Meinungen so kämpferisch und dogmatisch seien, daß sich die Menschen von ihm zurückzögen.« Pissaro ging sogar so weit zu behaupten, er habe das Gefühl, daß Vincent »entweder verrückt würde oder daß er die Impressionisten weit hinter sich lassen würde.« Später einmal fügte er hinzu, er habe keine Ahnung gehabt, daß sich beide Vorahnungen bewahrheiten sollten.

Von Natur aus schüchtern und zurückhaltend war Theo van Gogh einer der wenigen, die Verständnis für die neuen künstlerischen Strömungen hatten; und er war gespannt darauf zu sehen, wie die Entwicklung seines Bruders in dieser neuen Kunstrichtung aussehen würde. Aber auch er fand es schwierig, mit Vincent zusammenzuleben. Kurz nach seiner Ankunft schrieb er an seine Schwester Wilhelmina: »Mein Leben zu Hause ist nahezu unerträglich. Niemand will mehr zu Besuch zu mir kommen, weil wir immer im Streit enden . . . ich kann es kaum aushalten . . . Es scheint, als ob er zwei Personen wäre, die eine wunderbar begabt, zärtlich und vornehm – die andere egoistisch und hartherzig . . . Es ist schade, daß er sein eigener Feind ist, denn er macht nicht nur anderen das Leben schwer, sondern auch sich selbst.«

Vincent selbst schrieb: »Ich kann nicht immer ruhig bleiben, denn meine Überzeugungen sind so sehr Teil meiner selbst, daß es manchmal ist, als ob sie mich an der Gurgel packten.« Er hatte auch keine sehr gute Meinung über sich und beschrieb sich seiner Schwester Wilhelmina gegenüber als »Quasi-Invalider und Quasi-Alkoholiker, verbraucht, alt und gebrochen. In weiter Ferne sehe ich die Möglichkeit, Bilder zu malen, in denen etwas Jugend und Frische ist, denn meine eigene Jugend ist eines der Dinge, die ich verloren habe.«

Er war fast 33, als er nach Paris kam. Bevor er diese Stadt wieder verließ, hatte er fast 200 Gemälde fertiggestellt. Er hatte alles genommen, was Paris ihm zu bieten hatte. Die Pariser Gesellschaft war ihm unerträglich geworden, und sogar Theos Gesellschaft begann ihn zu irritieren. Weil ihm Toulouse-Lautrec von Südfrankreich erzählt hatte, von der Sonne und den Farben, brach Vincent am 21. Februar 1888, einem kalten und trüben Wintermorgen, nach Arles auf, wo die produktivste Phase seines Schaffens begann.

Arles (21. Februar 1888 – 1889)

Van Goghs Aufenthalt in der Provence wird wohl zu Recht als der Höhepunkt seiner Karriere bezeichnet. »Ich möchte wenigstens diese hellere Sonne sehen«, bekannte er; deshalb ging er nach Arles. In weniger als 15 Monaten malte er fast 200 Bilder, unter anderem solche Meisterwerke wie Die *Brücke von Triquetaille, Das Gelbe Haus,*, sein Schlafzimmer in dem gelben Haus,*La Berceuse, Blühender Garten mit Pfad,* Gemälde der Felder, Obstgärten, der Ernten, Gärten, Brücken, und natürlich der

Sonnenblumen. Seine Gemälde zeigen den Frühling, Sommer und Herbst – der Winter hatte in seiner Arbeit keinen Platz mehr.

Wenn ein Nordeuropäer zum ersten Mal die Provence sieht, dann ist das so, als hätte er die Dunkelheit des Winters hinter sich gelassen, um in die strahlende Sonne des Südens einzutauchen. Der Himmel dort ist von königsblauer Farbe; die Bäume, Felder und Wiesen sind sattgrün; im Frühling blüht hellgelb der Raps und seine Felder erstrecken sich, soweit das Auge reicht. Wenn er verblüht, wird er durch ein Meer von Blumen ersetzt, unter anderem durch van Goghs geliebte Sonnenblumen. Alles wird viel farbenfroher durch die kräftige Sommersonne, die die gesamte Landschaft durchglüht.

Im Mai 1888 mietete er sein kleines gelbes Haus. »Mein Haus ist außen mit der gelben Farbe frischer Butter gestrichen und hat grellgrüne Fensterläden. Es steht im vollen Sonnenlicht an einem Platz, an dem sich ein grüner Garten mit Platanen, Oleanderbüschen und Akazien befindet. Und darüber der intensivblaue Himmel. Hier kann ich atmen, meditieren und malen.«

Er berichtete Theo ebenfalls von seinen Malversuchen und dem Bemühen, die Farben der Provence zu verstehen: »Verschiedene Blautöne, aufgehellt von einer Reihe von Gelbtönen, die sich mit Orange vermischen. Diese Farbkombination, die den Effekt des strahlenden Sonnenscheins auf einem azurblauen Hintergrund nachbildet, ist für mich der Schlüssel für das Farbschema des Südens.« Im Juni verbrachte er eine Woche in Les Saintes-Maries-de-la-Mer am Mittelmeer, wo er fasziniert die mit fröhlichen Farben bemalten Fischerboote, die mit Tauen am Strand festgebunden waren, in seinen Bildern einfing. Er beschloß, sich dauerhaft im Süden Frankreichs niederzulassen. Dazu sagt Jean Leymarie in *Van Gogh: Arles, Saint-Remy*: »Von dieser Zeit an ist seine Malerei ein leidenschaftliches Porträt der flammenden Hitze des provencalischen Sommers, eine mystische Vereinigung mit der Natur, in der er den Gipfel seiner Kunst erreicht.«

Arles stellte sich als kostspieliger heraus, als Vincent erwartet hatte. »Ich gebrauche eine Unmenge von Farben und Leinwänden, aber trotzdem hoffe ich, daß es keine Geldverschwendung ist«, schrieb er an Theo, »und ich hoffe, daß du eines Tages für all die Jahre, in denen du mich unterstüzt hast, entschädigt wirst, wenn ich meine Bilder verkaufen kann.« Er machte Theo den Vorschlag, daß Gauguin, der in der Bretagne malte und krank und mittellos war, zu ihm kommen solle. Theo sollte Gauguin unterstützen und als Gegenleistung Bilder von ihm bekommen. Die zwei würden die »Brüderschaft der Maler« gründen.

Voller Vorfreude angesichts der baldigen Ankunft seines Freundes schrieb van Gogh an Theo: »Da ich hoffe, mit Gauguin in unserem eigenen Atelier zusammenzuleben, würde ich gerne Dekorationen für die Wände gestalten. Nur riesige Sonnenblumen ... Wenn ich meinen Plan ausführe, dann wird es Dutzende von Wandbildern von ihnen geben. Das Ganze wird also eine Symphonie in gelb und blau sein.

Ich arbeite jeden Morgen von Sonnenaufgang an daran, denn die Blumen verwelken schnell, und man muß das Ganze auf einmal malen.« Obwohl die Sonnenblumen nicht als seine besten Gemälde angesehen werden, sind sie zweifelsohne die populärsten.

Gauguin traf im Oktober 1888 ein, aber von der gemeinsamen Brüderschaft, von der van Gogh geträumt hatte, war nur wenig vorhanden. Es gab intensive Auseinandersetzungen, viel Alkohol und Besuche im örtlichen Bordell, wo Vincent ein Mädchen mit lachenden Augen gefiel, das ihn »fourou« (verrückter Rotschopf) nannte. Gauguin schrieb später: »... zwischen uns beiden, ihm und mir – ein Vulkan der eine, kochend auch, aber innerlich, der andere – bereitete sich auf eine Art Kampf vor.«

Am 23. Dezember 1888, hatten sie, wie Gauguin berichtet, Streit, und van Gogh warf ein Glas Absinth nach ihm. Er erhitzte sich immer mehr und folgte Gauguin mit einem offenen Rasiermesser auf die Straße. Gauguin stoppte ihn. Vincent ging nach Hause, schnitt sich den größten Teil seines linken Ohrs ab (es war gerade 8 Uhr abends), wusch es, wickelte es ein und nahm es mit in das Bordell, wo er es dem Mädchen mit den lachenden Augen gab. Dann ging er zurück nach Hause, wo er am nächsten Morgen im Koma vorgefunden wurde. Man lieferte ihn daraufhin in das örtliche Krankenhaus ein, wo er zwei Wochen lang blieb.

Nach seiner Entlassung stürzte er sich um so intensiver und leidenschaftlicher in die Malerei und rieb sich so sehr daran auf,

Radix Vincent Van Gogh/Ereignishoroskop (außen)

Selbstverstümmelung am Ohr

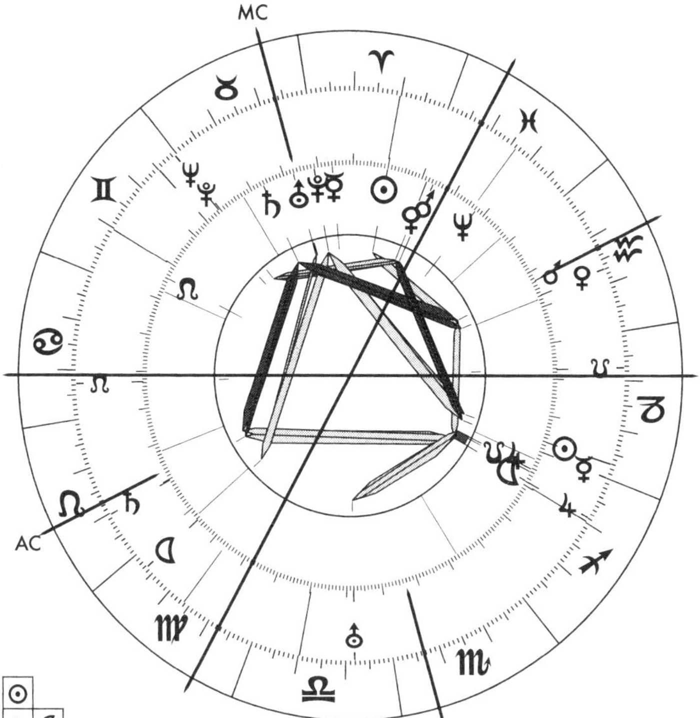

☉											
△	☽										
☌	△	☿									
			♀								
			☌	♂							
				✶	♃						
				☍	△	♄					
				△	✶	✶	⛢				
⚻	□	⚻						♆			
⚻	□	⚻						☌	♇		
					△	☌	✶			A	
△	△	△	□								M

Interaspekte Ereignis (außen) und Radix (innen): siehe Zeichnung
Ereignisaspekte: siehe Aspekttabelle

23. 12. 1888 20:05 LMT 19:46 GMT
Arles/F 4E38 43N40
Häuser nach KOCH/GOH

daß er kaum Zeit zum Essen und Schlafen fand. Einen Monat später war er wieder im Krankenhaus. Kurz nachdem er zum zweiten Mal entlassen worden war, machten dreißig Bürger eine Eingabe beim Bürgermeister, um ihn aus der Stadt zu entfernen. »Wenn ich meine Emotionen nicht kontrollierte,« schrieb er, »dann würde man mich als gefährlichen Verrückten ansehen. Der Arzt meinte, die Krise wäre durch zuviel Kaffee, Alkohol und Tabak und zu wenig Nahrung herbeigeführt worden. Ich gebe all das zu, aber die andere Wahrheit ist, daß ich mich aufputschen mußte, um den ganz besonderen Gelbton des letzten Sommers zu erzielen . . . Ich denke daran, offen meine Rolle als Verrückter anzuerkennen.«

Am 8. Mai 1889 ließ er sich in die psychiatrische Klinik von St. Remy-de-Provence einweisen, einem früheren Kloster aus dem 12.Jahrhundert, das ca. 25 Kilometer von Arles entfernt war. »Betrübe Dich nicht wegen all diesem,« schrieb er an Theo. »Als ich meine Möbel wegbrachte und die Bilder verpackte, die ich Dir schicken werde, war mir traurig zu Mute. Es schien besonders traurig, daß, wo Du mir in so viel Brüderlichkeit alles gegeben hast, wo Du es während so vieler Jahre allein warst, der mich unterhielt, daß ich so zu Dir komme und diese traurigen Geschichten erzählen muß.«

Als van Gogh in Arles ankam, wanderte die *progressive* Himmelsmitte von 29° im Widder in den Stier und zeigte so einen möglichen Neubeginn seiner Karriere an, der jedoch von vielen Herausforderungen begleitet sein sollte (MC in Konjunktion zum Radix-Pluto). Der progressive Mond wanderte von 3° bis 15° im Widder, stand dabei in Konjunktion zur Radix-Sonne und bildete eine Konstellation, die gewöhnlich als progressiver Neumond bezeichnet wird. Das Gefühl, sich einem neuen Abenteuer stellen zu wollen, wurde so verstärkt. Dasselbe gilt auch für den dirigierten Merkur auf 29° 48' im Stier, der im Mai 1888 in die Zwillinge trat.

Die progressive MC-Herrscherin Venus stand auf 11° 20' im Stier im Sextil zum Radix-Neptun. Der progressive Aszendent auf 15° 53' im Löwen stand im exakten Quadrat zum Radix-Saturn, seine Arbeitswut anzeigend, die mit dem *dirigierten* Mars auf 0° 20' im Stier in Konjunktion zum Radix-Pluto doppelt betont wurde. Der dirigierte Jupiter stand auf 28° im Steinbock im Sextil zur Venus im Geburtshoroskop (Möglichkeit für

Wachstum und Expansion, aber auch Nachgiebigkeit gegenüber schlechten Gewohnheiten, wie zum Beispiel dem Trinken), während der dirigierte Saturn in Opposition zum Radix-Mond stand (mögliche Phasen von Schwermut und Einsamkeit; das Gefühl, nicht verstanden zu werden).

Das Ereignishoroskop, erstellt für den 23.Dezember 1888, 20.05 Uhr LMT, (43N40, 4E38), als die letzten Spuren von Vernunft van Gogh verlassen zu haben schienen, zeigt eine interessante Transitkonstellation. Mit Ausnahme der Uranusaspekte (Himmelsmitte des Ereignishoroskops in Konjunktion zum Radix-Uranus und transitierender Uranus im Quadrat zum Radix-Aszendenten) zeigt es fast zuviel Positives an, etwas, an das van Gogh wohl kaum gewöhnt war.

Die Transite zeigen eine ganze Reihe von typischen Neptun-Illusionen (transitierender Mars im Sextil und Aszendent im Trigon zum dirigierten Neptun auf 16° 25' im Widder, transitierender Neptun in Konjunktion zum dirigierten Merkur); auch war zuviel venusspezifische Nachgiebigkeit vorhanden (die transitierende Sonne und der transitierende Mond im Trigon zur dirigierten Venus; ein großes Erdzeichen-Trigon bildend und die transitierende Venus im Quadrat zur progressiven Venus). Erschwerend kam noch hinzu, daß der transitierende Jupiter eine Konjunktion zum Radix-Mond bildete und Vincent damit die Möglichkeit gab, seine gesamten Emotionen voll auszuleben. Für einen labilen Menschen, der schon bis zum äußersten geprüft worden war und voll unerfüllter Leidenschaft und kräftigem Absinth steckte, war das entschieden zu viel.

Saint-Remy (8. Mai 1889–17. Mai 1890)

Van Gogh blieb ein Jahr in der psychiatrischen Klinik von Saint-Remy und schwankte zwischen Phasen ruhiger Klarheit, in denen er viel malte, und gewaltsamen Ausbrüchen, in denen er isoliert werden mußte. Die Besessenheit, sich in gequälten Formen und stürmischen Perspektiven malerisch auszudrücken, war eine Spiegelung seines Geisteszustandes. Im Laufe seines Jahres in Saint-Remy malte van Gogh 150 Bilder, auf denen er Olivenbäume, Iris, Zypressen, Landschaften, den Garten und die Klinikgebäude darstellte. Hier entstand auch das bekannte und hochgeschätzte Gemälde *Sternennacht.* Tiefblaue Strudel umwirbeln Sterne und die Mondsichel; ein riesiger Zypressenbaum bewegt sich einsam und dunkel im Wind und reckt sich sehnsüchtig nach oben; darunter liegt ein friedliches Dorf, das von dem oben wütenden Sturm offenbar unberührt bleibt. An Theo schreibt er: »Es tut mir wohl, so schwer zu arbeiten. Aber das hemmt nicht mein furchtbares Bedürfnis, darf ich das Wort aussprechen, nach Religion. Dann gehe ich in die Nacht hinaus, um die Sterne zu malen, und ich träume immer von einem solchen Gemälde mit einer Gruppe bewegter Gestalten von Freunden.« – Was als religiöser und dann mystischer Glaube begann, wurde in andere Arten von Glaubensüberzeugungen umgewandelt.

Er schrieb weiterhin Briefe an Theo. Er beschrieb die Klinikroutine, das vergammelte Essen, auf dem sich Schaben tummelten, die Verrückten, die unaufhörlich schrien und wüteten. Vincent gab zu, daß er auch oft genug aufbrauste, aber nicht ganz so heftig wie die Klinikinsassen, die im Widerhall der Korridore Stimmen und Worte hörten.

Theo hatte sich entschlossen, doch noch zu heiraten, und im Laufe des Jahres gebar seine Frau einen Sohn, den er zur Ehre seines geliebten Bruders Vincent nannte. Van Gogh malte seinem neugeborenen Neffen als Geschenk ein einmaliges und erlesenes Bild, das unter dem Namen *Blühende Mandelbaumzweige* bekannt wurde. Weiße Mandelblüten, die sich an zarten Zweigen einem so blauen Himmel entgegenstrecken, daß man ihre Schönheit mit Worten kaum beschreiben kann. Während Vincent an diesem Bild arbeitete, erlitt er einen seiner vielen nicht diagnostizierten Anfälle.

Theo hatte in Auvers einen Arzt namens Gachet ausfindig gemacht, der anscheinend mit der Art von Anfällen vertraut war, an denen Vincent litt, und sie erfolgreich zu behandeln verstand. Dr. Gachet betätigte sich selbst künstlerisch und erwies sich mit seinem Kunstverständnis als rettender Engel für viele der am Hungertuch nagenden Impressionisten. Theo hatte Dr. Gachet einige von Vincents Bildern gezeigt, und so hatte er ein großes Interesse daran, Vincent nach Auvers kommen und in seinem Haus malen zu lassen. Theo schrieb an Vincent: »Er ist ein Spezialist, Vincent, nicht nur was Nervenkrankheiten angeht, sondern auch für Maler. Ich bin davon überzeugt, daß Du Dich nicht in bessere Hände begeben könntest. Wann immer Du weißt, daß Du kommen möchtest, telegraphiere mir einfach, und ich werde den nächsten Zug nach Saint-Remy nehmen.«

Vincents Antwort lautete: »Lieber Theo, ich bin kein Invalider, und erst recht kein gefährliches Raubtier. Erlaube mir, Dir und mir selbst zu beweisen, daß ich ein ganz normaler Mensch bin. Wenn ich mich aus eigener Kraft aus diesem Irrenhaus herausbringen und ein neues Leben in Auvers beginnen kann, dann werde ich vielleicht in der Lage sein, meine Krankheit zu besiegen.«

Als van Gogh sich freiwillig in die psychiatrische Klinik hatte einweisen lassen, war ihm bewußt gewesen, daß er Hilfe und Überwachung benötigte. Die *progressive* Sonne war gerade in Konjunktion zum Radix-Saturn getreten. Bis 1890 wanderte der progressive Mond von 26° im Widder bis auf 1° im Stier und bildete im Juli eine Konjunktion zum Radix-Pluto (intensive, nahezu obsessive Emotionen). Gleichzeitig stand der progressive Mars in Konjunktion zu Merkur (geistige Ruhelosigkeit, das Bedürfnis, etwas zu tun). Der *dirigierte* Jupiter war bei 0° im Wassermann in ein Quadrat zum Radix-Pluto getreten; der dirigierte Saturn stand auf 22° in den Zwillingen im Quadrat zum Radix-MC und der dirigierte Uranus auf 12° in den Zwillingen im Quadrat zum Radix-Neptun. Herausforderungen, Spannungen und intensive und unerwartete Anforderungen drangen von allen Seiten auf ihn ein.

Am 16.Mai 1890, als er die psychiatrische Klinik verließ, hatte der *transitierende* Neptun auf 4° in den Zwillingen (Herrscher seines 10. Hauses, des Hauses der Karriere) fast den transitierenden Pluto (Herrscher seines 5. Hauses, des Hauses der Kreativität) auf 6° in den Zwillingen eingeholt. Der transitierende Uranus, der auf 23° in der Waage rückläufig war, stand im Quadrat zum Radix-Aszendenten und im Quinkunx zum Radix-MC, der Themen wie Ruhelosigkeit und fiebrige Aktivität wiederholte, aber auch den Willen und die Kraft andeutete, die Klinik zu verlassen. (Uranus erreichte nie das Sextil zum Radix-Jupiter.)

Der transitierende Saturn auf 27° im Löwen im Quinkunx zur Mars/Venus-Konjunktion im Geburtshoroskop könnte seinen inneren Kampf zwischen dem, was er unter verantwortlichem Handeln verstand und seinem Bedürfnis nach Erfüllung seiner eigenen Wünsche angezeigt haben. Der transitierende Mars auf 9° 50' im Schützen stand in einem exakten Trigon zur Radix-Sonne und bezeichnete so den Mut und die physische Stärke, die notwendig war, um zunächst nach Paris und dann nach Auvers zu reisen.

Die transitierende Venus auf 17° im Stier bildete ein genaues Quadrat zu seinem progressiven Aszendenten, während der transitierende Merkur auf 12° in den Zwillingen im Quadrat zu seinem Radix-Neptun stand. Die transitierende Sonne am 16.Mai 1890, dem Tag, an dem er die Klinik verließ, stand auf 26° im Stier im Trigon zum dirigierten Mond. Von allen transitierenden Planeten bildete nur Jupiter keine Aspekte zum progressiven, dirigierten oder Radix-Horoskop. Das Verlassen der schützenden Umgebung von Saint-Remy war ein weiterer sehr bedeutsamer Schritt im kurzen Leben Vincent van Goghs.

Auvers-sur-Oise: Van Goghs letzte Tage

Vincent verbrachte drei Tage in Paris, wo er in Theos Appartement zum ersten Mal seine Gemälde aus der Zeit in Arles und Saint-Remy an einem Ort gesammelt sehen konnte. Theos Appartement war voll von ihnen; sie hingen an den Wänden und lagen zusammengerollt und aufgestapelt neben den Möbeln. Am 20.Mai 1890 kam er in Auvers an und quartierte sich für 3 Francs 50 pro Tag Kost und Logis im Caf Ravoux ein.

»Auvers ist sehr schön, besonders die alten Strohdächer, die selten sind«, schrieb er an Theo. Von Anfang an fühlte er sich zu Dr. Gachet hingezogen, einem Sonderling mit einem ausgefallenen Charakter, einem roten Haarschopf, der Vincents ebenbürtig war, unvorhersehbaren Launen, einem kuriosen Interesse an Phrenologie (der von F.J.Gall im 19.Jahrh. begründeten Schädellehre. Anm. der Übersetzerinnen.), Homöopathie und Kunst. Vielleicht hat er van Goghs Kunst nicht in ihrer ganzen Bedeutung erfassen können, aber er wußte, daß er es mit einem Genie zu tun hatte.

Van Gogh arbeitete mit einer Begeisterung, die bald in fieberhafte Raserei ausartete. In nur zwei Monaten malte er mehr als siebzig Bilder. »Ich nutze jeden Funken meiner Energie, um meine Arbeit zu meistern, und sage mir, daß das der beste Blitzableiter für meine Leiden ist,«, schrieb er an Theo. »Nur

Arbeit steht zwischen mir und dem Wahnsinn«, vertraute er Dr. Gachet an. Er malte das Dorf, die Kirche, das Rathaus, die Felder, Gachet und seine Tochter und arbeitete an einem, wenn nicht zwei Bildern pro Tag.

Nachdem er zwei Monate in Auvers ohne einen Anfall verbracht hatte, hatte er eine schlimme Vorahnung. Er malte das unter dem Titel *Weizenfeld mit Raben* bekannte Bild, in dem die Weizenfelder wie ein gefährlicher Strudel wirken und die Raben in bedrohlicher Formation auf den Betrachter zufliegen. In ihm wuchs die Überzeugung, daß er keinem Menschen mehr wichtig war, nicht einmal Theo, der jetzt verheiratet und Vater eines Sohnes war.

Am 27. Juli 1890 packte er eine große Leinwand ein, um wieder einmal die endlosen Weizenfelder oberhalb von Auvers zu malen. Dann nahm er den mitgebrachten Revolver aus der Tasche und erschoß sich. Die Kugel blieb unterhalb des Herzens stecken. Vincent knöpfte seinen Mantel zu und wankte mit letzter Kraft in sein Zimmer zurück. Der Wirt entdeckte ihn erst, als er nicht zum Abendessen erschien. Sogleich wurde Theo aus Paris herbeigerufen. »Wieder einmal daneben!« rief Vincent aus, als Theo eintraf. Als dieser zu weinen begann, sagte Vincent zu ihm: »Weine nicht, ich habe es zum Wohle aller getan.« Am Dienstag, dem 29. Juli, ungefähr um 1 Uhr morgens, starb van Gogh in den Armen seines Bruders.

In einem seiner letzten Briefe hatte er an Theo geschrieben: »Vielleicht ist der Tod nicht das Schlimmste im Leben eines Malers. Ich weiß nichts über ihn, aber wenn ich die Sterne ansehe, fange ich immer an zu träumen ... Warum, frage ich mich, sollten die leuchtenden Punkte am Himmel nicht genauso zugänglich sein wie die schwarzen Punkte auf der Karte von Frankreich? Genauso, wie wir den Zug nehmen, um nach Rouen zu fahren, braucht man den Tod, um einen Stern zu erreichen.« In einem anderen Brief klagte er: »Ach, wenn ich nicht an dieser verfluchten Krankheit gelitten hätte – welche Dinge hätte ich dann vollbringen können ...« Er starb, ohne jemals zu erfahren, daß er sie tatsächlich »vollbracht« hatte. Nicht nur durch seine Bilder, sonden auch durch seine Briefe an Theo, die 1200 Seiten umfassen und in ihrer veröffentlichten Form die Intensität eines der großen Romane von Dostojewski haben.

Nach dem Begräbnis schrieb Theo an seine Mutter: »Meine Trauer begleitet mich ständig und wird mich sicherlich Zeit meines Lebens nicht mehr verlassen; das einzig Positive, was man sagen kann, ist, daß Vincent jetzt die Ruhe hat, nach der er sich so sehnte . . . Das Leben war eine solche Bürde für ihn, aber jetzt, wie so oft, ist jedermann voll des Lobes für seine Talente . . . Oh Mutter! Er war so sehr mein eigener, eigener Bruder . . .« Theo starb sechs Monate später, am 25. Januar 1891 im Alter von 33 Jahren. Die Brüder sind Seite an Seite auf dem Friedhof von Auvers begraben, vereint im Tod, so wie sie es im Leben waren.

Am Nachmittag des 27. Juli, als sich van Gogh erschoß, bildeten der *transitierende* Merkur auf 9° 48' im Löwen sowie der transitierende Aszendent auf 9° 23' im Schützen ein Großes Trigon mit seiner Radix-Sonne auf 9° 39' im Widder und zeigten so die endgültige Befreiung an, die er suchte. Zu der Zeit, als er starb, am 29. Juli um 1 Uhr morgens, stand der Aszendent des Ereignishoroskops auf 22° in den Zwillingen in Konjunktion zum transitierenden nördlichen Mondknoten, im Quadrat zu seinem Radix-MC und in Opposition zu seinem Radix-Mond, ein T-Quadrat bildend. Der Mond im Transit hatte gerade den Radix-Jupiter passiert, was normalerweise als eine weitere Befreiung angesehen wird. Der transitierende Merkur auf 12° 34' im Löwen stand im Quinkunx zum Radix-Neptun (sollte das eine Anpassung an diese »endgültige« lange Reise darstellen?). Venus im Transit, die Herrscherin seines progressiven Aszendenten (Körper) in der Waage, stand auf 15° 14' in der Jungfrau im Trigon zu seinem Radix-Saturn und befreite ihn aus den Fesseln seines Körpers. Der transitierende Uranus war auf 22° 56' in der Waage rechtläufig geworden und näherte sich zum dritten Mal (im August 1890) einer Konjunktion zu seinem progressiven Aszendenten und gab so seinem verbrauchten Körper die Möglichkeit, in anderer Form zu erwachen.

Am 30. März 1987, an van Goghs 134. Geburtstag, wurde eines seiner sechs Sonnenblumengemälde für 39,85 Millionen Dollar bei Sothebys in London versteigert. Das ist der höchste Preis, der je für ein Gemälde bezahlt wurde. Zu seinen Lebzeiten verkaufte er nur ein einziges Gemälde, und das für ungefähr 30 Dollar. Am 29. Juni 1987 wurde *Die Brücke bei Trinquetaille* für 20,2 Millionen Dollar verkauft, den zweithöchsten je für ein

Gemälde erzielten Preis. Der *dirigierte* Mond hatte eine Konjunktion zum Radix-Pluto erreicht, und der dirigierte Neptun stand in Konjunktion zum Radix-Aszendenten. Der *progressive* Merkur bildete ein Trigon zum Radix-Pluto, der progressive Aszendent ein Sextil zum Radix-Jupiter; der progressive Mond und der *transitierende* Pluto standen auf 9° im Skorpion in Konjunktion zueinander und bildeten beide ein Quinkunx zur Radix-Sonne. Der transitierende Uranus stand im Quadrat zu Mars, der transitierende Mars im Sextil zum Radix-Mars und der transitierende Saturn im Quinkunx zum Radix-Aszendenten.

Das Horoskop lebt!

Kapitel 9

Eklipsen und Neumondzyklen

Neumondzyklen und Eklipsen eignen sich hervorragend für die zeitliche Berechnung und Einordnung von Ereignissen. Wenn Sie ein Quadrat von Mars zur Sonne entdecken, sei es in der sekundären Progression oder beim Sonnenbogen, dann wissen Sie, daß dieser Aspekt im Leben eines Menschen über ein Jahr wirksam sein wird. Woran können Sie nun erkennen, wann diese Konstellation aktiviert werden wird? Da wir diesen Vorgang bereits in Kapitel 7 auf Seite 131 erläutert haben, wissen Sie, daß ein Transit diese Konstellation aktivieren kann. Jedoch kann sie auch durch eine Neumondstellung oder eine Sonnen- oder Mondfinsternis angesprochen werden.

Ein Neumond findet einmal im Monat statt, wenn der Mond eine Konjunktion zur Sonne bildet. Der Zeitpunkt und die Position des Neumondes wird in den Ephemeriden und in den meisten astrologischen Kalendern genau angegeben. In jedem Monat handelt es sich hierbei um einen günstigen Zeitpunkt, um etwas Neues zu beginnen beziehungsweise aktiv zu werden. Ungefähr zwei Wochen später, wenn der Mond in Opposition zur Sonne steht, ist Vollmond. Das ist häufig ein günstiger Zeitpunkt, um eine Tätigkeit abzuschließen oder ein Vorhaben zu Ende zu führen.

Eine Eklipse ist eine teilweise beziehungsweise vollständige Verdunkelung eines Himmelskörpers durch den Schatten eines anderen. Es kommt zu einer Sonnenfinsternis, wenn der Mond zwischen Sonne und Erde tritt und so verhindert, daß das Sonnenlicht die Erde erreicht. Unsere Sicht auf die Sonne wird dabei verdunkelt. Das passiert nur zur Zeit des Neumondes, wenn Sonne und Mond eine Konjunktion miteinander bilden. Die Position einer Sonnenfinsternis ist vom Sonnenstand an dem betreffenden Tag und zur betreffenden Stunde abhängig.

Eine Mondfinsternis stellt sich zur Zeit des Vollmondes ein, wenn die Erde zwischen Sonne und Mond rückt, so daß kein Sonnenlicht mehr auf den Mond fällt. Dazu kommt es nur,

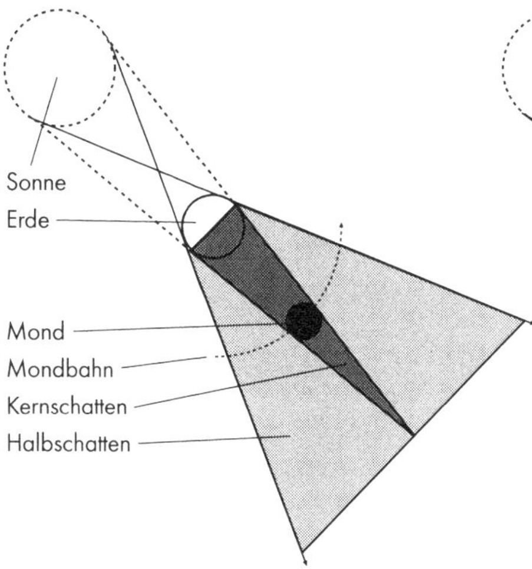

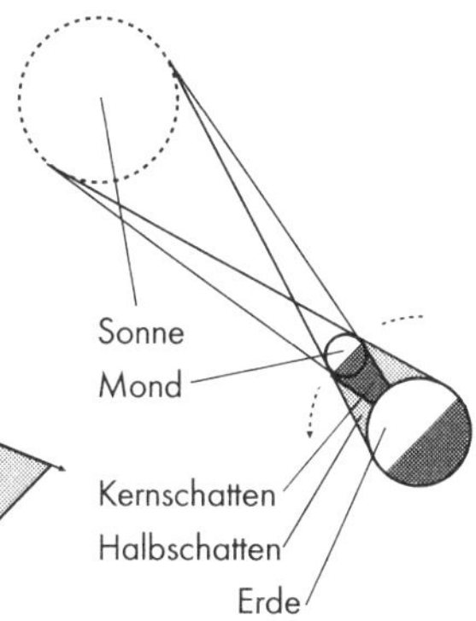

wenn Sonne und Mond zum Zeitpunkt des Vollmondes in Opposition zueinander stehen. Die Position der Mondfinsternis hängt vom Mondstand an dem betreffenden Tag und zu der betreffenden Stunde ab. Eine Sonnen- beziehungsweise Mondfinsternis tritt im Durchschnitt je zweimal pro Jahr auf. Eklipsen treten in der Regel paarweise auf, das heißt, daß eine Mondfinsternis vierzehn Tage vor oder nach einer Sonnenfinsternis eintritt.

In einem hervorragenden Buch, das Robert Janky zu diesem Thema geschrieben hat, werden weitere wichtige Informationen vermittelt. Er erläutert eine zusätzliche Bedingung, die für das Eintreten einer Eklipse notwendig ist. »Mit einfachen Worten ausgedrückt, Sonne und Mond müssen nicht nur in Konjunktion oder in Opposition zueinander stehen . . ., beide Himmelskörper müssen außerdem in Konjunktion zu einem (Sonnenfinsternis) oder beiden (Mondfinsternis) Mondknoten stehen . . . Damit es zu einer vollkommenen Sonnenfinsternis kommt, dürfen Sonne und Mond nicht mehr als um 9° 55' vom Mondknoten abweichen. Die Sonnenfinsternis muß sich innerhalb dieses Orbis abspielen. Wenn der Orbis zwischen 9° 55' und

11° 15' beträgt, kann eine Sonnenfinsternis eintreten, manchmal aber auch nicht.«

Astrologen waren in der Antike der Auffasssung, daß eine Eklipse in Konjunktion zu einem Geburtsplaneten Vorbote eines großen Unglücks sei (und nur in einigen wenigen Fällen großes Glück verhieße). Durch unsere zehnjährige Erfahrung und Forschungsarbeit kann dies nicht bestätigt werden. Sowohl der Neumondzyklus als auch Eklipsen können zwar als zeitliche Indikatoren dienen. Schließlich entspricht eine Eklipse auch einem Mondzyklus. Aber beide lösen nur dann ein Ereignis aus, wenn dieses ausdrücklich noch durch andere Konstellationen im Horoskop wie Progressionen, Direktionen oder Transite angedeutet wird.

Wenn eine Eklipse oder ein Neumond in Konjunktion zu einem Planeten im Horoskop steht, dann wird dieser Planet angesprochen; diese Aktivierung wird jedoch so lange latent bleiben, bis ein Transit eintritt. Unserer Feststellung nach sind Eklipsen nur von geringer Bedeutung, denn sie scheinen sich in ihrer Wirkungskraft nicht von Neumonden zu unterscheiden. Wir glauben, daß Neumonde und Eklipsen dasjenige Haus im Radix in den Vordergrund rücken, in dem sie sich ereignen und dadurch die Themen des jeweiligen Hauses besonders betonen. Wenn es zu einer Konjunktion, einer Opposition oder einem Quadrat im Geburtshoroskop kommt, dann sind diese von größerer Bedeutung. Natürlich sind Sie wie immer selbst dafür verantwortlich, was Sie daraus entstehen lassen.

Im Januar 1981 fand im Geburtshoroskop von Henry Kissinger ein Neumond an der Spitze seines 8. Hauses statt. Am 10. Februar mußte er sich einer Operation am offenen Herzen unterziehen. Im März fand der Neumond in Konjunktion zu seinem Uranus im 10. Haus statt. In der Sonnenbogendirektion wurde Uranus durch ein Quadrat zum Mond aktiviert, während der transitierende Jupiter in Opposition zu Uranus stand. Kissingers Vater starb im März.

Im Geburtshoroskop von Betty Ford bildete der Neumond im Oktober 1948 auf 9° in der Waage ein Trigon zum Radix-Jupiter in ihrem 10. Haus. Kurze Zeit später änderte sich ihr Status (10.Haus), als sie Gerald Ford heiratete. Im Oktober 1981 bildete der Neumond auf 4° im Skorpion eine Konjunktion zu Rock Hudsons Radix-Mars und im November hatte er dann eine

Bypass-Operation. In Kapitel 5 haben wir auf Seite 94 ff. alle Progressionen und Direktionen in Hudsons Horoskop aufgelistet. Dieser Neumond verstärkte lediglich den gegebenen Fokus.

Im Januar 1933 fand die Amtseinführung Franklin D. Roosevelts als Präsident der Vereinigten Staaten von Amerika statt. Zu diesem Zeitpunkt bildete der Neumond eine Konjunktion zu seiner Geburtsvenus. Vor seiner Wahl zum Präsidenten bildete der Neumond im Oktober auf 5 ° im Skorpion ein T-Quadrat zur Venus im 5. Haus und zu Saturn im 8. Haus. Die vorangegangenen Beispiele sollen Sie *nicht* davon überzeugen, daß Eklipsen beziehungsweise Neumondzyklen die einzigen Phänomene sind, die symbolisch gesehen Ereignisse in Gang bringen. Es ist jedoch angebracht, sich zu notieren, wo demnächst Neumonde oder Eklipsen im Geburtshoroskop stattfinden werden, damit Sie erkennen, welche Bereiche aktiviert werden könnten.

Sonnenfinsternisse und Neumonde wandern in einer Vorwärtsbewegung durch Ihr Horoskop und durchlaufen so ein Haus nach dem anderen; Mondfinsternisse fallen jeweils in das gegenüberliegende Haus. Wenn Ihr Horoskop aufgrund geographisch bedingter Verzerrungen oder wegen des angewandten Häusersystems (wie zum Beispiel dem von Koch) ungleich große Häuser aufweist, dann wird der Neumondrhythmus vielleicht ein Haus überspringen.

Um dies zu veranschaulichen, werden wir das Horoskop von Cher auf Seite 209 benutzen. Wenn wir den Rhythmus des Neumondes für 1988 in einem engen Orbis von 1½+/– betrachten, dann sehen wir, daß der Neumond im Januar auf 28 ° im Steinbock stattfindet und in ihrem 7. Haus ein Quinkunx zu ihrer Radix-Sonne bildet. Wir messen dem keine besondere Bedeutung bei. Unsere Erfahrung hat gezeigt, daß Konjunktionen die stärkste Wirkung haben, gefolgt von den Oppositionen und Quadraten. Im Februar steht der Neumond auf 28 ° 12' im Wassermann in Konjunktion zur 9. Häuserspitze und bildet ein Quadrat zu ihrer Radix Sonne.

Im März stellen wir eine Mondfinsternis auf 13 ° 18' in der Jungfrau in ihrem 3. Haus und eine Sonnenfinsternis auf 27 ° 42' in den Fischen in ihrem 10. Haus fest. (Das 8. Haus wurde demzufolge übersprungen.) Im April findet der Neumond auf 26 ° 43' im Widder in ihrem 10. Haus statt; und im Mai auf 25 ° 16'

Stier im 11. Haus in Konjunktion zu ihrer Sonne. Im Juni bildet der Neumond eine Konjunktion zu ihrem nördlichen Mondknoten und zu Venus im 12. Haus auf 23 ° 32' in den Zwillingen, und im Juli kommt es zu einer Konjunktion zu ihrem Saturn auf 21 ° 41' Krebs in ihrem 1. Haus. Im August steht der Neumond auf 20 ° 00' im Löwen in ihrem 2. Haus; im selben Monat findet eine Mondfinsternis auf 4 ° 23' in den Fischen statt, die ihr 9. Haus betont. Die Sonnenfinsternis im September fällt in ihr 3. Haus auf 18 ° 40' in der Jungfrau nahe der 4. Häuserspitze, wodurch wahrscheinlich beide Häuser aktiviert werden. Der Neumond im Oktober steht in ihrem 4. Haus auf 17 ° 48' in der Waage in enger Konjunktion zu Jupiter; im November findet der Neumond auf 17 ° 24' im Skorpion in ihrem 5. Haus in Opposition zum Radix-Merkur statt und der Neumond im Dezember auf 17 ° 22' im Schützen fällt in ihr 6. Haus in Opposition zu Uranus.

Die vorangegangenen Beispiele haben wir angeführt, um zu verdeutlichen, wie die einzelnen Neumondstellungen die verschiedenen Häuser und gelegentlich auch einen Planeten im Horoskop aktivieren können. Wenn der Neumond genau auf die Halbsumme zwischen zwei Planeten fällt, dann könnte es interessant sein, den Orbis um ein oder zwei Grad zu erweitern. In Chers Horoskop vom Oktober 1988, als der Neumond in Konjunktion zu Jupiter in ihrem 4. Haus stand, könnte es zu Aktivitäten im Bereich des 4. Hauses kommen, jedoch handelt es sich hierbei um nichts Weltbewegendes. Vielleicht kommt ein Freund zu Besuch, vielleicht kommen Handwerker ins Haus (Jupiter regiert das 6. Haus), oder sie könnte das Haus tapezieren beziehungsweise umgestalten. Wenn Progressionen oder Direktionen einige wichtige Ereignisse bezüglich der Themen des 4. Hauses andeuten, dann könnten sie im Oktober eintreffen. Einige Astrologen sind der Ansicht, daß Neumonde und Eklipsen Indikatoren für bevorstehende dramatische Ereignisse seien. Wir können das nicht bestätigen. In der Mundan-Astrologie, die Ereignisse im gesellschaftlichen, politischen und sozialen Leben untersucht, spielen sie mit Sicherheit eine wichtige Rolle, da wir es hier mit dem Massenbewußtsein zu tun haben und die Entscheidungsfreiheit, die in der Geburtshoroskop-Astrologie eine große Rolle spielt, findet hier keine Anwendung. Dabei sind insbesondere die Eklipsen von großer Bedeutung, aber darauf können wir an dieser Stelle nicht näher eingehen.

Eine Konjunktion des Neumondes mit einer Häuserspitze scheint die durch das Haus symbolisierten Themenbereiche hervorzuheben. Wenn ein Neumond eine Konjunktion zu einer Häuserspitze bildet, dann werden die nachfolgenden Neumonde in einigen Fällen ebenfalls eine Konjunktion zu den folgenden Häuserspitzen bilden, so daß es zu einer Art Kettenreaktion kommt. Die Themenbereiche dieser Häuser scheinen für diesen Zeitraum miteinander in Verbindung zu stehen. Im Jahre 1962, als Cher ihr Elternhaus verließ, mit Freunden eine Wohnung mietete, später Sonny traf und mit ihm zusammenzog, war der Rhythmus der Neumonde besonders wichtig. Im Juni bildete der Neumond eine Konjunktion zu ihrer 12.Häuserspitze, im Juli zu ihrem Aszendenten. Am 31.Juli kam es zu einer Sonnenfinsternis auf 7° 47' im Löwen nahe ihrer 2. Häuserspitze und in der Nähe zu Pluto. Die Mondfinsternis hatte zwei Wochen vorher auf 24 ° 25' im Steinbock in ihrem 7. Haus stattgefunden.

Ihre unbewußten Bedürfnisse wurden durch den Neumond in ihrem 12. Haus betont, gefolgt von dem Drang, aktiv zu werden, als der Neumond in Konjunktion zu ihrem Aszendenten stand. Die Sonnenfinsternis in ihrem 2. Haus ging mit einer tiefgreifenden Neueinschätzung ihrer Werte und Einkommensverhältnisse einher.

Im August desselben Jahres befand sich der Neumond auf 6° 38' in der Jungfrau in ihrem 3. Haus und deutete damit eine mögliche Veränderung in ihrer näheren Umgebung an. Der Neumond im September stand auf 5° 51' in der Waage in Konjunktion zu Neptun in ihrem 4. Haus und fiel wahrscheinlich mit einem ihrer vielen Umzüge in diesem Jahr zusammen. Im Oktober bildete der Neumond auf 4° 35' im Skorpion eine Konjunktion zu ihrer 5.Häuserspitze, und den Angaben ihres Biographen zufolge lernte sie im Oktober Sonny kennen.

In Kapitel 10 werden wir das Horoskop von Orson Welles vorstellen und dieses in bezug zum Saturnzyklus untersuchen. Zum tieferen Verständnis der Anwendung von Neumondstellungen und Eklipsen schlagen wir Ihnen vor, sein Horoskop auf Seite 199 zu betrachten. Im Oktober 1938 befand sich der Neumond auf 29° 17' in der Waage in seinem 5. Haus. Dieser Neumond diente der Aktivierung dieses Hauses und kann als ein weiterer Indikator für die Motivation angesehen werden, das Hörspiel »Krieg der Welten« zu schreiben, das Panik und Chaos auf den Straßen auslöste. Diejenigen, die dieses Hörspiel verfolgten, glaubten, es fände tatsächlich eine Invasion von Marsmenschen auf die Erde statt. Am 7.November 1938 kam es auf 14° 51' im Stier zu einer Sonnenfinsternis, die in exakter Konjunktion zu seiner Sonne im 11. Haus stand. In den darauffolgenden Monaten erhielt Welles sehr viel Anerkennung. Es eröffneten sich ihm Möglichkeiten, seine schriftstellerische und schauspielerische Begabung sowie sein Talent als Regisseur zu entwickeln. Mit anderen Worten, er konnte seine Ziele (11. Haus) erreichen und damit glänzen (Sonne).

Wir möchten Sie, liebe Leserinnen und Leser, noch einmal darauf aufmerksam machen, Eklipsen und Neumondzyklen nicht als Vorboten für bestimmte Ereignisse zu betrachten. Sie geben den Progressionen, Direktionen und den Transiten, die wirksam sind, eine Feinabstimmung und dienen daher als zusätzliche Hinweise für eine zeitliche Einordnung von zukünftigen Ereignissen.

Wir möchten Ihnen noch einmal in Erinnerung rufen, daß es weitaus *weniger* wichtig ist, zu wissen, wann etwas passieren wird, als zu verstehen, *wie* man mit dem zu erwartenden Ereignis *umgehen* kann. Und darum geht es in der Astrologie in erster Linie.

Zusammenfassung

1. Untersuchen Sie den Neumondrhythmus und stellen Sie fest, in welchen Häusern im Radix die jeweiligen Neumonde oder Eklipsen stattfinden.
2. Untersuchen Sie, ob die Eklipse oder der Neumond einen Aspekt zu einem Radix-Planeten oder zu einer Häuserspitze innerhalb eines Orbis von 1½+/– bildet.
3. Benutzen Sie den Neumondzyklus durch die Häuser, um progressive oder dirigierte Aspekte zu bestätigen.
4. Beobachten Sie, ob der Neumondrhythmus zeitlich mit Transiten einhergeht.

Kapitel 10

Zyklen

In Kapitel 7 wiesen wir auf die Geschwindigkeit der zehn Planeten hin; auf die Zeit, die jeder Planet benötigt, um durch ein Zeichen des Tierkreises zu wandern und darauf, wie lange es dauert, bis alle zwölf Zeichen durchlaufen sind beziehungsweise ein Planet einmal um das ganze Horoskop gewandert ist. Die zuletzt genannte Wanderung durch den Tierkreis wollen wir in diesem Kapitel vorstellen. Wenn ein Planet die 360° des Horoskopkreises durchläuft und zu seinem Ausgangspunkt zurückkehrt, dann vollendet er einen *Zyklus.*

Stellen Sie sich das Horoskop aus vier Kraft- oder Aktivierungspunkten bestehend vor, den Horoskopachsen. Es handelt sich hierbei um den Aszendenten (Spitze des 1. Hauses), den IC (Imum Coeli oder Spitze des 4. Hauses), den Deszendenten (Spitze des 7. Hauses) und die Himmelsmitte oder den MC (Medium Coeli, Spitze des 10. Hauses). Alles, was innerhalb der durch die Achsen gebildeten vier Quadranten vor sich geht (gegen den Uhrzeigersinn), löst bestimmte Impulse aus oder setzt bestimmte Energien in Gang. Die Qualität der Impulse hängt von ihrem Ausgangspunkt ab.

Behalten Sie bitte in Erinnerung, daß die sich manifestierenden Energien oder Impulse keine Ereignisse hervorrufen; wir als denkende Individuen erahnen die grundlegenden Rhythmen und Muster und lassen Ereignisse aus den Impulsen entstehen. Wenn wir den Rhythmus erkennen, dann können wir unsere Reaktionen planen und müssen nicht unbewußt reagieren. Die zyklischen Muster sehen folgendermaßen aus:

Vom Aszendenten bis zum IC – Phase der Dunkelheit, des Unbewußten, man schafft eine Grundlage. Das Schlüsselwort hierzu lautet *lernen.*

Vom IC bis zum Deszendenten – man entwickelt sein Potential und bereitet sich darauf vor, seine Fähigkeiten unter Beweis zu stellen. Das Schlüsselwort hierzu lautet *erfahren.*

Vom Deszendenten bis zum MC – man zeigt seine Fähigkeiten

und vertieft sie, um seine persönlichen Möglichkeiten voll ausschöpfen zu können. Das Schlüsselwort hierzu lautet *handeln.*

Vom MC bis zum Aszendenten – man erntet, was man gesät hat; es erfolgt eine nochmalige Einschätzung und eine daraus erwachsende Neuorientierung. Das Schlüsselwort hierzu lautet *Belohnungen bekommen.*

Die fünf persönlichen Planeten durchlaufen offensichtlich eine ganze Reihe von Zyklen, wohingegen die transsaturnischen Planeten in einem Menschenleben niemals den ganzen 360°-Zyklus durchlaufen werden. Eine Ausnahme bildet Uranus, wenn man davon ausgeht, daß Sie 84 Jahre alt werden. Grundsätzlich kann man sagen, daß diese zyklische Bewegung in erster Linie für Saturn von Bedeutung ist und erst in zweiter Linie für Jupiter.

Wenn ein Planet durch den *ersten Quadranten (vom Aszendenten bis zum IC)* läuft, dann können die Eigenschaften dieses Planeten anzeigen, auf welche Art man wächst, und die Lebensbereiche andeuten, über die Sie Neues erfahren möchten. Er kann Ihnen darüber hinaus zeigen, welche Art von Fundament Sie für sich selbst legen sollten. Hierbei handelt es sich gewöhnlich um eine im Verborgenen liegende Phase im Leben eines Menschen. Ein Planet im Transit wirkt hier am stärksten, wenn er auf einer persönlichen, inneren Ebene angewendet wird.

Ein Planet im *zweiten Quadranten (vom IC bis zum Deszendenten)* kann sich in gesteigerter Aktivität ausdrücken. Diese Erfahrung soll dazu dienen, daß Sie in Ihrem grundlegenden Sein wachsen, einiges des im ersten Quadranten Gelernten weiterentwikkeln oder einiges von dem anwenden, was Sie bereits gelernt haben, wenn Sie aus der zurückgezogeneren Phase wieder auftauchen. Hier handelt es sich um den Quadranten des Selbstausdrucks, und welche Form sich dieser sucht, wird durch das Wesen des betreffenden Planeten ausgedrückt beziehungsweise durch das Zeichen, in dem er sich befindet. Da Sie sich immer noch in einer Lernphase befinden, wird ein großer Teil Ihrer Aktionen und Reaktionen instinktiv erfolgen; je mehr Erfahrungen Sie sammeln, desto mehr werden Sie lernen.

Bei seinem Transit durch den *dritten Quadranten (vom Deszendenten bis zum MC)* wird ein Planet auf die für ihn typische Weise Ihre Erfahrung und Energie an die Oberfläche bringen, wenn Sie in Aktion treten. Ihr Handeln bringt Sie dahin, bei der

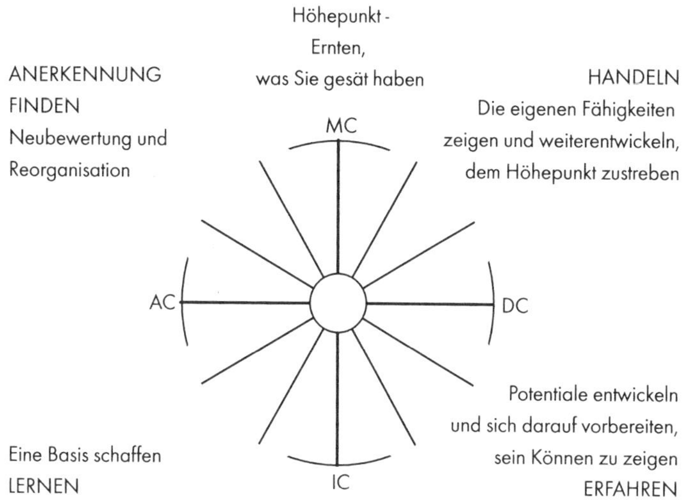

Anwendung des in der Vergangenheit Gelernten so effektiv wie möglich zu werden. Wie das geschieht, hängt wie immer vom betreffenden Planeten ab. Wenn Sie frühere Lektionen gut verarbeitet haben, dann sind Sie jetzt in der Lage, die Gelegenheiten, die sich Ihnen bieten, beim Schopfe zu packen. Sie können jetzt Ihren persönlichen Höhepunkt erreichen; Sie stehen am höchsten Punkt des Horoskops (MC) und ernten, was Sie gesät haben. Alles, was Sie bisher gelernt haben, können Sie nun umsetzen und dementsprechend handeln.

Im *vierten Quadranten (vom MC bis zum Aszendenten)* repräsentiert der transitierende Planet die Energien und Impulse, die Ihnen helfen können, die Früchte Ihrer Arbeit zu ernten. Der Sinn dieses Geschehens liegt darin, daß Sie Ihren Einflußbereich vergrößern und das für sich sichern, was Sie in der vorhergehenden Phase erreicht und gelernt oder für sich genutzt haben. Auf welche Weise das geschehen wird, hängt von den Eigenschaften des transitierenden Planeten ab. Wenn Sie gut gesät haben, sollten die Erträge so üppig ausfallen, daß Sie sich in dieser Phase meist zurücklehnen und ausruhen können. Sollten Sie unterwegs etwas ausgelassen haben, so werden Sie sich vielleicht dafür entschuldigen müssen, eine öffentliche Erklärung abgeben oder das Ganze noch einmal tun müssen.

Diese vereinfachte zyklische Bewegung wird natürlich durch andere Ereignisse im Horoskop, wie zum Beispiel durch weitere Transite, Progressionen und Direktionen modifiziert werden. Was Zyklen so bedeutungsvoll macht, ist die Tatsache, daß Sie mit ihrer Hilfe auf einen Blick mehr oder weniger deutlich erkennen können, in welcher Lebensphase der betreffende Mensch sich befindet.

Wie wir bereits in Kapitel 7 erläutert haben, werden die schnelleren Planeten so gut wie keine Spuren hinterlassen, wenn sie durch das Horoskop rasen, und ihnen wird nur selten Beachtung geschenkt, wenn es um Zyklen geht.

Mond

Der transitierende Mond, der weniger als 28 Tage braucht, um durch das Horoskop zu wandern, wird in seiner zyklischen Form nie in Betracht gezogen; er spielt jedoch eine große Rolle bei *Lunaren* (siehe Kapitel 12) und als *sekundär-progressiver Mond* (siehe Kapitel 2). Zyklen sollten nicht mit den Mondphasen verwechselt werden, die sich in folgenden Formen zeigen: als Neumond, als zunehmender Mond, erstes Viertel, dann weiter zunehmend, als Vollmond, dann abnehmend bis zum letzten Viertel, dann in einer Phase, die sich »balsamisch« nennt und die das hellschimmernde Licht zwischen dem letzten Viertel des abnehmenden Mondes und dem Neumond bezeichnet.

Sonne

Die transitierende Sonne kehrt einmal im Jahr, um Ihren Geburtstag herum, zu ihrer Ausgangsposition zurück. Der Sonnenzyklus findet ebensowenig Anwendung wie der Mondzyklus; die Sonne ist jedoch beim *Solar* von herausragender Bedeutung, wie wir in Kapitel 11 erläutern werden.

Merkur und Venus

Merkur und Venus im Transit benötigen ebenfalls etwa ein Jahr, um durch das gesamte Horoskop zu wandern. Ihre Bewegung ist zu schnell, als daß sie als Zyklus von Bedeutung wäre. Die ungefähr jährliche Rückkehr zu ihrer Anfangsposition sollte beobachtet werden, da zu diesem Zeitpunkt jedesmal eine neue Phase begonnen werden kann und Sie eine konstruktivere und positivere Anwendung der Venus- oder Merkurenergie einplanen können.

Mars

Der Planet Mars braucht ungefähr zwei Jahre, um zu seiner Ausgangsposition zurückzukehren. Vielleicht haben Sie bemerkt, daß alle zwei Jahre ungefähr zur gleichen Zeit gewisse Reaktionen auftreten oder sich bestimmte Ereignisse einstellen. Eine unserer Schülerinnen berichtet, daß sie alle zwei Jahre, wenn Mars eine Konjunktion zu ihrem Aszendenten bildet, ihren »Frühjahrsputz« angeht. Da sie mit ihrem Horoskop umzugehen versteht, konnte sie feststellen, daß sie zu dieser bestimmten Zeit »Feuer unterm Hintern« hat und langweilige Hausarbeiten blitzschnell erledigen kann.

Eine andere Klientin erzählt, daß sie, wenn Mars über ihren Aszendenten läuft, »Frau Ungeschickt« wird und ständig hinfällt oder gegen etwas stößt. Warum ist das so? Da sie es eilig hat, achtet sie nicht darauf, wo sie hintritt. Jetzt hat sie gelernt, zu dieser Zeit aufmerksamer zu sein. Eine weitere Klientin kann von ähnlichen Erfahrungen berichten, wenn Mars alle zwei Jahre in Konjunktion zu ihrem Uranus steht. In einem Jahr zog sie sich beim Skifahren einen Bänderriß zu, zwei Jahre später verstauchte sie sich dasselbe Bein, als sie stolperte; und wiederum zwei Jahre später hatte sie einen großen Streit mit einem Freund (Uranus im 3. Haus, dem Haus für Kommunikation). Marszyklen schenkt sie jetzt mehr Beachtung.

Mit anderen Worten: Mars ist der Planet der Energie und der Geschwindigkeit, und manchmal signalisiert er unbesonnenes oder übereiltes Handeln. Wenn man diese archetypischen Eigenschaften eines Planeten zur Interpretation des Geburtshoroskops hinzunimmt, dann kann ein bestimmtes Muster entstehen, da Mars seinen Zyklus im Abstand von ungefähr zwei Jahren wiederholt. Die Geschwindigkeit von Mars ist noch zu schnell, als daß er für die vorher dargestellte zyklische Bewegung von Bedeutung wäre. Wer sich jedoch der richtigen Zeitpunkte bewußt wird, der kann die Mars-Energie auf äußerst positive Weise anwenden.

Jupiter
Der transitierende Jupiter benötigt etwa 12 Jahre, um einmal durch das Horoskop zu wandern; er verbringt ungefähr drei Jahre in jedem Quadranten. Er ist der erste Planet, der langsam genug ist, um bei seiner Wanderung durch das Horoskop eine gewisse Bedeutung zu erlangen. In einem Leben von durchschnittlicher Dauer (72 bis 84 Jahre) kehrt Jupiter sechs- bis siebenmal zu seiner Ausgangsposition zurück.

Wenn Sie die vier Abschnitte, die zu Beginn dieses Kapitels beschrieben werden, auf den überschwenglichen, optimistischen Jupiter im Transit anwenden, dann können Sie sich mit Begeisterung ans Lernen begeben und mit Enthusiasmus die nächste Stufe erklimmen. Da Jupiter häufig mit Glück in Verbindung gebracht wird, ist es leicht, ganz nach oben zu kommen und die Spitze zu erreichen und, nachdem man dann das Rampenlicht genossen hat, sich an ein neues Projekt zu begeben.

Das ist eine Seite des theoretischen Jupiter, so wie er archetypisch dargestellt wird.

Ein anderer Umgang mit dem Jupiterzyklus könnte aus großen Versprechungen darüber bestehen, sich weiterzubilden und etwas Neues zu lernen, es irgendwie aber doch nicht zu schaffen; darauf aus zu sein, seine Fähigkeiten zu zeigen, aber noch nicht fertig oder darauf vorbereitet zu sein. Expansion könnte sich eher auf die Körperfülle beziehen als auf ein Anwachsen von Wissen; und am Ende könnte es nur wenige Belohnungen zu ernten geben. Ein negativer Ausdruck von Jupiter könnte Nachgiebigkeit sich selbst gegenüber sein, mehr zu versprechen als man geben kann, überhöhte Erwartungen und idealistische Vorstellungen, die auf Fiktion und nicht auf Fakten beruhen.

In der Praxis könnte es noch einen dritten Weg geben, die Jupiterzyklen anzuwenden, da, wie immer in der Astrologie, das Geburtshoroskop, Progressionen, Direktionen, andere Transite und die Lebenseinstellung des einzelnen der entscheidende Faktor sind. Rock Hudson zum Beispiel hatte zwei sehr positive Kulminationen Jupiters jeweils im Sommer der Jahre 1954 und 1966, wo er öffentlichen Erfolg, Geld und Ruhm erlangte.

Aber zum Zeitpunkt seiner letzten Jupiter/MC -Konjunktion im Frühjahr 1978 kam es zu einigen anderen astrologischen Ereignissen in Hudsons Geburtshoroskop, die die Bildung eines

T-Quadrates mit der Radix-Sonne und dem Radix-Neptun zur progressiven Venus einschlossen. Weiterhin entstand in der Progression eine Konjunktion zum Mond durch den im Radix unaspektierten Mars. (Siehe Rock Hudson, Kapitel 5 und das Horoskop auf Seite 95.) Aufgrund seiner ziemlich selbstverliebten Grundeinstellung reagierte Hudson, statt einen weiteren Höhepunkt in seiner Karriere anzustreben, auf den exzessiven Einfluß von Jupiter damit, »mehr« zu wollen; er ließ nach den Angaben seines Biographen seinen sexuellen Gelüsten freien Lauf und trank sehr viel.

Saturn

Saturn ist in seiner zyklischen Bewegung äußerst eindrucksvoll und aufschlußreich. Er braucht zwischen 29 und 30 Jahren, um einmal um das Horoskop zu wandern und verbringt in der Regel mehr als sieben Jahre in einem Quadranten, also so lange, daß Sie seinen Einfluß wirklich spüren können. Die erste Rückkehr Saturns zu seiner Ausgangsposition wird als sehr wichtig angesehen. Es kann eine Zeit der Krise sein, da Saturn als der Planet der Disziplin Sie dazu bringen mag, sich anzusehen, was sich in ihrem bisherigen Leben ereignet hat, und einzuschätzen, was Sie vom heutigen Standpunkt aus damit anfangen wollen.

Es könnte eine Zeit der Offenbarung für Sie sein, in der Sie sich zum ersten Mal in Ihrem Leben erwachsen fühlen und fähig sind, auf eigenen Beinen zu stehen. Es könnte das Jahr sein, in dem Sie beschließen, daß Sie jetzt bereit sind, weitere Verantwortung auf sich zu nehmen – wir haben eine recht große Anzahl von Klienten, die schwanger wurden oder ihr erstes Kind gebaren, als Saturn seinen ersten Zyklus beendete und zu seiner Ausgangsposition zurückkehrte.

Jeder Quadrant spielt eine wichtige Rolle in Ihrer Entwicklung. Aufgrund der besonderen Eigenschaften von Saturn wird Ihnen das, was sie einst gelernt haben, auch bleiben. Da Saturn Ehrgeiz und Organisationswillen fördert, werden Sie versuchen, sein Potential vollständig zu nutzen, um dann auf praktische und solide Weise zu handeln. Saturns fruchtbare Samen werden auf konventionelle, geschäftsmäßige Weise geerntet werden; und dann können Sie Ihre Bedürfnisse erneut einschätzen und geduldig noch einmal von vorne beginnen.

Eine negative Auswirkung des Saturnzyklus könnte darin bestehen, daß Sie sich in die Ecke gedrängt fühlen und meinen, nie genug Zeit zu haben, um all das zu lernen, was Sie lernen sollten (1. Quadrant); Ihre Unsicherheitsgefühle könnten so stark sein, daß Sie zu ängstlich sind, um das von Ihnen Gelernte in die Praxis umzusetzen (2. Quadrant). Vielleicht streben Sie einen höheren Status an und drängen sich egoistisch nach vorne (3. Quadrant); als Belohnung bekommen Sie nicht das, was Sie sich erhofft hatten, und Sie könnten darüber nachgrübeln, wie Sie es beim nächsten Mal besser machen können (4. Quadrant).

Natürlich wird man nicht ausschließlich positive oder negative Eigenschaften ausleben, sondern es wird sehr wahrscheinlich eine Mischung aus beiden sein. In Kapitel 7 haben wir einige saturnische Eigenschaften bereits beschrieben. An dieser Stelle möchten wir Ihnen nun die Anwendung des vollständigen Saturnzyklus anhand des Lebens des verstorbenen Schauspielers, Produzenten, Regisseurs und Zauberers Orson Welles zeigen, den wir für ein wahres Genie halten.

Orson Welles wurde am 6.Mai 1915 um 7.00 Uhr morgens CST in Kenosha, Wisconsin (42° 35' Nord, 87° 49' West) geboren. Obwohl der Saturnzyklus von Orson Welles als anschauliches Lehrbeispiel dienen kann, ist es doch sein ganz einzigartiger und individueller Zyklus. Er beginnt in seinem 1. Haus, da sich hier Saturn im Geburtshoroskop befindet. Wie Sie seinem Horoskop entnehmen können, weisen die einzelnen Häuser unterschiedliche Größen auf. Sein 1. und 3. Quadrant sind sehr klein; sie umfassen nur 64°, wohingegen sein 2. und 4. Quadrant 116° betragen. Deshalb verbringt Saturn im Durchschnitt keine sieben oder mehr Jahre in jedem Quadranten, sondern läuft mit einer Geschwindigkeit, die ausschließlich dem Horoskop von Orson Welles angemessen ist. Das ist ein Ausdruck für die wunderbaren Kräfte, die in der Astrologie am Werke sind. Es gibt keine absoluten Größen, und jedes Horoskop ist auf das jeweilige Individuum zugeschnitten.

Der Saturn von Welles ist auch noch auf andere Weise einzigartig: er hat nur einen einzigen Aspekt, und zwar eine Konjunktion zu Pluto, was eine Intensivierung aller saturnischen Aktionen anzeigt. Saturn bildet außerdem ein exaktes Trigon zum MC, wodurch Karriere und Status betont werden und ein früher

Radix

Orson Welles

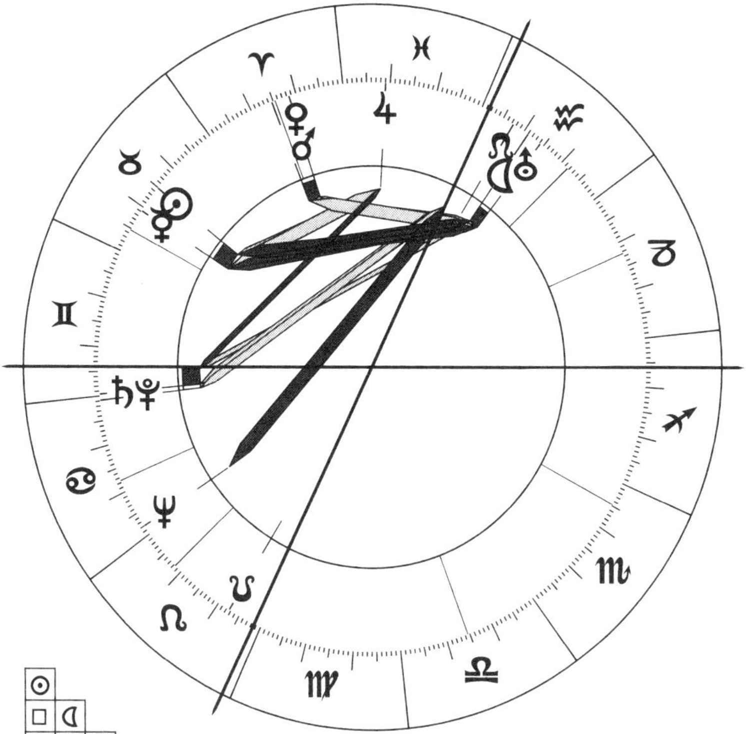

☉											
□	☽										
☌	□	☿									
	⚹		♀								
	⚹		☌	♂							
⚹		⚹			♃						
						♄					
□	☌	□	⚹	⚹			♅				
								♆			
						☌			♇		
	△				□	☌			☌	A	
						△		⚻	△		M

♅R im Alter von 15 Jahren (1930)
☿R im Alter von 39 Jahren (1954)
☿D im Alter von 63 Jahren (1978)

Quelle: AA - E. Steinbrecher, Behördenangabe
6. 5. 1915 7:00 CST 13:00 GMT
Kenosha, Wisconsin 87W49 42N35
Häuser nach KOCH/GOH

beruflicher Erfolg gefördert wird. Saturn in Konjunktion zum Aszendenten weist auf ein ernstes Kind hin, das seiner Zeit voraus ist, das sich jedoch im Laufe der Zeit immer jünger fühlt.

Saturn im 1. Haus bezeichnet oft ein scheues oder reserviertes Kind, das viel Liebe und Zuneigung braucht und die Gesellschaft von Erwachsenen derjenigen seiner Altersgenossen vorzieht.

Dieser starke Saturn war schon von früher Kindheit an ein bedeutsamer Schlüssel für Welles. Die meiste Zeit reagieren Menschen zuerst auf das Wesen der persönlichen Planeten (Mond = Mutter, Brüste, stillen und nähren; Merkur = Stimmen, Geräusche; Venus = Berührung, Liebe; Mars = Bewegung, Aktion und so weiter), und erst später in ihrem Leben reagieren sie auf die Restriktionen oder das zur Verantwortung aufrufende Verhalten von Saturn. Mit Saturn im 1. Haus in Konjunktion zu Pluto hatte Welles jedoch von früher Kindheit an das ernsthafte Anliegen, lebendig zu sein, und außerdem das intensive Bedürfnis, jemand Besonderes zu sein.

Da Welles ein so kleines 1. Haus hat (23°), betrat Saturn im Transit im Juni 1916 das 2. Haus und im August 1917 im Alter von 2½ Jahren das 3. Haus. Nach den Worten von Dr. Bernstein, einem Freund der Familie, lernte er schon sehr früh sprechen, spielte mit 3½ Jahren Geige und organisierte ein Marionettentheater.

Im August 1919, als Welles 6½ Jahre alt war, betrat Saturn sein 4. Haus und bildete im Oktober 1921 bei 29° in der Jungfrau ein Quadrat zu seiner Ausgangsposition im Geburtshoroskop. Zu dieser Zeit empfand er Neid gegenüber seinem zehn Jahre älteren Bruder, der bereits etabliert war. Zudem fühlte er sich von seinen Eltern vernachlässigt. Seine Mutter gewann Wettbewerbe im Gewehrschießen, war eine anerkannte Pianistin und eine große Schönheit. (Mond in Konjunktion zu Uranus im Wassermann im 9. Haus, im Quadrat zu Sonne und Merkur.) Er sah sie zwar als brilliant, jedoch auch als exzentrisch, gleichgültig und kalt an. Sein Vater, ein Erfinder und sehr erfolgreicher Fabrikant, war die meiste Zeit über damit beschäftigt, sich um seinen jüngsten Sohn zu kümmern. (Sonne im Stier im 11. Haus, die Sonnenherrscherin Venus im 10. Haus im Widder; die Sonne in Konjunktion zu Merkur, der ein Quadrat zum Mond und zu Uranus bildet.) Orson Welles hielt seinen Vater für warmherziger als seine Mutter und betrachtete ihn als seinen Freund (Sonne im 11. Haus).

Saturn betrat im November 1922 das 5. Haus, als Orson 7½ Jahre alt war. Seine Mutter starb ein Jahr später. Sein Vater nahm ihn auf eine Weltreise mit, und sie verbrachten viel Zeit in Shanghai. Orson gefiel die Reise ausnehmend gut, und er genoß die Gesellschaft seines Vaters. Im Februar 1926 wanderte Saturn in das 6. Haus und Orson wurde in eine fortschrittliche Privatschule für Jungen in Woodstock, Illinois geschickt. Im Januar 1928 starb sein Vater, (Saturn stand bei 14° im Schützen im Quinkunx zur Radix-Sonne) und Dr. Bernstein wurde sein Vormund. Welles machte 1930 seinen Schulabschluß; sechs Monate, nachdem Saturn in Opposition zu seiner Ausgangsposition im Radix und zu Pluto gestanden hatte.

Orson studierte eine Zeitlang am Chicago Art Institute, während Saturn im Transit durch sein 7. Haus lief; und im Februar 1931, als er noch keine 16 Jahre alt war, betrat Saturn sein 8. Haus, das für Unterstützung durch andere steht. Er erhielt eine Einladung von dem berühmten Gate Theater in Dublin. 1933 kehrte er im Alter von 18 Jahren nach Woodstock zurück und wurde Mitherausgeber einer bekannten Schrift mit dem Titel *Everybodys Shakespeare.* Außerdem illustrierte er Bühnenausgaben von *Julius Caesar,* Der Kaufmann von Venedig, Die Zwölfte Nacht und andere. Der laufende Saturn hatte im Februar 1933 gerade sein 9. Haus, das Haus, das auch für Publizieren steht, betreten und war im Mai 1933 eine Konjunktion zu Uranus eingegangen.

Im Jahre 1934 organisierte er ein Sommertheater in Woodstock und wurde von Katherine Cornell engagiert, um mit ihrem Ensemble auf Reisen zu gehen und Shaw und Shakespeare zu spielen. Saturn stand im Februar 1935 in Konjunktion zum Mond und im März zum nördlichen Mondknoten. Ende 1935, als Welles den Auftrag für seine erste Radiosendung erhielt, bildete der kulminierende Saturn eine Konjunktion zum MC auf 28° im Wassermann.

Im Jahre 1937 gründete Orson Welles sein berühmtes Mercury Theater, und seine Stimme, mit der er durch die sehr beliebte Radiosendung *The Shadow* führte, wurde zum Markenzeichen. Saturn hatte gerade eine Konjunktion zu Jupiter gebildet. Als Saturn 1938 auf Venus traf, heiratete Welles seine erste

Frau Virginia Nicholson. Und wo, glauben Sie, befand sich Saturn, als er seine atemberaubende Sendung *Krieg der Welten* inszenierte, die so realistisch aufgemacht war, das sie Chaos und Panik in den meisten Teilen der USA verursachte. Er stand in Konjunktion zu Mars!

1940, im Alter von 25 Jahren, ließ sich Welles von Virginia scheiden und machte sich nach Hollywood auf, um *Citizen Kane* zu drehen, einen Film, der als Klassiker angesehen wird und zu einem Meilenstein in der Filmgeschichte wurde. Saturn stand gerade in Konjunktion zur Sonne. *Citizen Kane* wurde 1941 zum ersten Mal gezeigt und wurde ein Riesenerfolg. Er brachte Orson Welles den Oscar ein, die höchste Auszeichung der Filmwelt. Nachdem Saturn rückläufig war, drehte er seine Richtung wieder, wurde rechtläufig und bildete zum dritten Mal eine Konjunktion zur Sonne.

Als Saturn im Jahre 1943 schließlich den Aszendenten erreichte, heiratete Orson Welles Rita Hayworth. Er zeigte ebenfalls großes Engagement darin, amerikanische Truppen auf der Straße und in Hollywood zu unterhalten. Er war ein großer Zauberer geworden, und ein Teil seiner Unterhaltungsshow für die Soldaten bestand darin, seine Frau Rita dreimal am Tag in zwei Hälften zu zersägen.

Saturn kehrte im Juni 1944 bei 29 ° in den Zwillingen zu seiner Radix-Position zurück. Welles war in seinen ersten 29 Lebensjahren erfolgreicher gewesen als andere in ihrem ganzen Leben.

Zu der Zeit wußte jedoch niemand, daß er bereits seinen Höhepunkt erreicht hatte. Er gelangte niemals mehr zur gleichen Intensität. Nachdem er sich im Jahre 1948 von Rita hatte scheiden lassen, drehte er weiterhin Filme, aber keiner reichte an *Citizen Kane* heran. Er zog nach Europa und heiratete 1955 die Gräfin di Girafalco, die in italienischen Filmen unter dem Namen Paola Mori bekannt ist. Zu dieser Zeit wog er mehr als zwei Zentner. 1970 kehrte er mit Paola in die Vereinigten Staaten zurück. Ihren Hauptwohnsitz hatten sie in Las Vegas, von wo aus sie häufige Spritztouren nach Hollywood unternahmen, wo Orson Welles in einem kleinerem Haus mit vier Zimmern am Hang lebte. Dort starb er in der Nacht vom 9. auf den 10. Oktober 1985, ohne jemanden bei sich zu haben. Seine Frau und drei Kinder überlebten ihn; jedes der Kinder, nämlich

Christopher, Rebecca und Beatrice Welles, stammte von einer anderen Ehefrau.

Im Gegensatz zu den meisten Menschen machte Orson Welles von seinem zweiten Saturnzyklus nicht den bestmöglichen Gebrauch. In der Tat besteht eine der besten Möglichkeiten, den Saturnzyklus zu nutzen, darin, die eigenen Reaktionen in den unterschiedlichen Lebensabschnitten zu beobachten und dann zu versuchen, es beim nächsten Mal genauso gut oder auch besser zu machen (was tatsächlich manchmal vorkommt). Eine unserer Klientinnen, die mit ihrem Freund zusammenlebte, beschloß, ihn zu verlassen, als Saturn zum ersten Mal durch ihr 7. Haus lief. Beim zweiten Mal, fast 30 Jahre später, hatte sie erhebliche Eheprobleme. Da sie sich jedoch an den Ausgang ihrer ersten Liebesbeziehung erinnerte, entschloß sie sich, diesmal Rat und Hilfe einzuholen. Sie und ihr Ehemann haben ihre Schwierigkeiten überwunden und sind seitdem ein glückliches Paar.

Uranus

So wie die persönlichen Planeten zu schnell laufen, um für eine zyklische Bewegung von Bedeutung zu sein, so bewegen sich die transsaturnischen Planeten zu langsam. Bei Uranus ist es zum Beispiel wichtig, die Quadrate und Oppositionen zu seiner Ausgangsposition zu betrachten. Wie sich diese Generationsaspekte auswirken, hängt davon ab, wo und wie die Planeten im Geburtshoroskop stehen.

Uranus braucht 84 Jahre, um einmal um das Horoskop zu laufen. Heute, wo die Menschen eine höhere Lebenserwartung haben, wird das als ein Lebenszyklus betrachtet. Uranus verbringt ungefähr 21 Jahre in jedem Quadranten. Die meisten von uns haben die Auswirkungen des vollen Zyklus von 84 Jahren noch nicht erlebt, können sie jedoch an ihren Eltern, älteren Freunden oder Verwandten und auch an berühmten Persönlichkeiten beobachten. Die charakteristischen Eigenschaften von Uranus verändern sich nicht, unabhängig davon, ob sie auf das Geburtshoroskop angewendet werden, auf Progressionen, Direktionen, Transite oder auf zyklische Abschnitte.

Mit etwa 21 Jahren erleben Sie Ihr erstes Uranus-Uranus-Quadrat. Sie haben wahrscheinlich Ihre Ausbildung beendet und sind für die Zukunft vorbereitet. Jetzt versuchen Sie, Erlerntes in die Praxis umzusetzen. Aber wir beschäftigen uns gerade mit Uranus und nicht mit Saturn. So mag seine Wirkung Aufregung und Unerwartetes in Ihr Leben bringen.In Rock Hudsons Fall fand sein erstes Uranus-Quadrat im Alter von 20½ Jahren statt, als er nach Hollywood übersiedelte, um dort Ruhm und Glück zu finden.

Im Alter von 42 Jahren steht Uranus in Opposition zu seiner Ausgangsposition. Das fällt häufig mit dem ersten Auftreten der Midlife Crisis zusammen. Seit Uranus im Quadrat zu sich selbst stand, haben Sie 21 Jahre damit zugebracht, sich zu entwickeln und mit großer Mühe die Erfolgsleiter hochzuklettern; jetzt ist die Zeit gekommen, um zu reflektieren, was Sie erreicht haben und zu schauen, ob Sie weiterhin in dieselbe Richtung gehen wollen. Es gibt einen Grund dafür, warum Uranus als der Planet der göttlichen Unzufriedenheit bezeichnet wird. Uranus steht für Veränderung, und wenn es zu dieser Opposition kommt, dann werden Sie dazu aufgerufen, eine Bestandsaufnahme vorzunehmen, Ihr überflüssiges Gepäck loszuwerden und, falls nötig, von vorne zu beginnen.

Als im Alter von 63 Jahren Betty Fords Uranus sein zweites Quadrat erreichte (November 1980 bis September 1981), erholte sie sich vollständig von ihrer Drogen- und Alkoholsucht; sie richtete einen Hilfsfonds ein, um das Betty-Ford-Center aufzubauen, dem sie heute noch als Präsidentin vorsteht und für das sie sich weiterhin engagiert. Indem sie sich vergangener Fehler bewußt wurde und es vermied, diese zu wiederholen, entwickelte sie einen vollkommen neuen Lebensstil für sich.

Wenn Sie die uranische Wirkung spüren, dann können Sie nicht einfach untätig herumsitzen und Däumchen drehen. Wenn Sie ungefähr 84 Jahre alt sind, dann vollendet Uranus seinen ersten Zyklus, und dann werden sie schließlich die Zeit finden, die Dinge zu tun, für die Sie vorher keine Zeit hatten, und die Erleuchtung finden, die Uranus denjenigen verspricht, die seinen Ruf vernehmen.

Neptun und Pluto

Neptun und Pluto brauchen 168 beziehungsweise 248 Jahre, um zu ihrer Ausgangsposition zurückzukehren. Bei diesen Zahlen handelt es sich um ungefähre Angaben, da ihre Umlaufbahnen exzentrisch sind und sich ihre Bahngeschwindigkeit von

Zeichen zu Zeichen ändert. Das heißt, daß Sie bestenfalls eine Neptun-Neptun-Opposition erleben könnten und ein Pluto-Pluto-Quadrat. Was diesen langsamen Giganten zyklische Bedeutung gibt, ist die Tatsache, daß sich ihre Zyklen zu bestimmten Zeiten mit denen der langsamen Planeten überlappen.

So erreichte zum Beispiel Betty Fords Saturn seine Kulmination am MC zur selben Zeit, als Pluto im Quadrat zu sich selber stand. Beides spielte sich ab, als sie 54 Jahre alt war, und in dieser Zeit bewertete sie ihr Leben sicherlich neu. Henry Kissingers Saturn in Konjunktion zum MC fiel zeitlich mit seinem ersten Neptun-Neptun-Quadrat zusammen. Beides fand im Alter von 40 Jahren statt, und er hatte gerade seinen Lehrstuhl als Professor in Harvard bekommen. Die Midlife-Crisis von Rock Hudson im Alter von 41 bis 42 Jahren hätte schlimmer ausfallen können, da er nicht nur die gewöhnliche Uranus-Uranus-Opposition hatte, sondern darüber hinaus Neptun im Quadrat zu seiner Ausgangsposition stand. 1987 erlebte Cher im Alter von 41 Jahren nicht nur ein Neptun-Neptun-Quadrat, sondern auch ein Pluto-Pluto-Quadrat.

Und das bringt uns zum letzten zyklischen Phänomen, das wir mit der Warnung verbinden, nicht auf »durchschnittliche« Zyklen zu warten, sondern jeden Zyklus für jede Person individuell zu bestimmen. Zum Beispiel erlebten Menschen, die im Jahre 1853 geboren wurden, so wie van Gogh, und die Pluto im Stier haben, ihr erstes Pluto-Pluto-Quadrat im Alter von 84 Jahren, als dieser den Löwen erreichte. Diejenigen, die um 1880 geboren wurden, mit Pluto in den Zwillingen, erreichten ihr erstes Quadrat im Alter von 75 Jahren. Wenn Sie mit Pluto in den Anfangsgraden des Krebses geboren wurden, dann bildete Pluto zu seiner Ausgangsposition in der Waage im Alter von ungefähr 59 Jahren ein Quadrat. Diejenigen, die in den späten 30er Jahren zur Welt kamen und Pluto in den letzten Gradzahlen im Krebs stehen haben, erlebten das Quadrat im Alter von 46 Jahren. Da die Bahngeschwindigkeit von Pluto schneller wird, treten seine Quadrate immer früher ein. Diejenigen, die jetzt mit Pluto auf 10° im Skorpion geboren sind, werden ihr erstes Quadrat im Alter von 33 Jahren erleben; sie werden jedoch keine Opposition erleben, da Pluto wieder langsamer wird und 10° im Stier nicht vor dem Ende des 21. Jahrhunderts erreichen wird.

Zusammenfassung

1. Der wichtigste Teil dieses Kapitels besteht darin, die Planetenbewegungen durch die vier Quadranten, vom Aszendenten bis zum IC, vom IC bis zum Deszendenten, vom Deszendenten bis zum MC und vom MC zurück zum Aszendenten zu verstehen.
2. Die vier persönlichen Planeten, Sonne, Mond, Merkur und Venus sind zu schnell, um von Bedeutung für diesen Zyklus zu sein.
3. Obwohl auch Mars noch zu schnell ist, um für eine zyklische Interpretation von Bedeutung zu sein, ist seine Wiederkehr auf die Radixposition alle zwei Jahre durchaus zu beachten.
4. Die zwei Planeten, die Ihnen aufgrund ihrer zyklischen Bewegung den Lebensabschnitt, in dem Sie sich befinden, tatsächlich anzeigen können, sind Jupiter und Saturn.
5. Uranus ist in seinem 84-jährigen Zyklus durch den Tierkreis von Bedeutung, aber da nicht jeder Mensch das 84. Lebensjahr erreicht, ist Uranus durch das Quadrat, die Opposition und in manchen Fällen auch die Konjunktion zu seiner Ausgangsposition im Geburtshoroskop genauso wichtig.
6. Die anderen beiden transsaturnischen Planeten, Neptun und Pluto, sind relativ langsam, und niemand erlebt ihren vollständigen Zyklus von 165 oder 248 Jahren. Deshalb sind ihre ersten Quadrate zu ihrer Ausgangsposition von großer Bedeutung, besonders dann, wenn ein anderer langsamlaufender Transit von Jupiter, Saturn oder Uranus zur selben Zeit einen wichtigen Aspekt bildet.

Kapitel 11

Solarhoroskope

Bevor Sie ein Horoskop mit irgendeiner Progressions- oder Direktionsmethode vorschieben oder ein Lunar- beziehungsweise Solarhoroskop erstellen können, sollten Sie in der Lage sein, das Geburtshoroskop und die Person, die es darstellt, zu verstehen. Am Beispiel von Henry Kissinger und Cher werden wir das Solarhoroskop erläutern und geben vorher eine Beschreibung beider Geburtshoroskope sowie Informationen zum biographischen Hintergrund.

Geburtshoroskop und Biographie von Cher

Cher hat eine Stiersonne im 11. Haus und einen Krebsaszendenten; der Mond steht im Steinbock im 7. Haus. Diese Kombination deutet in der Regel auf eine Frau hin, für die materielle Dinge eine große Rolle spielen können (Stier); die das Ungewöhnliche und Eklektische sucht (Sonne im 11. Haus) und die emotional ist (Krebsaszendent), aber versucht, ihre Emotionen unter Kontrolle zu halten (Mond im Steinbock). Krebs, Stier und Steinbock haben allesamt den Ruf, sich konventionell zu verhalten, Cher ist jedoch für ihren unkonventionellen Lebensstil bekannt, ihren ausgefallenen Sinn für Humor und ihr tiefes Bedürfnis nach Show.

Ihr Biograph Mark Bego sagt, daß »für sie das Element der Überraschung praktisch alles sei. Cher gehört nicht zu den schönen Frauen im klassischen Sinne; sie ist nicht die begabteste Schauspielerin in Hollywood, und genausowenig ist sie eine der begabtesten Sängerinnen, doch ist sie eine Berühmtheit von wahrem Superstar-Status ... Manchmal ist sie klassisch, manchmal ist sie kitschig, und manchmal ist sie fast vulgär. Bei all dem ist sie jedoch immer faszinierend und abwechslungsreich.«

Worauf können wir ihre Ausstrahlung zurückführen? Die Sonne im 11. Haus deutet häufig auf die Exzentrik des Wassermanns hin; das Trigon zu Neptun weist auf eine Aura des Glanzes; die Sonnenherrscherin Venus in den Zwillingen hat viel mit Vielfältigkeit und Flexibilität zu tun; der ihren Aszendenten beherrschende Mond im 7. Haus zeigt ihr Bedürfnis, Aufmerksamkeit von einem Publikum zu bekommen. Sie hat sieben Planeten auf der östlichen (beziehungsweise aufgehenden) Seite des Horoskops, was zu ihrem Bedürfnis paßt, gesehen zu werden und zu ihrer großen Fähigkeit, sich selbst zu motivieren. Es gibt ein sehr enges T-Quadrat in den Eckhäusern zwischen Saturn, Jupiter und dem Mond. Die unbesetzte Stelle fällt in das 10. Haus, ein weiterer Hinweis auf das Bedürfnis, das von Geburt an Mitgebrachte zu übertreffen und Geltung und Anerkennung zu bekommen. Ein T-Quadrat mit Jupiter deutet oftmals auf Überreaktionen, Überkompensation oder Übertreibung hin. Die Sonne/Mond-Opposition kann auf das Bedürfnis hinweisen, sich einem oder beiden Elternteilen gegenüber profilieren zu wollen.

Der Mond ist darüber hinaus als Brennpunkt eines Yods Teil einer weiteren Aspektfigur. Er bildet ein Quinkunx zu Mars und Uranus, und da er ihren Aszendenten regiert, bedeutet diese Stellung, daß sie gemeinsam mit einem Partner nach Erfolg streben (Mond im 7. Haus) und dann ihre Richtung ändern wird (Quinkunx). Bei ihr war es so, daß sie Sonny verließ, um ihre ganz persönlichen Ausdrucks- und Selbstdarstellungsmöglichkeiten zu finden (Mond in Opposition zu Saturn im 1. Haus). Hätte der Mond nicht in Opposition zu Saturn gestanden, dann wäre sie vielleicht damit zufrieden gewesen, ihr Leben als Cher Bono weiterzuführen. Und dann hätte sie sich vielleicht einen anderen Weg gesucht, um mit den Thema Freiheit in seinen verschiedenen Ausprägungen, so wie es durch Mars und Uranus im Quinkunx zum Mond dargestellt wird, umzugehen. Da Mars auch ihr 10. Haus regiert (Widder ist eingeschlossen), deutet das Quinkunx zum Mond ebenfalls auf eine mögliche Richtungsänderung in ihrer Karriere hin. Mars, der Regent des eingeschlossenen 10. Hauses, ist im 2. Haus ein Hinweis darauf, wie sie unter Einsatz enormer Energie (Mars) beim Handeln oder als Schauspielerin (Löwe) ihr Geld verdienen kann.

Der Löwe befindet sich sowohl an der Spitze des 2. Hauses als auch des 3. Hauses, wodurch offensichtlich wird, daß ihre finan-

Radix

Cher

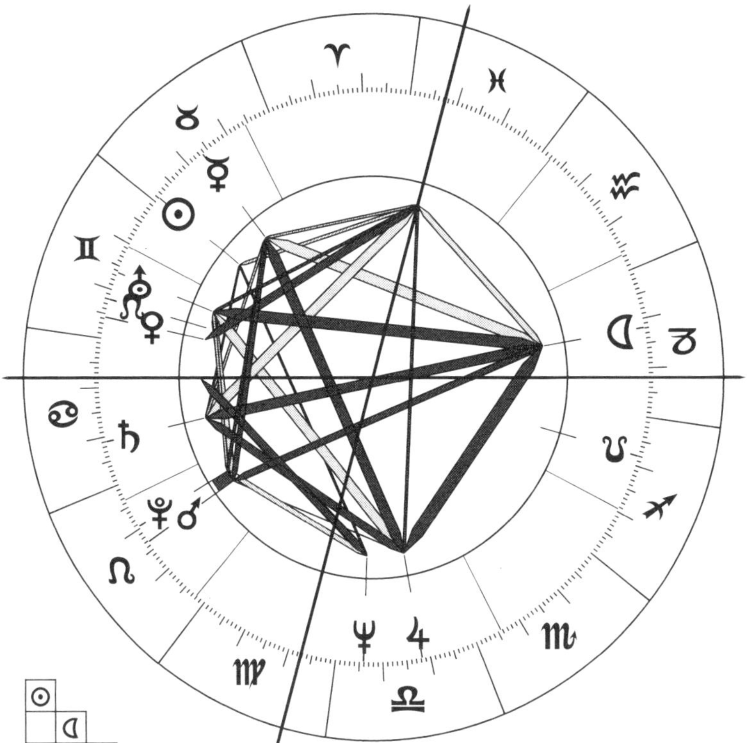

☉											
	☽										
	△	☿									
			♀								
	⊼	□		♂							
	□	⊼		✶	♃						
✶	☍	✶			□	♄					
	⊼			✶	△		♅				
△								♆			
		□		☌			✶	✶	♇		
								□		A	
✶	✶	✶	□		⊼	△	□				M

♃D im Alter von 27 Jahren (1973)
♆D im Alter von 29 Jahren (1975)
☿R im Alter von 60 Jahren (2006)

Quelle: A - Kelly Quinn, Geburtsurkunde
20. 5. 1946 7:25 PST 15:25 GMT
El Centro/Cal. 115W34 32N47
Häuser nach KOCH/GOH

ziellen Mittel und Werte mit ihrem Kommunikationsbedürfnis zusammenhängen. Wenn diese Häuserspitzen miteinander verbunden sind, dann verwenden diese Menschen oft eine Form der Kommunikation, um ihren Lebensunterhalt zu verdienen. Cher begann als Partnerin in einem Gesangsduo und entwikkelte sich dann zu einer beachtlichen Schauspielerin, die den »Academy Award« erhielt, eine der höchsten Auszeichnungen, die die Filmbranche zu vergeben hat.

Der Mond ist ein sehr bedeutender Planet in Chers Horoskop; er ist der Aszendentenherrscher und bildet viele Aspekte. Menschen mit Krebsaszendent sind in der Regel ziemlich häusliche und familienorientierte Menschen; und in jedem Fall spielt zumindest ein Elternteil eine wichtige Rolle. Bei Cher ist es ihre Mutter, die zwar mehrmals verheiratet war, aber ihre Kinder trotzdem alleine aufgezogen hat. Als ehrgeizige Schauspielerin sagte sie ihren Töchtern immer, daß sie all das werden können, was sie werden wollten, daß sie etwas ganz Besonderes seien. Cher sagt, »meine Mutter, eine ganz besondere Person, sagte mir immer: Du hast der Welt etwas zu bieten, glaube mir! Es gab für mich keinen Grund, ihr zu glauben, aber irgendwie glaubte ich ihr doch immer. Irgendwie dachte ich immer, es würde etwas ganz Besonderes aus mir.«

Fische am MC deuten häufig auf eine Aura des Glanzes und den Wunsch, zu schauspielern hin; sie deuten jedoch nicht unbedingt auf eine Schauspielkarriere hin wie bei Cher; jedoch haben Menschen mit dieser Stellung oft Charisma. In Chers Horoskop wird das außerdem durch die Sonne im Trigon zu Neptun dokumentiert, den einzigen Aspekt, den die Sonne bildet.

Es gibt eine weitere Aspektfigur: ein Yod zu Jupiter im 4. Haus als Brennpunkt im Quinkunx zu Merkur und zur Himmmelsmitte. Das könnte als ein weiterer Hinweis auf eine Richtungsänderung in ihrer Arbeit dienen (Jupiter regiert das 6. Haus), und das schließt Kommunikation (Merkur) als Fokus ihres Berufslebens oder ihrem Bedürfnis nach Status und Anerkennung (MC) ein.

Der aufgehende Saturn, Regent des 7. Hauses, zeigt die Bedeutung, die ein Partner für sie hat; das Bedürfnis nach jemandem, der älter ist, auf den sie sich stützen kann oder den sie umsorgen kann. Chers Vater war nicht präsent, als sie heranwuchs, und so vermißte sie ein männliches Vorbild, obwohl oder gerade weil ihre Mutter achtmal verheiratet war. Ihre Kindheit und Jugend waren schwierig und sie fand sich selbst häßlich. Ihre Mutter und ihre Halbschwester waren beide blond, hatten grüne Augen und waren aus ihrer Sicht Schönheiten. Sie selbst war ungeschickt und dünn, hatte einen furchtbaren Teint und schmollte viel. Sie gibt zu, daß sie sich selbst niemals mochte; sie dachte immer, sie sei nur eine zweitklassige Sängerin und eine zweitklassige Fernsehschauspielerin.

Saturn im 1. Haus stellt häufig eine schwere Kindheit dar, wobei die nagenden Gefühle der Unsicherheit hier durch das T-Quadrat zu Mond und Jupiter doppelt betont werden. Der Krebsaszendent beschreibt Unsicherheit, und Cher gibt diese auch zu, obwohl sie meint, daß sie dieses Handikap bereits überwunden hat.

Die Heirat mit Sonny Bono, der älter und erfahrener war als sie, gab ihr die Möglichkeit, einige ihrer Unsicherheitsgefühle auszuleben. Aber da Saturn, der Regent des 7. Hauses, in Opposition zum Mond im 7. Haus steht, muß sie sich mit Herausforderungen in der Partnerschaft auseinandersetzen. Sie beschreibt ihre beiden Ehen als »katastrophal«, fügt jedoch hinzu, daß daraus zwei Kinder hervorgingen, die sie sehr liebe.

Ihr zweiter Partner, der Schauspieler Gregg Allman, wird durch das 9. Haus beschrieben (zweite Ehe). Wassermann befindet sich an der Spitze ihres 9. Hauses, was auf eine wahrscheinlich ungewöhnliche Beziehung zu einem einzigartigen Menschen verweist. Allman hatte Drogen- und Alkoholprobleme und die Beziehung war nach kurzer Zeit vorbei. Uranus, der Regent des 9. Hauses, steht im Quinkunx zum Mond, was auf notwendige Anpassungen hindeutet. Die herausfordernden Aspekte zum Mond im 7. Haus beschreiben Schwierigkeiten in der Partnerschaft und das Bedürfnis, Anpassungen vorzunehmen, wenn es um direkte Konfrontationen in menschlichen Beziehungen geht. Das Mond/Saturn/Jupiter-T-Quadrat beschreibt beide Ehen. Bisher hat sie das Ideal des Gleichgewichts und der Ausgeglichenheit in ihren Beziehungen noch nicht erreicht (Jupiter in der Waage). Elterliche Archetypen (Mond und Saturn) scheinen noch sehr stark wirksam zu sein.

Cher ist für ihre draufgängerische und direkte Art bekannt. Ein Gespräch mit ihr ist mit Unverfrorenheiten und Schimpfwörtern gepfeffert. Sie steht an einem Punkt in ihrem Leben, an dem sie ihre eigenen Aufträge einholt und ihr Schicksal vollkommen in der Hand zu haben scheint. Aber es dauerte eine Weile, bis sie diesen Punkt erreichte, an dem sie jetzt die vollendete Renaissance-Dame ist.

Ihr Merkur im Stier im Quadrat zu Mars und Pluto im Löwen steht für die rauhe Sprache sowie für ihr hitziges Temperament, und diese Aspekte unterstützen auch ihr Verlangen nach Anerkennung. Venus im Trigon zu Jupiter deutet auf ein Harmoniebedürfnis in ihrer Arbeit hin (Jupiter regiert das 6. Haus); und Venus im 12. Haus verstärkt ihre darstellerischen Fähigkeiten. Venus in den Zwillingen, die sowohl die Sonne als auch Merkur regiert, erklärt ihre faszinierende Stimme. Der MC in den Fischen mit dem Herrscher Neptun im Trigon zur Sonne ist die Bestätigung hierfür.

Ihre Hingabe zu ihren Kindern wird oft erwähnt. In ihrem Horoskop wird diese durch Mars und Pluto angezeigt, den Regenten des 5. Hauses, die im 2. Haus plaziert sind, das für Wertvorstellungen, Vergnügen und Zuneigung steht. Menschen, die diese Planetenstellung haben, müssen aufpassen, daß sie ihren Kindern gegenüber nicht zu besitzergreifend sind, und das trifft besonders auf Cher zu, da sowohl Mars als auch Pluto ein Quadrat zu Merkur bilden. Mit Mars im Sextil zu Uranus und Pluto im Sextil zu Neptun jedoch, was auf ein gewisses Maß an Nachgiebigkeit schließen läßt, zeigen diese Aspekte auch gesunden Menschenverstand und eine moderate Haltung in bezug auf ihre Kinder an. Natürlich bedeutet der Krebsaszendent, daß sie ihre Mutterrolle genießt, und Saturn im 1. Haus ist nur allzu willig, Verantwortung zu übernehmen.

Noch ein paar Worte zu Chers Faible für Fransen, Armreifen, Federn, Perlen und phantasievolle Kostüme. Die Art, wie wir uns kleiden, wird in der Regel sowohl vom 6. Haus als auch vom Aszendenten dargestellt. Sie hat den Schützen an der Spitze des 6. Hauses stehen – je mehr, desto besser –, manchmal auch je weniger, desto besser. Der Regent Jupiter bildet einen Trigon-Aspekt zur Venus, ein klassisches Zeichen für zu große Nachgiebigkeit sich selbst gegenüber. Da Cher vermutlich weder trinkt noch Drogen nimmt und auch nicht zuviel ißt, kommt ihr Bedürfnis, sich gehen zu lassen, in ihrer Garderobe und ihren sexuellen Vorzügen zum Ausdruck.

Radix

Henry Kissinger

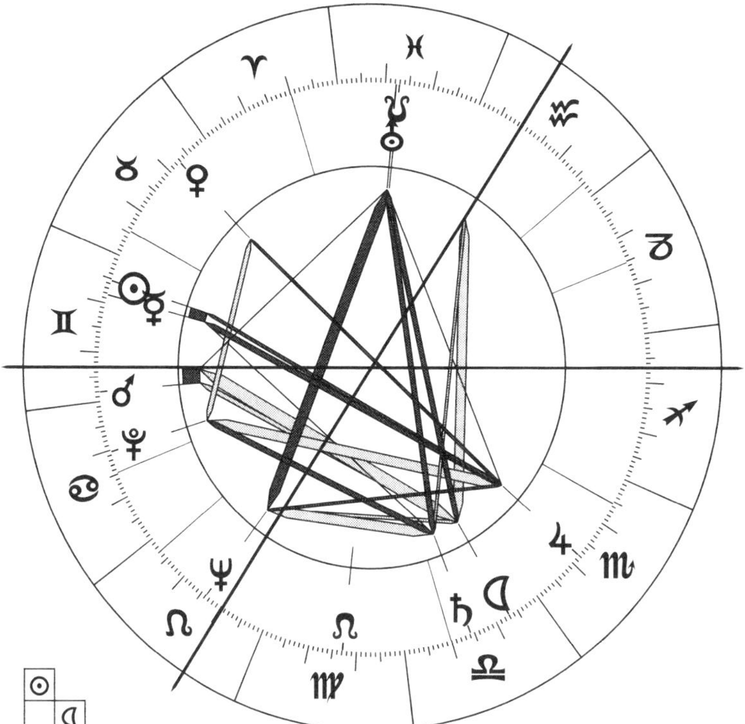

	☉	☽	☿	♀	♂	♃	♄	♅	♆	♇	A	M
☉												
☽												
☿	☌											
♀												
♂		△										
♃	⚻		⚻	☍								
♄			△									
♅		⚻				△	⚻					
♆		✶				□	✶	⚻				
♇				✶		△	□					
A		△			☌			□				
M		△					△					

☿D im Alter von 14 Jahren (1937)
♄D im Alter von 21 Jahren (1944)
♅R im Alter von 27 Jahren (1950)
♃D im Alter von 42 Jahren (1965)

Quelle: A - Charles Harvey, Geburtsurkunde
27. 5. 1923 5:30 MEZ 4:30 GMT
Fürth/D 10E59 49N29
Häuser nach KOCH/GOH

Merkur regiert ihr 4. Haus, ihr Zuhause repräsentierend. In ihrem 11. Haus wird ihr Bedürfnis nach einem Zuhause dargestellt, das sich von anderen unterscheidet, avantgardistisch und in gewisser Weise ungewöhnlich ist. Jupiter im 4. Haus beschreibt ein großes, geräumiges Zuhause, das vielleicht auf einem Hügel liegt. Ihr Zuhause in Los Angeles liegt hoch am Hang im Benedict Canon und wird als ein spektakulärer Ort beschrieben. Sie beschreibt sich selbst als verhinderte Innenarchitektin. Ihre Freunde stellen sie als sehr methodisch (Stier) und als eine unglaublich fähige Hausfrau dar. Als sehr vielschichtige Person, die weiß, was sie will und die vor den Augen ihres Publikums erwachsen geworden ist, hat sie keine Angst, das auszusprechen, was sie denkt. Sie ist die Berühmtheit par excellence, der Star des Stils, ein vollendetes Chamäleon, das sein Publikum in den Sechzigern zunächst als Hippie mit schwarzgeschminkten Augen gefangennahm, dann als Las Vegas Revuestar; in den Siebzigern als Ehefrau eines Rockstars und jetzt als überraschend starke Schauspielerin mit viel Wissen.

Geburtshoroskop und Biographie von Henry Kissinger

Henry Kissinger, der vom jüdischen Emigranten zum Harvard-Professor aufstieg, Berater des US-Präsidenten und schließlich Kabinettsmitglied unter zwei Präsidenten wurde, ist ein Mann von Brillianz, der von seinem Ego angetrieben und von Widersprüchen geplagt wird.

Am 27. Mai 1923 um 5.30 Uhr morgens in Fürth geboren, war er von 1949 bis 1964 mit Ann Fleisher verheiratet, mit der er die Kinder Elizabeth und David zeugte. Im Jahre 1974 heiratete er Nancy Maginnes. Zwischen seinen beiden Ehen erwarb er sich den Ruf eines Frauenhelden, der mit den größten Schönheiten der damaligen Zeit ausging. 1962 wurde er zum Professor der Harvard-Universität an der Fakultät für Politische Wissenschaften ernannt; von 1958 bis 1969 war er als Leiter des »Defense Studies Program« in Harvard tätig; von 1969 bis 1975 Sonderberater Präsident Nixons für Sicherheit und Außenpolitik; von 1973 bis 1977 Außenminister; von 1977 an Mitglied des Lehrkörpers der Universität Georgetown. Seine Bücher tragen die Titel *Nuclear Weapons and Foreign Policy*, 1957; *The White House Years*, 1979; *For the Record*, 1981; *Years of Upheaval*, 1981. Er erhielt folgende Auszeichnungen: Woodrow Wilson Prize, 1958; Friedensnobelpreis, 1973; Presidential Medal of Freedom, 1977. Er hat einen Bruder namens Walter, der ein millionenschwerer Industrieller auf Long Island ist.

Kissinger ist ein doppelter Zwilling mit der Sonne und dem Aszendenten in diesem rastlosen Zeichen. Sein Mond steht in der diplomatischen Waage im Trigon zum Aszendenten; er hat sieben Planeten östlich des Meridians und sechs unter dem Horizont, was auf Eigenantrieb und ein gewisses Maß an Subjektivität hindeutet. Sein Aszendent- und Sonnenherrscher Merkur steht in Konjunktion zur Sonne im 12. Haus, was eine Vorliebe für Privatheit und Geheimnistuerei bezeichnet. Diese Stellungen bestätigen auf jeden Fall seine komplexe und faszinierende Persönlichkeit. Brilliant, charmant und witzig auf der einen Seite, konnte er andererseits auch gedankenlos und anmaßend sein (Mars am Aszendenten).

Sein Biograph Richard Valeriani beschreibt ihn als jemanden, der einen Hauch von Genialität hat, aber gleichzeitig auch etwas von einem Hornochsen. Er sagt folgendes: »Wenn man ihn in seinem Flugzeug sah, wie er Süßigkeiten, Brezel oder Nüsse ... in sich hineingestopft hat, sabbernd ..., oder wie er im Gang stand und mit Korrespondenten schwätzte, wobei der Hosenlatz seiner ausgebeulten Hose offenstand, dann fragte man sich, ob dies derselbe Mann war, der Präsidenten, Premierminister und Könige mit seinem Intellekt beeindruckte und sie mit seinem Charme und seinem Witz entwaffnete.« Der aufgehende Mars und Pluto zeigen ein Potential zu dreistem Verhalten an. Merkur bildet ein Quinkunx zu Jupiter im Skorpion, was sein grobes Verhalten erklären könnte, aber er bildet auch ein Trigon zu Saturn, und Mars bildet ein Trigon zum Mond, was Licht auf seine Weisheit und seine Ausstrahlung wirft. Ein anderes Zitat von Valeriani besagt folgendes: »Henry Kissinger war der klügste Mann, den ich jemals getroffen habe ... witzig, charmant, clever, raffiniert, listig, scharfsinnig, hart arbeitend, wortgewandt, gründlich, fröhlich, gesellig und ein kleiner Junge. All diese Eigenschaften haben zu seinem Erfolg beigetragen. Er war auch hinterhältig, geheimnistuerisch, ungestüm, leidenschaftlich, ungeduldig, redselig, tyrannisch und unsicher. Diese Eigenschaften haben letzten Endes seinen Erfolg geschmälert.«

Als strategischer Denker lag seine Brillianz in der Fähigkeit, mehrere Schichten eines Problems gleichzeitig zu analysieren. Seine analytischen Fähigkeiten wurden auch von denen, die ihn nicht unbedingt mochten, geschätzt. Sein wacher Geist ermöglichte es ihm, seitenweise Lesestoff innerhalb weniger Sekunden zu verschlingen. Uranus im 10. Haus, als Regent des MC ein Yod zu Neptun und Saturn bildend, unterstreicht seine Fähigkeit, Aufmerksamkeit auf sich zu ziehen und eine kontroverse Einstellung gegenüber der eigenen Karriere zu haben. Uranus bildet auch ein Quadrat zu seinem Aszendenten und ein Trigon zu Jupiter, was wiederum für seine Brillianz und seine Schlagfertigkeit steht. Der Mond in der Waage im 5. Haus, im Trigon zu Mars und zum Aszendenten, deutet auf seine Anziehungskraft gegenüber Frauen hin.

Sein rückläufiger Merkur im 12. Haus hebt Eigenschaften wie seine Schläue, Unsicherheit und sein taktisches Geschick hervor. Die Konjunktion zur Sonne unterstreicht seine Egozentrik und den bescheidenen Witz, den er als bewußtes Gegenmittel zu seinem Größenwahn einsetzt. Mit der für den Zwilling typischen Vielfalt hat er die englische Sprache als seine Zweitsprache meisterhaft zu beherrschen gelernt. Wortgewandt, direkt und intellektuell eindrucksvoll, stand ihm selbst sein starker deutscher Akzent nicht im Wege, als er Reportern während seiner Amtszeit im Weißen Haus Informationen übermittelte.

Da Uranus sein 9. Haus und sein 10. Haus regiert, ist es leicht zu erkennen, wie es ihm gelingen konnte, sich eine Karriere in einem fremden Land aufzubauen. Sie beruht auf seiner Begabung für die Diplomatie, entwickelte sich aber auch aus seinem Bedürfnis nach Anerkennung und Ruhm heraus. Mars im 1. Haus in Konjunktion zum Aszendenten verstärkt sein Bedürfnis nach Aktivität und Selbstausdruck. Uranus im Trigon zu Jupiter im ausdrucksstarken 5. Haus, das auch für Botschaften steht, ist teilweise für sein Bedürfnis nach Aufmerksamkeit und dessen erfolgreiche Befriedigung verantwortlich, aber Neptun im Löwen im 3. Haus im Quadrat zu Jupiter ist ein weiterer sehr motivierender Faktor bei der Suche nach Erfolg. Neptun regiert das eingeschlossene 10. Haus.

Venus im Stier deutet auf einen herzhaften Appetit hin, ebenso wie ihr Sextil zu Pluto. Da Venus in Opposition zu Jupiter steht und ein weites Quadrat zu Neptun bildet, wodurch ein schwaches T-Quadrat entsteht, können wir erkennen, daß es Probleme in Partnerschaften geben könnte (Jupiter regiert das 7. Haus). Um die zweite Ehe ist es besser bestellt, da Uranus, der Regent des 9. Hauses (Hinweis auf die zweite Partnerschaft) ein schönes Trigon zu Jupiter bildet, aber auch ein Quinkunx zu Neptun und Saturn, so das diese Beziehung kein reines Zukkerschlecken ist. Mit Krebs an der Spitze des 2. Hauses und dem Mond in der Waage erkennen Sie den Wert, den Charme für ihn hat. Der Mond befindet sich in einem großen Luftzeichen-Trigon mit Mars, dem Aszendenten und der Himmelsmitte, so daß es leicht für ihn ist, dieses Trigon positiv anzuwenden, indem er große Anziehungskraft ausstrahlt. Er versprühte seinen Charme in der Regel hauptsächlich in Gegenwart von Frauen und hatte eine Schwäche für weibliche Reporterinnen. Wenn seine männlichen Mitarbeiter ihm eine Nachricht übermitteln mußten, von der sie wußten, daß sie eine Explosion verursachen könnte, dann baten sie in der Regel eine weibliche Mitarbeiterin, sie ihm zu präsentieren, um ein Aufbrausen seinerseits zu vermeiden; diese Taktik war in der Regel von Erfolg gekrönt.

In einem Kommentar zu seinem glanzvollen Image als Playboy erklärte Kissinger: »Macht ist das beste Aphrodisiakum ... Ich durchschaue das Spiel. Ich bin ihre Berühmtheit der Stunde, der neue Mann in der Stadt. Ich halte mich selbst nicht zum Narren.« Kissingers Durchhaltevermögen (Mars in Konjunktion zum Aszendenten; Uranus im Quadrat dazu) ist nahezu legendär. Als er in Washington, einer Stadt voller »Workaholics« lebte, arbeitete er unermüdlich. Er brauchte nur vier bis fünf Stunden Schlaf, oft nur drei bis vier Stunden. Mit Pluto im 1. Haus, dem Regenten des 6. Hauses, das für Gesundheit und Durchhaltevermögen steht, im Trigon zu Jupiter, hatte er eine eiserne Kondition. Seine Masseurin sagte einmal, daß »er keinen einzigen Muskel an seinem Körper habe.«

Als er an Gewicht zunahm, erklärte er, daß er nervös würde, wenn er Verhandlungen führte, und wenn er nervös würde, müsse er essen, und da er immer verhandelte, müsse er immer essen. Nachgiebigkeit sich selbst gegenüber ist eine häufige Erscheinung bei Venus in Opposition zu Jupiter. Uranus im Quadrat zum Aszendenten birgt das Potential für Nervosität und deutet häufig auf nervöse Gewohnheiten hin. Kissinger ist als Nägelkauer bekannt, wobei er seine Nägel bis auf ein kleines Stückchen vollkommen abbiß, aber anscheinend ist er dabei nie auf frischer Tat ertappt worden.

Sein Hang zur Geheimnistuerei ist aus der Stellung von Sonne und Merkur im 12. Haus erkennbar. Er hat begriffen, daß Informationen Macht bedeuten und eignet sie sich an, wobei er so viele Menschen wie möglich draußen läßt. Als Außenminister hatte er eine leidenschaftliche Aversion gegen Informationslücken, mit Ausnahme derjenigen, die er selbst verursachte. Er wollte die totale Kontrolle haben. Pluto im Quadrat zu Saturn verstärkt die obengenannte Tendenz.

Er ist bekannt für seinen unbezähmbaren Drang, Menschen zu schikanieren, besonders solche, die nicht zu ihm aufschauten. Das ist eine charakteristische Eigenschaft für Menschen mit einem aufsteigenden Mars oder Pluto. Da Pluto sein 6. Haus regiert, das für Angestellte steht, wurde diese Tendenz in besonderem Maße von denjenigen bemerkt, die unter ihm arbeiteten. Für sie war er ein terrorisierender Vorgesetzter, der seine Leute schikanierte und mißbrauchte.

Sein Größenwahn war fast genauso ausgeprägt wie seine Paranoia, die, wie er sich ausdrückte, in Harvard aufblühte und die in Washington ihren Höhepunkt erreichte. »Eigentlich,« so sagte er einmal, »leide ich unter Verfolgungswahn, und das Gute an meinem Regierungsposten ist, daß ich hier reale Feinde habe.«

Das Jahr 1981 war für Kissinger von großer Bedeutung. Am 8.Februar stellten Ärzte fest, daß eine Arterie vollkommen und eine andere bereits zu 60 Prozent verstopft waren. Am 10.Februar mußte er sich einer dreifachen Bypass-Operation unterziehen, die viereinhalb Stunden dauerte und während der die Ärzte 45 cm Venen aus seinem rechten Bein verarbeiteten, um sie um die verstopften Arterien herumzuführen. Es war nicht auszumachen, was das Herzproblem verursacht hatte. Kissinger war Nichtraucher und genehmigte sich nur selten Alkohol. Astrologisch gesehen wird das Herz von der Sonne und vom Löwen regiert und ist mit den Egoantrieben und den eigenen Ambitionen verbunden. Kissinger ist ein Mann von maßlosem Ehrgeiz.

Drei Wochen nach der Operation fuhr er mit seiner Frau Nancy nach Palm Springs, Kalifornien, um sich zu erholen. Und dort erfuhr er dann noch, daß sein Vater im Alter von 91 Jahren inzwischen in New York gestorben war.

Henry Kissinger ist zur lebenden Legende geworden und hält sich jetzt, wo er im Ruhestand ist, oft in Manhattan auf. Er war der erste Außenminister der Vereinigten Staaten, der jüdischer Herkunft war, und der einzige eingebürgerte Ausländer, der dieses Amt innehatte. Mit Ausnahme General George Marshalls war er außerdem der einzige Außenminister, der kein Jurist war.

Allgemeine Regeln für die Erstellung von Solarhoroskopen

Das Solarhoroskop wird für die genaue Stunde und Minute berechnet, zu der die *Sonne* zu ihrer Ausgangsposition im Geburtshoroskop zurückkehrt. Es wird jeweils für ein Jahr im Leben eines Menschen berechnet, um herauszufinden, wo die Aktivitäten, die durch andere Progressionsmethoden ermittelt worden sind, stattfinden werden.

Warum, so mögen Sie sich fragen, brauchen wir jedes Jahr ein neues Solarhoroskop? Es gibt viele überzeugende Gründe. Es handelt sich hierbei um einen sehr *persönlichen* Weg, mit dem wir feststellen, wie sich die Transite auf Ihr Geburtshoroskop auswirken. Das Solar friert die Transite in einer bestimmten Position fest und zeigt auf sehr anschauliche Weise, wo durch die Betonung bestimmter Häuser das Geschehen während des Jahres stattfinden wird. Es kann auch als zeitlicher Indikator für die Einordnung von Ereignissen dienen, wenn sie mit Hilfe eines einfachen Systems, das später erklärt wird, das Horoskop weiterdrehen. Wenn man das Solarhoroskop in Verbindung mit Progressionen, Direktionen, Neumondzyklen und Eklipsen verwendet, dann ist es einfach, ein vollständiges Bild der Geschehnisse in dem betreffenden Jahr zu erhalten.

Wenn Sie bei der Solarberechnung die Längen- und Breitengrade für Ihren Wohnort zugrundelegen, dann rücken Sie das Horoskop nicht nur vor, sondern verlagern es auch an einen anderen Ort. Diese Methode hat sich bewährt. Einige Astrologen berechnen das Solarhoroskop für den Geburtsort, und vielleicht haben Sie ja auch Lust, das auszuprobieren. Wenn sich der neue Wohnort der betreffenden Person nicht sehr weit in Richtung Westen oder Osten vom Geburtsort entfernt befindet, dann wird der Unterschied nicht so groß sein.

Eine bestimmte Astrologieschule behauptet, daß Sie, wenn Sie Ihr Solarhoroskop für das betreffende Jahr nicht mögen, Ihren Geburtstag an einem anderen Ort feiern sollten, um auf diese Weise das Horoskop für dieses Jahr zu verändern. Unserer Erfahrung nach hat sich diese Methode nicht bewährt. Aber probieren Sie es aus; Sie könnten feststellen, ob es für Sie Gültigkeit hat. Um unsere Berechnungsmethode für das Solarhoroskop zu rechtfertigen, möchten wir an dieser Stelle erläutern, wie wir zu dem hier vorgestellten System gekommen sind.

Als wir mit der Astrologie begannen, war das wichtigste Prognosesystem, das wir kennenlernten, die sekundäre Progression (siehe Kapitel 1), womit anscheinend die meisten Astrologen anfangen. Es ist eine sehr alte Methode, die gute Dienste tut, aber es gibt Jahre, in denen nur wenige oder gar keine sekundären Progressionen in einem Horoskop ausgelöst werden, so daß es schwierig wird zu erkennen, wo und wie sich Ereignisse entwickeln werden. Nachdem uns das einige Male passiert war, suchten wir nach einer anderen Methode, um das Horoskop vorzuschieben.

In einem weiteren Anlauf beschäftigten wir uns mit der Radix-Methode (siehe Kapitel 4), bei der 59' 10'' als durchschnittliche Bewegung für die Sonne zugrunde gelegt wird und bei der alle Planeten um diese Strecke verschoben werden. Dann wird anhand der entstehenden Aspekte zum Radix überlegt, welche Ereignisse eintreten könnten. Mit der Zeit verfeinerten wir dieses System, und als Ergebnis erhielten wir eine genauere Anwendung der Sonnenbogendirektion, die auf der tatsächlichen Bewegung der Sonne beruht (siehe Kapitel 4). Das hat sich für uns als effektiv erwiesen, da wir sich anbahnende Aspektfiguren schon im voraus erkennen können. Wir fuhren fort, sowohl die sekundäre Progression als auch den Sonnenbogen zu verwenden, hatten jedoch das Gefühl, daß es noch einen weiteren Weg geben müsse, um die kommenden Jahre in ihrer Ganzheit zu erfassen.

Bei Anwendung der sekundären Progression beziehungsweise des Sonnenbogens werden die persönlichen Transite selten mit einbezogen, um herauszufinden, wie sie sich auf das Geburtshoroskop und das progressive Horoskop auswirken. Es wäre beispielsweise schwierig, den laufenden Merkur das ganze Jahr über zu beobachten, außer, wenn Sie das Horoskop jede

Woche aktualisieren würden. Bei der Untersuchung verschiedener Methoden entdeckten wir das Solarhoroskop, das alle Transite enthält und eine Feinabstimmung für das Jahr darstellt. Die zu diesem Thema vorhandene Literatur war begrenzt; sie basierte auf siderischen Berechnungen und konzentrierte sich hauptsächlich auf die mathematischen Grundlagen der Solarberechnung. Nach dem Prinzip von Versuch und Irrtum und der Untersuchung von Hunderten von Horoskopen und weiteren Nachforschungen entwarfen wir schließlich das folgende System, das wir Ihnen hier vorstellen werden.

Die Kombination des Geburtshoroskops mit dem Solarhoroskop

Zunächst möchten wir noch einmal die *Bedeutung des Geburtshoroskops* hervorheben. Ein Solarhoroskop ist ohne das Geburtshoroskop bedeutungslos. Viele Astrologen verwenden zwei verschiedene Horoskopblätter und tragen das Geburtshoroskop auf dem einen Blatt und das Solarhoroskop auf dem anderen ein. Beide werden dann nebeneinandergelegt und können so direkt miteinander verglichen werden. Andere Astrologen verwenden nur das Solarhoroskop und betrachten es als separates Horoskop für das betreffende Jahr. Wiederum andere zeichnen beide Horoskope auf einem Horoskopblatt mit zwei Kreisen ein, wobei die Planeten des Solarhoroskops in der Mitte gezeichnet werden und die Radix-Planeten in dem äußeren Kreis.

Wir haben in unserer Forschungsphase all diese Methoden ausprobiert und sie eine Zeitlang angewendet, jedoch weiterhin nach einem besseren System gesucht. Unsere endgültige Fassung sieht ein wenig anders aus. Wir gebrauchen einen doppelten Kreis, setzen die Häuserspitzen des Sonnenbogenhoroskops um den Horoskopkreis, zeichnen die Radix-Planeten in den inneren Kreis (einschließlich des Aszendenten und des MC) und verwenden dazu einen roten Buntstift oder Filzstift (oder eine Farbe Ihrer Wahl). Auf diese Weise verlieren Sie das Geburtshoroskop nicht aus den Augen. (Siehe Anhang 2 für die Berechnung des Solarhoroskops.)

Jede Methode, das Horoskop auf den jetzigen Stand zu bringen, beginnt mit dem *Geburtshoroskop.* Das Solarhoroskop bildet dabei keine Ausnahme. Der wichtigste Faktor ist die Radix-

Sonne. Das Solarhoroskop ist für die genaue Minute und Sekunde berechnet, zu denen die Sonne in jedem Jahr zu ihrer Ausgangsposition im Geburtshoroskop zurückkehrt. Nachdem Sie sich mit diesem System vertraut gemacht haben, möchten Sie vielleicht noch einige der anderen erwähnten Methoden ausprobieren; wir jedoch halten diese Methode für einfach und konsequent.

Der Ort für das Solarhoroskop

Einige Informationen über den Ort, für den Sie das Solarhoroskop berechnen können: Es gibt hier zwei unterschiedliche Auffassungen. Eine besagt, daß man den Langen- und den Breitengrad des Geburtsortes nehmen sollte; die andere schlägt vor, den *Wohnort* der betreffenden Person zugrunde zu legen. Wir meinen, daß die zweite Methode passender ist, da das Solarhoroskop nur für ein Jahr gültig ist und daher für den Ort berechnet werden sollte, an dem Sie die meiste Zeit in dem jeweiligen Jahr verbringen werden. Außerdem lebt eine Person manchmal nur für wenige Monate oder Jahre an dem Ort, an dem sie geboren wurde, zieht dann um und lebt längere Zeit an einem anderen Ort. Das ist von besonderer Bedeutung, da sekundäre Progressionen und Sonnenbogendirektionen auf dem Geburtsort basieren. Das Solarhoroskop stellt Ihre alltäglichen Gewohnheiten dar, die an Ihrem Wohnort anzusiedeln sind und nicht an Ihrem Geburtsort. Da das Solarhoroskop nur für ein Jahr berechnet wird, ist es wahrscheinlicher, daß Sie eine Beziehung zu dem Ort haben, an dem Sie leben.

Viele Astrologen berechnen das Geburtshoroskop für einen anderen Ort neu (Relokation) und verwenden das neue Horoskop ebenso wie das Geburtshoroskop bei der Einschätzung von Ereignissen im Leben der jeweiligen Person. Wenn Sie das Solarhoroskop direkt für den Wohnort berechnen, dann sparen Sie sich diesen zusätzlichen Schritt. Unsere Nachforschungen haben zu dem zufriedenstellenden Ergebnis geführt, daß dieses System Gültigkeit hat und gut funktioniert. Wir geben Ihnen jedoch den Rat, selbst ein wenig Pionierarbeit zu leisten und herauszufinden, welche Methode für Sie am passendsten ist.

Ein weiterer kontroverser Punkt, den wir gerne noch erwähnen würden, ist, daß es nicht anzuraten ist, eine kurze Reise an

Ihrem Geburtstag zu unternehmen, um ein Solarhoroskop zu vermeiden, das Ihnen nicht gefällt. Wiederum können wir sagen, daß wir nach der Untersuchung von Hunderten von Horoskopen nicht feststellen konnten, daß solche Horoskope Gültigkeit haben. Ob Sie nun an Ihrem Geburtstag eine Urlaubs- oder eine Geschäftsreise machen, unsere Erfahrung zeigt, daß das Solarhoroskop weiterhin für den Ort gültig ist, den Sie Ihr Zuhause nennen.

Ein junger Mann, den wir kennen, verbrachte seinen Geburtstag und weitere drei Monate auf Hawaii. Wir berechneten sein Solarhoroskop für diesen Ort. Die Informationen, die wir ihm gaben, waren nicht sehr genau. Die Ereignisse in seinem Leben stimmten nicht mit dem überein, was das Solarhoroskop anzeigte. Nachdem ungefähr die Hälfte dieses Geburtsjahres vergangen war, entschieden wir, das Solarhoroskop neu zu berechnen, und zwar diesmal für seinen Wohnort in Palm Springs, Kalifornien. Dieses Horoskop beschreibt sehr viel genauer, was sich in diesem Jahr in seinem Leben ereignet hat.

Aus unserem Unterricht, in dem wir auch astrologische Forschung betreiben, können wir ein weiteres bemerkenswertes Beispiel für diese Methode anführen. Eine unserer Schülerinnen hatte Solarhoroskope für verschiedene Schlüsseljahre in ihrem Leben erstellt, und wir hatten solange keine Probleme damit, diese Horoskope für Ereignisse und zeitliche Zuordnungen zu verwenden, bis wir auf ein Jahr stießen, in dem nichts von dem passiert war, was wir in dem entsprechenden Horoskop sahen. Die Schülerin berichtete uns von mehreren Ereignissen, die stattgefunden hatten, aber wir mußten uns wirklich anstrengen, um auch nur die kleinsten Hinweise dafür zu entdecken. Als wir uns noch einmal mit der Berechnung des Horoskops beschäftigten, fragte ein anderer Schüler, ob sie denn sicher sei, daß sie das Horoskop für den Ort erstellt habe, an dem sie lebe. Plötzlich dämmerte ihr, daß sie einen Monat vor ihrem Geburtstag vom Mittleren Westen an die Westküste umgezogen war. Sie lebte an ihrem Geburtstag schon in ihrem neuen Zuhause in Kalifornien, hatte das Horoskop jedoch für Bismarck in Nord-Dakota berechnet, der Stadt, aus der sie kam. Als wir das Horoskop neu berechneten, änderte es sich beträchtlich und bot mehr Hinweise auf die Ereignisse, die sich eingestellt hatten.

Die Berechnungen für das Solarhoroskop sind im Anhang 2

dargestellt. Wir werden nun einige der möglichen Interpretationen anführen, die wir für zutreffend halten.

Interpretation des Solarhoroskops

Der Aszendent im Solarhoroskop und sein Herrscher verkörpern Ihr Potential für das kommende Jahr, das Ausmaß Ihres Temperaments und die Entfaltungsmöglichkeiten für Ihre Persönlichkeit, Ihre Herangehensweise an das Leben und Ihren Weg zur Selbsterkenntnis ebenso wie Ihr Äußeres und Ihre allgemeine Gesundheit. Mit anderen Worten: Ihr Erscheinungsbild für das betreffende Jahr. Mit den Themen des Aszendentenzeichens beschäftigt sich Ihre Persönlichkeit während des Solarjahres, und Sie nehmen zusätzlich zu dem Zeichen an Ihrem Radix-Aszendenten etwas von seiner Färbung an.

Sie haben zum Beispiel einen Schützeaszendenten im Geburtshoroskop, und in Ihrem gegenwärtigen Solarhoroskop steht der Krebs am Aszendenten. Zu Ihrer ehrlichen, lebenslustigen, extrovertierten Schütze-Persönlichkeit fügt der Krebs einen Sinn für Zuhause und Familie hinzu, ebenso eine gewisse Sensibilität, wodurch Ihre Gefühle nahe an die Oberfläche kommen. Sie werden sich über Ihre Empfindlichkeit und den zunehmenden Verlust Ihres Unabhängigkeitsgefühls wundern, bis Sie verstehen, daß der Solar-Aszendent Ihrem Geburtshoroskop einen neuen Anstrich gibt.

Der *Aszendentenherrscher* und jeder Planet im 1. Haus sind sehr bedeutungsvoll und werden später im Detail erläutert werden.

Das *Haus* im Solarhoroskop, in dem die *Sonne* steht, bezeichnet die Themen, auf die Ihre Aktivität in dem betreffenden Jahr gerichtet ist. Es ist der Lebensbereich, der jetzt durch persönlichen Energieaufwand wieder angeregt werden kann; hier kann Ihnen der Ausdruck Ihres Egos zugute kommen, und in diesem Bereich wollen Sie glänzen. Das Haus im Solarhoroskop, dessen Spitze in den Löwen fällt, zeigt an, wo die Energie angewendet werden kann und wie Sie glänzen können. An dem Ort, an dem die Sonne steht, können Sie sich am besten mit sich selbst identifizieren, und er zeigt das Potential für großes seelisches Wachstum an.

Das Radix Haus, in das der Solar-Aszendent fällt, ist besonders wichtig. Dieses Haus und sein Herrscher beschreiben sowohl im

Solar - Plattenerfolg

Cher - 1965

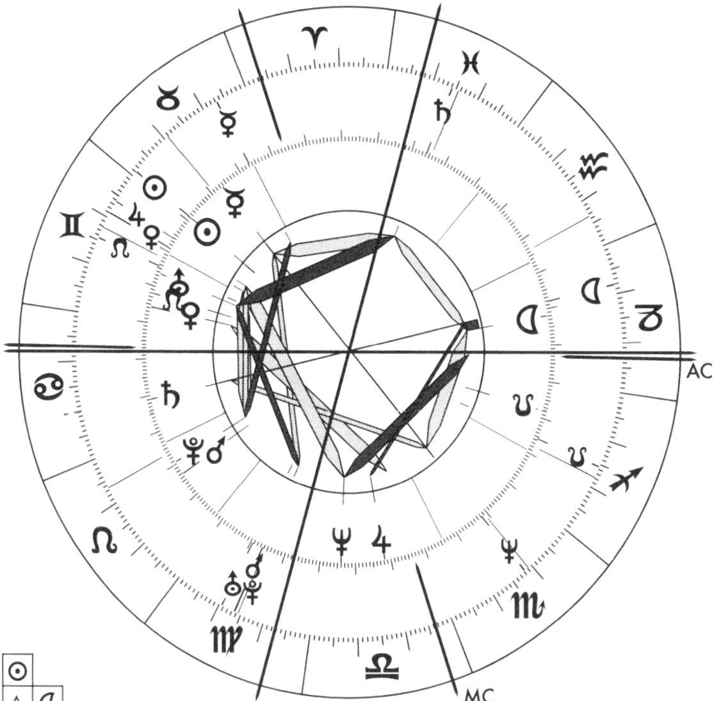

☉											
△	☽										
		☿									
			♀								
	△	△	□	♂							
☌			☌		♃						
	✶		□	☍		♄					
		△	□	☌	□	☍	⛢				
	✶			✶		△		♆			
	△	△	□	☌		☍			♇		
		△	⊼	△	⊼					A	
⊼	□										M

Interaspekte Solar (außen) und Radix (innen): siehe Zeichnung
Solaraspekte: siehe Aspekttabelle

Sekundärprogressionen		Sonnenbogendirektionen		
Prg. Datum: 8.6.1946		Bogen: 18° 13′		
☽ 10♎00		☽ 06♒31	♃ 06♏36	♇ 27♌51
☉ 17♊13	☿ 27♊03	☿ 04♊43	♄ 09♌22	☊ 10♋18
♀ 18♋37	♂ 23♌28	♀ 13♋59	⛢ 04♋39	A 26♋49
A 24♋38	M 13♈09	♂ 01♍34	♆ 24♎16	M 11♈00

Solar 1965 (Alter 19) auf den Aufenthaltsort
Los Angeles/Cal. 118W15 34N04
Häuser nach KOCH/GOH

Geburts- als auch im Solarhoroskop weitere Aktivitätsbereiche und die Bedingungen, die Sie das Jahr über vorfinden werden. Wenn der Solar-Aszendent innerhalb eines Orbis von 3° bis 4° kurz vor einer Häuserspitze ins Radix fällt, dann ist das nächste Radix-Haus dasjenige, dem der Solar-Aszendent zuzuordnen ist. Auf Seite 225 finden Sie das Solarhoroskop von Cher für das Jahr 1965, als Sonny Bono und sie ihre erste erfolgreiche Platte produzierten. Ihr Solar-Aszendent fiel in ihr 7. Haus. Das 7. Haus beginnt auf 8° 38' im Steinbock. Ihr Solar-Aszendent liegt auf 7° 18' im Steinbock. Technisch gesehen ist es immer noch ihr 6. Haus. Erst am Tag nach ihrem Geburtstag wird sich der Solar-Aszendent in ihr 7. Haus im Radix bewegen; deshalb sehen wir das 7. Haus als das Haus an, in das der Solar-Aszendent fällt. Das bedeutet, daß die Bereiche des 7. Hauses für dieses Jahr von Bedeutung sein werden. Sonny, ihr Partner (7. Haus), schrieb den Song »I Got You Babe«; sie produzierten ihn, und er wurde ein Riesenhit. (Vergleiche Chers Geburtshoroskop und Biographie zu Beginn dieses Kapitels).

Wir schlagen vor, daß Sie einen Orbis von 5° für das betreffende Haus zulassen. Durch eine vierminütige Abweichung bei der Geburtszeit werden die Häuserspitzen um 1° verschoben. Zwanzig Minuten Zeitunterschied verändern die Sonnenposition um eine Bogenminute. Wenn es den kleinsten Fehler bei der Uhrzeit oder beim Ort im Radix gibt, dann kann sich daraus ein ziemlich großer Unterschied im Solarhoroskop ergeben. In Chers Fall liegt der Unterschied bei 1° 15' und damit in der möglichen 5°-Abweichung. Wenn Sie dieses System ausprobieren, dann finden Sie möglicherweise heraus, daß Sie sogar einen weiteren Orbis zulassen könnten. Aber erinnern Sie sich daran, daß das erwartete Ereignis mit größerer Wahrscheinlichkeit eintreten wird, je enger der Orbis ist.

Chers Sonne im Solarhoroskop (S. 225) befindet sich im 5. Haus, eine Stellung, die auf die Möglichkeit hindeutet, kreativ zu sein und den Willen, Gelegenheiten beim Schopfe zu packen. Die Sonne regiert das 8. Haus, was die Unterstützung durch einen Partner oder auch durch ein Publikum anzeigt. Da Steinbock das aufgehende Zeichen ist, ist die Position des Saturns im Geburtshoroskop und im Solarhoroskop ausschlaggebend. Der Radix-Saturn steht im 7. Haus, was zusätzlich die Wahrscheinlichkeit einer Partnerschaft, die an die Öffentlichkeit getragen wird, betont. Der Saturn im Solarhoroskop steht im 3. Haus, das auf das Vehikel für Erfolg weist – die Kommunikation.

Es ist wichtig, sich eine Übersicht über das Solarhoroskop zu verschaffen, so wie dies beim Geburtshoroskop der Fall ist.

Die Verteilung der Planeten anhand der Achsen

Es gibt 21 Positionen, die zu beachten sind. Die Solarsonne zählt nur einmal, aber alle anderen Solarplaneten haben je zwei Positionen (Solarachsen, Radixachsen) und hinzu kommen noch der Radix-Aszendent und die Himmelsmitte. Wenn Sie die Achsenverteilungen der Solarplaneten feststellen, dann kann es eine breite Varianz geben, zum Beispiel 8/13, 7/14, 6/15 und so weiter. Die Mondknoten müssen ins Horoskop (sowohl ins Radix als auch ins Solarhoroskop) eingetragen werden, aber zählen Sie sie bei diesem Vorgang nicht dazu. Wir schlagen Ihnen vor, eine andere Farbe für die Knoten zu verwenden, um Verwechslungen zu vermeiden.

Wenn die Mehrzahl der Solarplaneten in bezug auf die Radix- als auch auf die Solarachsen auf der *östlichen* Seite stehen (einschließlich des Aszendenten und der Himmelsmitte, aber ausschließlich der Mondknoten), dann sind Sie gefordert, in wichtigen Angelegenheiten Ihre eigenen Entscheidungen zu treffen. Sie werden jetzt wahrscheinlich in der Lage sein, Ihren freien Willen auszudrücken und während dieses Solarjahres selbst die Initiative zu ergreifen. Sie werden spüren, daß Sie in den meisten Situationen wissen, was zu tun ist. (Cher verläßt ihr Elternhaus. Siehe Horoskop auf Seite 235.)

Wenn sich die Mehrzahl der Planeten auf der *westlichen Seite* befindet, dann werden Sie scheinbar weniger Kontrolle über Situationen und Beziehungen haben, und Sie werden Entscheidungen und Ereignisse in Abhängigkeit von anderen treffen müssen. In diesem Jahr werden Sie eine enge Verbindung zu anderen Menschen spüren. (Kissinger mußte wegen Hitler Deutschland verlassen. Vergleiche sein Solarhoroskop für 1937 auf Seite 255.)

Wenn sich die Mehrzahl der Planeten *über dem Horizont* befindet, dann neigen Sie dazu, sich in erster Linie auf äußere Dinge zu konzentrieren, und es wird Ihnen leichtfallen, objektiv zu sein und aus sich herauszugehen (in dem Maße, wie es durch die Gegebenheiten im Geburtshoroskop möglich ist). Geschäfte und gesellschaftliche Angelegenheiten werden Sie einen Großteil Ihrer Zeit beanspruchen. (Siehe Solarhoroskop von Judy Garland für 1941, Seite 230.)

Wenn sich die Mehrzahl der Planeten *unter dem Horizont* befindet, dann werden Sie sich mehr inneren und recht subjektiven Vorgängen widmen. Sie werden sich dann gerne für eine Weile zurückziehen und in Ihrer eigenen kleinen Welt leben. (Siehe Solarhoroskop von Cher für 1962 auf Seite 235.)

Die Verteilung der Planeten in den Häusern

Wenn das *1. bis 4. Haus* betont sind (indem die Mehrzahl der Solarplaneten im Solarhoroskop als auch bezüglich des Radixhoroskops darin steht), dann handelt es sich um ein Jahr, in dem Sie mit sich selbst beschäftigt sind und sich auf Ihre eigenen Angelegenheiten, Bedürfnisse und Wünsche konzentrieren. Es ist auch ein Jahr, in dem Sie Verantwortung für Ihr Handeln übernehmen. Haben Sie keine Angst, Ihr wirkliches Ich auszudrücken. Kümmern Sie sich um sich selbst; tun Sie Dinge, die Ihnen persönlich wichtig sind. Cher ist mit den entsprechenden Konstellationen ausgezogen und führte fortan ein selbständiges, unabhängiges Leben.

Eine unserer Klientinnen, mit fast der Hälfte der Planeten im Geburts- und im Solarhoroskop in diesem Bereich, nahm dieses Jahr zum Anlaß, um Ihre äußere Erscheinung gründlich zu verändern. Sie ließ ihr Gesicht liften, nahm ab, bekam eine Bauchfalte und ließ sich eine neue Frisur machen.

Wenn das *5. bis 8. Haus* betont sind, dann bedeutet das sehr viel Engagement für andere. Andere Menschen spielen in dieser Zeit eine Schlüsselrolle in Ihrem Leben, und Sie müssen zeitweise einen Teil Ihrer Autorität abgeben. Seien Sie offen für die Gedankengänge anderer Menschen und richten Sie sich darauf ein, daß einige von ihnen Ihre Zeit und Energie in Anspruch nehmen werden.

Viele Menschen, deren Horoskope wir analysierten, nutzten dieses Jahr, um zu heiraten, wenn andere unterstützende Faktoren hinzukamen. Es kann auch zu verstärkter gesellschaftlicher und politischer Aktivität sowie Unterstützung durch die Öffent-

Radix

Judy Garland

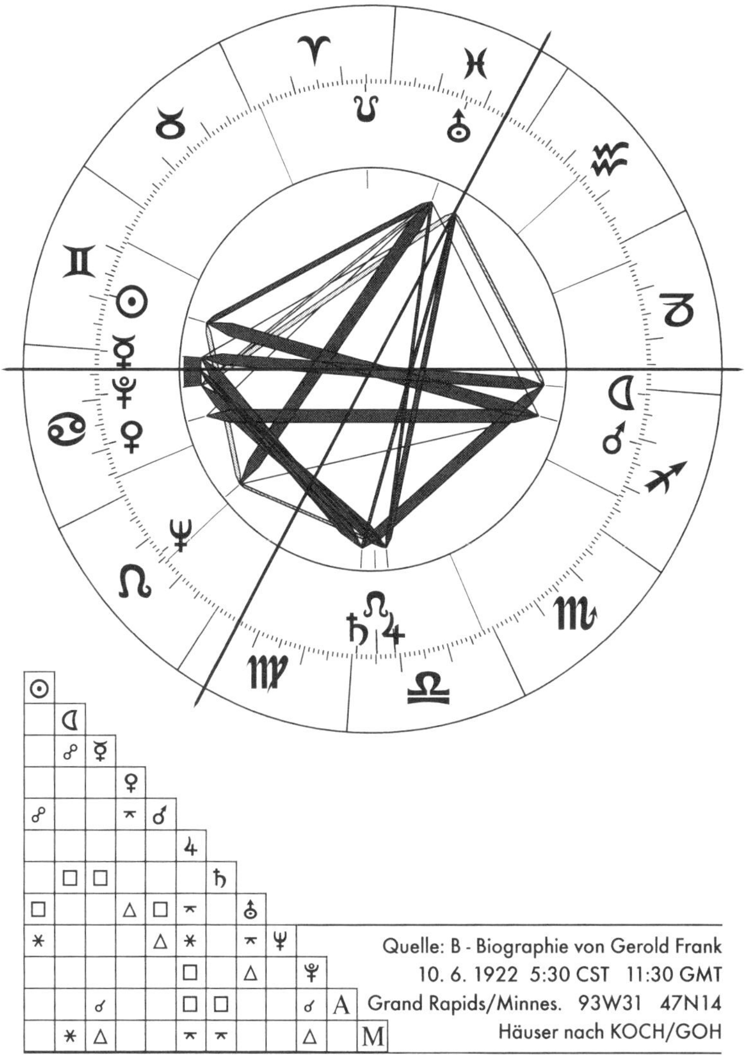

☉											
	☽										
	☍	☿									
			♀								
☍			⚻	♂							
					♃						
	□	□				♄					
□			△	□	⚻		⛢				
✶				△	✶		⚻	♆			
					□		△		♇		
		☌			□	□			☌	A	
	✶	△			⚻	⚻			△		M

Quelle: B - Biographie von Gerold Frank
10. 6. 1922 5:30 CST 11:30 GMT
Grand Rapids/Minnes. 93W31 47N14
Häuser nach KOCH/GOH

Solar - Hochzeit mit Rose

Judy Garland - 1941

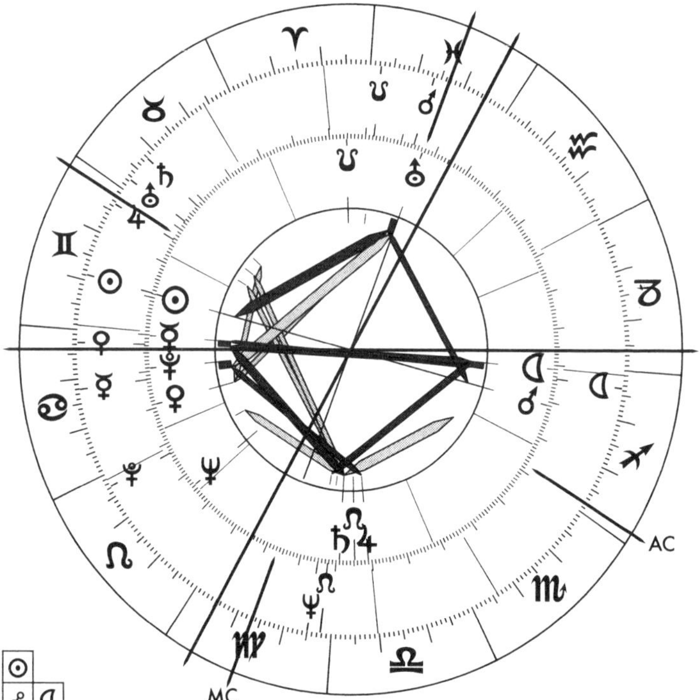

☉											
☍	☽										
		☿									
	☍		♀								
□		△		♂							
					♃						
				✱		♄					
					☌	☌	⛢				
□	□					△	△	♆			
					✱		✱		♇		
									△	A	
□		✱									M

Interaspekte Solar (außen) und Radix (innen): siehe Zeichnung
Solaraspekte: siehe Aspekttabelle

Solar 1941 (Alter 19) für den Aufenthaltsort:
Los Angeles/Cal. 118W15 34N04
Häuser nach KOCH/GOH

lichkeit kommen, da das 7. Haus die Öffentlichkeit repräsentiert und das 8. Haus die mögliche Unterstützung durch die Öffentlichkeit anzeigt. (Franklin D. Roosevelt amtierte für das Amt des Gouverneurs; siehe Solarhoroskop für 1928, Seite 250).

Wenn das *9. bis 12. Haus* betont sind, dann handelt es sich um eine Zeit in Ihrem Leben, in der es nicht vorrangig um Ihre ganz persönlichen Belange geht, sondern Sie mit äußeren Angelegenheiten, Geschäften und mit Ihrer Karriere beschäftigt sind. Es ist eine Zeit, in der Sie sich um gesellschaftliche Dinge oder Projekte kümmern, wo Sie sich als Menschenfreund erweisen können.

Sylvia, eine Schülerin von uns, die die Mehrzahl der Solarplaneten in diesem Quadranten des Horoskops hatte, wurde eine hervorragende Chance für eine Karriere geboten, und während des Solarjahres stieg sie zu einer Position im Management auf, die viele berufsbezogene Vergünstigungen mit sich brachte.

Wenn die Mehrzahl der Planeten in *Eckhäusern* stehen, dann deutet das auf ein Jahr hin, in dem Sie neue Projekte beginnen können, neue Beziehungen eingehen und Aufmerksamkeit auf sich lenken können, besonders, wenn Sonne und Mond in einem Eckhaus stehen. Bei negativer Auswirkung kann es zuviel Aktivität bringen, viel planlose Hetze und wenig Ergebnisse. Sylvia, in unserem obengenannten Beispiel, hatte zur selben Zeit mehr Planeten in Eckhäusern als in anderen Positionen stehen, was auf das Potential für raschen Erfolg in ihrem Bereich deutet. Die Medien entdeckten sie, und die Anerkennung, die sie bekam, war fast überwältigend.

In ihrem Solarhoroskop für 1941 hatte Judy Garland zehn Planeten in Eckhäusern. Das war ein bedeutungsvolles Jahr für sie in bezug auf Entscheidungsfreudigkeit und Bestimmtheit in ihrem Handeln. Sie verließ ihr Elternhaus, heiratete David Rose und gründete ihren eigenen Hausstand.

Wenn sich viele Planeten in *fixen Häusern* befinden, dann deutet das häufig darauf hin, daß bereits angefangene Projekte mit Beginn des Solarhoroskops zu Ende geführt werden. Es können sich Ereignisse einstellen, die Möglichkeiten für Entwicklung und Wachstum bringen. Bei negativer Anwendung kann dies eine Obsession anzeigen, an Situationen, Menschen oder Projekten festzuhalten, auch wenn diese längst ihren Sinn verloren haben.

In dem Jahr, in dem Henry Kissinger seine Bypass-Operation am offenen Herzen hatte (siehe Solarhoroskop für 1980, Seite 241), befanden sich neun Planeten in fixen Häusern. Sein Krankenhausaufenthalt brachte ihm hoffentlich Wachstums- und Entwicklungsmöglichkeiten. Er hatte Zeit, über die Notwendigkeit nachzudenken, seine Ernährungsweise zu ändern – keine Eier, Schlagsahne oder Süßigkeiten mehr. Er ist mit Sicherheit mit seinen körperlichen Grenzen in Berührung gekommen.

Wir beobachteten eine Klientin über drei Solar-Jahre mit dieser Planetenhäufung in den fixen Häusern. Sie ging durch eine sehr schwierige Übergangsphase; die Kinder waren erwachsen geworden und hatten das Elternhaus verlassen, und ihr Mann wollte sich von ihr scheiden lassen. Sie hielt am Alten fest, und trotz psychologischer Beratung fiel es ihr schwer, die Muster der Vergangenheit loszulassen. Als sich die Planetenpositionen anschließend änderten, fand sie es leichter, sich in eine andere Richtung zu bewegen.

Wenn viele Planeten in *fallenden Häusern* stehen, dann handelt es sich um ein Jahr der Veränderungen und der geistigen Aktivitäten. Der Schlüssel dazu sind Anpassungsfähigkeit und innere Bereitwilligkeit. Bei negativer Auswirkung könnten Sie dazu neigen, Ihre Energie in alle Richtungen zu verstreuen und nicht genügend Stabilität oder Durchhaltevermögen zu haben.

Eine Studentin mit dieser Planetenverteilung verließ ihr Elternhaus, reiste durchs Land, um einen Job anzunehmen, den man ihr angeboten hatte. Sie arbeitete einige Wochen, stellte dann aber fest, daß ihr der Job nicht gefiel, und entschloß sich, ihn zu kündigen und wieder zu studieren. Sie wechselte ihr Hauptfach zweimal und konnte nicht verstehen, warum sie so unbeständig war. Kissinger hatte acht Planeten in fallenden Häusern, als er in die Vereinigten Staaten immigrierte (siehe Solarhoroskop für 1937 auf Seite 255).

Zeichen und Achsen

Der Aszendent repräsentiert den Beginn des jeweiligen Solar-Jahres, und die Spitze des 4. Hauses oder der IC zeigen, wie das Jahr enden wird, da die Häuserspitzen des Solarhoroskops sich gemessen an der Himmelsmitte um ungefähr 90° pro Jahr vorwärtsbewegen.

Wenn sich *kardinale Zeichen an allen vier Eckhäusern* des Solarhoroskops befinden, dann handelt es sich in der Regel um ein sehr aktives Jahr; sehr viel Energie richtet sich auf das Zuhause, den Partner, die Arbeit oder das Geschäft. Es kann eine Zeit sein, in der Sie neue Ideen oder Projekte beginnen. Wir schlagen Ihnen vor, sich mehr zu bewegen als sonst. Vermeiden Sie es, Situationen hastig anzugehen, außer wenn Sie sehr gut vorbereitet sind.

Wenn sich *fixe Zeichen an allen Eckhäusern* befinden, dann deutet das auf ein Jahr der Innenschau, und es könnten auch finanzielle Fragen auftauchen, besonders, wenn das 2. und das 8. Haus betont sind. In Abhängigkeit von den Aspekten müssen nicht unbedingt Probleme entstehen, doch irgendwelche finanzielle Angelegenheiten, so wie zum Beispiel der Kauf oder Verkauf von Eigentum oder eines Autos, könnten auf Sie zukommen. Sie brauchen Motivation von außen oder Sie könnten Ihrer eigenen Trägheit zum Opfer fallen. Es ist ein gutes Jahr, um aktiv Dinge anzugehen.

Wenn sich *veränderliche Zeichen an allen Eckhäusern* befinden, dann gibt es die Tendenz, sich auf andere Menschen einzulassen und sich ihrer Bedürfnisse stärker bewußt zu werden, zu kommunizieren und Kontakte zu pflegen. Es ist eine gute Zeit, um sich auf künstlerisches und handwerkliches Schaffen zu konzentrieren, sich weiterzubilden und kurze oder lange Reisen zu unternehmen. Zu größeren Schwierigkeiten könnte es aufgrund von Unentschlossenheit, Verzögerungstaktiken, zu vielen Worten und mangelnder Produktivität kommen.

Bei einem *kardinalen Aszendenten und einem fixem IC* (Spitze des 4. Hauses) ist der Beginn des Jahres oft sehr geschäftig und aktiv, und das Jahr könnte mit dem Erreichen Ihrer Ziele enden. Um hieraus den vollen Nutzen zu ziehen, ist anzuraten, daß Sie einige wohlüberlegte Ziele festsetzen und sich Ihrer Prioritäten bewußt werden.

Bei einem *kardinalem Aszendenten und einem veränderlichen IC* wird recht viel Aktivität angezeigt, deren Ergebnis von anderen Menschen abhängt oder sie einschließt.

Bei einem *fixen Aszendenten und einem veränderlichem IC* können sich schon lange verfolgte Pläne und Angelegenheiten verändern. Um Robert Burns zu paraphrasieren: Die durchdachtesten Pläne von Mäusen und Menschen schlagen sehr oft fehl. Flexibilität ist angesagt. Dieses Jahr bietet Ihnen gute Möglichkeiten, um Teamgeist zu erlernen.

Bei einem *fixen Aszendenten und einem kardinalen IC* ist es weise, bei langgehegten Plänen und Ideen endlich aktiv zu werden. Es ist ein gutes Jahr, um Konzepte und Absichten voranzubringen, über die Sie schon jahrelang nachgedacht haben.

Bei einem *veränderlichen Aszendenten und einem fixen IC* könnten andere Sie beeinflussen, Dinge zu beginnen, die Sie entweder nicht beenden wollen oder können. Seien Sie vorsichtig mit Versprechen, die Sie anderen Menschen geben. Gestatten Sie sich nicht, von anderen Menschen zu abhängig zu werden. Vielseitigkeit kann ein Plus sein, wenn Sie für solide Ziele genutzt wird.

Bei einem *veränderlichen Aszendenten und einem kardinalen IC* können Sie sehr aktiv sein und viel mit anderen Menschen zu tun haben, aber nicht unbedingt nur auf produktive Weise. Es ist Ihnen dringend anzuraten, einige erreichbare Ziele aufzustellen.

Eingeschlossene Zeichen

Die eingeschlossenen Achsen sind häufig der Brennpunkt für das Jahr. Wenn Einschließungen vorhanden sind, dann sind die betroffenen Häuser um einige Grade größer als normal. Zwei bis drei Zeichen stehen in einem Haus, und wenn jeder Herrscher der Zeichen, so wie beschrieben, betrachtet wird, dann erkennen Sie die hohe Konzentration der hier dargestellten Aktivität. Durch die Analyse von Tausenden von Solarhoroskopen fanden wir heraus, daß die eingeschlossenen Planeten zu Beginn des Jahres Schwierigkeiten haben, sich auszudrücken; wenn sich das Solarhoroskop jedoch weiterbewegt, dann sind die Planeten nicht mehr eingeschlossen und damit im Funktionsplan des entsprechenden Jahres deutlicher spürbar. Ein eingeschlossenes Zeichen wirkt unter der Oberfläche der normalen Aktivitäten, die durch das Haus, in dem es steht, repräsentiert werden. Um einen Schlüssel zum Verständnis dafür zu bekommen, wie ein eingeschlossenerPlanet in einem Solarhoroskop wirkt, ist es wichtig, das Haus, in dem er steht, zu untersuchen.

In Chers Solarhoroskop für das Jahr 1962 (siehe Horoskop auf Seite 235), dem Jahr, in dem sie aus dem Haus ihrer Mutter

Solar - Auszug aus dem Elternhaus, Begegnung mit Sonny

Cher - 1962

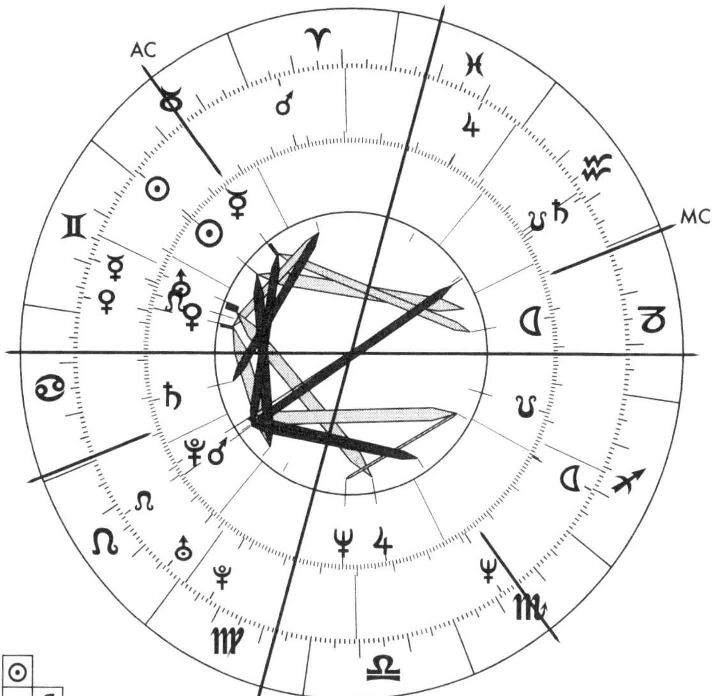

☉											
	☽										
		☿									
			♀								
		✶	✶	♂							
	□				♃						
	✶					♄					
□			✶	△			♅				
					△	□		♆			
	□				☍			✶	♇		
					✶	□				A	
△				□							M

Interaspekte Solar (außen) und Radix (innen): siehe Zeichnung
Solaraspekte: siehe Aspekttabelle

Sekundärprogressionen		Sonnenbogendirektionen		
Prg. Datum: 5.6.1946		Bogen: 15°21'		
☽ 01 ♍ 54		☽ 03 ♒ 39	♃ 03 ♏ 44	♇ 24 ♌ 58
☉ 14 ♊ 21	☿ 20 ♊ 42	☿ 01 ♊ 50	♄ 06 ♌ 29	☊ 07 ♋ 27
♀ 15 ♋ 02	♂ 21 ♌ 50	♀ 11 ♌ 07	♅ 01 ♋ 47	A 23 ♋ 57
A 22 ♋ 09	M 09 ♈ 57	♂ 28 ♌ 42	♆ 21 ♎ 23	M 08 ♈ 07

Solar 1962 (Alter 16) für den Aufenthaltsort:
Los Angeles/Cal. 118W15 34N04
Häuser nach KOCH/GOH

auszog, Sonny kennenlernte und mit ihm zusammenzog, waren Löwe im 4. Haus und Wassermann im 10. Haus eingeschlossen. Saturn ist im Solarhoroskop im 10. Haus eingeschlossen und der Radix-Mars und Pluto im 4. Haus, ebenso wie der Solar-Uranus. In ihrem Horoskop bedeutete das, daß sie mit einer starken unterschwelligen Unsicherheit umgehen mußte. Menschen, die sie aus dieser Zeit kannten, sagten, sie habe damals überhaupt nicht gewußt, was es bedeute, ein Mädchen zu sein. Ihre langen glatten Haare, ihr schlechter Teint und ein mangelnder Sinn für sich selbst haben sie nahezu unsichtbar gemacht. Mit Saturn im 10. Haus des Solarhoroskops suchte sie nach einem Vatervorbild. Mit drei explosiven Planeten im 4. Haus gab es mehrere Umzüge, bevor sie schließlich mit Sonny zusammenzog.

Ein anderer bedeutender Faktor bei eingeschlossenen Zeichen sind die miteinander verbundenen Häuser. In Chers Horoskop steht Krebs an der Spitze des 3.und 4. Hauses, was auf die Notwendigkeit hindeutet, gefühlsmäßige Entscheidungen im Bereich der näheren Umgebung, des Heims und der Mutter zu treffen. Sie sollten daher unbedingt die miteinander verbundenen Häuser beachten.

Die Zeichenstellungen des Solaraszendenten

Der Aszendent im Solarhoroskop hat eine große Bedeutung, da er Ihrem grundlegenden Charakter eine besondere Note verleiht, so wie das auch in Ihrem Geburtshoroskop der Fall ist. Die nachfolgenden Ausführungen sollten in diesem Gesamtkontext betrachtet werden, damit Sie sehen können, wie Sie am besten Ihren »Modus operandi« für das Solar-Jahr integrieren können.

Widder

Oft eine Phase der Aktion, der schnellen Entscheidungen, erhöhter Vitalität und einem Interesse am anderen Geschlecht. Wenn Stier an der Spitze des 2. Hauses steht, dann könnten zusätzliche finanzielle Verantwortungen anstehen. Die Impulsivität des Widders könnte Sie in eine Stimmung versetzen, in der Sie gerne Geld ausgeben. Sie können spontan neue Projekte beginnen, um sich in dem Radix-Haus, an dessen Spitze der

Widder steht, zu beweisen. Wenn zum Beispiel Widder an der Spitze des 6. Radix-Hauses steht, dann können Sie sich um einen Arbeitswechsel bemühen. Der Geburts- und Solar-Mars zeigen an, wie und wo Sie in diesem Jahr handeln können.

Im Jahre 1947, als Ernest Hemingway mit dem »Bronze Star« ausgezeichnet wurde, hatte er einen Widderaszendenten, den Radix-Mars im 6. Haus, dem Haus der Arbeit, und den Solar-Mars im 2. Haus, dem Haus der Werte, stehen. Widder an der Spitze seines 8. Radix-Hauses, zusammen mit dem dirigierten Uranus im Trigon zum Radix-Mars und dem dirigierten MC im Sextil zu Mars, weist auf ein Potential dafür hin, daß die widdertypischen Verhaltensweisen Anerkennung finden.

Stier

Finanzielle, häusliche und berufliche Angelegenheiten beschäftigen Sie, und das ist eine hervorragende Zeit, um sich selbst neu einzuschätzen. Sie verspüren wahrscheinlich einen starken Drang, Ihre äußere Erscheinung zu verändern, in Ihrer beruflichen Laufbahn oder am Arbeitsplatz weiterzukommen, mehr Geld zu verdienen und Ihre Umgebung zu verschönern. Wenn Wassermann an der Himmelsmitte steht, dann könnten Sie mit Ihren Vorgesetzten unzufrieden sein und ein Bedürfnis nach Freiheit verspüren, doch sollten Sie die Vorsicht des Stiers einsetzen, wenn Sie Veränderungen in Ihrer beruflichen Laufbahn vornehmen. Denken Sie nach, bevor Sie handeln, seien Sie praktisch und konsequent. Sie haben ein Bedürfnis, andere zu berühren und berührt zu werden. Radix- und Solar-Venus zeigen Ihnen, wovon Sie sich angezogen fühlen und in welchen Bereichen dies geschieht.

Zwillinge

Sie werden wahrscheinlich sich schnell verändernde Ansichten haben, besonders in bezug auf Ihre tägliche Umgebung und Angelegenheiten. Seien Sie flexibel, aber seien Sie vorsichtig im Umgang mit Verwandten und Nachbarn und auch bei Verpflichtungen, die Sie über große Entfernungen hinweg eingehen. Neugieriger als gewöhnlich sind Sie offen gegenüber neuen Konzepten und Gedanken. Der Radix- und Solar-Merkur zeigen an, in welchen Bereichen es Ihnen leichtfallen wird, Ihre Ideen auszudrücken. Mit dem Zeichen Zwillinge in Ihrem

11. Radix-Haus könnten Ihre sozialen Kontakte in Schwung kommen.

Krebs
Da Sie emotional und sensibel sind, ist es wichtig, daß Sie in Ihren Handlungen tolerant sind, obwohl Sie die Neigung haben, sich genau gegenteilig zu verhalten, da Sie unter Stimmungsschwankungen leiden und Ihre Gefühle nahe an der Oberfläche sind. Das ist eine Zeit, sich um Ihr Bedürfnis nach Sicherheit zu kümmern und die nährenden Qualitäten, die in Ihrem Geburtshoroskop angezeigt sind, auszudrücken.

Wenn Krebs im 4. Radix-Haus steht, dann könnten Familienangelegenheiten einen Großteil Ihrer Zeit in Anspruch nehmen und Ihre emotionale Stärke könnte gefragt sein. Halten Sie sich an Ihren üblichen Tagesablauf. Radix- und Solar-Mond geben an, wo sich verändernde Bedingungen Anpassungen erfordern, um die Stabilität zu erhalten. Wenn zum Beispiel beide Mondpositionen im 5. Haus sind, dann kann es zu Veränderungen in den Bereichen Liebesbeziehungen, Kinder und Spekulationsgeschäften kommen.

Löwe
Ein gutes Jahr für Kreativität, besonders, wenn dieses Zeichen aus dem 3. oder 5.Radix-Haus kommt. In Ihrem Hang zu Theatralik und Selbstüberschätzung sollten Sie sich vor Übertreibungen hüten. Hüten Sie sich ebenfalls vor Spekulationen, außer wenn die Sonne und der Regent des 5.Solar-Hauses gut aspektiert sind. Sie können Verpflichtungen besonders für Kinder übernehmen. Sie brauchen einen Bereich, in dem Sie sich selbst ausdrücken können; und das Haus, in dem die Sonne steht, zeigt an, wo dies möglich ist.

Jungfrau
Sie könnten den Wunsch verspüren, Ihren Beruf oder Ihre tägliche Routine zu verändern. Ebenso nehmen Sie möglicherweise ein Gefühl der Unzufriedenheit gegenüber denjenigen wahr, mit denen oder für die Sie arbeiten, weil Sie zu dieser Zeit zu kritisch und analytisch sind. Der Schwerpunkt des Jahres liegt auf gesundheitlichen Fragen und Arbeit. Sie könnten die Tendenz haben, sich unnötige Sorgen zu machen. Das Aufrecht-

erhalten einer positiven Einstellung und viel Geschäftigkeit werden ein Gefühl von Unsicherheit in diesen Bereichen abmildern. Seien Sie präzise bei Details, analysieren Sie Ihre Motivation, oder seien Sie sich selbst gegenüber kritisch, um die richtige Perspektive zu finden. Merkur-Positionen zeigen Bereiche an, die Aufmerksamkeit brauchen. Wenn Merkur zum Beispiel im 9. Haus steht, dann kann der Fokus auf Fernreisen oder Ausbildung oder (wenn zutreffend) Enkel fallen.

Waage

Schwierige Situationen in der Familie, juristische oder partnerschaftliche Angelegenheiten könnten Sie in Anspruch nehmen. Sie könnten zu leicht nachgeben, kämpfen oder sich aus Angst, in einer Partnerschaft verletzt zu werden, verstecken. Sie verspüren das Bedürfnis nach Kontroversen oder Kooperation mit anderen (alles, was intime Partnerbeziehungen betrifft), um Ihr eigenes Gleichgewicht aufrechtzuerhalten. Das ist besonders dann von Bedeutung, wenn der Aszendent ins 10. Radix-Haus fällt, da Sie das Gefühl haben könnten, Ihr Status werde irgendwie bedroht; Ihr Bedürfnis nach Harmonie wird folglich intensiviert. Ihre sozialen Bedürfnisse werden durch die beiden Venusstellungen angezeigt.

Skorpion

Mächtige Gefühle positiver und negativer Art könnten gegenüber Menschen auftauchen, mit denen Sie zu tun haben, und Sie sollten sich bewußt machen, wie Sie mit sich selbst umgehen. Sie müssen Ihre tiefsten seelischen Ressourcen aktivieren, um Ihre innere Stärke wiederzuerlangen und die Kontrolle zu behalten. Ein Wohnungswechsel kann wünschenswert sein, und es könnte auch sein, daß Sie ein eigenes Unternehmen starten wollen – Chef werden und für etwas verantwortlich sein wollen. Sie könnten das Bedürfnis haben, Ihr eigenes Schicksal zu bestimmen, und diese Phase könnte dazu geeignet sein, aktiv zu werden und Veränderungen vorzunehmen. Eine ausgezeichnete Position für eine mögliche Heirat. Um zu verstehen, wo Sie aktiv werden können, betrachten Sie Mars und Pluto. Aufgrund der langsamen Bewegung von Pluto ist es in Solarhoroskopen wichtig, auch Mars zu beachten, da er Mitregent des Skorpion ist. Die Mars-Position gibt Ihnen ein weitaus praktischeres Bild darüber, wo sich die Skorpion-Energie Ausdruck verschaffen kann.

Als Beispiel führen wir das Solarhoroskop von Henry Kissinger für das Jahr 1980 (Seite 241) an. Das war ein sehr ereignisreiches Jahr für ihn. Am 10. Februar 1981 mußte er sich einer dreifachen Bypass-Operation unterziehen, und am 6. März 1981 starb sein Vater. Der Solar-Aszendent steht auf 24° Skorpion und fällt ins 6.Radix-Haus. (Siehe Kissingers Geburtshoroskop und Biographie zu Beginn dieses Kapitels). Mars und Pluto stehen beide im 8. Haus, dem Haus für operative Eingriffe. Wenn das 6. und das 8. Haus gleichzeitig betont werden, dann weist das mit ziemlicher Sicherheit auf ein gesundheitliches Problem hin, das einen operativen Eingriff erforderlich machen könnte. Der Tod des Vaters wird durch die Stellung des Solar-Mars und Solar-Saturn (Repräsentation des männlichen Prototyps) im 10. Haus, einem der Elternhäuser, impliziert. Der Solar-Uranus steht in Konjunktion zum Solar-Aszendenten, wodurch unerwartete Ereignisse angedeutet werden können. Der Solar-Aszendent und der Solar-Uranus stehen im Quinkunx zum Radix-Mars und im Quadrat zum Radix-MC, die ebenso männliche Indikatoren sind. Der Solar-Saturn im 10. Haus bildet ein weites Quadrat zum Radix-Aszendenten und eine Opposition zum Radix-Uranus, dem Regenten des Radix-MC (Hinweis auf den Vater) im 4. Haus.

Wenn wir das 10. Haus dem Vater zuordnen, dann steht das 1. Haus für das 4. Haus (Lebensende) des Vaters, und Uranus kann an dieser Stelle auf Veränderungen in der Beziehung zum Vater hindeuten. Der Solar-Mars im 10. Haus regiert das 5. Haus im Solarhoroskop bei Kissinger (das 8. Haus des Vaters); er bildet ein Quadrat zur Sonne (die den Vater repräsentiert) und zum Radix-Merkur, dem Regenten des 1. Hauses (das 4. Haus des Vaters) im Radix. Die Solar-Venus, Herrscherin des 5. Hauses im Radix (das 8. Haus des Vaters) bildet eine Konjunktion zum Radix-Mars im 8. Haus.

Der Radix-Jupiter im 12. Haus in einem großen Trigon zu Pluto und Uranus im 4. und 8. Haus impliziert Schutz für Kissingers Gesundheit, und er erholte sich wirklich sehr schnell von seiner Operation. (Siehe Kissingers progressives und dirigiertes Horoskop in den Kapiteln 4 und 5 und Solarhoroskop auf der nächsten Seite.)

Solar - Operation am offenen Herzen (10.2.81), Tod des Vaters (6.3.81)

Henry Kissinger - 1980

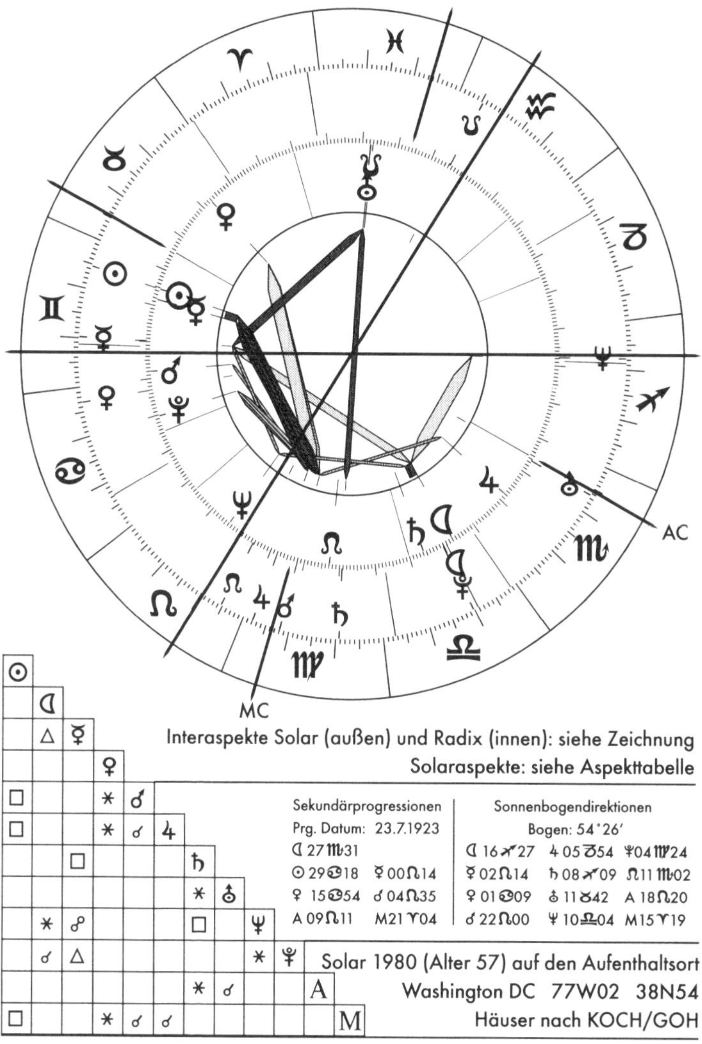

Interaspekte Solar (außen) und Radix (innen): siehe Zeichnung

Solaraspekte: siehe Aspekttabelle

☉	☽	☿	♀	♂	♃	♄	⛢	♆	♇	A	M
☉											
	☽										
	△	☿									
			♀								
□			✶	♂							
□			✶	☌	♃						
		□				♄					
						✶	⛢				
	✶	☍				□		♆			
	☌	△						✶	♇		
						✶	☌			A	
□			✶	☌	☌						M

Sekundärprogressionen
Prg. Datum: 23.7.1923
☽ 27♏31
☉ 29♋18 ☿ 00♌14
♀ 15♋54 ♂ 04♌35
A 09♌11 M21♈04

Sonnenbogendirektionen
Bogen: 54°26′
☽ 16♐27 ♃ 05♉54 ♇04♍24
☿ 02♌14 ♄ 08♐09 ♌11♏02
♀ 01♋09 ⛢ 11♉42 A 18♌20
♂ 22♌00 ♆ 10♎04 M15♈19

Solar 1980 (Alter 57) auf den Aufenthaltsort
Washington DC 77W02 38N54
Häuser nach KOCH/GOH

Ein anderes Beispiel ist die Wahl Franklin Roosevelts zum Gouverneur von New York. Skorpionaszendent; der Radix-Mars im Solarhoroskop im 8. Haus und der Radix-Pluto im Solarhoroskop im 7. Haus (beide Aszendentenherrscher) zeigen die Unterstützung, die er von der Öffentlichkeit (7. Haus) und seinen politischen Genossen (8. Haus) bekommen hat. (Siehe Solarhoroskop auf Seite 250.)

Schütze
Sie könnten zusätzliche finanzielle Belastungen erfahren oder die Möglichkeit haben, mehr Geld zu verdienen. Viel hängt hierbei von der Hausstellung Jupiters und seinen Aspekten ab. Vermeiden Sie es, sich selbst gegenüber zu nachgiebig zu sein, besonders dann, wenn das Geburtshoroskop ein solches Potential anzeigt. Oft verspüren Sie einen starken Wunsch zu verreisen, Abenteuer zu suchen, Freiheit zu erlangen und Ihren Horizont zu erweitern. In der Tat ist diese Zeit hervorragend für schulische Weiterbildung oder das Erreichen weitgesteckter Ziele geeignet. Rechtliche Angelegenheiten könnten Ihre Aufmerksamkeit in Anspruch nehmen, besonders wenn das 7. oder 9. Haus betont sind. Es ist möglich, daß Sie von und durch Menschen angezogen werden, die weit von Ihnen entfernt leben; oder daß Sie ein Interesse an entlegenen Beschäftigungen entwickeln. Arbeiten Sie daran, optimistisch und idealistisch zu bleiben, ohne dabei eine rosarote Brille aufzusetzen. Sie sollten Selbstsicherheit kultivieren. Die Jupiterstellung zeigt Ihnen, wo das angebracht ist.

Steinbock
Sie könnten sich großen Verantwortungen gegenübergestellt sehen, oder mit außergewöhnlichen beziehungsweise unerwarteten Ausgaben konfrontiert werden. Wenn Schütze an der Spitze des 12. Hauses steht, dann könnten rechtliche Angelegenheiten Sie in Anspruch nehmen. Wahrscheinlich werden Ihre Karriere und geschäftliche Angelegenheiten Sie beschäftigen, und es läge in Ihrem Interesse, sich auf konkrete Ziele zu konzentrieren und sich auf praktische und konsequente Weise einen Ruf und Ansehen aufzubauen. Das könnte mit der Möglichkeit einhergehen, Ihre Macht und Ihre Autorität zu vergrößern, was Ihnen wiederum neue Wege für Anerkennung eröff-

net. Der Solar- und der Radix-Saturn zeigen, wo an Gefühlen von Begrenztheit und Einschränkung gearbeitet werden kann. Wenn sich zum Beispiel beide Saturnpositionen im 2. Haus befinden, dann kann es sich um eine Phase handeln, in der Sie Ihren Gürtel enger schnallen müssen, wenn zum Beispiel die Notwendigkeit besteht, irgendeine Art von finanzieller Verpflichtung auf sich zu nehmen. Frustrationsgefühle könnten sich aufgrund eines Mangels an finanzieller Flexibilität einstellen, oder Sie könnten eine größere Kontrolle über Ihren Verdienst gewinnen.

Wassermann
Eine hervorragende Zeit, um wichtige Entscheidungen für die Zukunft zu treffen, solange Sie auf Erfahrungen aus der Vergangenheit basieren. Sie neigen jetzt zu größerer Unabhängigkeit, was Ihnen selbst oft zu viel sein kann; und doch steht es unbedingt an, sich als Individuum in einzigartiger Weise auszudrükken. Die Stellung des Solar- und des Radix-Uranus werden mögliche Wege hierfür anzeigen. Mit den Fischen an der Spitze des 2. Hauses ist es wichtig, in Geldangelegenheiten genau zu sein; und da die Sonne das 7. Haus regiert, sollten Sie Ihre Aufmerksamkeit auf direkte persönliche Geschäfte mit anderen Menschen konzentrieren. Ein gewisses Maß an emotionaler Distanz könnte sich in diesem Jahr in Ihren Beziehungen auf allen Ebenen zeigen – bei Geschäftsbeziehungen, in intimen Partnerbeziehungen und auch bei sozialen Kontakten.

Fische
Dieses aufsteigende Zeichen bezeichnet eine ruhelose Zeit, in der Sie Schritte unternehmen, die mehr auf gefühlsmäßigen als logischen Überlegungen beruhen. Das kann in Bereichen wie Liebesbeziehungen herrlich sein, sollte jedoch kontrolliert werden, wenn Neptun herausfordernde Aspekte hat oder sich in Häusern befindet, die für Finanz- oder Geschäftsangelegenheiten stehen. Sie können gefühlvoll sein und ein Interesse an jungen Leuten zeigen. Es wäre gut für Ihr Wohlbefinden, wenn Sie einen Bereich fänden, in dem Sie sich künstlerisch ausdrücken könnten wie etwa beim Tanz, in der Musik oder Kunst. Ein gutes Jahr, um zu dem zu stehen, an was Sie wirklich glauben. Ihre Vorstellungskraft kann beflügelt und Ihre Träume

könnten wahr werden, wenn Sie das Beste aus Ihren Neptunstellungen machen. Wenn Sie eine zu unrealistische Einstellung haben, dann könnten Sie viele Gelegenheiten übersehen.

Als Cher sich von Sonny scheiden ließ, hatte sie einen Fische-Aszendenten (siehe Solarhoroskop für 1974 auf Seite 271), und sie begann ihre Karriere ernst zu nehmen, was auf neptunischen Grundsätzen beruht. Der Radix-Neptun stand im 7. Haus (Partnerschaft) im Sextil zum Solar-Neptun im 9. Haus (rechtliche Angelegenheiten); der Solar-Pluto in Konjunktion zum Radix-Neptun, im Quadrat zum Solar-Saturn und im Quinkunx zum Solar-Mond zeigt die Verwirrung, die Herausforderungen und erforderlichen Anpassungen an. Der Solar-Neptun steht im Quinkunx zum Radix-Aszendenten und im Trigon zum Radix-Pluto, was wiederum auf eine Reorganisation hindeutet, die sich positiv auf Ihre tägliche Routine (Pluto in Konjunktion zur Spitze des 6. Hauses im Solarhoroskop) auswirken wird (Trigonaspekt).

Die Bedeutung der Häuser im Solarhoroskop

Die *Häuser* im Solarhoroskop sind sehr wichtig, da sie die Bühnen für die Handlung darstellen. Sie sind für unsere Methode, das Solarhoroskop zu berechnen, besonders wichtig, da wir das Solarhoroskop für den Ort berechnen, an dem Sie leben und das Solarhoroskop für diesen Ort auch die entsprechenden Aktivitäten anzeigt. Wenn Sie in Chicago geboren und dann nach Kalifornien gezogen sind, aber das Solarhoroskop für Ihren Geburtsort berechnet haben, dann wird die angezeigte Aktivität wohl eher in der Gegend von Chicago eintreten.

Jedes Haus im Geburtshoroskop umfaßt einen breitgefächerten Erfahrungsbereich; und ein tiefgehendes Verständnis der Verzweigungen jedes Hauses versetzt den Astrologen in die Lage, mögliche Bühnen für Geschehnisse zu erkennen. Die nachfolgenden Häuserbeschreibungen sind für die verschiedenen Interpretationen der Häuser bei Solarhoroskopen anwendbar. Sie eignen sich besonders dafür, Aktivitäten dort zu beschreiben, wo sich die Solar-Aszendentenherrscher befinden. Ein Beispiel: Chers Solarhoroskop für 1965 (Seite 225) hat einen Steinbock-Aszendenten. Der Radix-Saturn befindet sich im 7. Haus und der Solar-Saturn im 3. Haus. Sie müßten einige der Vorschläge, die für das 3. und das 7. Haus gemacht werden, nachlesen, um Ihre eigenen Schlußfolgerungen über die möglichen Geschehnisse zu ziehen.

Das Haus, in dem der Herrscher des Solar-Aszendenten im Radix steht, zeigt an, wo und wie sich die Wirkungsweise des Planeten in dem jeweiligen Jahr ausdrückt. Der Herrscher des Solar-Aszendenten im Solarhoroskop veranschaulicht durch seine Häuserstellung, auf welche Weise der Planet in seiner Funktion Anwendung findet. Mit einem Zwillinge-Aszendenten, Radix-Merkur im 4. Haus und Solar-Merkur im 9. Haus kann Aktivität zu Hause in bezug auf Angelegenheiten des 9. Hauses angedeutet werden, wie zum Beispiel ein Austauschstudent, der bei Ihnen wohnen wird, oder die Möglichkeit, ein Fernstudium zu Hause zu betreiben. Die nachstehenden Aufzeichnungen sind ebenfalls hilfreich bei der Beschreibung des Hauses, in das der Solaraszendent im Radix fällt, und für das Haus, in dem sich die Sonne befindet.

Beachten Sie die folgenden Punkte:

1. Die Häuserstellung des Herrschers des Solar-Aszendenten im Radix.
2. Die Häuserstellung des Herrschers des Solar-Aszendenten im Solar.
3. Die Häuserspitze des Radix, die am nächsten beim Solar-Aszendenten liegt.
4. Die Häuserstellung der Sonne im Solar.

1. Haus

Sie können den starken Wunsch verspüren, sich selbst auszudrücken und Dinge selbst und ohne die Unterstützung anderer zu tun. Sie möchten, daß etwas geschieht, indem Sie die Initiative ergreifen. Es könnten sich Möglichkeiten für Ihre persönliche Entwicklung, Ihr Wachstum und Ihre Wünsche für die Zukunft auftun. Jetzt ist die Zeit gekommen, um zu handeln, zu sein und zu werden.

Mit der Sonne im 1. Haus im Solarhoroskop für 1962 hat Cher ihr Elternhaus verlassen und ist schließlich mit Sonny Bono zusammengezogen.

2. Haus

Der Schwerpunkt liegt auf Wertvorstellungen, finanziellen Problemen und Gelegenheiten. Ihr Motto könnte bezahlen und ansammeln lauten. Ihre Verdienstmöglichkeiten könnten ebenso betont werden wie Ihr Besitz und persönlicher Wert. In Abhängigkeit von den Aspekten zu den Planeten kann es sich um ein günstiges Jahr für Investitionen oder den Kauf von Grundstücken und Eigentum handeln.

Ein Schüler, dessen 2. Haus sich am Aszendenten befand, hatte den Aszendenten-Herrscher Merkur im 10. Haus mit der Sonne, Radix-Jupiter, Solar-Mars, Uranus und Saturn. In dem Jahr war er auf seiner Arbeitsstelle befördert worden, was der Beginn seiner beruflichen Laufbahn war. Er heiratete, erhielt eine Gehaltserhöhung und, wir brauchen es kaum zu erwähnen, die Einschätzung der eigenen Fähigkeiten ging ganz nach oben.

3. Haus

Der Akzent liegt auf dem Ausdruck von Ideen, persönlichem Verstehen und Ihrer geistigen Verfassung. Ihre Wahrnehmungsfähigkeit könnte sich verbessern, Veränderungen in Ihrem Umfeld sind möglich; es könnte zu verstärktem Kontakt mit Nachbarn oder Verwandten kommen. Kommunikation wird betont. Viele Kurzreisen könnten auf dem Plan stehen ebenso wie Ski- oder Surf-Wochenenden; oder Sie könnten eine Arbeitsstelle bekommen, zu der Sie täglich pendeln müssen. Sie könnten ein Studium oder eine Lehrtätigkeit aufnehmen oder mit dem Schreiben beginnen, jeweils in dem Maße, wie es Ihre Fähigkeiten im Radix erlauben. An Verträge sollten Sie überlegt herangehen.

Beide Autorinnen hatten eine sehr starke Betonung auf dem 3. Haus, als Sie den ersten Band einer Buchreihe zu schreiben begannen.

4. Haus

Heim, Familie, Grundbesitz oder Eltern könnten sehr stark in den Vordergrund gerückt werden. Eine geeignete Zeit, um emotionale Sicherheit zu suchen oder finanzielle Stabilität aufzubauen. Versuchen Sie, Ihr äußeres Image von innen her zu verbessern; nehmen Sie Kontakt zu Ihren Gefühlen auf. Die Periode des 4. Hauses stellt eine günstige Zeit dar, um zu Ihren Wurzeln zurückzugehen und herauszufinden, wer Sie wirklich sind. Da das 4. Haus das Haus der Beendigungen ist, sollten, wenn es am Aszendenten steht, einige Ereignisse oder Angelegenheiten zu Ende geführt werden. Es ist eine gute Zeit, um Ihre Schäfchen ins Trockene zu bringen. Die Position der Aszendentenherrscher zeigt Ihnen, wo Sie das tun können.

5. Haus
Ihre Liebesgefühle könnten stimuliert werden oder Sie könnten zusätzliche Möglichkeiten finden, sich durch eine neue Liebe oder ein Baby auszudrücken. In der Tat könnte es ein günstiges Jahr sein, um Ihre Beziehung zu Kindern zu verbessern. Seien Sie geistig oder körperlich kreativ, um sich aus möglichen emotionalen Anspannungen zu lösen. In Abhängigkeit von den Aspekten sowohl des Aszendentenherrschers als auch der Herrscher des 5. Hauses im Radix und im Solarhoroskop könnte es sich um eine gute oder schlechte Zeit für Investitionen oder neue Möglichkeiten in anderen Bereichen handeln. Haben Sie Spaß und spielen Sie, aber laufen sie nicht auf Schmalspur. Eine Schwangerschaft (falls sie in Frage kommt) ist möglich, insbesondere dann, wenn der Mond oder die Mondknoten hier plaziert sind. Wenn Sie keinen solchen Wunsch hegen, dann sollten Sie die notwendigen Vorsichtsmaßnahmen treffen.

6. Haus
Mit der Gesundheit und der Arbeit sollten Sie klug umgehen. Beobachten Sie die Menschen, die für Sie oder mit Ihnen zusammenarbeiten. Verbessern Sie den von Ihnen angebotenen Service oder erlernen Sie neue Techniken. Vielleicht müssen Sie Anpassungen in Ihrer täglichen Routine vornehmen. Übereilen Sie nichts. Jetzt ist keine gute Zeit, um Ihren Körper über seine natürlichen Grenzen hinaus zu beanspruchen, außer wenn die Aszendentenherrscher und der Aszendent selbst gut plaziert sind. Wenn die Aszendentenherrscher wirklich aktiv sind und sowohl herausfordernde als auch fließende Aspekte haben, dann kann es sich um ein gutes Jahr handeln, um eine neue Arbeitsstelle anzutreten.

Als Henry Kissinger sich seiner dreifachen Bypass-Operation unterziehen mußte, fiel der Aszendent in das 6.Radix-Haus; der Radix-Aszendent und der Solar-Aszendentenherrscher, Mars und Pluto waren alle im 8. Haus, wobei Mars und der Radix-Aszendent im Quinkunx zum Solar-Aszendenten standen (siehe Solarhoroskop auf Seite 241).

7. Haus
Rechtliche, eheliche und partnerschaftliche Beziehungen könnten Ihre Aufmerksamkeit erfordern. Seien Sie klug in Ihrem Handeln und vermeiden Sie Streit. Wenn Sie nicht verheiratet sind, dann ist das häufig das Jahr, in dem Sie unter die Haube kommen. Seien Sie diplomatisch und taktvoll und versuchen Sie, den Standpunkt anderer zu verstehen, obwohl Ihnen vielleicht nicht danach zu Mute ist. Gerade dann, wenn sich mehr Planeten auf der Westseite des Horoskops befinden oder der Aszendentenherrscher im 7. Haus steht, werden andere Menschen eine wichtige Rolle in Ihrem Leben spielen. Das könnte mit Ereignissen einhergehen, die Sie ins Rampenlicht der Öffentlichkeit rücken werden. Am wahrscheinlichsten ist das, wenn das 1. und das 10. Haus betont sind.

8. Haus
Jetzt ist die Schlichtung von Streitigkeiten mit dem Partner möglich, ebenso wie abschließende Entscheidungen in bezug auf rechtliche und eheliche Angelegenheiten. Beerdigungs-, Steuer- oder Versicherungsangelegenheiten könnten Sie in Anspruch nehmen oder es könnte Ihnen eine Erbschaft ins Haus stehen. Auch Aktivitäten im 4. und 10. Haus könnten notwendig werden. Es könnte eine starke sexuelle Stimulation erfolgen, die Ihnen die Möglichkeit eröffnet, sich freier zu fühlen, um Ihre Gefühle auszudrücken. Die Umstände, die Sie veranlaßten, weniger frei zu handeln, könnten sich verändern. Geburt, Tod und Transformation könnten betont sein, ebenso wie die Ressourcen und die Unterstützung durch andere. Sie könnten sich Geld leihen, Eigentum refinanzieren oder mit Schulden und Forderungen anderer zu tun haben.

Als ein Beispiel für die Wichtigkeit der durch das 8. Haus symbolisierten Unterstützung durch andere Menschen führen wir das Solarhoroskop von Franklin Roosevelt (S. 250) für das Jahr 1928 an, als er zum Gouverneur von New York gewählt wurde. Der Solar-Aszendent steht auf 11 ° im Skorpion und fällt in sein 2.Radix-Haus. Skorpion ist der natürliche Regent des

Radix

Franklin D. Roosevelt

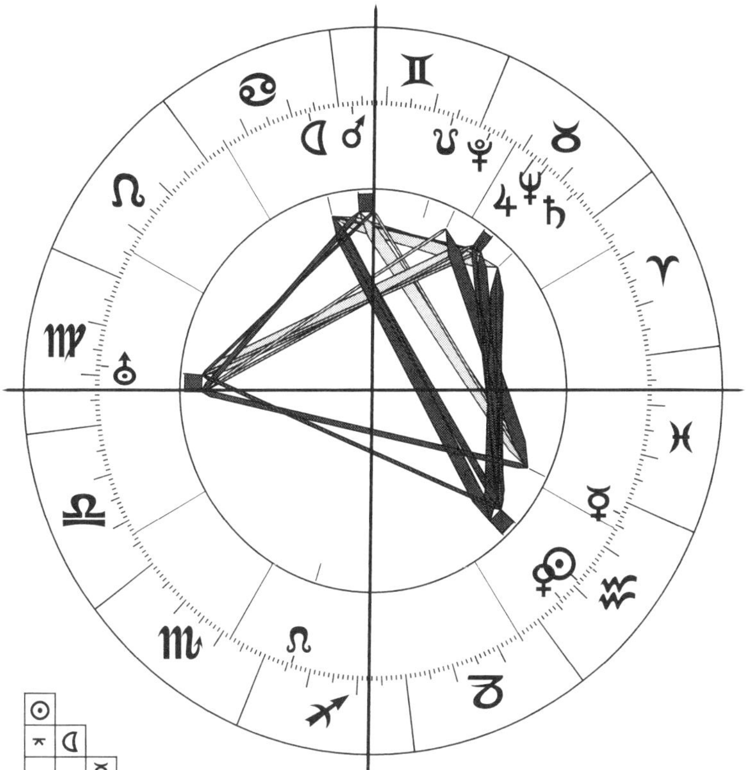

	☉	☽	☿	♀	♂	♃	♄	⛢	♆	♇	A	M
☉												
☽	⚻											
☿												
♀	☌	⚻										
♂			△									
♃	□											
♄	□	⚹		□								
⛢	⚻				△							
♆	□	⚹			☌		△					
♇			□									
A			⚻		□	△		☌		△		
M			△		☌			□				

Quelle: A - Kleeman, Tagebuch des Vaters
30. 1. 1882 20:45 LMT 1:37 GMT (31.1.)
Hyde Park/NY 73W56 41N48
Häuser nach KOCH/GOH

Solar - Gouverneurswahl

Franklin Roosevelt - 1928

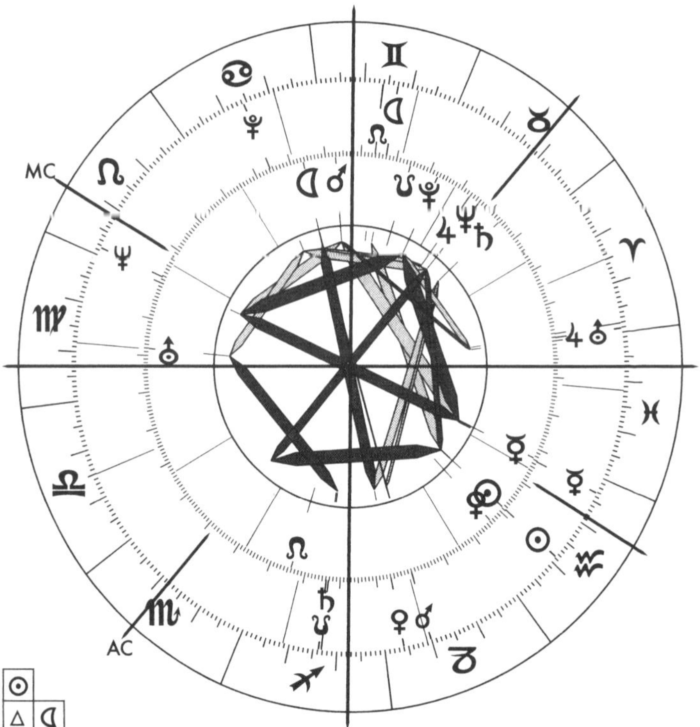

☉											
△	☽										
		☿									
			♀								
			☌	♂							
			□		♃						
✶	☍					♄					
			□		☌		♅				
		☍	△					♆			
				☍					♇		
□				✶					△	A	
						△		☌			M

Interaspekte Solar (außen) und Radix (innen): siehe Zeichnung
Solaraspekte: siehe Aspekttabelle

Solar 1928 (Alter 46) für den Aufenthaltsort
Albany,NY 73W45 42N39
Häuser nach KOCH/GOH

8. Hauses. Der Radix-Mars, Mitregent des Skorpions, steht im 8. Haus ebenso wie beide Mondstellungen sowie die Radix-Himmelsmitte. Ohne die Unterstützung durch seine Berater bei Schreibarbeiten hätte er aufgrund seiner Körperbehinderung infolge von Kinderlähmung nicht kandidieren können. Die Unterstützung, die er von seinen politischen Mitstreitern und der Öffentlichkeit (Mond) bekam, wird durch das Solarhoroskop anschaulich dargestellt.

9. Haus

Der Wunsch zu studieren und neue Denkweisen zu erlernen, ist in diesem Jahr sehr stark. Sie verspüren das Bedürfnis, Ihren Horizont entweder im eigentlichen Sinne durch Fernreisen oder gedanklich durch Lektüre zu Hause zu erweitern. Die Werbebranche, eine Verlegertätigkeit oder Möglichkeiten im Import-/Exportgeschäft könnten sich Ihnen anbieten. Rechtliche Angelegenheiten könnten Ihre Aufmerksamkeit in Anspruch nehmen. Die Erweiterung des geistigen Horizontes ist durch das Verstehen von Beziehungen möglich. Sie könnten einen Freund, Lehrer oder Guru kennenlernen, der Ihnen den Zugang zu neuen Ideen und Idealen eröffnet. Dieses Jahr kann Ihnen Interaktionen mit angeheirateten Verwandten bringen beziehungsweise Engagement in der Kirche oder Institutionen, in den Wissen vermittelt wird, wie zum Beispiel Universitäten. Häufig ein Jahr, in dem Sie sich mit Astrologie oder ähnlichen metaphysischen Themen auseinandersetzen.

10. Haus

Geschäftliche oder berufliche Angelegenheiten könnten in den Mittelpunkt treten. Bei herausfordernden Aspekten zum Aszendentenherrscher könnte es sich um eine Zeit des beruflichen Vorwärtskommens oder einer Änderung in Ihrem Status handeln. Das Verhältnis zu Autoritätsfiguren, sei es im behördlichen, im gesellschaftlichen oder beruflichen Bereich, könnte eine wichtige Rolle spielen. Die Beziehung zu den Eltern rückt in den Vordergrund. Oft gibt es ein tiefliegendes Problem, das in diesem Bereich gelöst werden soll. Öffentliche Anerkennung könnte eine Rolle spielen. Eine gute Zeit, um Ihr objektives Selbst in den Vordergrund zu rücken und das Bild, das Sie nach außen zeigen, zu verbessern. Seien Sie klug im Umgang mit

Herausforderungen in bezug auf Ihre Karriere oder Ihr Geschäft.

11. Haus

Alte oder neue Freundschaften könnten betont werden; äußere Umstände könnten Ihnen ihr Verhalten aufdiktieren. Geld aus Ihrem Unternehmen oder von Ihrem Arbeitgeber (in Form einer zusätzlichen Gehaltszahlung) könnte auf Sie zukommen oder bei herausfordernden Aspekten zurückgehalten werden. Gesellschaftliche Aktivitäten beziehungsweise Engagement in großen Organisationen stehen wahrscheinlich im Vordergrund. Die Realisierung von Zielen und eine ungewöhnliche Herangehensweise an diese könnte Ihre Hauptaktivität während dieser Zeit darstellen. Verbindungen in der Öffentlichkeit oder in Ihrem Beruf könnten sich als hilfreich erweisen.

Im Solarhoroskop von Ernest Hemingway für 1944 fällt der Solar-Aszendent ins 11. Radix-Haus; der Regent, die Sonne, steht im 12. Haus. Es handelte sich um ein für ihn sehr ereignisreiches Jahr. Er ging nach Europa, wurde in den Krieg hineingezogen, lernte seine zukünftige Frau, Mary Welsh, kennen und erlitt eine schwere Kopfverletzung bei einem Autounfall.

12. Haus

Vertrauliche Angelegenheiten sollten beurteilt und im Hinblick auf Ihre grundlegenden Werte und Ziele neu eingeschätzt werden. Vermeiden Sie jegliches Verhalten, das als skandalös ausgelegt werden könnte. Sie könnten jetzt recht verletzlich sein, und in diesem Jahr könnten Geheimnisse enthüllt werden. Eine Zeit für stille Weiterentwicklung oder spirituelle Suche. In der Tat könnten Sie – freiwillig oder unfreiwillig – das Bedürfnis nach Zurückgezogenheit oder Isolation verspüren. Geben Sie sich jeden Tag die Zeit, um Ihre physische und psychische Energie zu regenerieren. Diese Zeit ist dazu geeignet, um an Ihrer inneren Stärke zu arbeiten oder sie weiterzuentwickeln; und auch anderen zu helfen.

Aufsteigende Planeten

Wie bereits erwähnt, ist bei der Betrachtung des Solarhoroskops der *aufsteigende Planet* ein weiterer bedeutsamer Faktor. Jeder

Radix

Ernest Hemingway

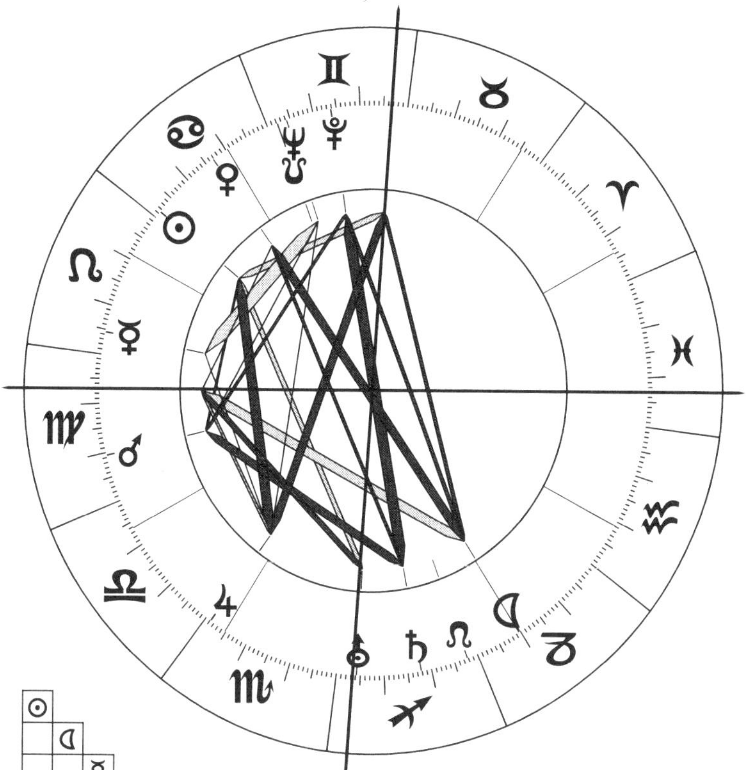

☉											
	☽										
		☿									
	☍		♀								
✶				♂							
□		✶			♃						
			⚻	□		♄					
△							♅				
		✶		□	△			♆			
	⚻			□		☍			♇		
	△		✶		✶		□			A	
✶	⚻				⚻						M

Quelle: A - Carlos Baker, Tagebuch der Mutter
21. 7. 1899 8:00 CST 14:00 GMT
Oak Park/Ill. 87W47 41N53
Häuser nach KOCH/GOH

Solar-Begegnung mit Mary, Kopfverletzung

Ernest Hemingway - 1944

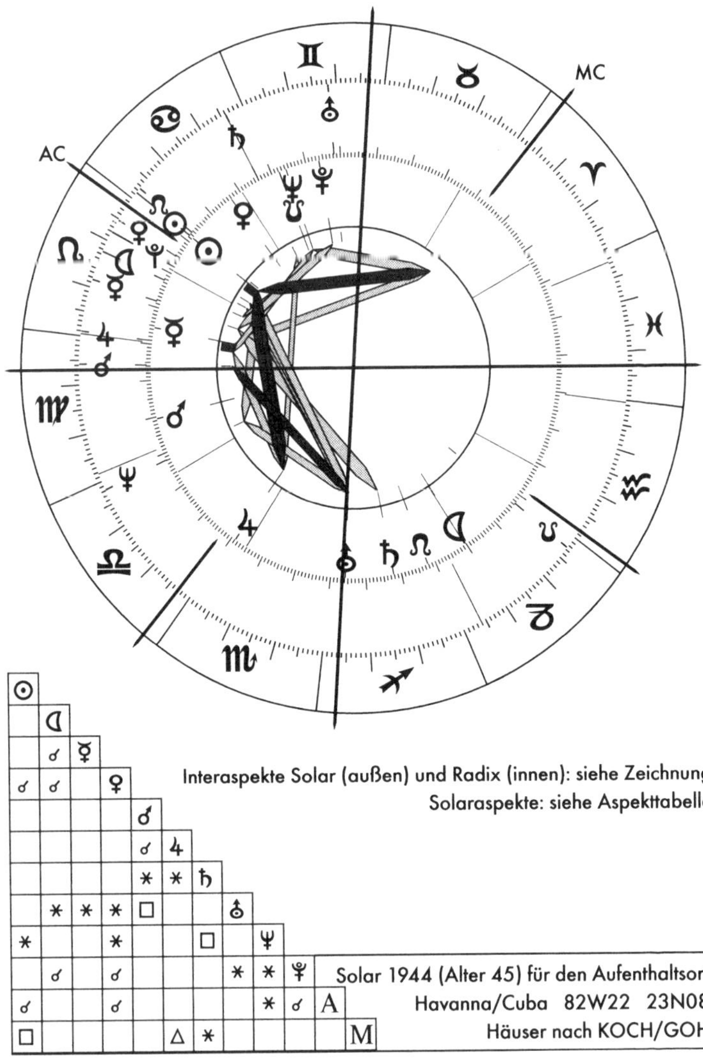

☉											
	☾										
	☌	☿									
☌	☌		♀								
				♂							
				☌	♃						
				✶	✶	♄					
	✶	✶	✶	□			⛢				
✶			✶			□		♆			
	☌		☌				✶	✶	♇		
☌			☌					✶	☌	A	
□					△	✶					M

Interaspekte Solar (außen) und Radix (innen): siehe Zeichnung
Solaraspekte: siehe Aspekttabelle

Solar 1944 (Alter 45) für den Aufenthaltsort
Havanna/Cuba 82W22 23N08
Häuser nach KOCH/GOH

Solar - Emigration nach Amerika

Henry Kissinger -1937

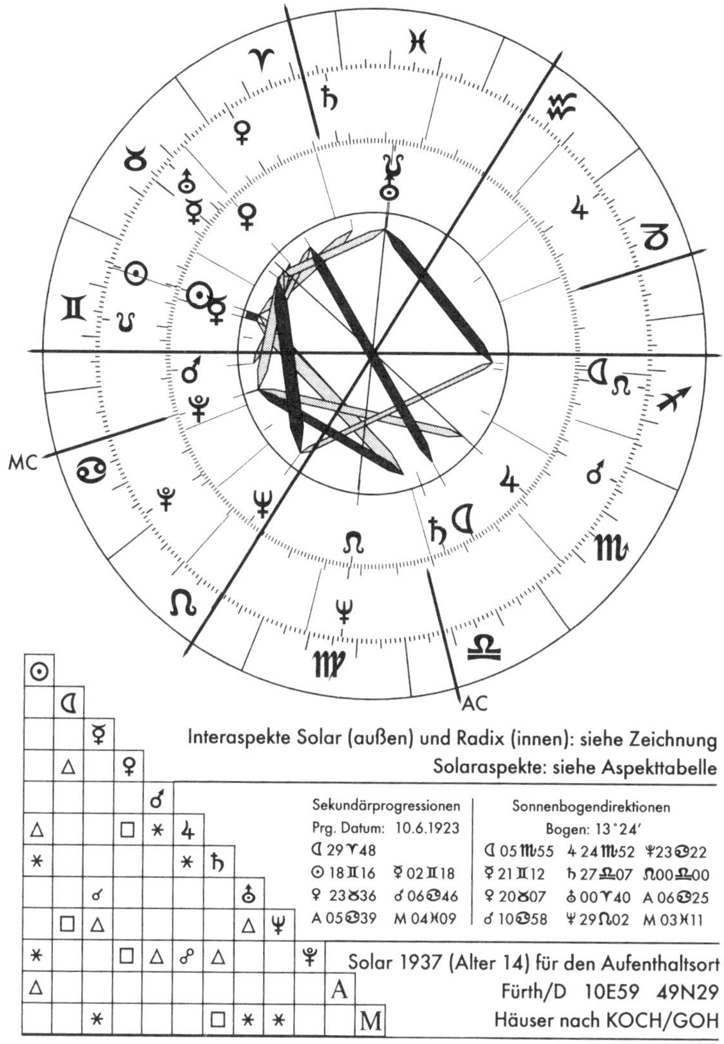

☉	☽	☿	♀	♂	♃	♄	⛢	♆	♇	A	M
☉											
	☽										
		☿									
	△		♀								
				♂							
△			□	✱	♃						
✱					✱	♄					
		☌					⛢				
	□	△					△	♆			
✱			□	△	☍	△			♇		
△										A	
		✱				□	✱	✱			M

Interaspekte Solar (außen) und Radix (innen): siehe Zeichnung

Solaraspekte: siehe Aspekttabelle

Sekundärprogressionen		Sonnenbogendirektionen		
Prg. Datum: 10.6.1923		Bogen: 13°24′		
☽ 29♈48		☽ 05♏55	♃ 24♏52	♇23♋22
☉ 18♊16	☿ 02♊18	☿ 21♊12	♄ 27♎07	☊00♎00
♀ 23♉36	♂ 06♋46	♀ 20♉07	⛢ 00♈40	A 06♋25
A 05♋39	M 04♓09	♂ 10♋58	♆ 29♌02	M 03♓11

Solar 1937 (Alter 14) für den Aufenthaltsort

Fürth/D 10E59 49N29

Häuser nach KOCH/GOH

Planet unmittelbar hinter dem Aszendenten oder im 1. Quadranten des Solarhoroskops wird als aufsteigender Planet bezeichnet; je näher er jedoch am Solar-Aszendenten steht, desto stärker scheinen die Themen des Planeten im Vordergrund zu stehen. Wir haben herausgefunden, daß ein aufsteigender Planet im Radix einen größeren Einfluß hat als im Solarhoroskop; da jedoch beide Einfluß haben, sollten Sie auch beide betrachten. Wenn mehrere Planeten im 1. Haus oder im 12. Haus in Konjunktion zum Aszendenten (mit einem Orbis von nicht mehr als 5 °) stehen, dann sollten Sie alle betrachten. Wenn kein Planet im 1. Haus steht, dann sollten Sie den nächstgelegenen Planeten betrachten, auch wenn er im 3. Haus steht. Die Themen, die dieser Planet symbolisiert, werden das betreffende Individuum in diesem Jahr beschäftigen, wenn auch zu einem späteren Zeitpunkt.

Im Jahre 1938, als Henry Kissinger von Deutschland nach Amerika übersiedelte, war er biographischen Unterlagen zufolge noch nicht einmal 15 Jahre alt. Wir berechnen das Horoskop für das Jahr 1937. In diesem Horoskop fällt der Solar-Aszendent zwischen das 4. und 5.Radix-Haus. Er steht auf 7 °33' in der Waage. Der aufsteigende Planet ist der Radix-Saturn, Regent des 4. Hauses im Solarhoroskop. Der Radix-Mond ist ebenfalls am Aufsteigen. Wenn der Mond in einem Solarhoroskop aufsteigt, dann stellt sich ein allgemeines Gefühl von Ruhelosigkeit ein, und häufig deutet das auf einen Umzug hin. Da der Regent des 4. Hauses auch im 1. Haus steht, ist ein Umzug ziemlich wahrscheinlich. Wodurch wird jedoch angezeigt, daß es sich um einen Umzug in ein weit entferntes Land handelt? Die Sonne steht in Konjunktion zur Spitze des 9. Hauses im Solarhoroskop, und das 9. Solar-Haus enthält zwei Radix-Planeten und den Aszendenten. Also wissen Sie, daß es zu vielen Aktivitäten im Bereich des 9. Hauses kommt. Im Alter von 14 Jahren ist es unwahrscheinlich, daß Kissinger zur Universität gehen oder heiraten wird, ein Enkelkind bekommen oder ins Import-Export-Geschäft gehen wird (Entsprechungen des 9. Hauses). Deshalb ist ein Umzug in ein weit entferntes Land am wahrscheinlichsten.

Es folgt eine Beschreibung, wie sich die aufsteigenden Planeten im Solarhoroskop ausdrücken können.

Sonne
Eine Zeit, in Bereichen etwas zu erreichen, in denen Ihre Persönlichkeit Ihnen oder den Menschen, die Sie lieben, zugute kommt. Während dieser Zeit werden Sie sich wahrscheinlich offen und ehrlich ausdrücken, bestimmt und leicht theatralisch sein und kein Blatt vor den Mund nehmen. – Natürlich ist das davon abhängig, bis zu welchem Grad Ihr Sonnenzeichen es zuläßt. Fische werden diese Qualitäten in anderer Weise ausdrücken als Schützen. Sie fühlen sich als Herr der Lage und sollten sich konstruktiv darum bemühen, die durch Ihr Sonnenzeichen ausgedrückten Eigenschaften voll auszuleben. Wenn Ihre Sonne im Radix zum Beispiel im 12. Haus steht, wird es Ihnen jetzt plötzlich leichter fallen, Ihre Sonne wirklich scheinen zu lassen. Der Wunsch, Ihr Licht unter den Scheffel zu stellen, nimmt ab. Die Auswirkung der aufsteigenden Sonne kann an demjenigen Haus abgelesen werden, dessen Spitze in den Löwen fällt. Im Bereich dieses Hauses werden Sie in diesem Jahr am meisten wachsen, und dort können Sie sich auch mit sich selbst identifizieren und die größte Anerkennung erreichen. Mit einem Solar-Aszendenten im Wassermann und der Sonne im 1. Haus wird die Spitze des 7. Hauses logischerweise im Löwen stehen. Sie könnten einzigartige oder unerwartete Aktivitäten in Angriff nehmen, und zwar höchstwahrscheinlich mit einem Partner (7. Haus), die Ihnen Nutzen oder Anerkennung einbringen könnten oder auch beides.

Mond
Ihre emotionale und häusliche Seite bringt diese Qualitäten an die Oberfläche, verstärkt sie, und Sie machen Erfahrungen, die durch den Mond im Radix angezeigt werden. Bauen Sie in dieser Zeit Beziehungen zu Ihnen nahestehenden Menschen auf. Es ist eine sensible Phase, in der Sie sich wahrscheinlich auf sehr intime Weise ausdrücken werden; halten Sie Ihre Gefühle in Verbindung mit einem nüchternen Urteil, besonders wenn Sie Ihre Gefühle nicht allzu demonstrativ zur Schau stellen wollen. Eine ruhelose Zeit; vielleicht haben Sie den Wunsch zu reisen oder eine vollkommene und dauerhafte Veränderung vorzunehmen. Es ist besser, nicht zu vollständig und dauerhaft Ihre Zelte abzubrechen, wenn das der einzige Hinweis auf eine Veränderung ist. Das Haus mit Krebs an der Spitze zeigt Ihnen,

wo das Bedürfnis nach Veränderung am stärksten verspürt wird. Krebs an der Spitze des 6. Hauses zeigt oft das Bedürfnis nach einem Arbeitswechsel an, aber auch hier sollten andere Faktoren berücksichtigt werden, bevor diese Veränderung Realität wird.

Merkur

Jetzt ist die Zeit gekommen, um Ihr Urteilsvermögen einzusetzen; um an Probleme oder Ereignisse, die durch Merkur angezeigt werden, heranzugehen. Kommunikation, Handel und Arbeit werden betont. Mögliche gesundheitliche Probleme könnten auftauchen, da Ihr Nervensystem jetzt hyperaktiv sein wird. Eine gute Zeit, um zu schreiben oder zu reisen, aber auch für Zurückhaltung in beiden Bereichen, damit Unvorsichtigkeit nicht zu Problemen führt. Stellen Sie fest, an welchen Häuserspitzen Zwillinge und Jungfrau stehen, um zu sehen, wie Sie sich mitteilen und Wege zu anderen finden können. Wenn das Zeichen Zwillinge zum Beispiel an der Spitze des 9. Hauses steht, dann könnte sich die Möglichkeit für einen Gesprächsaustausch mit einer Person aus einer anderen Kultur oder einem anderen Hintergrund ergeben. Mit Jungfrau könnten Sie sich auf eine Arbeit im Ausland freuen, oder auf die Veröffentlichung eines Artikels oder Buches über Gesundheit, Ernährung und Hygiene.

Venus

Eine hervorragende Zeit, um Schönheit auf allen Ebenen Ihres Lebens zu pflegen und Harmonie anzustreben, insbesondere in partnerschaftlichen Beziehungen. Ihre Gefühle können jetzt intensiv sein, aber stellen Sie sicher, daß Sie nicht bloße Selbstbestätigung oder Nachgiebigkeit sich selbst gegenüber auf Kosten tiefergehender Beziehungen üben. Das ist eine Zeit, mit den Menschen zusammenzusein, denen Sie wirklich wichtig sind. Romantik, gesellschaftliche Kontakte und Spaß rangieren ganz oben. Die Häuserspitzen im Stier und in der Waage zeigen an, welche Bereiche der Aufmerksamkeit und Aktivität bedürfen. Mit einer aufsteigenden Venus an der Spitze des 8. Hauses könnten Sie das Bedürfnis nach einer Schönheitsoperation haben. Wenn Venus das 11. Haus regiert, dann sollten Sie Ihrem gesellschaftlichen Leben eine neue Richtung geben.

Mars
Das könnte das Jahr sein, in dem Sie vorher aufgestellte konstruktive Richtlinien dazu nutzen könnten, um sehr aktiv zu sein, um so ziellose Verausgabung zu vermeiden. Sie könnten auf Schwierigkeiten stoßen und mit der Notwendigkeit konfrontiert werden, Ihre Schritte zurückzuverfolgen. Selbstsicherheit ist ein Gewinn, aber übertreiben Sie es nicht und drängen Sie sie nicht anderen auf. Zügeln Sie Ihre Bedürfnisse und seien Sie umsichtig. Die Häuser mit Widder (vorrangig) und mit Skorpion (zweitrangig) an den Häuserspitzen zeigen die Bereiche an, denen Sie zusätzliche Energie zukommen lassen müssen beziehungsweise bei denen Sie vielleicht Abstriche zu machen haben. Widder an der Spitze des 5. Hauses könnte das Ende einer Romanze bedeuten; an der Spitze des 7. Hauses das Ende einer Beziehung oder das Bedürfnis nach größerer Unabhängigkeit und Selbstbestätigung in Beziehungen. Natürlich müssen weitere Faktoren diese Schlußfolgerungen bestätigen.

Jupiter
Wachstum und Expansion, wie durch die Stellung Jupiters in Ihrem Geburtshoroskop angezeigt, sind jetzt möglich. Langfristige oder dauerhafte Pläne könnten in diesem Jahr Form annehmen. Es ist wichtig, daß Sie Verständnis für Ihre Situation, die Menschen in Ihrer Umgebung und das politische Geschehen entwickeln. Vermeiden Sie zuviel Selbstvertrauen, das zu Übertreibungen führen könnte. Versuchen Sie, geistig, materiell und spirituell zu wachsen, vor allem in dem Häuserbereich, dessen Spitze in den Schützen fällt. Ein Klient, mit einem aufsteigenden Jupiter in seinem Solarhoroskop, der sein 9. Haus regiert, schloß seine Ausbildung ab und fand die Möglichkeit, an einem weitentfernten Ort Pfarrer zu werden. Jupiter kam aus seinem 4. Radix-Haus, so daß das Jahr auch einen Umzug an diesen entfernten Ort mit sich brachte.

Saturn
Das ist eine Periode, in der Sie Ihren persönlichen Wert überprüfen können; die Saturnstellung in Ihrem Radix kann den Bereich anzeigen, in dem Sie sich unsicher fühlen. Sie können Ihre Talente jetzt in der Praxis einsetzen; Ihre bisherige Lebensweise kann sich in dieser Zeit in einem angeschlagenen Gesund-

heitszustand ausdrücken. Da der negative Gebrauch des Saturn Ihre physische Stärke beeinträchtigen kann, ist es wichtig, in diesem Jahr einen vernünftigen Rhythmus zu verfolgen. Sie täten gut daran, Ihren Zahnarzt aufzusuchen. Bei dieser Stellung ist die Tendenz gegeben, zusätzliche persönliche Verantwortung, ob bezahlt oder ehrenamtlich, zu übernehmen, und zwar häufig in den Bereichen mit Steinbock an der Häuserspitze. Das ist die Zeit, in der Sie die Früchte vergangener Arbeit ernten können. Es ist auch eine gute Zeit, um Dinge, die Konzentration erfordern, zu erledigen.

Uranus

Machen Sie eine Bestandsaufnahme der Vergangenheit und trennen Sie sich von Problemen, die bereits überholt sind. Schauen Sie nach vorne und machen Sie Pläne für Veränderungen, die für eine große Zahl von Menschen in Ihrem Leben nützlich sein können. Es kann eine Phase sein, in der unerwartete Ereignisse in den Vordergrund rücken. Eine flexible Einstellung kann sich als hilfreich erweisen. Es kann die Tendenz bestehen, zu stur an der eigenen Meinung festzuhalten, obwohl es wichtig ist, eigenständige Gedanken zu haben, besonders in den Häuserbereichen mit Wassermann an der Spitze. Das Potential, etwas Einzigartiges in irgendeiner Richtung zu schaffen, ist vorhanden; das Ergebnis wird von den Aspekten zu Uranus und den von ihm regierten Häusern im Solarhoroskop abhängen.

Neptun

Nehmen Sie sich die Zeit für eine stille Inspektion Ihres inneren Wesens; Zeit, um über eine künstlerische Ausdrucksform, die Sie anzieht, nachzudenken und diese zu entwickeln. Wenn in Ihrem Geburtshoroskop eine Begabung zum Schauspielern angezeigt ist, dann ist dies eine Zeit, in der das chamäleonartige Wesen Neptuns von Nutzen sein kann. Es kann eine inspirierende Zeit sein, aber seien Sie sorgfältig und vermeiden Sie jegliche Unklarheiten oder Illusionen. Geben Sie Plänen viel Raum, besonders wenn Neptun herausfordernde Aspekte hat. Mit Neptun am Solar-Aszendenten und als Regent des 8. Hauses beschäftigte sich ein Klient mit einem Wettsystem beim Pferderennen und verlor einen Großteil seines schwer erarbeiteten

Geldes. Ihre Kreativität drückt sich am besten in dem Hausbereich aus, dessen Spitze in den Fischen steht.

Pluto
Hier handelt es sich um eine Zeit, um Präzedenzfälle zu schaffen und etwas abzuschließen. Das kann mit »einem ersten Mal« in Ihrem Leben einhergehen. Aber es kann die Tendenz bestehen, sich um Ihre Verpflichtungen herumzudrücken und den leichten Weg zu gehen, insbesondere wenn Pluto von transitierenden Planeten nicht aspektiert wird. Pluto am Aszendenten wird häufig von dem Bedürfnis zu kontrollieren begleitet, demjenigen, andere zu verändern, um sich selbst nicht verändern zu müssen. Es deutet einen intensiven Selbstausdruck an und verweist oft auf Möglichkeiten für Wachstum und Entwicklung. Das Haus mit Skorpion an der Spitze zeigt an, wo Sie tiefergehende Veränderungen vornehmen müssen und wo Sie die zuvor erwähnten Wachstums- und Entwicklungsmöglichkeiten ansetzen können.

Allgemeines

Im folgenden stellen wir Ihnen Überlegungen allgemeiner Art vor und rufen Ihnen einige Facetten des Solarhoroskops nochmals in Erinnerung. Sie sind nach der Betrachtung Hunderter von Horoskopen zusammengestellt worden sowie nach vielen Jahren praktischer Arbeit mit dieser phantastischen Methode.

Um möglichst genau zu arbeiten, sollte der Orbis für die *Aspekte zwischen Radix- und Solarplaneten* nicht größer als 5° sein. Da selbst 20 Minuten Zeitunterschied bei der Geburtszeit sich auf die Bogenminutenwerte bei der Sonnenposition auswirken können und eine Minute bei der Sonne 4° Unterschied an der Himmelsmitte ausmachen können, muß man bei den Aspekten zu den Häuserspitzen im Solarhoroskop etwas Orbis hinzugeben. Auch hier können wir sagen, daß 5° in beide Richtungen angemessen ist. Korrekte Längen- und Breitengradberechnungen sind auch deshalb wichtig, da sie ebenfalls die Gradzahlen der Häuserspitzen im Solarhoroskop beeinflussen, besonders wenn Sie das Solarhoroskop für den gegenwärtigen Aufenthaltsort berechnen.

Solarhoroskope sind dann besonders aussagekräftig, wenn der *Radix-Aszendent mit dem Solaraszendenten* übereinstimmt, besonders wenn er bei derselben Gradzahl steht (innerhalb 3° oder 4°). Das kommt ungefähr alle 33 Jahre vor in Abhängigkeit davon, ob Sie von Ihrem Geburtsort weggezogen sind. Jedes Ereignis in einem solchem Jahr scheint Sie persönlich zu betreffen, egal, ob Sie Ihren Geburtsort oder Wohnort zugrunde legen.

Wenn die *Achsen vertauscht sind* (zum Beispiel wenn der Aszendent in das 7. Haus fällt), scheinen die Dinge nicht besonders vielversprechend zu sein. Sie können von der Gnade anderer Leute abhängig sein oder einen Ehe- oder Geschäftskonflikt erleben. Jupiter oder Venus am Aszendenten könnten das modifizieren. Ähnliche Umstände könnten dann vorhanden sein, wenn der Solar-Mond in Opposition zur Sonne steht. Andererseits könnte dadurch der Weg für ein gesundes Gleichgewicht zwischen Ihnen und anderen geebnet werden, damit Sie so einen Mittelweg zwischen Selbstbehauptung und Nachgiebigkeit gegenüber anderen finden können.

Jeder *Planet,* der zu seiner *Ausgangsposition* zurückkehrt (innerhalb von 3° bis 4°) ist von besonderer Bedeutung, und die Häuser im Solarhoroskop, die von diesem Planeten regiert werden, bedürfen besonderer Beachtung.

Planeten im Solarhoroskop (die Transite des Geburtstages) sollten nur dann als wichtig betrachtet werden, wenn sie einen Radix-Planeten aspektieren.

Jeder Planet innerhalb 3° an einer Häuserspitze aktiviert das betreffende Haus. Jeder Planet an einer Achse (1.,4.,7. oder 10. Haus) oder innerhalb von 5° vor der Achse verdient besondere Aufmerksamkeit, ebenso wie das von dem Planeten regierte Haus.

Die Häuser im Solarhoroskop, in denen sich der Aszendent und die Himmelsmitte des Radix befinden, stellen die Schlüsselhäuser bei der Auflistung der Aktivitäten für das betreffende Jahr dar. Das Haus, in das der Radix-Aszendent fällt, zeigt den Bereich für Ihren persönlichen Ausdruck an; das mit der Himmelsmitte steht für öffentliche oder sichtbare Entwicklungen. Als der Radix-Aszendent von Henry Kissinger ins 9.Solar-Haus fiel, unternahm er einen Umzug in ein weit entferntes Land (siehe Solarhoroskop für 1937 auf S. 255.) Als Cher aus dem Hause ihrer Mutter auszog, befand sich ihr Radix-Aszendent im Solarhoroskop im 3. Haus (siehe Solarhoroskop für 1962 auf

Solar - Oskarnominierung

Cher - 1983

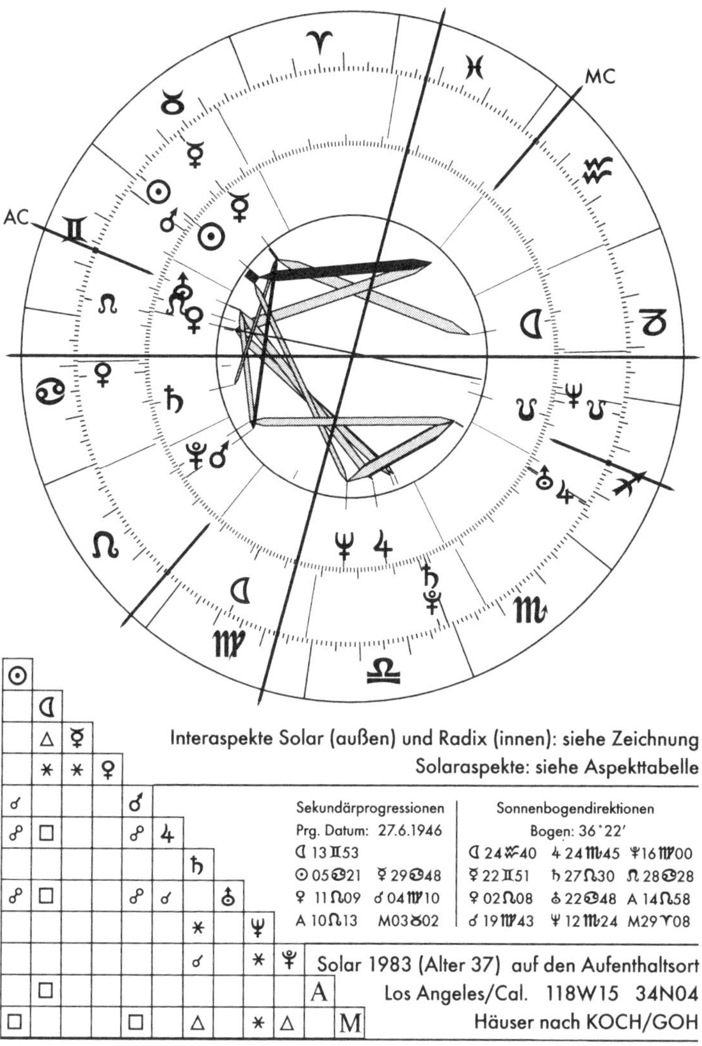

☉											
	☽										
	△	☿									
	✶	✶	♀								
☌				♂							
☍	□			☍	♃						
						♄					
☍	□			☍	☌		♅				
						✶		♆			
						☌		✶	♇		
	□									A	
□				□		△		✶	△		M

Interaspekte Solar (außen) und Radix (innen): siehe Zeichnung
Solaraspekte: siehe Aspekttabelle

Sekundärprogressionen		Sonnenbogendirektionen		
Prg. Datum: 27.6.1946		Bogen: 36°22′		
☽ 13♊53		☽ 24♒40	♃ 24♏45	♅ 16♍00
☉ 05♋21	☿ 29♋48	☿ 22♊51	♄ 27♌30	☊ 28♋28
♀ 11♌09	♂ 04♍10	♀ 02♌08	⛢ 22♋48	A 14♌58
A 10♌13	M03♉02	♂ 19♍43	♆ 12♏24	M29♈08

Solar 1983 (Alter 37) auf den Aufenthaltsort
Los Angeles/Cal. 118W15 34N04
Häuser nach KOCH/GOH

Seite 235). Der Radix-MC von Betty Ford stand im 7.Solar-Haus, als sie Gerald Ford heiratete (siehe Horoskop auf Seite 265).

Immer dann, wenn ein oder mehrere Planeten im Solarhoroskop ein T-Quadrat mit einem Radix-Quadrat oder einer Opposition bilden – besonders dann, wenn ein T-Quadrat zu einem Großen Kreuz wird –, können Sie im Bereich der beteiligten Häuser große Aktivitäten erwarten, insbesondere dann, wenn diese Konstellationen durch einen Neumondzyklus oder eine Eklipse angesprochen werden. (Siehe Kapitel 10.) Das gleiche gilt, wenn ein Quinkunx zu einer Yod-Figur wird. Wenn ein Trigon zu einem Großen Trigon wird, bedeutet das viel Leichtigkeit und fließende Energie. Dies geht jedoch nicht unbedingt mit vielen Ereignissen einher.

Anfang 1984 erhielt Cher die Auszeichnung »Best Supporting Actress« (beste Nebendarstellerin) für Ihre Rolle in dem Film *Silkwood.* Im Solar für 1983 (Seite 263) fällt ihr Aszendent ins 12. Radix-Haus, und ihre Sonne steht im 12. Solar-Haus. Es war eine Zeit, während der sie sich auf ihre inneren Reserven verlassen mußte, um durch eine sehr schwierige Phase in ihrem Leben zu gehen. Cher hat eine Yod-Figur, die den Radix-Jupiter im Quinkunx zum Solar-Merkur und zum Radix-MC mit einschließt. Tatsächlich trat der Wendepunkt in ihrem Leben ein, als der Neumond im Februar in Konjunktion zu ihrem Solar-MC stand. Ihre Radix-Sonne bildete ein Yod mit dem Solar-Neptun im 7. Haus (Öffentlichkeit) und Solar-Pluto und Saturn im kreativen 5. Haus. Wenn sie vom Publikum als ernsthafte Schauspielerin akzeptiert werden könnte, dann würde ihr das Türen für eine einträgliche Karriere in einem Bereich ermöglichen, um den sie sich schon seit längerem bemüht hatte. Sie bekam zwar keinen Oscar, aber im Februar 1984 erhielt sie den »Golden Globe«.

Wenn der Radix-*Saturn* im 12. Solar-Haus steht, dann kann das häufig das Bedürfnis anzeigen, Zeit alleine zu verbringen. Es kann auch eine Inhaftierung oder einen Krankenhausaufenthalt anzeigen. Der Solar-Saturn in diesem Haus gibt einen Hinweis darauf, daß Sie jemanden im Gefängnis besuchen könnten. Es zeigt die Fähigkeit, sich auf innere Angelegenheiten zu konzentrieren, besonders bei einem so einsamen Berufsweg wie dem Schreiben, Malen oder der Forschung.

Solar - Hochzeit, Tod der Mutter

Betty Ford - 1948

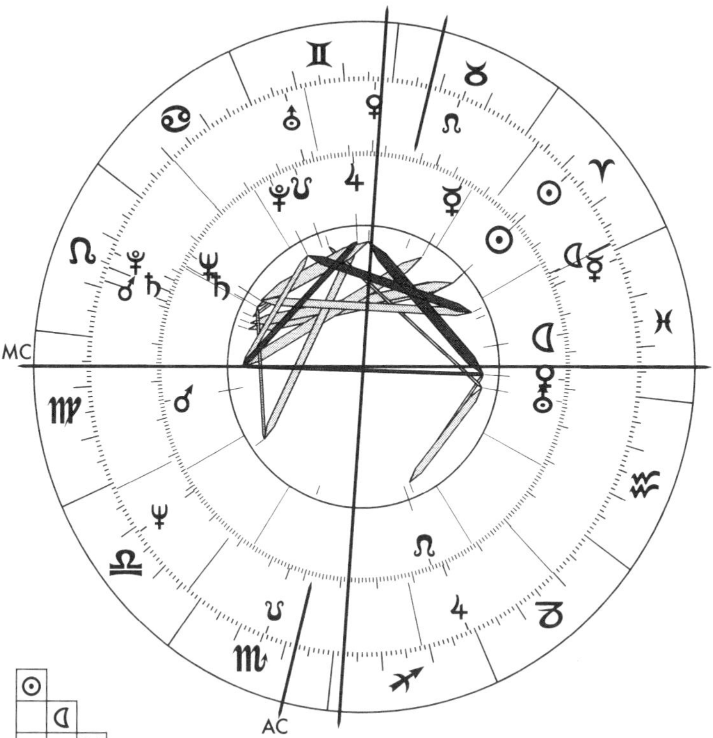

☉											
	☽										
	☌	☿									
	⚹	⚹	♀								
△				♂							
	□	□	⚻		♃						
△				☌		♄					
⚹		□		⚹	☍	⚹	♅				
☍						⚹		♆			
△				☌		☌		⚹	♇		
⚻		△		□		□	⚻			A	
	⚻		□								M

Interaspekte Solar (außen) und Radix (innen): siehe Zeichnung
Solaraspekte: siehe Aspekttabelle

Solar 1948 (Alter 30) auf den Aufenthaltsort
Grand Rapids/MI 85W40 42N58
Häuser nach KOCH/GOH

Wo der *Solar-Mond im Radix* steht, kommt es zu Aktivitäten oder Ruhelosigkeit in dem betreffenden Jahr. Wo sich der Solar- oder Radix-Pluto befinden, werden Gebiete für mögliches Wachstum angezeigt. Der Solar- oder Radix-Jupiter im 12. Haus können ein gewisses Maß an Schutz für das Jahr anzeigen (der sprichwörtliche Schutzengel).

Wenn der Solar-Aszendent ein Quadrat oder ein Quinkunx zum Radix-Aszendenten bildet, können gesundheitliche Probleme oder persönliche Veränderungen auftreten; überprüfen Sie andere Solar-Aszendenten oder Aspekte zum 6. Haus zur Bestätigung. Wenn die Solar- und Radix-Himmelsmitte harmonisch zueinander stehen, kann es mit Ihrer Karriere vorangehen; mit herausfordernden Aspekten sind Rückschläge möglich. Bei einem Quinkunx werden Anpassungen notwendig. Ein positiver Weg, um daran zu arbeiten, besteht darin, alte Muster umzuarbeiten und sich von negativem Denken zu befreien.

Denken Sie an die *Häuserpolaritäten,* wenn Sie Solarhoroskope interpretieren. Ein aktives 11.Haus kann den Fokus auf Ihre Kinder oder auf Investitionen (5. Haus) ebenso wie auf Freunde, gesellschaftliche Aktivitäten oder Geschäftseinkommen (11. Haus)legen.

Nachdem wir viele Jahre lang mit Solarhoroskopen gearbeitet hatten, haben wir gewisse Indikatoren gefunden, die einige allgemeine Ereignisse herausstellen. Sie können als Richtlinien dienen, da das Gesamthoroskop in Betracht gezogen werden muß (sowohl Radix als auch Solar) ebenso wie wirksame Progressionen und Sonnenbogendirektionen. Wir nehmen jedoch an, daß Sie die Beobachtungen hilfreich finden werden.

Indikatoren für eine Heirat: das 3.,7.,9. oder 11. Haus werden aktiviert, entweder indem der Solar-Aszendent in diese Häuser fällt oder indem die Sonne oder der Aszendentenherrscher in einem von diesen Häusern steht. Auch Venus, Mars, Pluto und Saturn (Radix oder Solar) in einem Eckhaus können Indikatoren sein. Mindestens drei bis vier dieser acht möglichen Indikatoren sollten erfüllt sein.

In Betty Fords Solarhoroskop für 1948, dem Jahr, in dem sie heiratete, fiel der Solar-Aszendent in ihr 3. Radix-Haus; ihre Sonne befand sich im 5. Solar-Haus. Der Radix-Aszendent,

Solar - Geburt der Tochter Susan am 6. 7. 1957

Betty Ford - 1957

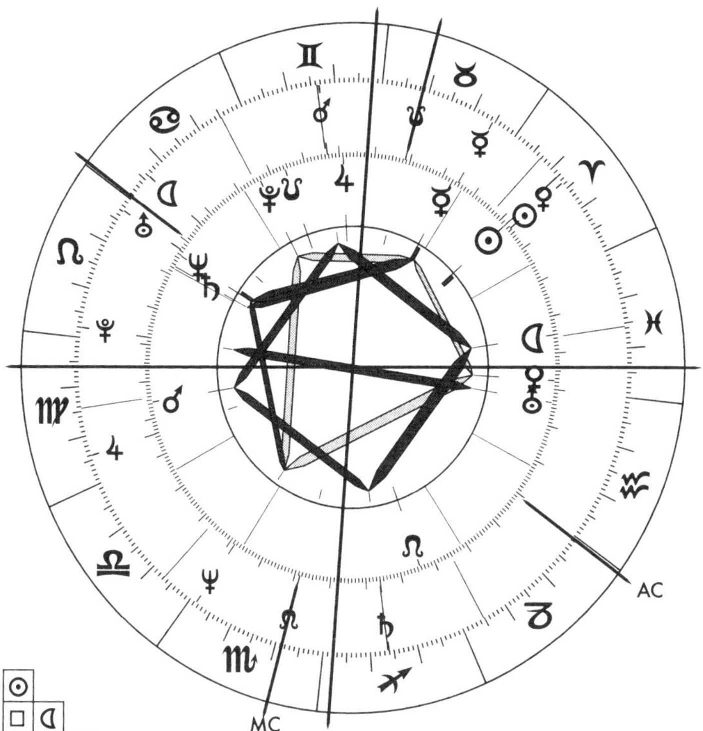

Interaspekte Solar (außen) und Radix (innen): siehe Zeichnung
Solaraspekte: siehe Aspekttabelle

☉											
□	☾										
		☿									
☌	□		♀								
✶			✶	♂							
	✶				♃						
△			△	☍		♄					
		□					♅				
	□	☍					□	♆			
								✶	♇		
		□			△			□		A	
	△				✶				□		M

Solar 1957 (Alter 39) auf den Aufenthaltsort
Washington DC 77W02 38N54
Häuser nach KOCH/GOH

Mars, Jupiter, MC und der Mond befanden sich in Eckhäusern, und im Solarhoroskop stand Venus im 7. Haus. (Wir sehen darin auch ihren weiten Umzug angezeigt, da die Regenten des Solar-Aszendenten, Pluto und Mars, sowie der Radix-Neptun, der Regent des 4. Hauses im Solarhoroskop und Radix- und Solar-Saturn, die das 3. Haus im Solar regieren, alle im 9. Haus im Solarhoroskop stehen.) Nähe und sich einlassen stehen ganz im Mittelpunkt.

Geburt oder Schwangerschaft: Die Häuser 4, 5 und 11 werden aktiviert. Die Mondknoten (Radix und Solar) stehen auf der Achse vom 5. und 11. Haus oder in fallenden Häusern. Der Mond und/oder der Radix-Aszendent und der MC stehen in einem Eckhaus oder im 5. beziehungsweise 11. Haus. Solar- oder Radix-Neptun stehen im 4. Haus.

Im Solarhoroskop von Judy Garland im Jahre 1945 fällt der Aszendent ins 5. Radix-Haus; der Radix-MC fällt ins 4. Haus und die Mondknoten stehen auf der Achse 5./11. Haus im Solarhoroskop. Sie brachte ihr Kind Liza Minnelli am 12. März 1946 auf die Welt.

Als Betty Ford 1957 ihr jüngstes Kind, Susan, gebar, fiel der Solar-Aszendent ins 5. Radix-Haus. Der Aszendentenherrscher, der Solar-Saturn, stand in ihrem 11. Haus, das das 4. Kind repräsentiert. Ihre Mondknotenachsen im Radix fallen ins 5. beziehungsweise 11. Haus, ihr Radix-MC stand in einem Eckhaus. (Horoskop auf Seite 267.)

Beruf oder berufliche Veränderung: Aktivitäten im 2.,6. und 10. Haus. Uranus im 6. oder 10. Haus kann eine berufliche Veränderung andeuten. Im 6. Haus findet die Veränderung oft innerhalb des eigenen Berufszweiges oder der eigenen Firma statt. Im 10. Haus kann Uranus auf Veränderungen in der beruflichen Karriere hindeuten. Mond und Mars zeigen ähnliche Themen.

Veränderungen im Zuhause: Häufig durch eine Aktivität im 3. oder 4. Haus angezeigt. Mond, Mars oder Uranus im 4. Haus können mit Veränderungen zusammenhängen; Saturn im 4. Haus scheint anzuzeigen, daß man keinen Umzug vornehmen beziehungsweise diesen verschieben sollte. Mit Mond, Mars und Uranus im 3. Haus könnten Sie das Bedürfnis nach einer neuen Umgebung verspüren und über dieses Thema reden wollen; aber es ist nicht unbedingt notwendig, etwas in dieser Richtung zu unternehmen. Das 7. Haus steht oft in Zusammenhang mit einem Umzug, da es ein neues Zuhause repräsentiert (das 4. vom 4.). Für einen Umzug an einen weiter entfernten Ort schauen Sie, ob es eine Verbindung vom 4. zum 9. Haus gibt. Uranus im 4. Haus als einziger Indikator symbolisiert nicht unbedingt einen Umzug. Veränderungen im Zuhause können dadurch angedeutet werden, daß eine Neugestaltung vorgenommen wird, ein neuer Mitbewohner oder eine neue Mitbewohnerin einzieht, oder aber ein Mieter auszieht. Mars kann ein ähnliches Potential andeuten.

Tod: Wie bereits an anderer Stelle bemerkt, kann man den Tod nicht vorhersagen. Die Möglichkeit kann jedoch im Horoskop offensichtlich sein. Zum Beispiel können sowohl das 2. und 8. Haus als auch das 4. Haus aktiviert sein. Natürlich könnte diese Aktivierung auch auf finanzielle Angelegenheiten hindeuten, wie zum Beispiel einen Bankkredit oder eine Steuerprüfung.

Im Falle des Todes eines Elternteils betrachten Sie das 5. und 11. Haus und das 1. und 7. Haus. Das 5. beziehungsweise 11. Haus sind das 8. Haus der Eltern, und das 1. beziehungsweise 7. Haus repräsentieren deren 4. Haus. (Siehe Kissingers Solarhoroskop für 1980 auf Seite 241.) In dem Solarhoroskop von Betty Ford für das Jahr 1948 (Seite 265) verstarb ihre Mutter; aber im selben Jahr heiratete sie auch Gerald Ford.

Scheidung: Das 3., 7., 8. und 9. Haus werden aktiviert. Das 3. Haus, da es die Auflösung von Verträgen symbolisiert; das 7. Haus deutet eine Trennung vom Partner an; das 8. Haus zeigt die Überschreibung von Geldern und Veränderungen in sexuellen Beziehungen an, das 9. Haus beschreibt rechtliche Angelegenheiten. Auch Pluto, Uranus und Mars stehen in der Regel in einem Eckhaus; diese Hinweise könnten auch ein Bedürfnis nach einzigartigen oder neuen Handlungen sein, besonders wenn die Öffentlichkeit oder ein Partner (Mars und Uranus) betroffen sind oder eine Befreiung von Einschränkungen und das Bedürfnis nach mehr Macht zum Ausdruck kommt (Pluto).

Als sich Cher am 9. Juli 1974 von Sonny Bono scheiden ließ, fiel ihr Solar-Aszendent in den Fischen ins 9. Radix-Haus. Der

Solar-Neptun stand im 9. Haus, während der Radix-Neptun im 7. Haus stand und die Sonne sich im 3. Haus befand. Die Betonung im 9. Haus zeigt die rechtlichen Auswirkungen an, das 7. Haus deutet auf Probleme in der Partnerschaft und auf Auflösung hin, während die Sonne im 3. Haus das Bedürfnis nach Kommunikation anzeigt und die Notwendigkeit, Papiere zu unterschreiben. Die Mondknotenachsen in Konjunktion zum Meridian sind eine weitere Bestätigung für eine Veränderung im Status und im Zuhause. (Horoskop auf Seite 271.)

Gesundheit: Betrachten Sie das 1.,6. und 12. Haus. Für operative Eingriffe nehmen Sie das 8. Haus und das 12. Haus (Krankenhausaufenthalt) noch hinzu. Wenn Mars im 8. Haus oder am Aszendenten steht, oder der Mond im 8. Haus mit herausfordernden Aspekten, dann prüfen Sie, ob operative Eingriffe notwendig sind. Oftmals treten diese Anzeichen bei einem Kaiserschnitt oder bei einer Schönheits- oder kieferorthopädischen Operation auf. Behalten Sie bitte in Erinnerung, daß eine starke Betonung auf der 6./12.-Achse auch einen Stellenwechsel, Beratung, Therapie oder ehrenamtliche Tätigkeit und so weiter bedeuten kann.

Als Rock Hudson sich 1981 einer Operation am offenen Herzen unterziehen mußte, stand der Solar-Aszendent im Widder, der Radix-Mars (Aszendentenherrscher) stand in Konjunktion zur Spitze des 8. Hauses, und der Solar-Mars befand sich im 6. Haus. Seine Radix-Sonne und Saturn befanden sich ebenfalls im 8. Haus. Sein Solar-Aszendent stand in Opposition zu seinem Radix-Aszendenten. (Horoskop auf Seite 272.)

Eine starke Betonung auf der Achse 2./8. Haus kann eine Erbschaft bedeuten (zusammen mit dem 4. Haus), die Regelung einer Versicherungsangelegenheit (zusammen mit dem 7. oder 9. Haus), eine Steuerprüfung oder Verschuldung; das 2., 5. und 8. Haus kann Glück im Spiel oder eine Investition anzeigen. Eine Betonung auf dem 3. und 9. Haus geht oft mit Reisen oder Bildungsmöglichkeiten einher; Aktivitäten im 5. und im 9. Haus können ein Enkelkind anzeigen, falls dies möglich ist.

Wenn sowohl das 5. als auch das 7. Haus aktiviert werden und Venus stark gestellt ist, dann bedeutet das in der Regel eine Liebesaffäre, die sich zu einer romantischen Beziehung entwikkelt. Wenn die Person bereits verheiratet ist, dann kann es zu

Solar - Scheidung von Sonny am 9. 7. 1974

Cher - 1974

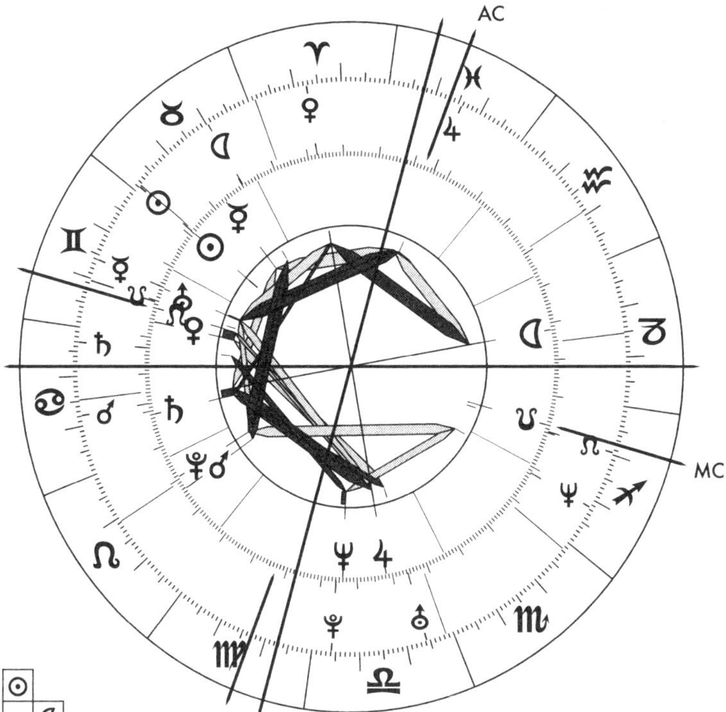

Interaspekte Solar (außen) und Radix (innen): siehe Zeichnung
Solaraspekte: siehe Aspekttabelle

	☉	☽	☿	♀	♂	♃	♄	⛢	♆	♇	A	M
☉												
☽												
☿												
♀			*									
♂		*		□								
♃		*	□		△							
♄		*										
⛢				☍	□							
♆						□						
♇	△						□		*			
A		*	□		△	☌						
M			☌	*				△				

Sekundärprogressionen		Sonnenbogendirektionen		
Prg. Datum: 17.6.1946		Bogen: 26°49′		
☉ 25♊49	☿ 14♋20	☽ 15♒07	♃ 15♏12	♇ 06♍26
♀ 29♋20	♂ 28♌29	☿ 13♊18	♄ 17♌59	☊ 18♋55
A 02♌03	M 22♈40	♀ 22♋35	⛢ 13♋15	A 05♌25
		♂ 10♍10	♆ 02♏52	M 19♈35

Solar 1974 (Alter 28) auf den Aufenthaltsort
Los Angeles/Cal. 118W15 34N04
Häuser nach KOCH/GOH

Solar - Bypass-Operation

Rock Hudson - 1981

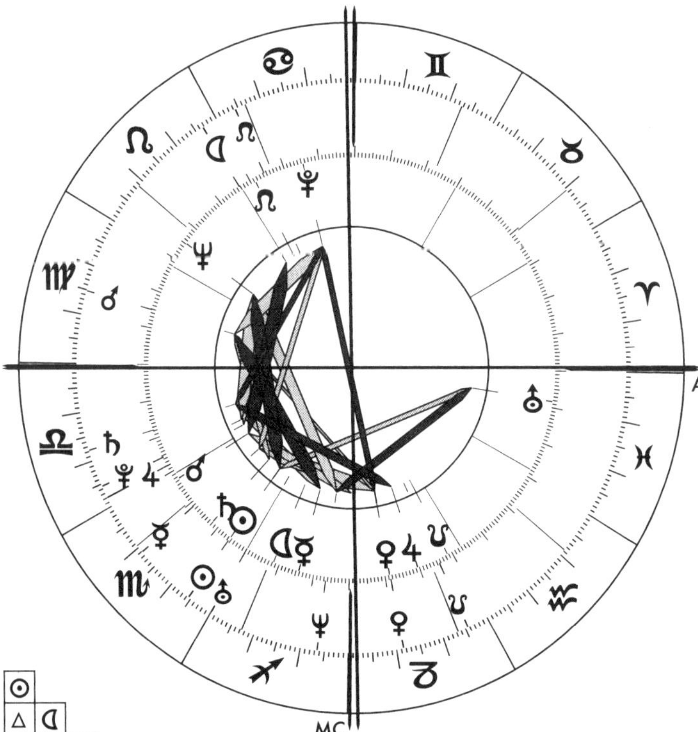

☉											
△	☽										
	□	☿									
		⚹	♀								
		⚹	△	♂							
	□				♃						
			□			♄					
☌	△						♅				
					⚹	⚹		♆			
	□				☌			⚹	♇		
△	△						△			A	
					⚹			☌	⚹		M

Interaspekte Solar (außen) und Radix (innen): siehe Zeichnung
Solaraspekte: siehe Aspekttabelle

Solar 1981 (Alter 56) am Aufenthaltsort
Los Angeles/Cal. 118W15 34N04
Häuser nach KOCH/GOH

Zuwachs in der Familie kommen; Betonungen auf dem 5. und 12. Haus können ein Indiz für eine heimliche Affäre sein oder eine Affäre mit einem Mann oder einer Frau, der/die bereits verheiratet ist; sind das 7. und 12. Haus betont, kann dies einen untreuen Partner anzeigen.

Die Progression des Solarhoroskops

Zur Progression des Solarhoroskops: Das Horoskop bewegt sich alle vier Tage um 1° *über die Himmelsmitte* weiter. Daraus folgt, daß sich das Horoskop um 7 ½° pro Monat, um 15° in zwei Monaten, um 30° in vier Monaten, um 60° in acht Monaten und um 90° in einem Jahr weiterbewegt. Überprüfen Sie Ihre Solarhoroskope für die nachfolgenden Jahre, um sicherzugehen, daß sie sich wirklich zwischen 87° bis 93° pro Jahr am *MC* bewegt haben (außer wenn Sie das Solarhoroskop für einen anderen Ort als in dem vorhergehenden Jahr berechnet haben).

Da sich die Häuserspitzen in Richtung der Planeten verschieben, können Sie Ereignisse innerhalb einer Zeitspanne von zwei Wochen festlegen. Suchen Sie die Gradzahl des MC für das progressive Datum und entnehmen Sie der Häusertabelle die Häuserspitzen, bezogen auf den Breitengrad des vorliegenden Ortes. Wenn eine Häuserspitze innerhalb eines Orbis von 5° zu einem Planeten liegt, dann kann das ein Signal für ein Ereignis sein.

Wenn wir das Solarhoroskop des Jahres vorschieben, in dem Cher sich von Sonny scheiden ließ (Solarhoroskop 1974 auf Seite 275), dann sehen die Berechnungen folgendermaßen aus: Zählen Sie die Anzahl der Tage zwischen Ihrem Geburtstag am 20.Mai und Ihrem Erscheinen vor Gericht am 9. Juli. Das sind 50 Tage. Teilen Sie diese Zahl durch 4, so erhalten Sie 12, und 2 sind übrig. Damit kommen Sie auf ungefähr 12 ½°, die wir zur Himmelsmitte hinzuzählen. Der progressive MC liegt bei 5° im Steinbock. Entnehmen Sie die übrigen Häuserspitzen der Häusertabelle unter 34° Nord (Los Angeles).

Die progressive Spitze des 7. Hauses steht in Konjunktion zum Radix-Neptun, dem Aszendentenherrscher des Solars, und dem Solar-Pluto, der das 9. Haus für rechtliche Angelegenheiten regiert. Die Spitze des 4. Hauses steht in Konjunktion zum Solar-Saturn und deutet an, daß sie Verantwortung für ihr Zuhause übernehmen wird, was tatsächlich der Fall war. Die Spitze des 2. Hauses in Konjunktion zum Radix-Merkur gab einen Hinweis darauf, daß ihre Finanzen und Werte sich einer Änderung unterziehen würden. Der progressive Solar-MC steht im Quadrat zum Radix-Neptun und zum Solar-Pluto aus dem 7. Haus und zeigt die vollständige Auflösung der Partnerschaft an.

Wenn wir für das Jahr 1981, in dem sich Henry Kissinger einer dreifachen Bypass-Operation unterziehen mußte (Solarhoroskop auf Seite 241), das Horoskop von seinem Geburtstag am 27.Mai des Jahres auf den 10.Februar (dem Tag des Eingriffs) vorschieben, dann liegen 259 Tage dazwischen. 259 Tage geteilt durch 4 ergibt ungefähr 65°. Wenn wir diese zum MC auf 05° 56' in der Jungfrau dazu addieren, erhalten wir als Ergebnis, daß der MC auf 11° im Skorpion in Konjunktion zum Radix-Jupiter vorgerückt ist (schnelle Genesung). (Siehe progressives Solarhoroskop auf Seite 276).

Die progressive Spitze des 8. Hauses ist bei 19° in der Jungfrau in Konjunktion zum Solar-Saturn. Sein Radix-Aszendent steht in exakter Konjunktion zur progressiven Spitze des 6. Hauses, in dem auch der Radix-Mars und Pluto sowie die Solar-Venus stehen, die Regentin des 12. Hauses ist, desjenigen Hauses, das für Krankenhausaufenthalte steht.

Zusammenfassung

1. Stellen Sie fest, in welches Radix-Haus der Solar-Aszendent fällt.
2. Prüfen Sie, in welchem Haus die Sonne steht, und beachten Sie die Häuser, deren Spitzen im Löwen stehen.
3. Stellen Sie das Aszendentenzeichen des Solars fest und untersuchen Sie, in welchem Haus beziehungsweise in welchen Häusern der oder die Regenten dieses Zeichens stehen.
4. Betrachten Sie die aufsteigenden Planeten eingehender.
5. Richten Sie Ihre Aufmerksamkeit auf diejenigen Häuser, in denen sich ein Radix- oder Solar-Planet an der Häuserspitze befindet.
6. Untersuchen Sie, welches Drittel des Horoskops die meisten Planeten enthält; auch, ob mehr Planeten in Eckhäusern, fixen oder fallenden Häusern stehen.

Progressives Solar - Gerichtstermin der Scheidung 9. 7. 1974

Cher - 1974

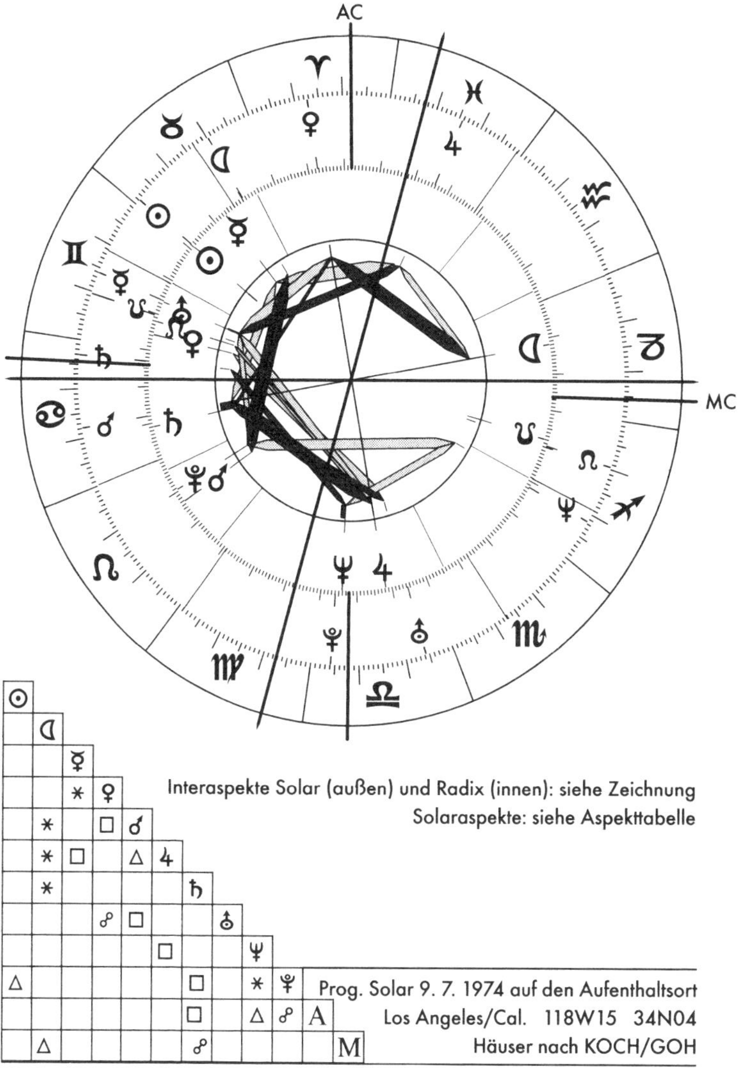

☉											
	☽										
		☿									
		✱	♀								
	✱		□	♂							
	✱	□		△	♃						
	✱					♄					
			☍	□			♅				
					□			♆			
△						□		✱	♇		
						□		△	☍	A	
	△					☍					M

Interaspekte Solar (außen) und Radix (innen): siehe Zeichnung
Solaraspekte: siehe Aspekttabelle

Prog. Solar 9. 7. 1974 auf den Aufenthaltsort
Los Angeles/Cal. 118W15 34N04
Häuser nach KOCH/GOH

Progressives Solar - Operation am offenen Herzen

Henry Kissinger - 1980

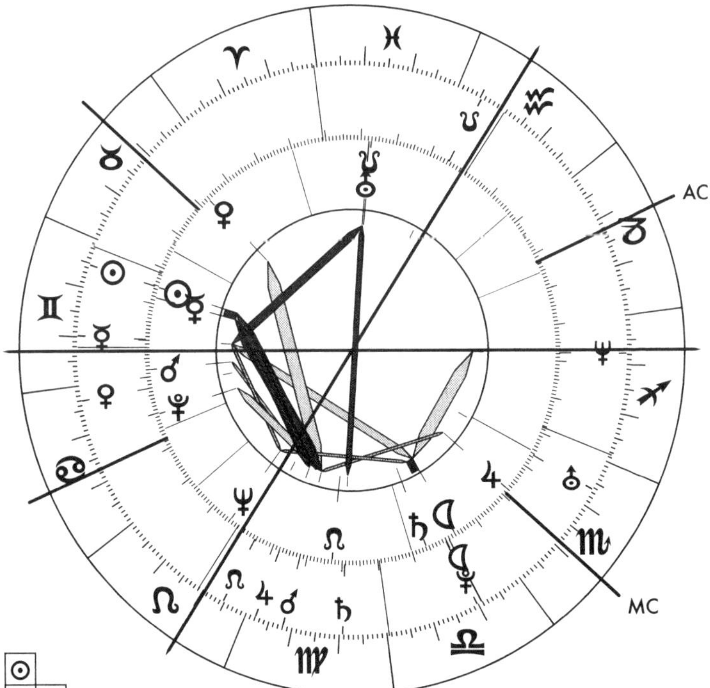

☉											
	☽										
	△	☿									
			♀								
□			✱	♂							
□	·		✱	☌	♃						
		□				♄					
		⊼				✱	♅				
	✱	☍				□		♆			
	☌	△						✱	♇		
	□								□	A	
						✱					M

Interaspekte Solar (außen) und Radix (innen): siehe Zeichnung
Solaraspekte: siehe Aspekttabelle

Prog. Solar 10.2.1981 auf den Aufenthaltsort
Washington DC 77W02 38N54
Häuser nach KOCH/GOH

7. Untersuchen Sie, ob sich mehr Planeten in der unteren oder oberen Horoskophälfte befinden oder auf der östlichen beziehungsweise westlichen Horoskopseite.
8. In welchem Zeichen steht im betreffenden Jahr der Aszendent? Dieses Zeichen gibt der Persönlichkeit seine Färbung.
9. Welche Zeichen befinden sich an der 1. beziehungsweise 4. Häuserspitze? Betrachten Sie, wie diese zueinander stehen.
10. Untersuchen Sie, ob es eingeschlossene Zeichen gibt. Welche Häuser sind dadurch miteinander verbunden, daß ihre Spitzen das gleiche Zeichen anschneiden?

Kapitel 12

Das Lunarhoroskop

Das Lunarhoroskop beschreibt die Rückkehr des Mondes zu seiner Ausgangsposition im Geburtshoroskop. Dies geschieht jeweils im Abstand von 28 bis 29 Tagen, also etwa 13-mal im Jahr. Der Mond gibt Auskunft über Ihre Gefühlslage und die Angelegenheiten des Alltags; daher ist es wichtig, sich klarzumachen, daß ein Lunarhoroskop keine weltbewegenden Ereignisse anzeigt. Es umfaßt diejenigen Bereiche, die in den folgenden 28 Tagen aktiviert werden und gibt einen detaillierten Ausblick auf bedeutungsvolle Monate im kommenden Jahr.

Wir empfehlen Ihnen nicht, 13 Lunare aufzustellen und Ihre Handlungen im folgenden Jahr danach zu richten. Diese Horoskope sind dann am aussagekräftigsten, wenn sie zusammen mit dem Solarhoroskop, den Progressionen und den Direktionen für das betreffende Jahr betrachtet werden. Als praktische Beispiele werden wir Ihnen die Horoskope der Schauspieler Robert Wagner und Natalie Wood vorstellen.

Zunächst einmal werden wir jedoch einige grundlegende Richtlinien anführen, um Ihnen eine Hilfestellung für die Interpretation von Lunarhoroskopen zu geben.

Richtlinien

Wie Sie sehen werden, unterscheiden sich diese Richtlinien nicht von denen, die wir für Solarhoroskope erstellt haben; sie betreffen jedoch einen kürzeren Zeitraum, da der Mondmonat nur 28 bis 29 Tage umfaßt.

Der *Lunaraszendent* und sein Herrscher geben einen aktuellen Ausblick auf den jeweiligen Monat. Sie zeigen, auf welche Weise Sie Ereignisse auf der emotionalen Ebene wahrnehmen werden und wie Sie in diesem Monat an das Leben herangehen. Sie geben ebenso Auskunft über Ihre äußere Erscheinung und Ihren allgemeinen Gesundheitszustand wie über das Bild, das andere sich von Ihnen machen. Die Eigenschaften des Zeichens am Aszendenten werden Ihre Persönlichkeit im Lunar-Monat beeinflussen, und Sie nehmen zusätzlich zu Ihrem Aszendentenzeichen im Geburtshoroskop etwas von seiner Färbung an. Sie sollten jedoch wissen, daß dieses Zeichen nicht so bedeutsam ist wie das Aszendentenzeichen des Solarhoroskops.

Die Aktivitäten in dem betreffenden Monat drehen sich um die Themen desjenigen Hauses im Lunarhoroskop, in dem sich der *Mond* befindet. Dieser Lebensbereich wird in diesem Monat durch Ihre persönliche Energie aktiviert. Das Lunar-Haus, dessen Spitze im Krebs steht, zeigt an, wo die Energie ihren Ausdruck findet. Wenn der Mond zum Beispiel im 10. Haus steht, dann wird sich Ihre emotionale Energie auf die Themen dieses Hauses konzentrieren. Wenn der Mond das 3. Haus im Lunarhoroskop regiert (Häuserspitze im Krebs), dann könnte sich ein Teil der Energie durch Kommunikation, im Umgang mit Geschwistern und Nachbarn oder in Form von Kurzreisen ausdrücken. Ein Teil der Geschehnisse könnte sich auf Ihre berufliche Laufbahn beziehungsweise ein Elternteil richten oder mit möglicher Anerkennung verbunden sein (10. Haus).

Wenn die Zeichenstellung des Mondes nicht mit dem Zeichen identisch ist, in das die betreffende Häuserspitze fällt, dann wirkt er innerhalb des durch das Zeichen an der Häuserspitze vorgegebenen Rahmens. Jeder Aspekt, den er zu dem Herrscher an der Häuserspitze bildet, bestimmt, wie leicht oder schwierig es für ihn sein wird, sich zu entfalten. Dort, wo der Mond steht, fühlen Sie sich am ehesten in der Lage, Ihre Meinung und Ihre Gefühle im Alltagsleben auszudrücken.

Es ist von größter Bedeutung, in welches Radix-Haus der Lunaraszendent fällt. Dieses Haus und sein Herrscher zeigen sowohl im Geburtshoroskop als auch im Lunarhoroskop weitere Aktivitätsbereiche an und beschreiben diejenigen Bedingungen, unter denen die persönlichen Bedürfnisse an die Oberfläche kommen. Wenn der Lunaraszendent sich 3° bis 4° vor der Häuserspitze eines Radix-Hauses befindet, dann wird dadurch das nächste Radix-Haus aktiviert und nicht das vorhergehende Radix-Haus.

Wir möchten Sie auf die Erläuterungen zum Solarhoroskop verweisen, denn diese sind auch auf Lunarhoroskope anwendbar. Denken Sie dabei daran, daß Lunarhoroskope nur für 28 – 29 Tage gelten, was die Möglichkeiten, Dinge auszuarbeiten, auf diesen Zeitraum beschränkt. Mit anderen Worten ausgedrückt: Wenn sich kardinale Zeichen in allen Eckhäusern befinden, dann spielt sich das Bedürfnis, aktiv zu werden, im Zeitrahmen eines Lunar-Monats ab und geht nicht darüber hinaus.

Allgemeine Anmerkungen zu Lunarhoroskopen

Da Lunarhoroskope nur für ungefähr 29 Tage wirksam sind, sollten Sie sich bei der Interpretation vor Augen halten, daß es sich in der Regel nicht um Angelegenheiten handelt, in denen es um Leben oder Tod geht. Gehen Sie daher angemessen damit um.

Lunarhoroskope sind dann besonders aussagekräftig, wenn der Lunar-Aszendent mit dem Radix-Aszendenten möglichst gradgenau identisch ist. Wenn dagegen die Eckhäuser vertauscht sind (wenn zum Beispiel der Radix-Deszendent auf dem Lunaraszendenten steht), dann sehen die Aussichten für diesen Monat nicht so rosig aus. Jupiter oder Venus am Aszendenten modifizieren diese Aussage erheblich. Dies könnte eine günstige Zeit sein, um ein gesundes Gleichgewicht zwischen Ihren eigenen Bedürfnissen und den Erwartungen der anderen zu finden, denn Sie sind jetzt in der Lage, den goldenen Mittelweg zwischen Ihren emotionalen Bedürfnissen und den Anforderungen von außen einzuschlagen.

Lunar-Planeten sind dann von Bedeutung, wenn sie einen Aspekt zu einem Radix-Planeten bilden. Jeder Planet innerhalb von 3° vor einer Häuserspitze aktiviert bereits das nächste Haus. Jedem Planeten in einem Eckhaus sollte besondere Aufmerksamkeit geschenkt werden, ebenso wie dem Haus, das er regiert. Diejenigen Lunar-Häuser, in die Radix-Aszendent und Radix-MC fallen, gelten als Schlüsselhäuser für die Aktivitäten des betreffenden Monats.

Beachten Sie die gegenüberliegenden Häuser, wenn Sie Lunarhoroskope deuten. Ein aktiviertes 9. Haus kann das Interesse auf kurze Reisen und den Nahbereich (3. Haus) lenken, genauso wie auf Fernreisen und Weiterbildung (9. Haus). Die Stellung der Radix-Sonne im Lunarhoroskop ist von besonderer Bedeutung, obwohl es sich um ein Mondhoroskop handelt. Aufgrund unserer Forschungen halten wir es für wichtig, die Hausposition der Radix-Sonne im Lunarhoroskop zu beachten.

Radix

Natalie Wood

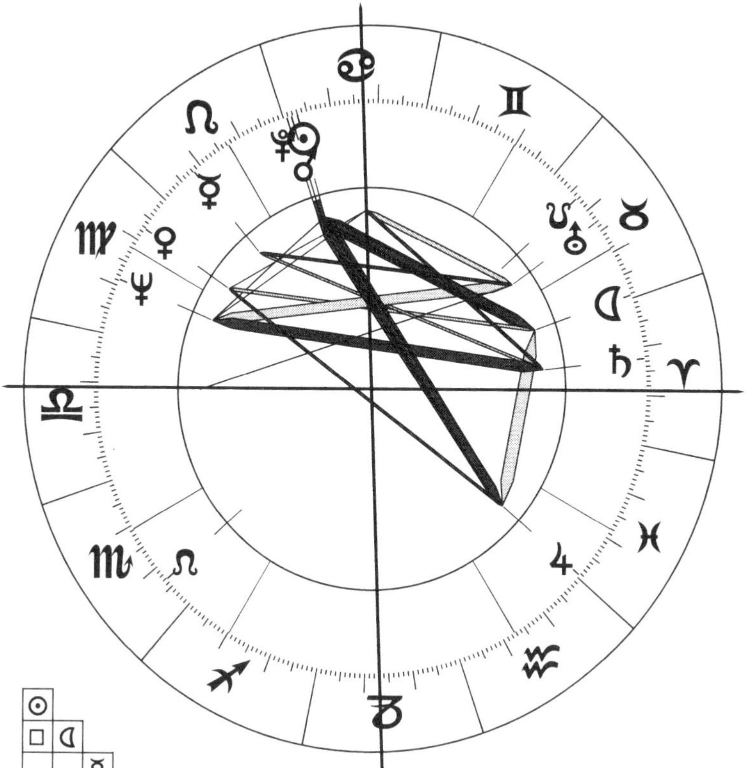

	☉	☽	☿	♀	♂	♃	♄	⛢	♆	♇	A	M
☉												
☽	□											
☿												
♀		△										
♂	☌	□										
♃	⚻	✱		☍	⚻							
♄			△									
⛢			□									
♆	✱						⚻	△				
♇	☌	□			☌	⚻						
A								⚻				
M				✱			□	✱	✱			

Quelle: AA - Marion March, Geburtsurkunde
20. 7. 1938 11:16 PST 19:16 GMT
San Francisco/Cal. 122W25 37N47
Häuser nach KOCH/GOH

Wir haben bislang noch keine Möglichkeit gefunden, Progressionen auf das Lunarhoroskop anzuwenden, obwohl wir verschiedene Vorschläge, die uns hierzu gemacht wurden, aufgegriffen haben. Da wir es jedoch mit einem so kurzen Zeitraum zu tun haben, ist es wahrscheinlich nicht notwendig, sich hierauf zu konzentrieren.

Robert Wagner und Natalie Wood

Als RJ (wie Wagner von seinen Freunden und seiner Familie genannt wird) und Natalie mit 27 beziehungsweise 19 Jahren heirateten, waren sie allgemein als die »togetherness kids« (die Kinder, die ständig zusammenhocken) bekannt. Beide waren romantisch, gefühlvoll, sentimental und hoffnungslos ineinander verliebt. Aber sie waren auch naiv und verletzlich und lebten im Glanze der Hollywood-Publicity, die ihre Ehe beeinträchtigte. Wagner schrieb: »Sie machte eine steile Karriere, und mit meiner ging es bergab. Und ich war nicht gerade das, was man einen vollkommenen Ehemann nennen könnte. Ich bekam es überhaupt nicht geregelt.«

Dadurch, daß sich Natalies Karriere auf dem aufsteigenden Ast befand und Roberts auf dem absteigenden, litt die Ehe und wurde schließlich nach fünf Jahren geschieden. Beide heirateten wieder und hatten jeweils ein Kind mit einem anderen Partner; aber zehn Jahre später waren sie wieder zusammen. Ihre Partnerschaft dauerte an, bis Natalie im Alter von 43 Jahren am 29.November 1981 einem frühen Tod durch Ertrinken anheimfiel.

Natalie wurde am 20.Juli 1938 als Kind russischer Emigranten in San Francisco geboren. Ihre Mutter war Hausfrau, ihr Vater war Schreiner. Die Familie lebte an der Armutsgrenze, bis Maria Gurdin im Jahre 1943 ihre kleine, dunkelhaarige Tochter zu einer Ausschreibung für Statistenrollen mitnahm und sie ausgewählt wurde, in *Glückliches Land* mitzuspielen. Ihre Familie siedelte nach Hollywood über, wo Natalies Familienname in Wood umgeändert wurde und sie legendäre Kinoerfolge errang.

Natalie Wood hat eine Krebssonne in Konjunktion zu Mars und zu Pluto im 10. Haus, was für eine intensive und sehr emotionale Persönlichkeit mit großer Antriebskraft steht. Ihr Waageaszendent sowie dessen Herrscherin Venus, die in der Jungfrau im 11. Haus steht, deuten auf ihre Fähigkeit zu sorgfältiger Analyse und ihr Unterscheidungsvermögen hin; Fähigkeiten, die ihr bei der Auswahl erfolgversprechender Filmrollen sehr zugute kamen. Merkur im Löwen, der ebenfalls im 11. Haus steht, zeigt ihre Vorliebe für jegliche Art von Kommunikation an. Diese wird durch die Spitze des 3. Hauses im Schützen, mit dessen Herrscher Jupiter, der im 5. Haus steht, noch verstärkt. Sie hätte auch in die Politik oder in den Verkaufsbereich gehen können, aber ihre Mutter spielte die ausschlaggebende Rolle bei ihrer Entscheidung, Schauspielerin zu werden.

Der Mond, der ihre Himmelsmitte sowie Sonne, Mars und Pluto regiert, steht im Stier im 7. Haus, im Haus der Öffentlichkeit. Sein Trigon zu Venus und das exakte Sextil zu Jupiter halfen ihr, beim Publikum anzukommen und trugen dazu bei, daß sie mit einer gewissen Leichtigkeit ein erfolgreicher Kinostar werden konnte. Die herausfordernden Aspekte, die der Mond mit dem Stellium im Krebs bildet, lassen auf eine kontrollierende Mutter und Natalies Zusammenstöße mit ihr schließen. Aber sie verweisen auch auf ihren Ehrgeiz und ihren guten Riecher für Finanzen – und das, obwohl auch sie einige finanzielle Höhen und Tiefen erlebte, was durch Pluto, den Herrscher ihres 2. Hauses im Quadrat zum Mond und im Quinkunx zu Jupiter bestätigt wird.

Jupiter in Opposition zu Venus könnte die Möglichkeit andeuten, sich selbst gegenüber zu nachgiebig zu sein, und bei Natalie drückte sich das in einer Vorliebe für Wein aus. Es könnte auch noch andere Schwächen dieser Art gegeben haben; uns ist jedoch nichts darüber bekannt. Mars, der Herrscher ihres 7. Hauses, im Quadrat zum Mond in ihrem 7. Haus, zeigt an, daß es möglicherweise zu Eheschwierigkeiten kommen könnte. Die Tatsache, daß sie mehr als eine Partnerschaft haben könnte, wird durch Venus angezeigt (Planet der Liebe und die natürliche Herrscherin des 7. Hauses), die in Opposition zu Jupiter steht, ebenso wie durch Mars, der als Herrscher des 7. Hauses im Quinkunx zu Jupiter steht.

Aber warum hat sie Robert Wagner ein zweites Mal geheiratet? Die Rückkehr zu einem früheren Partner oder Liebhaber läßt auf einen Saturnaspekt schließen. Saturn befindet sich in ihrem 7. Haus. Er steht im Trigon zu Merkur im 11. Haus, dem

Haus, das die dritte Partnerschaft anzeigt. Nicht jeder, der Saturn im 7. Haus stehen hat, läßt sich notwendigerweise scheiden, um dann den ersten Partner wiederzuheiraten, aber in Natalies Fall zeigte der Aspekt die Möglichkeit dazu an. Er weist auch darauf hin, daß sie sich zu älteren Männern hingezogen fühlt, da sie die Autorität, Macht, Kontrolle und Sicherheit von Saturn eher in einem Partner als in sich selbst sucht.

Natalies Mutter lenkte ihre Tochter in den frühen Jahren, als sie ein Kinderstar war, mit fester Hand, aber mit 16 Jahren, als ihr dirigierter Aszendent im Quadrat zu ihrer Sonne stand, begann Natalie, um ihre Unabhängigkeit zu kämpfen, was zu heftigen Auseinandersetzungen mit ihrer Mutter führte. Frau Gurdin wandte daraufhin ihre Aufmerksamkeit Lana, Natalies jüngerer Schwester, zu und besorgte dieser Filmrollen. Kurz vor ihrem Abschluß in der Van Nuys High School hatte Natalie eine Affäre mit Elvis Presley, über die in den Medien viel geschrieben worden ist. Nachdem ihre Ehe mit RJ in die Brüche gegangen war, hatte sie eine Reihe nachgewiesener Affären mit Warren Beatty, Arthur Loew Jr., David Niven Jr. und Richard Gregson, der ihr zweiter Ehemann wurde.

Mit ihrer Filmkarriere ging es weiter steil nach oben, und für Filme wie *Denn sie wissen nicht, was sie tun, Fieber im Blut* und *Verliebt in einen Fremden* wurde sie für den »Academy Award« nominiert. Sie trat außerdem in so erfolgreichen Filmen wie *Gypsy – Königin der Nacht, Bob & Carol & Ted & Alice* und *Marjorie Morningstar* auf. Und wer könnte ihre Rollen in *Das Wunder von Manhattan* oder als Maria in *West Side Story* vergessen?

Robert Wagner wurde am 10. Februar 1930 in Detroit, Michigan, in eine wohlhabende Oberschichtfamilie hineingeboren (Horoskop auf S. 285). Sein Vater, der nach RJs Worten ein »self-made man« war, hatte beim Börsenkrach von 1929 ein beträchtliches Vermögen verloren; es gelang ihm jedoch, diesen Verlust wieder wettzumachen. Als sein Sohn sechs Jahre alt war, setzte er sich in Kalifornien zur Ruhe.

Robert Wagners Sonne steht im Wassermann in Konjunktion mit Venus (zweifelsohne findet sich hier ein möglicher Schlüssel für sein gutes Aussehen) im 3. Haus. Merkur, der Herrscher seines 10. Hauses, steht in Konjunktion mit Mars. Es ist leicht nachvollziehbar, warum er eine Laufbahn wählte, in der Kommunikation eine große Rolle spielte. Mars, als Mitregent seines

Radix

Robert Wagner

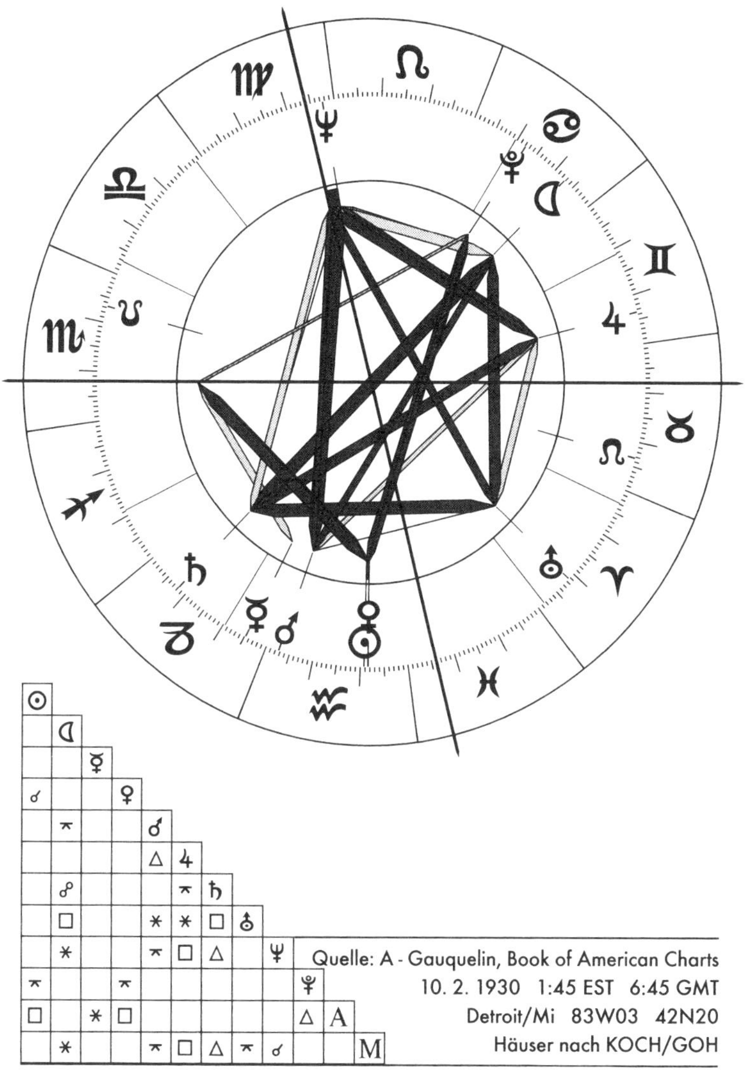

	☉	☽	☿	♀	♂	♃	♄	♅	♆	♇	A	M
☽												
☿												
♀	☌											
♂		⚻										
♃					△							
♄		☍				⚻						
♅		□			⚹	⚹	□					
♆		⚹			⚻	□	△					
♇	⚻			⚻								
A	□		⚹	□						△		
M		⚹			⚻	□	△	⚻	☌			

Quelle: A - Gauquelin, Book of American Charts
10. 2. 1930 1:45 EST 6:45 GMT
Detroit/Mi 83W03 42N20
Häuser nach KOCH/GOH

Skorpionaszendenten, verweist darauf, daß alle Angelegenheiten des 3. Hauses in seinem Leben von Bedeutung sein würden.

Der Aszendentenherrscher Pluto, im Krebs im 8. Haus, bekräftigt seinen Ruf als Sexsymbol, und sein Mond im Krebs, ebenfalls im 8. Haus, zeigt seine Sensibilität, seine Fürsorge für Heim und Familie und seinen finanziellen Erfolg an. Daß Geld nicht immer leicht zu beschaffen war, wird durch die herausfordernden Aspekte angedeutet, die Saturn und Uranus zum Mond bilden (ein T-Quadrat).

Aber Jupiter regiert sein 2. Haus, das Haus des Einkommens, und steht im Trigon zu Mars, der seinerseits in Konjunktion zu Merkur, dem MC-Herrscher steht, wodurch angezeigt wird, daß er bereit war, hart zu arbeiten (Saturn im 2. Haus), um finanzielle Gewinne zu erzielen.

Partnerschaft ist ein wichtiges Thema für Robert Wagner. Venus, die Herrscherin seines 7. Hauses, steht in Konjunktion zur Sonne und repräsentiert so die starke Identifikation mit jedem, den er liebt. Jupiter im 7. Haus im Trigon zum Mars, dem Mitregenten seines Aszendenten, deutet auf eine gewisse Leichtigkeit in Partnerschaften hin.

Sind Hinweise auf eine mögliche Wiederheirat in seinem Horoskop enthalten? Denken Sie daran: Wir brauchen einen Saturnaspekt, um eine alte Liebe wiederzubeleben. Jupiter, der in seinem 7. Haus, dem Haus der Heirat steht, befindet sich im Quinkunx zu Saturn. Dieser Aspekt enthält auch die Möglichkeit, Witwer zu werden. Saturn steht im 8. Haus seiner Partnerin (seinem 2. Haus).

RJ besuchte eine Militärschule und lernte dort den Sohn von Fred Astaire kennen. Es entwickelte sich eine lebenslange Freundschaft zu dem berühmten Star. Beim Bel Air Country Club war er »Caddy« für viele der führenden Leinwandstars. Als er 17 Jahre alt war, gab ihm der Regisseur William Wellman eine Rolle in *The Happy Years.*

Im Jahre 1952 katapultierte ihn sein Auftritt in Susan Haywards prämiertem Film *Mit einem Lied im Herzen* zum Star der 50er Jahre zusammen mit Rock Hudson, Tony Curtis und Tab Hunter. In RJs Karriere gab es die üblichen Höhen und Tiefen, aber nachdem er die Rolle des amoralischen Killers in *Ein Fall für Harper* gespielt hatte, ging es ziemlich steil nach oben. *It Takes a Thief* und *Hart to Hart* wurden Riesenerfolge.

Im Jahre 1972 begegneten sich RJ und Natalie wieder; er hatte sich gerade von seiner zweiten Frau Marion Marshall scheiden lassen; Natalie war dabei, sich von Richard scheiden zu lassen und sich einer Psychoanalyse zu unterziehen. Es stand ihr in jeder Hinsicht eine schwierige Zeit bevor. Sie heirateten kurze Zeit später wieder und im Jahre 1974 wurde ihre Tochter Courtney geboren. Im Jahre 1972 stand Natalies dirigierter MC bei 17° im Löwen im Trigon zum Radix-Saturn im 7. Haus und im Quadrat zu Uranus im 8. Haus. In Wagners Horoskop aus jenem Jahr stand der dirigierte Saturn in Konjunktion zu seiner Sonne und der dirigierte Uranus auf 20° im Stier im Quadrat dazu. Der mit dem Sonnenbogen vorgeschobene Jupiter aus seinem 7. Haus stand jetzt in Konjunktion zu Pluto, dem Herrscher seines Aszendenten.

Der zweite Anlauf verlief zweifelsohne besser als der erste. RJ und Natalie und die drei Mädchen (seines, ihres und ihr gemeinsames) waren eine glückliche Familie. Doch das Glück währte nicht lange. Nach einem Festessen unternahmen Natalie, RJ und Natalies Freund und Filmpartner, Christopher Walken, eine Tour auf ihrer Jacht »Splendour«. Während die Männer miteinander redeten, verließ Natalie die Kajüte und ging anscheinend in ihre Kabine. Als Wagner sich zu ihr gesellen wollte, stellte er fest, daß sowohl sie als auch das Beiboot verschwunden waren. Da sie oft mit dem Beiboot alleine aufs Meer fuhr, war er nicht besonders besorgt. Als sie allerdings nach 10 bis 15 Minuten immer noch nicht zurückgekehrt war, nahm er ein kleines Motorboot, um nach ihr zu suchen; anschließend benachrichtigte er die Küstenwache. Um 7.45 Uhr morgens fand ein Hubschrauber schließlich ihre Leiche. Der Leichenbeschauer, der sie untersuchte, schätzte die Todeszeit auf 00.30 morgens PST am 29. November 1981 in Catalina, Kalifornien.

Die Solarhoroskope von Robert Wagner und Natalie Wood

Um Ihnen die Funktionsweise der Solare in den Horoskopen von Natalie Wood und Robert Wagner zu erläutern, sehen wir uns diese für das Jahr 1957 an, dem Jahr ihrer ersten Heirat. In Robert Woods Solarhoroskop vom Juli 1957 (siehe S. 289) fällt der Solaraszendent in das 9.Radix-Haus, die Sonne steht im 2. Haus, der Radix-Merkur (der Aszendentenherrscher) befindet sich im 4. Haus und der Solar-Merkur im 3. Haus. Ausgehend von unseren Erläuterungen über Solarhoroskope ist hier eine Ehe oder Partnerschaft angezeigt. Wir haben bereits darauf hingewiesen, daß dazu Aktivierungen im 3.,7.,9. oder 11. Haus notwendig sind, sowie die Stellung von Venus, Mars, Pluto oder Saturn in einem Eckhaus. In beiden Horoskopen steht Venus in einem Eckhaus, ebenso wie der Radix-Jupiter, Merkur und Neptun, und auch Pluto und Jupiter im Solar. Der Solar-Saturn befindet sich bei Natalie innerhalb eines Orbis von 2° vor der Spitze des 7. Hauses, was auch als Eckhausposition angesehen werden kann. Natalies Solarhoroskop (siehe S. 290) entspricht fast exakt einem Lunarhoroskop (Solar-Mond in Konjunktion zum Radix-Mond), wobei der Mond in Opposition zu ihrem Solar-Neptun steht, der ein T-Quadrat mit ihrem Stellium im Krebs im Geburtshoroskop bildet. Das ist ein Zeichen dafür, daß die Partnerschaft einigen Belastungen ausgesetzt sein könnte. (Für andere wichtige Begebenheiten in diesem Horoskop vergleichen Sie bitte die Erläuterungen zu Solarhoroskopen).

Erläuterungen zu den Solarhoroskopen

Sie werden vielleicht festgestellt haben, daß in diesem Solarhoroskop von Natalie Wood eine Menge an grundlegenden Informationen enthalten sind. Wir werden nun eine andere Methode vorstellen, ein vollständiges Horoskop in seiner progressiven und dirigierten Form und als Transithoroskop, wie in Kapitel 7 erläutert, aufzuzeichnen.

Wir möchten Ihnen vorschlagen, diese verkürzte, jedoch wirksame Methode, die wir für Natalies Solarhoroskop für das Jahr 1957 verwendet haben, selbst auszuprobieren. Wenn Sie die sekundären Progressionen und Sonnenbogendirektionen in das Solarhoroskop eintragen, dann können Sie diese als Astrologe leicht im Auge behalten. Sie können auch die wichtigsten sekundären und dirigierten Aspekte auflisten sowie die Bewegung des progressiven Mondes mit seinen Aspekten in dem jeweiligen Monat. Wir sind der Meinung, daß es wichtig ist, die Stellung der Radix-Häuser und deren Herrscher zu notieren, damit Sie die Wirkungsweise bestimmter Konstellationen auf allen Ebenen erfassen können.

Solar - Hochzeit mit Natalie Wood

Robert Wagner - 1957

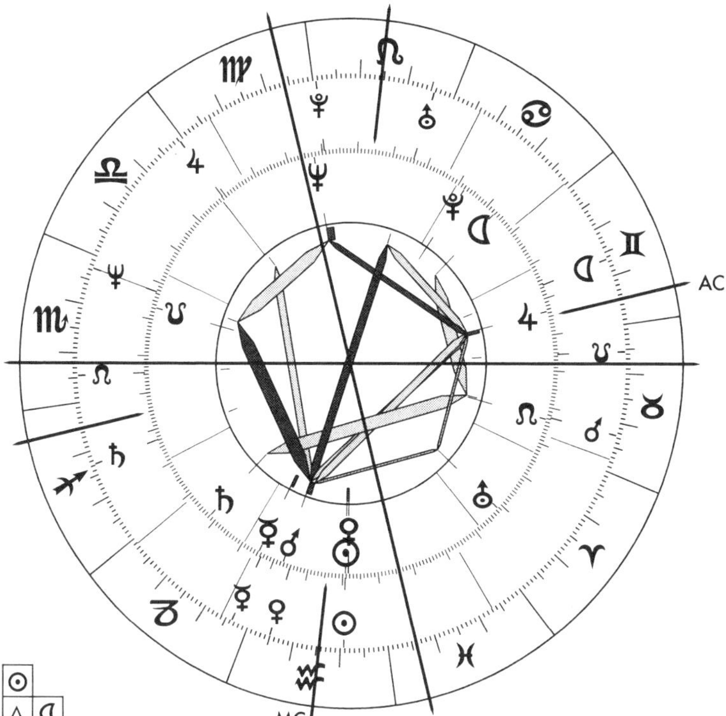

☉											
△	☾										
		☿									
			♀								
			□	♂							
		△	△		♃						
✶	☍			⚻		♄					
			☍	□	✶		♅				
		□	□	☍			□	♆			
		⚻	⚻					✶	♇		
	☌		△		△		✶	⚻	□	A	
☌	△					✶					M

Interaspekte Solar (außen) und Radix (innen): siehe Zeichnung
Solaraspekte: siehe Aspekttabelle

Sekundärprogressionen		Sonnenbogendirektionen		
Prg. Datum: 9.3.1930		Bogen: 27°10′		
☾ 02♋28		☾ 04♌26	♃ 03♋41	♇ 15♌04
☉ 17♓59	☿ 28♒58	☿ 22♒27	♄ 05♒19	☊ 03♊59
♀ 25♓27	♂ 23♒47	♀ 18♓51	♅ 05♉52	A 19♐44
A 12♐42	M 04♎50	♂ 29♒53	♆ 29♍41	M 03♎13

Solar 1957 (Alter 27) auf den Aufenthaltsort
Los Angeles/Cal. 118W15 34N04
Häuser nach KOCH/GOH

Solar - 1. Hochzeit mit R. Wagner

Natalie Wood - 1957

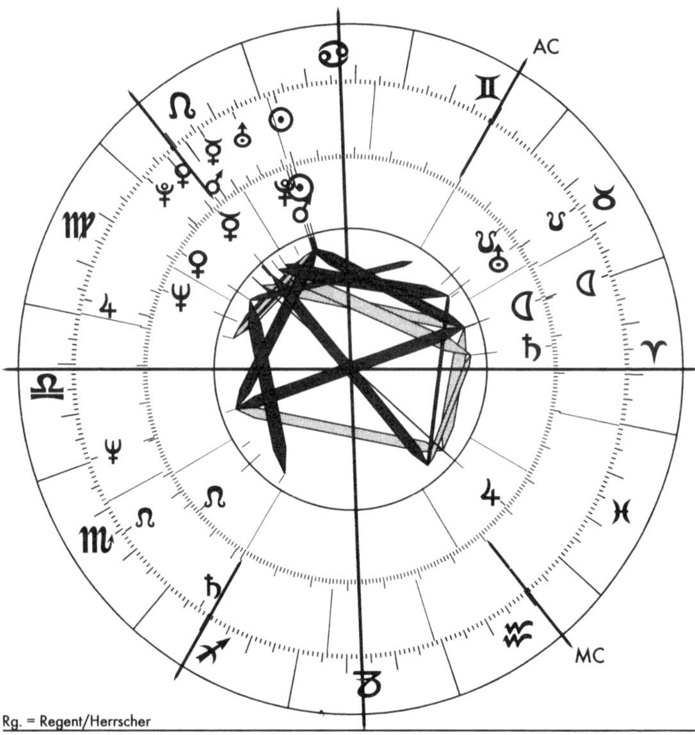

Rg. = Regent/Herrscher

Sekundärprogressionen	
Prg. Datum: 8.8.1938	
☽ 18♑35	
☉ 15♌34	☿ 10♍54
♀ 29♍01	♂ 10♌41
A 26♎59	M00♌59
♀ in11 Rg.8, A⚹♇ in10	
A□☉ in 10 Rg. 11	
M⚺♃ in 5 Rg. 3	
M□☽ in 7 Rg.10	
☽ in 7 Rg. 10 durch 3/4	
Aug. △♆ 12, Nov.⚺☿ 11	
Dez.⚹☊2, Apr. 58☍☉10	
Mai ☍♂ 10, Jun☍♇ 10	

Sonnenbogendirektionen	
Bogen: 18°10′	
☽ 19♉09	♃ 19♓05
♇17♌47	☿ 10♍18
♄ 06♉08	☊ 11♐45
♀ 25♍44	♅ 05♊30
A 29♎59	♂ 16♌47
♆ 07♎13	M01♌30
☽ in 8 Rg.10 △♆ in 12 Rg.6	
♂ in 11 Rg.7, 2 □♅ in 8 Rg.5	
♃ in 6 Rg.3☍♆ in 12 Rg.6	
♇ in 11 Rg.2 △♄ in 7 Rg.4	
☊ in 3 △A, A□♇ in 10 Rg.2	
△♃ in 5 Rg.3,☍☽ in 7 Rg.10	

Neumond in Radixhaus ↴			Finsternisse	Transite Langsamlf.	Transite Mars
Juli	04♌	10.		♆□♇,♄□♀	
Aug.	02♍	11.		♆☍☽, ♃⚺☽♃	♂☌♀
Sep.	00♎	12.			
Okt.	29♎	1.	☉	♃□M☌A☍♄	♂☌A□M☍♄
Nov.	29♏	2.	☽15♉		♂☍☽
Dez.	29♐	3.		♄□♆,♃□☉♂	♂☍♅□☿
Jan.	29♑	4.		♃□♇☍☽	♂□♀♆
Feb.	29♒	5.		♇☍♃	♂□A☍M
Mär.	29♓	6.		♃☍☽□♇♂	♂☍☉♂♇□☽
April	29♈	7.	☽14♎	♃□♂☉	♂□♅☍☿☌♃
Mai	27♉	8.	☽12♏		♂☍♀♆
Juni	26♊	9.		♇☍♃	♂☍A□M
Juli	23♋	10.		♄□♆,♃□☉♂	♂☌♅□☿

Es ist ebenfalls sinnvoll, die Neumondzyklen und Sonnen- beziehungsweise Mondfinsternisse für das betreffende Jahr aufzuführen und zu vermerken, wohin sie im Geburtshoroskop fallen, ebenso wie die wichtigen Aspekte und die Transite, die sie bilden. Alle diese Faktoren sind für eine Beurteilung, wann welche Auslösungen in einem gegebenen Zeitrahmen stattfinden, besonders wichtig. Um zu üben, könnten Sie sich nochmals den Solarhoroskopen in Kapitel 11 zuwenden und dort sowohl die Progressionen und Direktionen als auch die Neumondzyklen, Eklipsen und Transite eintragen. Weitere Informationen zu den Neumondzyklen und ihrer Bedeutung finden Sie in Kapitel 9. Informationen zu Transiten und ihrer Bedeutung finden Sie in Kapitel 7.

Um Ihnen zu zeigen, wie wir alle wichtigen Informationen auf einem Horoskopblatt unterbringen, werden wir Natalie Woods Solarhoroskop für 1957 (dem Jahr ihrer ersten Heirat, siehe Seite 290) Schritt für Schritt analysieren. Tragen Sie unter der Überschrift »Sekundäre Progressionen« das progressive Datum ein. Dies ist der 8. August 1938, neunzehn Tage nach ihrer Geburt. Die progressiven Positionen von Sonne, Merkur, Venus, Mars, dem Aszendenten und MC können Sie in der Zeile unter dem progressiven Datum eintragen. Die Ausgangsposition und die jährliche Bewegung des Mondes werden ebenfalls festgehalten. Nur die Planeten, die weit genug gewandert sind, um neue Aspekte zu bilden, werden aufgeführt. Bei älteren Menschen sollten Sie die Jupiter- und Saturn-Aspekte nicht vergessen.

Aspekte, die sich gerade zwischen den progressiven Planeten und den Geburtsplaneten (innerhalb eines Grades) bilden, können wie folgt eingetragen werden: Venus im 11.(Radix)-Haus, Herrscherin des 8. Hauses, Aszendent Sextil (Radix)-Pluto im 10. Haus, Herrscher des 2. Hauses (vgl. S. 290).

Anschließend werden die wichtigen Aspekte, die der progressive Mond bildet, tabellarisch festgehalten. Vergewissern Sie sich, wo der Mond im Geburtshoroskop steht, welches Haus er regiert und durch welches Haus beziehungsweise welche Häuser er wandert. Vergleichen Sie hierzu unser Beispiel. Notieren Sie die Aspekte, die in dem Jahr zuvor exakt waren: In unserem Fall stand Venus progressiv im Jahre 1956 im Sextil zu Mars. Halten Sie auch alle Aspekte fest, die im kommenden Jahr exakt werden: Aszendent im Quadrat zu Mars 1958. Natürlich müssen

Sie die Progressionen, Direktionen, Transite, Eklipsen und Neumondzyklen vorher berechnen, um alle Auslösungen auf einem Horoskopblatt eintragen zu können.

Halten Sie ebenfalls die Positionen der mit dem Sonnenbogen vorgeschobenen Planeten fest. Notieren Sie separative und applikative Aspekte und die Jahre, in den Sie gebildet wurden oder gebildet werden.

In den Spalten *Neumondzyklen/Eklipsen/Transite* wird jeder Monat mit seinen Anfangsbuchstaben in einer vertikalen Spalte festgehalten. Da Natalie im Juli geboren ist, ist Juli der erste Monat, dann August (A) etc. Neben jeden Monat schreiben Sie das Datum des Neumondes für jeden Monat, gefolgt von dem Radix-Haus, in dem er stattfindet. In Natalies Horoskop findet der Neumond im Juli 1957 zum Beispiel in ihrem 10. Haus statt. Wenn es sich um eine Finsternis handelt, dann halten Sie das fest, indem Sie entweder eine Sonne (für ein Solar) oder einen Mond (für ein Lunar) einzeichnen. Vergleichen Sie hierzu im Beispiel die Monate Oktober und November.

Notieren Sie auch das Haus im Geburtshoroskop, das jeder äußere Planet durchwandert. In Natalie Woods Horoskop für 1957 wanderte Pluto durch ihr 11. Haus, Neptun und Jupiter durch ihr 1., Uranus durch das 10./11. und Saturn durch das 3. Haus.

Notieren Sie die Hauptaspekte (Konjunktion, Quadrat, Opposition), die jeden Monat exakt werden, indem Sie diese auf der Linie für den betreffenden Monat eintragen. Wenn der Aspekt eine Geburtskonstellation aktiviert oder einen Aspekt mit einem Radix-Faktor bildet, dann zeichnen Sie das Symbol dafür links von den Anfangsbuchstaben für den Monat ein. In unserem Beispiel etwa stand der transitierende Neptun im August in Opposition zu Natalies Radix-Mond. Da ihr Mond im Quadrat zum Radix-Mars und Radix-Pluto steht, bildet die Neptun-Opposition ein T-Quadrat und wird entsprechend mit einem »T« vermerkt. Im August tritt der transitierende Jupiter außerdem in ein Quinkunx zu ihrem Mond und Jupiter im Geburtshoroskop und bildet so ein Yod, das wir links der Monatsinitialen vermerken. Wenn der Transit mehrere Monate lang wirksam ist, dann zeigen Sie das durch einen Pfeil an. In Woods Horoskop stand Pluto von Februar bis April in Opposition zu ihrem Radix-Jupiter.

Zu guter Letzt notieren wir noch alle Transitaspekte des Planeten Mars. Indem wir diese Methode anwenden und zusätzlich verschiedene Farben benutzen, können Sie auf einen Blick, neben dem Solarhoroskop für das entsprechende Jahr, die sekundären Progressionen, die Direktionen und Schlüsselmonate für Neumondzyklen und Transite überblicken.

Natürlich stellen wir es Ihnen frei, Ihre eigene Art der Darstellung zu wählen, um alle wichtigen Informationen für ein progressives Horoskop unterzubringen. (Die Abbildung auf S. 290 enthält aus technischen Gründen nicht alle aufgeführten Details.)

Nach welchen Kriterien wählen wir den Monat für die Erstellung eines Lunarhoroskops aus? Ein Kriterium besteht darin, die durch sekundäre Progressionen, Direktionen und Solarhoroskope potentiell vorhandenen Auslösungen zugrundezulegen. Suchen Sie dann einen Monat, in dem der Neumond in einem wichtigen Radix-Haus stattfindet und berechnen Sie das Lunarhoroskop für diesen Monat. Im Anhang 2 werden wir Ihnen erklären, wie man das macht. Jetzt aber wollen wir Ihnen zunächst vermitteln, wie Lunare funktionieren.

Lunarhoroskope für die erste Heirat

Robert Wagner und Natalie Wood haben im Dezember 1957 geheiratet, und deshalb bietet es sich an, ihre Lunarhoroskope für diesen Monat zu verwenden. Der Neumond fand bei 29 ° im Schützen in Natalies 3.Radix-Haus statt und im 7. Haus des Solarhoroskops, wodurch die Bereiche Verträge und Partnerschaft für diesen Monat hervorgehoben wurden.

In der Sekundär-Progression bildete Venus (der Planet der Liebe) in Robert Woods Horoskop auf 29 ° 01' in der Jungfrau ein Sextil zum Radix-Pluto (dem Planeten der Sexualität), was immer ein günstiger Aspekt für eine Heirat ist. Der erforderliche Aspekt mit dem 7. Haus, den wir normalerweise mit partnerschaftlichem Engagement assoziieren, ist ebenfalls gegeben, da sich der progressive MC dort auf 0 ° 59' im Löwen im Quadrat zum Radix-Mond befand. Der progressive Aszendent stand auf 26 ° 59' in der Waage im Quadrat zu ihrer Radix-Sonne im 10. Haus und betonte so eine mögliche Statusänderung. Natalies Radix-Mond im 7. Haus war in der Sonnenbogendirektion auf 19° im Stier gewandert, stand jetzt im Trigon zum Radix-Neptun und deutete an, daß ihre Gefühle für RJ sehr romantischer Natur waren. Der mit dem Sonnenbogen vorgeschobene Pluto stand auf 17° 47' im Löwen im Trigon zum Radix-Saturn im 7. Haus, ein Aspekt, der normalerweise eine dauerhafte Beziehung anzeigt; aber die Opposition des mit dem Sonnenbogen vorgeschobenen Jupiter zum Radix-Neptun auf 19° in den Fischen deutete auf eine ziemlich unrealistische Einstellung zur Liebe hin. Dies hätte auch auf mögliche Konflikte im Berufsleben hinweisen können, da Neptun Natalies 6. Haus regiert und sich in ihrem 12. Haus befindet, was als das 6.(Arbeits)-Haus ihres Partners anzusehen ist.

Im Dezember 1957 stand ihr sekundärprogressiver Mond auf 23° im Steinbock im Sextil zu ihrem nördlichen Mondknoten im 2. Haus. Der Dezember-Neumond auf 29° im Schützen in ihrem 7.Solar-Haus zeigt an, daß ein Lunarhoroskop weitere Auskünfte über eine Partnerschaft in diesem Monat geben könnte.

In diesem Horoskop, berechnet für den 3.Dezember 1957, fällt der Aszendent in Natalie Woods 5.Radix-Haus; Liebe und Romantik werden dadurch angesprochen. Der Mond steht im 2. Haus, im Haus der Werte, auch des Selbstwertes und der Finanzen. Der Radix-Uranus (Herrscher des Lunar-Aszendenten) steht im 3. Haus, dem Haus der Verträge und der Veränderungen im Nahbereich. Der Lunar-Uranus steht im 6. Haus, was für eine Änderung bisheriger Gewohnheiten steht. Der Radix-Jupiter befindet sich am Aszendenten (Wachstum und Expansion); er regiert das 10. Haus, das Haus des sozialen Status.

Der Lunar-Pluto steht im 7. Haus in Konjunktion zur Radix-Venus und beschreibt so eine mögliche Partnerschaft. Die Lunar-Sonne, Herrscherin des 7. Hauses, steht im 10. Haus in Konjunktion zu Saturn und zum MC und bildet ein Großes Trigon mit dem Lunar-Uranus und dem Radix-Saturn. Wenn ein transitierender Planet eine große Aspektfigur bildet, ist maßvolles Verhalten angebracht.

Es gibt darüber hinaus ein T-Quadrat zwischen der Lunar-Venus, Jupiter und dem Radixstellium von Sonne, Mars und Pluto. Der Lunar-Mars steht in Opposition zum Radix-Uranus und im Quadrat zum Lunar-Uranus. Beide Konstellationen zeigen eine Zeit großer Veränderungen an, die jede Heirat zwei-

Lunar - Erste Hochzeit mit Robert Wagner am 3. 12. 1957

Natalie Wood - Dez. 1957

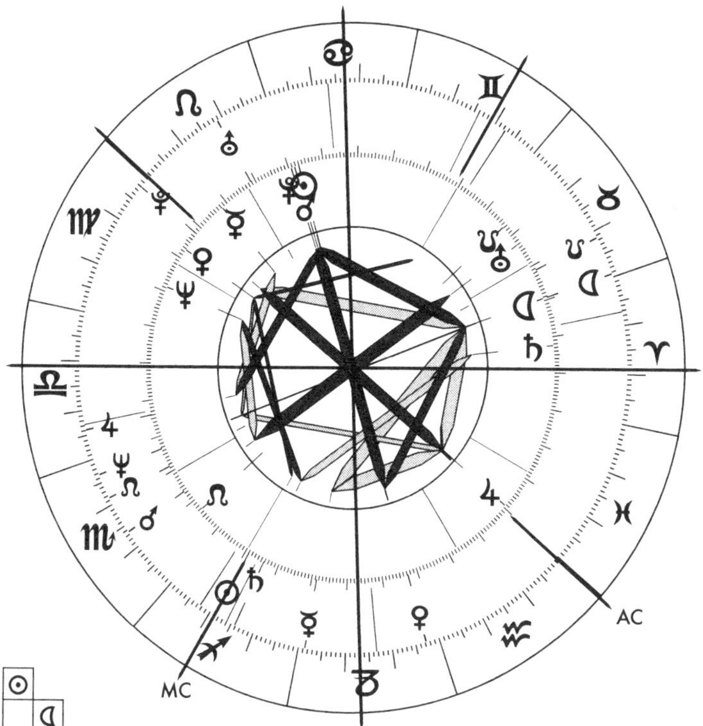

☉											
	☽										
	△	☿									
	□		♀								
				♂							
	☍		□		♃						
☌						♄					
△				□		△	♅				
	☍	✶	□					♆			
	△	△						✶	♇		
	✶	✶			△			△		A	
							✶				M

Interaspekte Lunar (außen) und Radix (innen): siehe Zeichnung
Lunaraspekte: siehe Aspekttabelle

Lunar 3. 12. 1957 19:43 GMT
Los Angeles/Cal. 118W15 34N04
Häuser nach KOCH/GOH

felsohne mit sich bringt. Der Lunar-Saturn bildet den Brennpunkt eines Yods mit dem Radix-Uranus und dem MC; er spiegelt die Bedeutung der Statusveränderung wider (10. Haus), die Umgebung (3. Haus) sowie Liebe und Romantik (5. Haus). Es handelte sich in jedem Fall um eine arbeitsreiche Zeit, eine Zeit der Herausforderungen im Berufsleben ebenso wie des Übernehmens von neuen Verantwortungen.

In Robert Wagners Solar-Horoskop für dasselbe Jahr fällt der Solar-Aszendent ins 7. Radix-Haus und beide Merkure (Solar-Aszendentenherrscher) stehen im 9. Haus. Seine Sonne befindet sich im 10. Haus und zeigt so seine mögliche Statusveränderung an (vgl. das Horoskop auf S. 289 für RJ Wagners Solar von 1957). Der Solar-Pluto und Saturn stehen in einem Eckhaus, und die Radix-Venus, der Planet, der eine Partnerschaft anzeigt, steht im 10. Haus, das ebenfalls ein Eckhaus ist. Der Solar-Jupiter auf 0° 52' in der Waage wandelt sein Radix-T-Quadrat in ein weites Großes Kreuz (über 7° Orbis) um und deutet damit an, daß die Heirat eine Herausforderung darstellen könnte.

Die sekundärprogressive Venus auf 25° 27' in den Fischen, Herrscherin seines 7. Hauses, steht im Sextil zum Radix-Merkur. Im Geburtshoroskop stehen beide im 3. Haus, dem Haus der Verträge, so daß möglicherweise eine geschäftliche Partnerschaft winkt; aber da Venus mit im Spiel ist und eine Statusveränderung durch das Solar angezeigt wird, kann dieser Aspekt eine mögliche Heirat bekräftigen. Der progressive Mond bildet auf 14° im Krebs ein Quinkunx zu seinem progressiven Aszendenten bei nahezu 14° im Schützen in der Zeit von Ende November bis Anfang Dezember und deutete so auf bestimmte Ereignisse zu dieser Zeit hin.

Die mit dem Sonnenbogen vorgeschobene Venus steht auf 18° 50' in den Fischen im Trigon zum Radix-Pluto (dem Aszendentenherrscher), und der mit dem Sonnenbogen vorgeschobene Aszendent näherte sich auf 19° 44' im Schützen einem Sextil zu Robert Wagners Sonne im 3. Haus (Herrscherin des 9. Hauses, des Hauses der Legalität).

All das zeigt an, daß wir ein Lunarhoroskop für den Monat Dezember aufstellen sollten, um zu sehen, ob es die Geschehnisse abbildet, die wir vermuten.

Bei diesem Lunar (S. 297) befindet sich der Aszendent bei 29° im Widder und fällt somit in sein 6.Radix-Haus. Vermutlich

Lunar - Hochzeit mit Natalie Wood

Robert Wagner - Dez. 1957

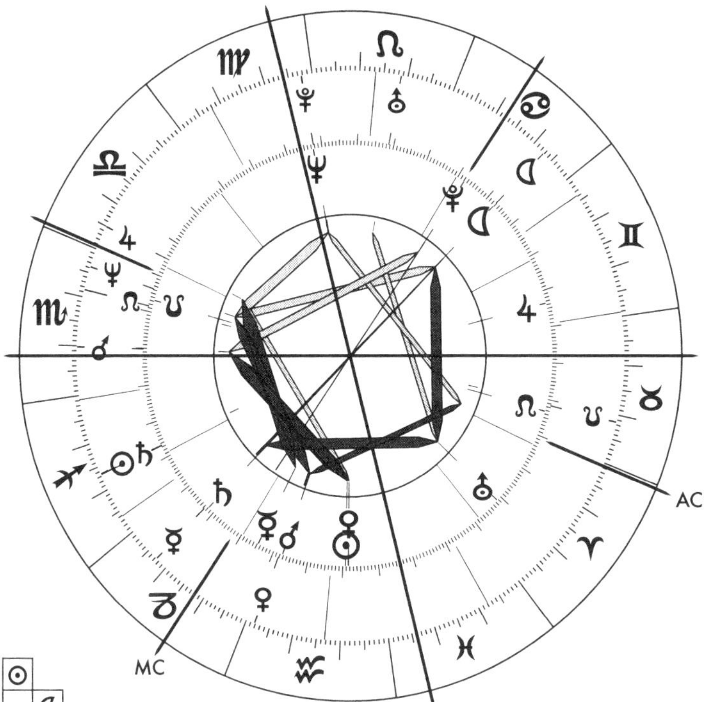

☉											
	☽										
	☍	☿									
			♀								
				♂							
			□		♃						
☌						♄					
△						△	♅				
	△	✱	□					♆			
	✱	△						✱	♇		
	✱		□						△	A	
				✱							M

Interaspekte Lunar (außen) und Radix (innen): siehe Zeichnung
Lunaraspekte: siehe Aspekttabelle

Lunar 8. 12. 1957 22.02 GMT
Los Angeles/Cal. 118W15 34N04
Häuser nach KOCH/GOH

war er gerade dabei, eine Aufgabe zu vollenden, aber es könnte sich hier auch um einen Wechsel von einer Überheblichkeit (Widder) zu einer Erprobung des häuslichen Lebens (Stier) handeln. Sein Mond steht im 3. Haus (Verträge), der Radix-Mars im 10. (Status); der Lunar-Mars steht im 7. Haus (Heirat), was alles für sich selbst spricht. Der nächste Planet in aufsteigender Richtung zum Aszendenten ist der Radix-Jupiter, der aus seinem 7.Radix-Haus kommt und Optimismus und Freude signalisiert. Der Mond regiert das 4.Lunar-Haus und steht im 3. Haus, wodurch er die Veränderung der Wohnsituation und des äußeren Umfeldes anzeigt, die er in diesem Monat erleben könnte.

Diese Solar- und Lunarhoroskope beweisen, daß die Geburtsuhrzeiten von Natalie Woods und Robert Wagners Geburtshoroskopen stimmen, eine Bestätigung, für die wir dankbar sind.

Wozu benötigen wir Lunare? Der Hauptgrund für die Verwendung von Lunaren besteht darin, daß man die richtigen Zeitpunkte für günstige Handlungen herausfinden möchte. Wie bereits gesagt, empfehlen wir Ihnen nicht, die Astrologie dazu zu mißbrauchen, Ihr Leben von ihr abhängig zu machen. Wenn Sie jedoch das entsprechende Wissen haben, ist es weise, zu versuchen, möglichst optimal zu planen. Lunare sind zu diesem Zwecke hilfreich.

Wenn wir Natalie und RJ darüber beraten hätten, welcher Monat besonders günstig für eine Heirat gewesen wäre, dann hätten wir, besonders im Fall von Natalie, wahrscheinlich nicht den Monat Dezember des Jahres 1957 ausgewählt, da zu diesem Zeitpunkt ihre herausfordernden T-Quadrate aktiviert wurden. Da beide Solarhoroskope die Möglichkeit einer Partnerschaft anzeigen, hätte bei sorgfältiger Prüfung wahrscheinlich ein günstigerer Monat gefunden werden können, oder wir hätten beide über den positiven Umgang mit herausfordernden Aspekten beraten. Lunare eignen sich in hohem Maße zur Feinabstimmung bei der zeitlichen Einordnung von Ereignissen. Wenn Sie vorhaben, Geschäfte zu tätigen, dann kann ein Lunarhoroskop dazu verwendet werden, die beste Zeit für den Geschäftsbeginn herauszufinden. Das Vorhandensein einiger herausfordernder Aspekte kann durchaus vernünftig sein, aber es ist darüber hinaus wichtig, in Betracht zu ziehen, um welche Art von Geschäft es sich handelt. Es ist darauf zu achten, daß die

Bereiche, die miteinander in Verbindung stehen, so harmonisch wie möglich aspektiert sind.

In Natalie Woods Fall wird das T-Quadrat, das ihren Mond und das Stellium im Krebs umfaßt, durch Transite fast das ganze Jahr hindurch aktiviert. Da der Mond aus ihrem 7. Radix-Haus kommt, handelte es sich hier zweifelsohne um eine Widerspiegelung ihrer emotionalen Bedürfnisse, die sie zur Heirat drängten. Wie man Handlungen anhand des Lunarhoroskops auswählt oder zeitlich koordiniert, wird in Kapitel 13 erläutert.

Natalie Woods Tod durch Ertrinken

Wie wir wiederholt dargelegt haben, ist uns keine sichere Methode bekannt, mit der wir den Tod anhand des Horoskops vorhersagen können. Wenn er jedoch bereits eingetreten ist, dann kann er gewöhnlich leicht nachgewiesen werden. Um diese Behauptung zu belegen, führen wir die Solar- und Lunarhoroskope für das Jahr 1981 an, dem Jahr, in dem Natalie Wood ertrunken ist.

Robert Wagners sekundärprogressive Venus stand auf 25° im Widder im Quadrat zu seinem Radix-Merkur. Als die beiden 1957 heirateten, stand seine sekundärprogressive Venus im Sextil zu Merkur. Da die Venus sein 7.Radix-Haus regiert, müssen wir mit Geschehnissen rechnen, die seine Partnerin betreffen. Der Aszendentenherrscher Pluto, der im Radix im 8. Haus steht, wird in diesem Jahr rechtläufig und deutet auf diese Weise an, daß Wagner es mit dem 8. Haus und plutonischen Angelegenheiten zu tun haben könnte (Tod, Sexualität, Transformation). Jeder Planet, besonders der Aszendentenherrscher, der seine Richtung ändert, macht eine sorgfältige Untersuchung erforderlich. (Vgl. Kapitel 3.)

Die einzige Sonnenbogen-Auslösung besteht darin, daß sowohl Saturn als auch Uranus neue Zeichen betreten. Uranus wechselt im Mai in die Zwillinge und Saturn Ende November beziehungsweise Anfang Dezember in die Fische. Saturn steht in seinem 2.Radix-Haus, so daß es eine Richtungsänderung hinsichtlich seines Umgangs mit persönlichen Werten, Besitz und Selbstwertgefühl geben könnte. Er regiert sein 3.Radix-Haus, so daß zu erwarten ist, daß irgendein Ereignis eintritt, das seine geistige Haltung oder Kommunikationsweise verändern könnte. Uranus steht in seinem 5.Radix-Haus und regiert sein 3. Haus mit. Wieder einmal wird hier ein Ereignis angezeigt, bei dem es um jemanden geht, den er liebt, oder aber um einen möglichen Unfall. Das ist auf das Wesen von Uranus zurückzuführen und darauf, daß er im Geburtshoroskop der zentrale Planet im T-Quadrat mit Mond und Saturn ist.

Die Endhäuser (4., 8. und 12.) sind in diesem Horoskop sehr betont. Der Solaraszendent fällt ins 4.Radix-Haus; die Sonne steht im 12. Haus, dem Haus der Privatheit und Trauer (oder Inspiration und Erhellung); sein Radix-Mond, der seine Frau repräsentiert, steht im 4. Haus. Der Aszendentenherrscher Neptun steht im 10. und 6. Haus und deutet so an, daß dies eine gute Zeit für ihn war, sich auf seine Karriere zu konzentrieren. Mit dem Solaraszendenten im 4. Haus kann er mit Veränderungen im Bereich des Zuhauses rechnen. Der aufsteigende Radix-Uranus zeigt unerwartete Vorkommnisse an, konzentriert sich jedoch auch auf die Themen Kreativität und Kinder, da er aus seinem 5.Radix-Haus kommt. Eine weitere Bestätigung dafür, daß er es mit ungewöhnlichen Ereignissen zu tun haben könnte, ist die Solar-Venus, die in Konjunktion zu seinem Radix-Mars im 11.Solar-Haus steht. Das weist sicherlich auf Auseinandersetzungen zwischen ihm und jemandem, den er liebt, hin, da die Planeten das 3. und 9. Haus im Solarhoroskop regieren. Jupiter und Saturn vervollständigen sein Radix-T-Quadrat und bilden so ein Großes Kreuz in den Eckhäusern des Solarhoroskops, womit eine sehr aktive und ereignisreiche Zeit vorauszusehen ist. In Robert Wagners Fall war das zufälligerweise der Tod seiner Ehefrau. Dieselben Aspekte hätten auch einen Wohnortwechsel (Solaraszendent im 4. Haus) in Verbindung mit Herausforderungen in bezug auf Arbeit und Karriere anzeigen können (10. und 6. Haus).

Warum würden wir den Monat November für ein Lunarhoroskop auswählen? – Deshalb, weil der Neumond im Monat davor in seinem 12.Radix-Haus auf 4° im Skorpion stattgefunden hat. Mit dem sehr aktiven 12. Haus im Solar könnte dieser Neumond als Schlüssel dafür dienen, den richtigen Monat für eine zeitliche Feinabstimmung des Horoskops auszuwählen.

Im Lunarhoroskop (siehe S. 302) fällt der Aszendent in Wagners 8.Radix-Haus. Sein Mond, der die Frauen in seinem Leben repräsentiert, steht im 1. Haus; der Radix-Merkur, Herrscher

Solar - Tod von Natalie Wood

Robert Wagner - 1981

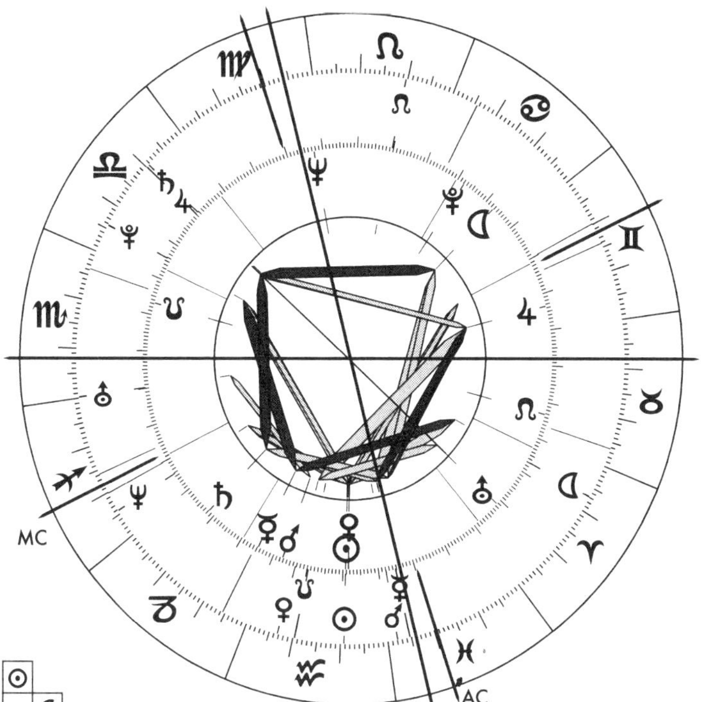

☉	☾	☿	♀	♂	♃	♄	⛢	♆	♇	A	M
☉											
*	☾										
		☿									
			♀								
		☌		♂							
			△		♃						
			△		☌	♄					
		□	*	□			⛢				
*	△							♆			
△	☍							*	♇		
		☌								A	
△	*								△		M

Interaspekte Solar (außen) und Radix (innen): siehe Zeichnung
Solaraspekte: siehe Aspekttabelle

Sekundärprogressionen		Sonnenbogendirektionen		
Prg. Datum: 2.4.1930		Bogen: 50°59′		
☾ 18♉39		☾ 28♌15	♃ 27♋30	♇08♍53
☉ 11♈50	☿ 12♈40	☿ 16♓16	♄ 29♒08	☊ 27♊47
♀ 25♈18	♂ 12♓34	♀ 12♈40	⛢ 29♉41	A 13♑33
A 04♑32	M00♏13	♂ 23♓42	♆ 23♎30	M27♎02

Solar (Alter 51) auf den Aufenthaltsort
Los Angeles/Cal. 118W15 34N04
Häuser nach KOCH/GOH

Lunar - Tod von Natalie Wood

Robert Wagner - Nov. 1981

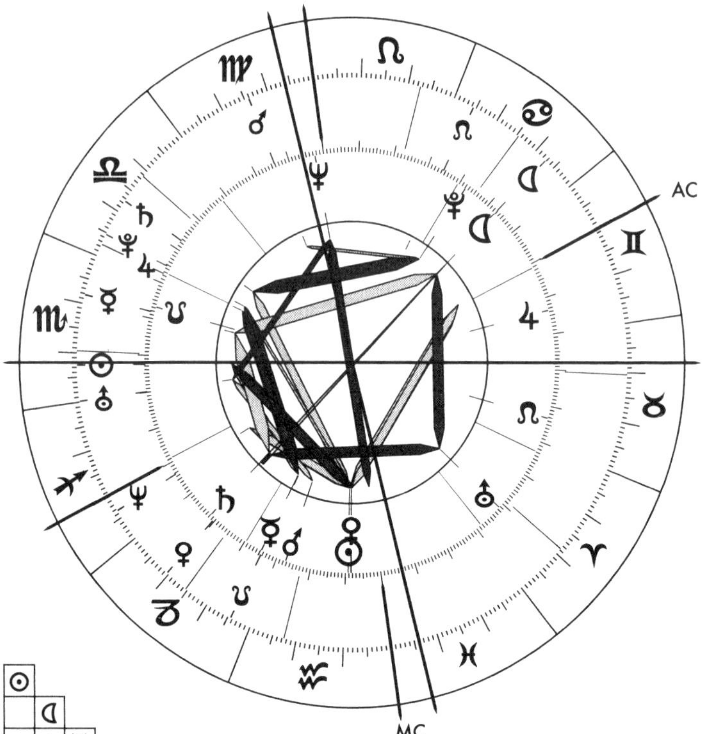

☉											
	☽										
	△	☿									
	☍	⚹	♀								
⚹	⚹	⚹	△	♂							
					♃						
						♄					
☌							♅				
					⚹	⚹		♆			
					☌			⚹	♇		
				□		△			△	A	
□	△				△		□	⚹	△		M

Interaspekte Lunar (außen) und Radix (innen): siehe Zeichnung
Lunaraspekte: siehe Aspekttabelle

Lunar 15. 11. 1981 auf den Aufenthaltsort
Los Angeles/Cal. 118W15 34N04
Häuser nach KOCH/GOH

des Lunarhoroskops, steht im 8. Haus und der Lunar-Merkur im 5. All das zeigt deutlich an, daß er es mit Angelegenheiten des 8. Hauses zu tun haben wird, die möglicherweise sein Liebesleben, seine Kinder, Investitionen und/oder Kreativität betreffen (5. Haus). Es ist immer leicht, Dinge im nachhinein zu erkennen. Wenn er aber zu Ihnen als Klient käme, ohne daß Sie bereits wüßten, was passieren wird, dann würden Sie ihn wahrscheinlich darauf hinweisen, daß er es mit einer Steuerangelegenheit zu tun haben könnte (8. Haus). Mit der Sonne in exakter Konjunktion zu seinem Radixaszendenten im 6. Haus ist es ziemlich offensichtlich, daß Themen wie Arbeit, Gesundheit und eingefleischte Gewohnheiten in dieser Zeit wichtig werden.

Der aufsteigende Mond, der das 2. Haus regiert, richtet die Aufmerksamkeit auf Finanzen und Werte, und die Radix-Sonne im 9. Haus deutet auf unabgeschlossene rechtliche Angelegenheiten oder geplante Reisen hin. Wir wissen nichts über das persönliche Geschehen in Robert Wagners Leben, aber dies sind einige Bereiche, in denen sich zu dieser Zeit wahrscheinlich Ereignisse abgespielt haben. In der Vorausschau können wir hier keine alarmierenden Hinweise auf den Tod seiner Frau erkennen. Im Rückblick ist der Tod jedoch ganz klar angezeigt.

Wenn wir Natalie Woods Solarhoroskop für 1981 (S. 305) untersuchen, dann stellen wir fest, daß ihr sekundärprogressiver Mond auf 0° 46' in der Jungfrau in Opposition zum Radix-Jupiter und im Trigon zum Radix-Mond stand. Der mit dem Sonnenbogen vorgeschobene Saturn stand auf 20° im Stier im Sextil zum Radix-Pluto, während Neptun auf 0° 20' im Skorpion im Trigon zum Radix-Jupiter und in Opposition zum Radix-Mond stand. Der transitierende Saturn näherte sich ihrem Radix-Aszendenten.

Wenn Natalie Ihre Klientin wäre, was würden Sie ihr dann sagen? Es gibt mehrere Hinweise auf kreative und romantische Momente (Sonnenbogen-Neptun im Trigon zu Jupiter), Anerkennung (Saturn im Sextil zu Pluto in ihrem 10.Radix-Haus) und mögliche Ereignisse im partnerschaftlichen Bereich, da sich Saturn in ihrem 7.Radix-Haus befindet. Sie hatte sich für einen neuen Film unter Vertrag nehmen lassen, der im November fast fertig war. Merkur in Opposition zu Jupiter im 5. Haus könnte ein Problem mit einem Kind anzeigen, das Aufmerksamkeit benötigt, oder die Notwendigkeit, sich Verträge sehr genau durchzulesen, da Jupiter das 3. Haus regiert. Saturn im Sextil zu Pluto zeigt die Möglichkeit für Wachstum und Entwicklung in ihrer Karriere an sowie eine damit einhergehende Einkommenssteigerung, da Pluto ihr 2. Haus regiert. Die Opposition vom Sonnenbogen-Neptun zum Mond bestätigt mögliche Auseinandersetzungen mit ihrem Partner, wie wir sie bereits in Robert Wagners Solarhoroskop gesehen haben. Diese Opposition könnte jedoch ebenfalls Auseinandersetzungen mit ihrem Agenten oder Schauspielerkollegen anzeigen.

Wenn wir uns ihr Solarhoroskop auf Seite 305 ansehen, dann stellen wir fest, daß ihr Solaraszendent ins 5.Radix-Haus fällt, daß die Sonne im 5. Haus steht und das 6. regiert; daß sich der Radix-Neptun, der Aszendentenherrscher, im 7. Haus befindet, und der Solar-Neptun im 10. Haus steht. Die meisten Planeten befinden sich im 5. bis 8. Haus, was ein Jahr des Austausches mit anderen Menschen andeutet. Romantik, Risiko, Kinder und Investitionen sind potentielle Themen für Ereignisse (5. Haus), ebenso wie Anerkennung und Erfolg (10. Haus) und die Interaktion mit Partnern und der Öffentlichkeit (7. Haus).

Wenn wir uns die Konstellationen ansehen, die durch die Solar-Planeten gebildet werden, dann stellen wir fest, daß ihr Radix-Mond im Quadrat zu Sonne, Mars und Pluto dadurch aktiviert wird, daß sich der Solar-Pluto einem Quadrat zu den Planeten im Krebs nähert und in weiter Opposition zum Mond steht. Die offene Stelle des T-Quadrates fällt in das 11. Haus, dem Haus der unerwarteten Ereignisse, was aus der Retrospektive sehr aufschlußreich ist. Bei der Voraussage hätten wir jedoch nur erwähnt, daß es zu Interaktionen mit Gruppen oder der Gesellschaft kommen könnte, besonders deshalb, weil der langsam laufende Pluto sich dem T-Quadrat erst annähert.

Der aufsteigende Solar-Mond steht in Konjunktion zum Radix-Jupiter und dem Solar-Aszendenten und betont so den Bereich der Gefühle und Emotionen. Ebenfalls aufsteigend (allerdings etwas später, denn er erreicht den Aszendenten erst im Oktober) ist der Radix-Saturn, der Herrscher des 11.Solar-Hauses. Er bekräftigt die Möglichkeit, daß unerwartete Umstände eintreten oder finanzielles Einkommen durch den Beruf möglich wird oder gesellschaftliche Aktivitäten zu erwarten sind. Ihr Radix-Aszendent steht in Konjunktion zur Spitze des 8. Hauses.

Wenn wir uns die verschiedenen Methoden noch einmal vor

Solar

Natalie Wood - 1981

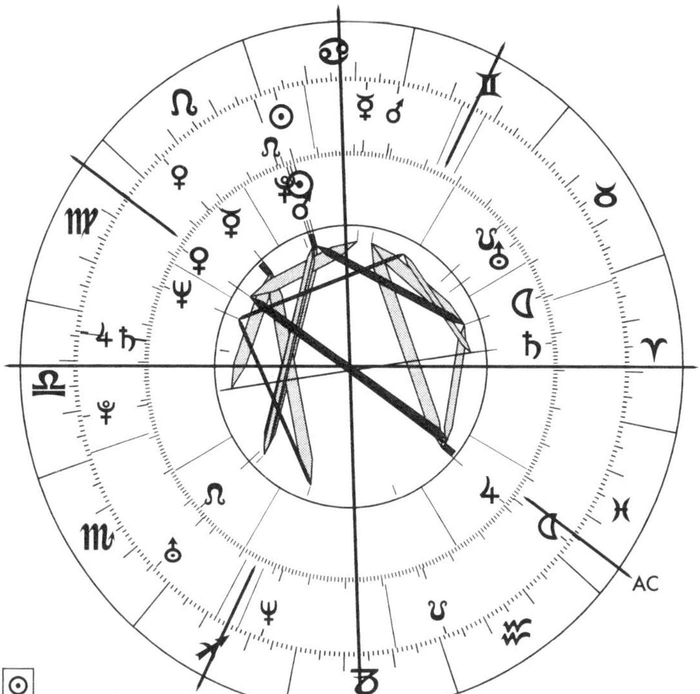

	⊙	☾	☿	♀	♂	♃	♄	⛢	♆	♇	A	M
⊙	⊙											
☾		☾										
☿		△	☿									
♀				♀								
♂		△	☌	∗	♂							
♃	∗		□		□	♃						
♄	∗		□		□	☌	♄					
⛢	△	□		□				⛢				
♆				△					♆			
♇	□			∗					∗	♇		
A		☌	△		△						A	
M										△		M

Interaspekte Solar (außen) und Radix (innen): siehe Zeichnung
Solaraspekte: siehe Aspekttabelle

Sekundärprogressionen		Sonnenbogendirektionen		
Prg. Datum: 1. 9. 1938		Bogen: 41°17′		
☾ 09♐29		☾ 12♊16	♃ 12♈12	♇ 10♍54
⊙ 08♍40	☿ 00♍46	☿ 03♎25	♄ 29♉18	♌ 04♑52
♀ 24♎41	♂ 26♌10	♀ 18♎51	⛢ 28♊37	A 23♏06
A 15♏57	M24♌34	♂ 09♍54	♆ 00♍20	M24♌37

Solar 1981 (Alter 43) auf den Aufenthaltsort
Los Angeles/Cal. 118W15 34N04
Häuser nach KOCH/GOH

Lunar - Tod durch Ertrinken

Natalie Wood -1981

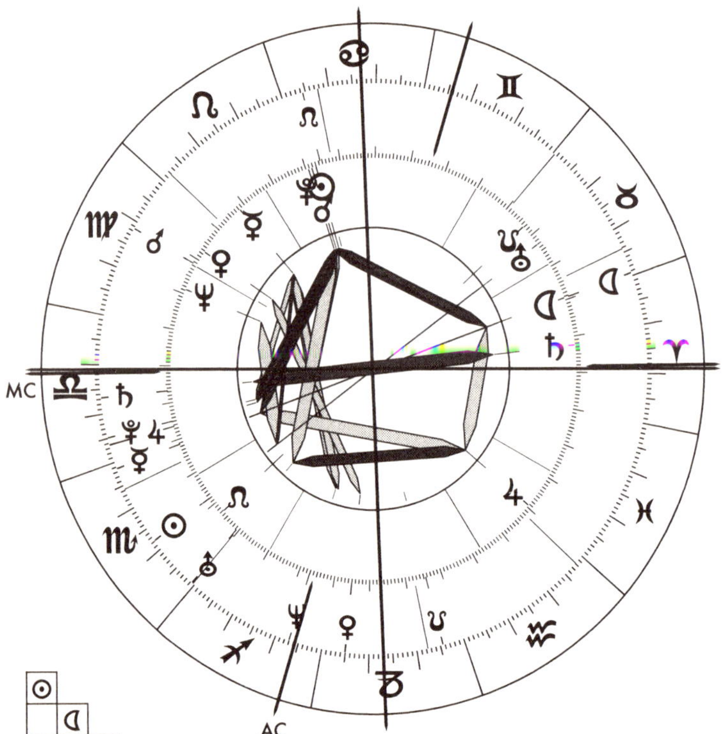

Sonne	Mond	Merkur	Venus	Mars	Jupiter	Saturn	Uranus	Neptun	Pluto	A	M
☉											
	☽										
	☍	☿									
	△	⚹	♀								
⚹			△	♂							
	☍	☌			♃						
						♄					
							♅				
	△				⚹	⚹		♆			
	☍	☌			☌			⚹	♇		
	△				⚹			☌	⚹	A	
			□			☌					M

Interaspekte Lunar (außen) und Radix (innen): siehe Zeichnung
Lunaraspekte: siehe Aspekttabelle

Lunar 10. 11. 1981 17:18 GMT
Los Angeles/Cal. 118W15 34N04
Häuser nach KOCH/GOH

Augen führen, die wir benutzt haben, um das Horoskop vorzuschieben, finden wir insgesamt wenig Hinweise auf einen möglichen Tod. Wir hätten ihr im Gegenteil vielleicht sogar gesagt, daß das betreffende Jahr sehr positiv sein könnte, mit vielen gesellschaftlichen und geschäftlichen Aktivitäten und einem Akzent auf den Themen Kreativität, Romantik und Kinder.

Wenn ein Mensch stirbt, dann finden wir oft Auslösungen im 9. Haus, wodurch möglicherweise die längste Reise im Leben angedeutet wird. Merkur regiert Natalie Woods 9. Haus im Geburtshoroskop, aber seine durch sekundäre Progression entstandene Opposition zu Jupiter zeigt andere Ereignisse als den Tod an. Es gibt keine Aspekte, die im Zusammenhang mit dem 8. Haus stehen, das normalerweise ein weiterer Faktor bei der Bestimmung des Lebensendes darstellt. Der mit dem Sonnenbogen vorgeschobene Saturn, der ihr 4. Radix-Haus regiert, steht im Sextil zum Radix-Pluto; der mit dem Sonnenbogen vorgeschobene Neptun in ihrem 12. Radix-Haus steht im Trigon zu Jupiter, aber in Opposition zum Mond. Keiner dieser Aspekte läßt auf ein so dramatisches Ereignis schließen wie den Unfall, der Natalie das Leben gekostet hat.

In Solarhoroskopen, die für das Todesjahr berechnet werden, gibt es oft Planeten, die in Konjunktion zum Meridian stehen, aber auch solche sind in ihrem Solarhoroskop für 1981 nicht zu finden.

Da wir wissen, daß Natalie Wood am 29.November 1981 starb, haben wir das Lunarhoroskop für den betreffenden Zeitraum berechnet (Lunarhoroskop S. 306).

In Natalies Lunarhoroskop für November 1981 fällt der Aszendent in ihr 3. Radix-Haus. Der Mond steht im 4. Haus (Anfang und Ende); er regiert das 8. Haus und zeigt so Ereignisse an, die mit Ende und Transformation zu tun haben. Der Radix-Jupiter, der Aszendentenherrscher, steht im 3. Haus, dem Haus der Unfälle (aus metagnostischer Sicht), oder dem Haus der geistigen Aktivitäten beziehungsweise Reisen (aus prognostischer Sicht). Der Lunar-Jupiter steht im 10. Haus, dem Haus für Aktivitäten in der Öffentlichkeit. Der Lunar-Neptun, der in Konjunktion zum Aszendenten im Lunarhoroskop steht, ist Mitregent des 3. Hauses. Das Stellium im Krebs im Radix befindet sich in diesem Fall im 8. Haus, dem Haus des Todes, während die Sonne im 11. Haus, dem Haus der unerwarteten Ereignisse steht. Wenn man diese Stellungen im voraus deutet, dann könnten sie für sexuelle Aktivitäten, Unterstützung durch andere oder Gruppenangelegenheiten stehen.

Der Lunar-Neptun ist der am Aszendenten aufsteigende Planet. Nach der Auffassung des Astrologen Rex Bill steht Neptun für den Ozean und das Ertrinken. In diesem Fall steht der Lunar-Neptun im Quadrat zu ihrem Radix-Neptun. Im Lunarhoroskop finden wir auch Planeten, die in Konjunktion zum Meridian stehen. Sowohl der Radix- als auch der Lunar-Saturn befinden sich innerhalb des Orbis zu den Spitzen des 4. und 10. Hauses.

Unsere Untersuchungen von Todeshoroskopen haben ergeben, daß drei Faktoren von entscheidender Bedeutung zu sein scheinen:

1. Die Mondknoten sind beteiligt. In diesem Fall bilden die transitierenden Mondknoten ein Großes Kreuz mit dem Radix-Mond, dem Stellium im Krebs und dem Stellium von Pluto, Jupiter und Merkur im Lunarhoroskop.
2. Ein wichtiger Quinkunx-Aspekt, der durch progressive, dirigierte oder transitierende Planeten gebildet wird. In diesem Fall steht der Lunar-Neptun, auf dessen Bedeutung bereits hingewiesen wurde, im Quinkunx zur Radix-Sonne; der Lunar-Uranus steht im Quinkunx zum Radix-Mond im 4. Haus.
3. Irgendein Progressions-, Direktions- oder Transitaspekt, an dem Jupiter (Befreiung) beteiligt ist – sehr oft als Trigon oder Sextil. Natalie Woods sekundärer Merkur steht in Opposition zu Jupiter. Ihr mit dem Sonnenbogen vorgeschobener Neptun steht im Trigon zu Jupiter, und der Lunar-Jupiter ist in das Große Kreuz eingebunden.

Es ist wichtig, im Gedächtnis zu behalten, daß dieselben Konstellationen auch andere Möglichkeiten anzeigen können. Gehen Sie nicht automatisch von einem Todesfall aus, selbst dann nicht, wenn alle drei aufgeführten Faktoren zusammenkommen.

Wir möchten Sie noch einmal daran erinnern, daß es praktisch unmöglich ist, ein solches Ereignis im voraus zu bestimmen. Wenn es jedoch einmal passiert ist, dann ist es metagnostisch ohne Ausnahme astrologisch nachweisbar.

Ereignishoroskop

Tod Natalie

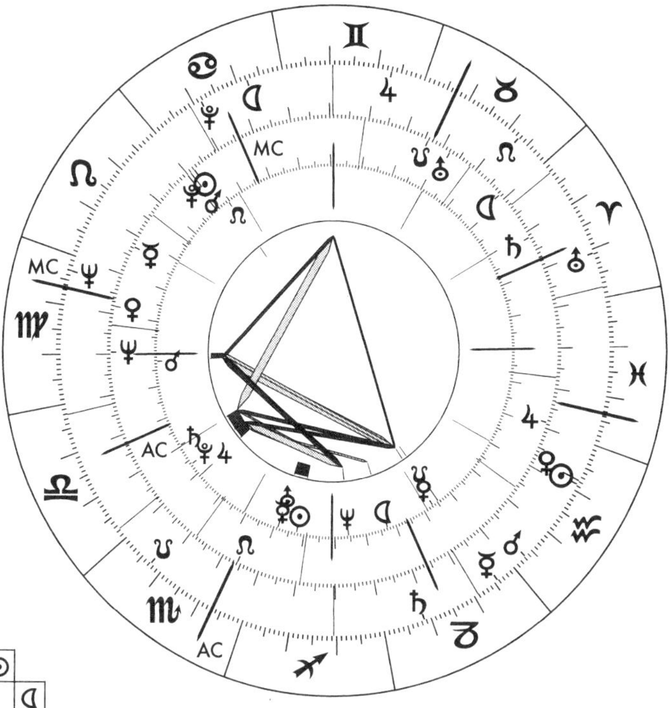

☉											
	☽										
☌		☿									
			♀								
			△	♂							
	✶				♃						
			□			♄					
☌		☌					⚷				
				□	✶	✶		♆			
			□		☌	☌		✶	♇		
			△	☌				□		A	
			⚻	□		△					M

Innenkreis: Tod Natalie Wood
Mitte: Radix Natalie Wood
Außenkreis: Radix Robert Wagner

29. 11.1981 00:30 PST 8:30 GMT
Catalina/Cal. 118W07 34N09
Häuser nach KOCH/GOH

Das Ereignishoroskop

Um ein noch tieferes Verständnis zu bekommen, ist es hilfreich, ein Ereignishoroskop aufzustellen, vorausgesetzt, Sie wissen das Datum, den Ort und den Zeitpunkt, an dem das betreffende Ereignis stattgefunden hat. Ohne Ausnahme wird das Horoskop in irgendeiner Art und Weise mit der Person verbunden sein, der das Ereignis widerfährt. Es stellt ein Abbild der Transite zu einem gegebenen Zeitpunkt dar. Wir werden hier nicht sehr detailliert darauf eingehen, möchten Ihnen jedoch noch eine weitere Dimension der Astrologie aufzeigen. Ereignishoroskope sind im Rückblick immer faszinierend. Sie eignen sich in hohem Maße dazu, weitere Erkenntnisse über unser Fachgebiet zu erlangen. Ihr größter Nutzen besteht jedoch darin, daß Sie mit ihrer Hilfe eine günstige Zeit für Hochzeiten, Geschäftseröffnungen, Vertragsunterzeichnungen etc. bestimmen können.

Dieses Ereignishoroskop (auf S. 309) beschreibt an sich nicht notwendigerweise einen Tod durch Ertrinken. Millionen von Menschen im Großraum Los Angeles durchlebten den gleichen Moment und sind nicht ertrunken; aber ihre Horoskope bilden nicht diejenigen Aspekte zu diesem Augenblick, wie es bei Natalies Horoskop der Fall ist. Wenn Sie einmal wissen, was passiert ist, dann können Sie im Rückblick für das Ereignis die entsprechenden Indikatoren finden. Mars, der Herrscher des 8. Hauses (Tod), steht in Konjunktion zum Aszendenten und deutet so auf einen möglichen Unfall hin, oder auch nur auf eine sehr aktive Zeit für diejenigen, die wach sind, und auf aktive Träume für diejenigen, die schlafen. Neptun steht im 4. Haus, dem Haus für das Lebensende oder das »Traumland« zu Hause im Bett; und Merkur, der Aszendentenherrscher, steht in Konjunktion zu Uranus im 3. Haus, dem Haus der Unfälle, ebenso wie die Sonne.

Dieses Horoskop ist wohl kaum als weltbewegend zu bezeichnen. Wenn Sie aber Natalie Woods Radix-Planeten darum herum plazieren, (vergleiche die Planeten im ersten Außenkreis), dann steht Neptun in Konjunktion zum Aszendenten, Saturn in Konjunktion zur 8.Häuserspitze, und es werden dieselben Konstellationen aktiviert wie im Lunarhoroskop. Die Sonne steht im Quadrat zu ihrer Venus im 12. Haus. Mars steht in Konjunktion zu ihrem Neptun. All diese Kontakte zeigen ganz deutlich an, daß ihr Ertrinken ein Unfall war.

Jupiter steht im Ereignishoroskop im Trigon zu ihrem Jupiter, Neptun im Quinkunx zu ihrer Sonne und der nördliche Mondknoten in Konjunktion zu ihr, womit unsere drei potentiellen Todesaspekte bestätigt wären. Dieselben drei Aspekte könnten zu einem anderen Zeitpunkt auch andere Ereignisse anzeigen.

Wenn wir Robert Wagners Radix-Planeten um das Ereignishoroskop herum plazieren (vergleiche die Planeten im zweiten Außenkreis), dann zeigen sie sehr anschaulich seine Reaktion auf die Tragödie an. Sein Saturn steht in Konjunktion zum Mond, sein Mond in Opposition dazu; was auf mögliche emotionale Belastungen in bezug auf seine Frau hinweist. Seine Sonne steht im Quinkunx zu Mars und dem Aszendenten im Ereignishoroskop. Der Radix-Jupiter aus seinem 7. Haus steht im Quinkunx zum Mond im Ereignishoroskop und in Opposition zur Sonne. Hier haben wir es erneut mit dem bereits erwähnten Jupiter-Aspekt und dem Quinkunx zu tun. Der südliche Mondknoten im Ereignishoroskop steht in Konjunktion zum Radix-Merkur, der der Aszendentenherrscher des Ereignishoroskops ist. Hier haben wir also wieder die drei Todesindikatoren, nicht diejenigen für seinen Tod, sondern für denjenigen seiner Frau und Partnerin.

Abschließend sei darauf hingewiesen, daß jedes Ereignis- beziehungsweise Stundenhoroskop in Abhängigkeit von dem in Frage kommenden Ereignis unterschiedlich zu interpretieren ist.

Kapitel 13

Gesamtüberblick Margaret Thatcher, Frau Premierministerin

In ihrer ersten Fernsehrede als Vorsitzende der Oppositionspartei sagte Margaret Thatcher: »Die Frau von morgen grüßt die Männer von gestern ...« Einmal sagte sie vor einer Zuhörerschaft von 5000 Frauen: »Wenn Sie möchten, daß etwas gesagt wird, dann bitten Sie einen Mann. Wenn Sie möchten, daß etwas getan wird, dann bitten Sie eine Frau.« Viele Briten und Britinnen scheinen Frau Thatchers Ansichten zustimmen, da sie im Jahre 1987 zum dritten Mal in ihrem Amt als Großbritanniens erste Premierministerin bestätigt wurde, ein Ereignis, das in der britischen Geschichte noch nie dagewesen ist.

Aber *wer* genau ist Margaret Thatcher? Ist sie die »Eiserne Lady«, so wie sie von der russischen Nachrichtenagentur Tass porträtiert wird? Ist sie die ehrgeizige, hart zuschlagende, scharfzüngige Rednerin ohne Punkt und Komma, so, wie sie von ihren Gegnern beschrieben wird? Ist sie die warmherzige, elegante Hausfrau und Mutter, die weich, feminin und vornehm zu sein scheint? Von einem Anwaltskollegen wurde sie einmal als »kompetent, aber gefühllos und kalt beschrieben«.

Geburtshoroskop

Bevor wir anhand von Frau Thatchers Horoskop darstellen, wie man eine vollständige Horoskopvorhersage erstellen kann, ist es notwendig, etwas über Großbritanniens unerschütterliche und phänomenale dreimalige Premierministerin zu erfahren (Radix-Horoskop auf S. 313).

Ihr Skorpionaszendent und das bemerkenswerte Sonne-Mars-Jupiter-Pluto-T-Quadrat lassen sie sehr wohl als geeignet erscheinen, ihren eigenen Standpunkt sowohl vor der Oppositionspartei als auch vor der Öffentlichkeit zu vertreten. Obwohl der Orbis für die Konjunktion von Mars zur Sonne 10° beträgt, sind beide Planeten in das T-Quadrat eingebunden, da ihre Halbsumme im exakten Quadrat zu Jupiter und Pluto steht, was

Radix

Margaret Thatcher

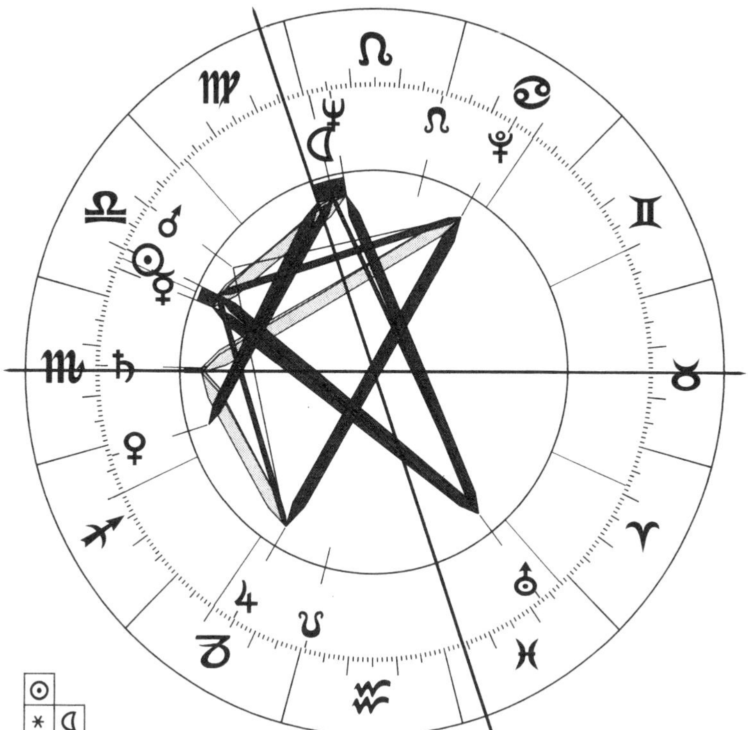

☉											
✶	☽										
☌	✶	☿									
	□		♀								
				♂							
□				□	♃						
					✶	♄					
⚻	⚻	⚻					⛢				
✶	☌	✶					⚻	♆			
□				□	☍	△			♇		
					✶	☌			△	A	
	☌		□								M

♇℞ im Alter von 3 Jahren (1928)
♆℞ im Alter von 45 Jahren (1970)
☿℞ im Alter von 49 Jahren (1974)
⛢D im Alter von 51 Jahren (1976)
☿D im Alter von 70 Jahren (1995)

Quelle: A - Charles Harvey, persönl. Mitteilung
13. 11. 1925 9:00 GMT
Grantham/GB 0W39 52N55
Häuser nach KOCH/GOH

der weiten Konjunktion beider Planeten eine stärkere Wirksamkeit verleiht. Mit Saturn im Skorpion in Konjunktion zu ihrem Aszendenten kann sie sicher sein, daß man sie als ehrgeizig, scharfzüngig oder sogar kalt ansieht. Da Saturn in einem Großen Trigon zu Pluto und Uranus steht, kann sie sich ein solches Verhalten erlauben. Auch hier beträgt der Orbis zwischen Saturn und Uranus nahezu 9 °, aber die Konjunktion Saturns zum Aszendenten zieht ihn in die Konstellation hinein. Unserer Meinung nach ist es durchaus gerechtfertigt, einen weiten Orbis zuzulassen, wenn es sich um wichtige Konstellationen handelt.

Die Sonne und Merkur in der Waage spiegeln ihren Charme ebenso wider wie die Venus im Schützen im 1. Haus. Es ist offensichtlich, daß sich Margaret Thatcher mit sowohl Sonne als auch Mars im 11. Haus (dem Wassermann-Haus) nicht mit einem gewöhnlichen Leben zufriedengeben wird. Es ist definitiv ein uranisches Flair vorhanden. Die Sextile, die Neptun zu Sonne und Merkur bildet, deuten auf Anmut und Weiblichkeit hin, aber unter dem vornehmen Verhalten stecken Tatendrang und Scharfsinn ebenso wie die Fähigkeit, Entscheidungen zu treffen und dabei zu bleiben. Dieser Charakterzug ist nicht gerade waage-typisch, sondern steht eher im Einklang mit ihrem Skorpionaszendenten, wobei beide Aszendentenherrscher, Pluto und Mars, Teile des T-Quadrates bilden. Pluto kommt zusätzliche Bedeutung zu, und zwar nicht aufgrund seiner Eigenschaft als Aszendentenherrscher, sondern deshalb, weil er gerade dabei ist, von der Rückläufigkeit zum Stillstand zu kommen. (Vgl. Kapitel 3).

Hintergrund

Margaret Hilda Roberts wurde am 13. Oktober 1925 um 9 Uhr morgens (GMT = Greenwich Mean Time) in Grantham, Großbritannien, 52N55, 0W39, als Tochter eines Lebensmittelhändlers geboren. Ihre frühe Kindheit und Jugend waren bunt und bewegt. Ihre Familie lebte über dem Laden ihres Vaters, der erfolgreich genug war, später einen weiteren Laden zu übernehmen. Alfred Roberts war auch in der Politik aktiv und amtierte als Gemeinderatsmitglied, Stadtrat und Bürgermeister von Grantham; außerdem war er methodistischer Laienprediger und einer der Gründer des örtlichen Rotary Clubs.

Margarets Mutter war vor ihrer Heirat Schneiderin gewesen, und von ihr übernimmt Margaret ihre Liebe für die Musik und ihre Vorliebe für tadellose Kleidung. Sie hat eine ältere Schwester namens Muriel, die mit einem Landwirt verheiratet ist. Margaret behauptet, daß die Politik kein Beruf für sie sei; vielmehr sei sie eine Berufung, zu der sie ihr Vater mehr als irgend jemand sonst inspiriert habe. Er förderte ihr Interesse am Tagesgeschehen und an der Kommunalpolitik; er brachte ihr bei, niemals zu folgen, sondern immer zu führen. Vor allen Dingen aber ermutigte er sie, soviel zu lesen, wie er selbst es tat.

Ihre Zuneigung und Achtung ihrem Vater gegenüber zeigt sich deutlich durch Merkur, den Herrscher des 10. Hauses, der im Sextil zu Neptun, dem Herrscher des 4. Hauses (Eltern-Achse 4./10.) steht. Dieser Aspekt plus Uranus im 4. Haus, eingebunden in ein Großes Trigon, zeigt eine gute Beziehung zu beiden Eltern an; ein glückliches, angenehmes, einzigartiges Heim, und vor allem, mit Neptun im 9. Haus, den starken philosophischen und religiösen Einfluß von Vater und Mutter. Die Spitze des 4. Hauses in den Fischen und Neptun in Konjunktion zum Mond zeigen ihre Liebe und Begabung für die Musik an, ebenso die aufsteigende Venus. Neptun und Merkur im Quinkunx zu Uranus könnten auf eine zu idealistische Einstellung zu ihrem Vater hindeuten und Trennungen von Heim und Familie erfordern, um zu lernen und Erfolg zu haben.

Schulausbildung

Eine Schulausbildung war schwer zu bekommen, aber Margaret übersprang eine Grundschulklasse und bekam im Alter von zehn Jahren ein Stipendium für Kesteven und die Mädchenschule von Grantham, ein Jahr, bevor sie das entsprechende Alter dazu hatte.

Sie war voller Selbstvertrauen und Ehrgeiz und fast immer die Klassenbeste. Sie war Spielführerin und Vizekapitänin der Hokkeymannschaft. Kurz vor ihrem Abschluß wurde sie von ihren Lehrern zur Schulsprecherin ernannt. In ihrer freien Zeit half sie beim Gemüseverkauf, und in der Zeit, die ihr dann noch blieb, las sie Bücher über Politik und internationale Angelegenheiten, saß in Gerichtssitzungen, in denen ihr Vater den Vorsitz hatte, übte Klavier und nahm Privatunterricht zur Verbesserung ihrer Aussprache. Saturn, der Planet, der oftmals überkompensiert wird, regiert ihr 3. Haus, und auch der expansive Jupiter (Teil ihres T-Quadrates) steht im 3. Haus.

Progressionen im Alter von zehn Jahren

Im Alter von 10 Jahren wanderte Margarets sekundärprogressive Sonne in den Skorpion (siehe Horoskop, S. 317), und zwar im Mai 1936, zu der Zeit, als sie ihr Stipendium bekam. Der progressive Aszendent stand bei 22° im Skorpion im Trigon zum Radix-Uranus im 4. Haus, dem Mitregenten des 3.Radix-Hauses, des Hauses der Schulbildung. Dieser Aspekt unterstüzt die persönliche Anerkennung für ihre Bemühungen, ebenso wie die progressive Himmelsmitte bei 14° in der Jungfrau im Trigon zum Radix-Jupiter im 3. Haus, dem Herrscher des 2. Hauses, das für Status und Finanzen steht.

Die Himmelsmitte steht ebenfalls im Sextil zu Pluto im 9. Haus und verstärkt so die Möglichkeit, von zu Hause wegzugehen, um eine angemessene Ausbildung zu bekommen. Die progressive Venus, Herrscherin ihres 12. und 7.Radix-Hauses, stand im Quinkunx zum Aszendentenherrscher Pluto, größere Anpassungsprozesse anzeigend. Zu dieser Zeit war sie zum ersten Mal von ihrem Heim und ihrer Familie getrennt; und jetzt mußte sie lernen, mit Altersgenossen (7. Haus) und ihren eigenen Handlungen (1. Haus) anders umzugehen. Die Beteiligung des 12. Hauses zeigt an, daß sie wahrscheinlich Heimweh hatte und genötigt war, sich auf ihre eigene Stärke zu verlassen.

Margarets progressiver Mond lief durch ihr 3. Haus und bildete zu dieser Zeit viele Aspekte zu ihren Radix-Planeten Sowohl Saturn als auch Uranus regieren das 3. Haus, das Haus des Studiums und der Stipendien. Der Mai 1936 hätte ein Monat mit großen Herausforderungen für sie werden können, da der progressive Mond im Quadrat zur Sonne stand. Dieser Aspekt könnte aber auch lediglich Energie anzeigen, die auf sportliche Aktivitäten irgendeiner Art gerichtet wird.

Auslösungen im 11. Lebensjahr

Margaret Thatcher

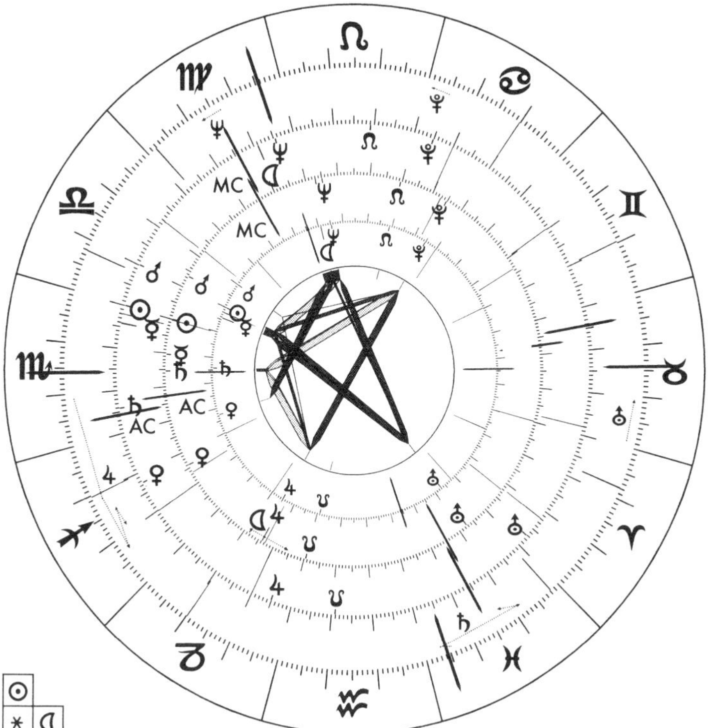

☉											
✶	☽										
☌	✶	☿									
	□		♀								
				♂							
□				□	♃						
				✶	♄						
⚻	⚻	⚻					⛢				
✶	☌	✶					⚻	♆			
□				□	☍	△			♇		
					✶	☌			△	A	
	☌		□								M

Innenkreis: Radix mit Aspekten
2. Kreis: Sekundärprogessionen, Prog. Datum: 23. 10. 1925
3. Kreis: Sonnenbogendirektionen, Bogen 9°56′
4. Kreis: Radixhäuser mit den Transiten der Langsamläufer ab dem 13.10. 1935 für 1 Jahr

13. 10. 1925 9:00 GMT
Grantham/GB 0W39 52N55
Häuser nach KOCH/GOH

Sonnenbogendirektionen im Alter von zehn Jahren

Merkur, der Herrscher ihres 8., 10. und 11. Radix-Hauses stand in der Sonnenbogendirektion im Sextil zur Himmelsmitte. Dieser Aspekt zeigt die Unterstützung durch andere in Form des Stipendiums an (8. Haus); die Anerkennung ihrer Fähigkeiten (10. Haus) und die mögliche Veränderung in ihren Freundschaften und ihrer sozialen Aktivitäten (11. Haus). Diese Möglichkeiten werden durch die dirigierte Himmelsmitte im Sextil zu Saturn unterstützt; sie deuten an, daß sie die Chance hat, ihre mentale Energie (Saturn regiert das 3. Haus) zum Lernen zu nutzen. Der dirigierte Mars stand in Konjunktion zu ihrer Radix-Sonne und symbolisierte so das hohe Energieniveau, das sie für ihre Arbeit anwendete (Mars regiert das 6.Radix-Haus); ferner betonte er aufgrund der Mitregentschaft der Sonne das 9. Haus, das Haus der höheren Bildung und des Studiums.

Der dirigierte Jupiter stand im Quinkunx zum Radix-Neptun im 9. Haus, dem Herrscher des 4. Hauses, und spiegelte so die Anpassungen wider, die notwendig waren, als Margaret ihr Zuhause verließ, um an einem anderen Ort zur Schule zu gehen. Das wird durch den dirigierten Saturn bestätigt, den Herrscher des 3. Hauses, der bei 23° im Skorpion im Quadrat zu Neptun, dem Herrscher des 4. Hauses, des Hauses der Eltern steht. Der dirigierte Uranus stand bei 2° im Widder im Trigon zur Radix-Venus und zeigte so einen leichten Weg und Harmonie mit ihren Mitschülern an, da die Venus ihr 7. Haus, das Haus der intimen Beziehungen regiert. Venus regiert jedoch ebenfalls das 12. Haus, wodurch bekräftigt wird, daß Margaret mit ziemlicher Sicherheit einige Tränen vergoß, weil sie Heimweh hatte; oder daß sie während dieses sehr aktiven Jahres Fortschritte auf künstlerischem Gebiet erzielte.

Transite im Alter von zehn Jahren

Im Herbst 1935 stand der transitierende Saturn in den Fischen in Konjunktion zu Margarets 4. Häuserspitze und hatte im Juni 1936 ihren Radix-Uranus im 4. Haus erreicht. Da wir aus dieser Zeit keine biographischen Einzelheiten vorliegen haben, nehmen wir an, daß sie wahrscheinlich im Herbst ihr Zuhause verließ und im Sommer zurückkehrte. Während des Jahres nach ihrem zehnten Geburtstag durchquerte der transitierende Jupiter ihr 1. und 2. Haus; er erweiterte ihre Persönlichkeit (1. Haus) und ihr Gefühl für persönliche Werte (2. Haus), aber diese Erweiterung ihres Bewußtseins war wahrscheinlich nicht immer leicht, da Jupiter an einem T-Quadrat beteiligt ist.

Da Margaret zu jener Zeit erst 10 Jahre alt war, waren Pluto, Neptun und Uranus im Transit noch nicht sehr weit gekommen, obwohl Neptun in ihr 10. Haus gewandert war (Anerkennung, Chancen) und Uranus in ihrem 6. Haus stand (Veränderung der täglichen Routine). Pluto war erst bis auf die letzten Gradzahlen des Krebses gewandert und bildete keine Haupt-Aspekte.

Weiterbildung

Nachdem sich Margaret Roberts für ein Universitätsstipendium qualifiziert hatte, begann sie ein Chemiestudium am Somerville College in Oxford, wo sie auch im Bach-Chor sang und sich verstärkt für Politik interessierte. Im Jahre 1946 wurde sie zur Vorsitzenden der konservativen Vereinigung der Universität Oxford gewählt. Mit Chemie als Nebenfach legte sie im Jahre 1947 ihr Diplom in den Naturwissenschaften als B.SC. (Bachelor of Science) ab. Später erwarb sie sich in Oxford auch noch den Abschluß M.A. (Master of Arts). Da Saturn ihr 3. Haus, das Haus des frühen Erwerbs von Wissen, regiert und im Geburtshoroskop in Konjunktion zum Aszendenten und im Sextil zu Jupiter im 3. Haus steht, können wir erkennen, wie wichtig es für die junge Maggie war, in ihrem Studium erfolgreich zu sein. Bei einem so aktiven 9. Haus ist leicht einsehbar, warum sie Akademikerin werden wollte. Der Mond, der Herrscher ihres 9. Hauses, steht in Konjunktion zur Himmelsmitte; sie hatte das Gefühl, daß sie eine gute Ausbildung brauchte, um ihre Berufsziele zu erreichen.

Berufsleben

In ihrer ersten Stelle arbeitete Margaret als Chemikerin im Forschungsbereich an der Weiterentwicklung von Kunst- und Klebestoffen. Danach arbeitete sie für eine Zeitlang als persönliche Assistentin für den Direktor des »Joint Iron Council«. Während dieser Zeit (1947 bis 1951) besuchte sie regelmäßig politische Versammlungen. Im Jahre 1949 wurde sie dazu eingeladen, als Tory-Kandidatin für das Parlament zu kandidieren, und obwohl sie keinen Sitz bekam, gelang es ihr immerhin, 36 Prozent der Stimmen zu erhalten.

Nach der Wahl traf sie bei einer Dinnerparty Denis Thatcher, einen Geschäftsmann und Millionär, den sie im September 1951 heiratete. Denis war Parteigenosse der Konservativen Vereinigung von Dartford, und er ermutigte Margaret in ihren politischen Ambitionen. Denis Thatcher, ein früherer Major der Königlichen Artillerie, hatte die Atlas-Farbenfabrik geerbt und wurde später Direktor von Burmah-Castrol, einer bedeutenden Ölgesellschaft. Darüber hinaus standen noch weitere Unternehmen unter seiner Leitung. Die Thatcher-Zwillinge Marc und Carol wurden im Jahre 1953 geboren.

Im Jahre 1951 hatte Margaret damit begonnen, in ihrer Freizeit Rechtswissenschaften zu studieren, und 1954 wurde sie als Anwältin zugelassen. Vier Monate, nachdem ihre Zwillinge geboren waren, bestand sie ihr Juraexamen. In den nächsten Jahren arbeitete sie als Rechtsanwältin bei Gericht und spezialisierte sich auf Steuer- und Patentrecht.

Mit Radix-Merkur, dem MC-Herrscher im 12. Haus, scheint eine Arbeit in der Forschung ziemlich logisch zu sein. Ihre politischen Interessen zeigen sich in verschiedener Weise. Dem *Rulership Book* von Rex Bill zufolge steht Politik in Verbindung mit Saturn, Steinbock, der Sonne und dem Löwen; Kommunalpolitik gehört zum 4. Haus und zu Krebs, Außenpolitik zum 9. Haus und zu Schütze.

Pluto, Thatchers Aszendentenherrscher, steht im Krebs. Wie bereits erwähnt, spielt Saturn eine wichtige Rolle in ihrem Horoskop. Es hat sich nach unserer Erfahrung immer wieder bestätigt, daß ein starkes 8. Haus bei politischen Horoskopen hilfreich sein kann. Merkur, der Herrscher von Margarets 8. Haus, regiert ebenfalls ihr 10. Haus und steht in Konjunktion zu ihrer Sonne; und natürlich hat sie das Zeichen des 8. Hauses, den Skorpion, am Aszendenten.

Waagegeborene sind für ihren Takt und ihr diplomatisches Geschick bekannt, was beides lebenswichtige Eigenschaften für die politische Arena sind. Frau Thatcher verfügt über die notwendigen Waage-Plazierungen. Venus, die Herrscherin von

Sonne, Mars und Merkur, steht im 1. Haus im Schützen. Sowohl der Mond als auch Neptun stehen im Löwen in der Nähe der Himmelsmitte. All diese Stellungen zeigen das Bedürfnis an, im Rampenlicht zu stehen. Natürlich hätte sie auch das Theater wählen können, aber die Sonne im 11. Haus bedarf eines spezielleren Publikums; und Saturn in Konjunktion zum Aszendenten zeigt den Wunsch nach einer Form von Kontrolle, die eine erfolgreiche Politikerin sehr viel besser ausüben kann als eine erfolgreiche Schauspielerin. Ihr Interesse an Rechtswissenschaften läßt sich leicht aus den Besetzungen des Waagezeichens und der Venus im Schützen ablesen.

Die Venus im Schützen und ihr starkes 9. Haus sind Hinweise auf ihre Begabung für die Außenpolitik und die Rechtswissenschaften; ihre Weisheit, Großbritannien in der EG zu belassen; ihre Entschlossenheit, auf den Falklandinseln Gewalt mit Gewalt zu begegnen; und schließlich ihr Engagement für gute Beziehungen zu den Vereinigten Staaten. Obwohl Venus herausfordernde Aspekte bildet, nutzt Margaret Thatcher diese ebenso wie ihre anderen harten Aspekte, um etwas aufzubauen, und nicht als Stolpersteine.

Politische Karriere

Im Jahre 1957 war sie fest entschlossen, noch einmal für einen Sitz im Parlament zu kandidieren. Bei den Wahlen am 8.Oktober 1959 gewann Margaret einen Sitz unter den 365 konservativen Abgeordneten in dem 630 Mitglieder zählenden Unterhaus. Beeindruckt von ihren Erfolgen bei der Einbringung und Durchsetzung von Gesetzesvorlagen ernannte sie Premierminister Macmillan im Jahre 1961 zur Parlamentssekretärin des Ministeriums für Pensionen und Sozialversicherungen. Hier beeindruckte sie ihre Kollegen durch ihre Sachkenntnis in den komplizierten Details des Rentenwesens. (Das Rentenwesen steht unter der Schirmherrschaft des Skorpions).

Als die Labourpartei 1964 wieder an die Macht kam, wurde Frau Thatcher Sprecherin der Opposition und widmete sich Themen wie dem Wohnungsbau, Grund und Boden, Verkehr, Elektrizität und Wirtschaftsfragen, alles Gebiete, die mit ihrer Krebs-Signatur in Verbindung stehen. Im Jahre 1967 ernannte sie der Oppositionsführer Edward Heath zur Sprecherin für

Energiefragen in sein »Schattenkabinett«. Als die Konservativen im Jahre 1970 mit Edward Heath als Premierminister wieder an die Macht kamen, wurde Margaret zur Ministerin für Erziehung und Wissenschaft ernannt. Sie etablierte sich als ernstzunehmende Aktivistin, die das, was sie sich vorgenommen hatte, auch erreichte. Sie engagierte sich in einigen umstrittenen Aktionen, zu denen nicht zuletzt ihre Entscheidung gehörte, die Preise für das Mittagessen in der Schule zu erhöhen und die Ausgabe von kostenloser Milch an die Schüler abzuschaffen. Sie kürzte auch die Mittel für die akademische Ausbildung, bekam jedoch viel Lob für ihre erfolgreichen Bemühungen, das Gesamtbudget für den Bildungssektor aufzustocken; für ihr ehrgeiziges Programm für den Bau und die Sanierung von Schulen und die Rekrutierung neuer Lehrer. Jupiter als Herrscher ihres 2. Hauses deutet an, daß sie weiß, wie man etwas für sein Geld bekommt; während seine Stellung im 3. Haus ihr Bedürfnis widerspiegelt, Geld in den Bildungssektor zu investieren, und darüber hinaus den großen Wert anzeigt, den sie dem Lernen beimißt. Jupiter im Sextil zu Saturn verheißt einen guten Geschäftssinn.

Da viele Briten der Meinung waren, daß Heath die traditionellen Tory-Prinzipien des freien Unternehmertums untergraben hatte, war es für Margaret Thatcher nicht besonders schwierig, Anhänger zu finden, die bereit waren, ihre Kampagne für den Parteivorsitz im Dezember 1974 zu unterstützen. Beim zweiten Wahlgang am 11.Februar 1975 erzielte sie einen durchschlagenden Erfolg und bekam sieben Stimmen mehr als die erforderliche Mehrheit. Seitdem lautete ihr Motto: »Volle Kraft voraus!« 1979 wurde sie zur Premierministerin gewählt und 1983 und 1987 in diesem Amt bestätigt.

Am 28.März 1979, bei ihrer ersten Wahl zur Premierministerin, hatte sie sehr aufschlußreiche Transite zu ihrem Geburtshoroskop. Pluto in Konjunktion zu ihrer Radix-Sonne steht für Macht, Respekt, und die Fähigkeit, etwas zu erreichen. Der transitierende Uranus stand im Trigon zum Radix-Uranus; der transitierende Neptun stand im Quadrat und der transitierende Mars in Konjunktion zum Radix-Uranus. Diese starke Konzentration auf den Uranus zeigt die Einzigartigkeit der Stellung an, die sie erreichte: Großbritanniens erster weiblicher Premierminister.

Solar - Wahl in das Parlament am 11. 2. 1975

Margaret Thatcher - 1974

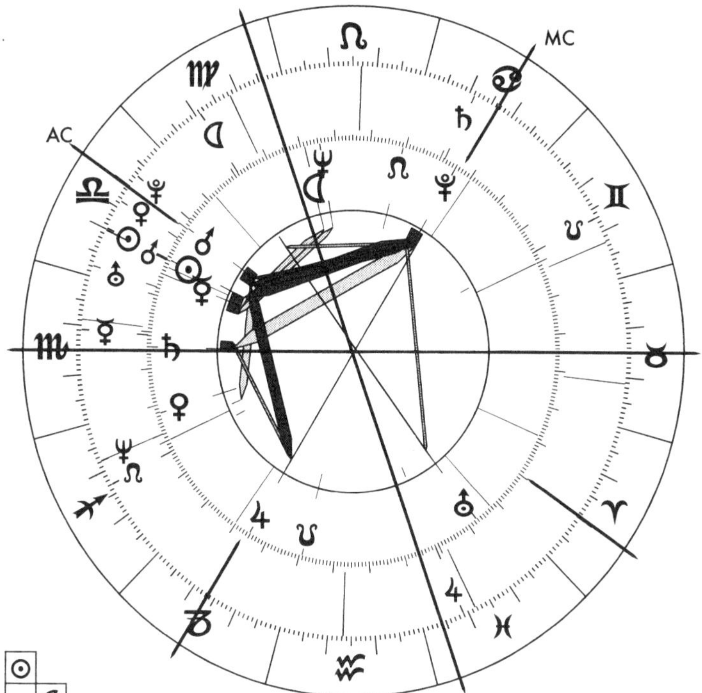

☉											
	☽										
	*	☿									
☌			♀								
☌			☌	♂							
		△	⚻		♃						
□	*		□	□		♄					
☌							⛢				
			*		□			♆			
			☌		⚻			*	♇		
			☌		⚻			*	☌	A	
□	*	△	□	□	△	☌		⚻			M

Interaspekte Solar (außen) und Radix (innen): siehe Zeichnung
Solaraspekte: siehe Aspekttabelle

Sekundärprogressionen	Sonnenbogendirektionen
Prg. Datum: 1.12.1925	Bogen: 49° 10′
☽ 20♊34	☽ 17♎48 ♃ 03♓40 ♇04♎04
☉ 08♐40 ☿ 27♐11	☿ 12♐58 ♄ 02♑57 ☊19♍41
♀ 25♑51 ♂ 11♏55	♀ 21♑15 ⛢ 11♉39 A 04♑28
A 20♐33 M 25♎55	♂ 28♏39 ♆ 13♎24 M 23♎00

Solar 1974 (Alter 48) auf den Aufenthaltsort
London/GB 0W10 51N30
Häuser nach KOCH/GOH

An diesem besonderen Tage stand die transitierende Venus in Opposition zu ihrem Radix-Mond, während der transitierende Merkur im Quinkunx dazu stand und so den emotionalen Aufruhr beschrieb, den sie erlebte. Die kleine Margaret Roberts wurde in eine der mächtigsten Positionen der Welt gewählt.

Solarhoroskop 1974: Wahl ins Unterhaus

Das Jahr 1975, das wir aus Margaret Thatchers Leben ausgewählt haben, um zu zeigen, wie Progressionen, Direktionen, Solare, Lunare, Transite und Neumondzyklen zusammenwirken, ist das Jahr, in dem sie erste politische Erfolge erzielte. (Vgl. Horoskop auf S. 323)

In Frau Thatchers Solarhoroskop für das Jahr 1974 (dem Jahr vor ihrem erstaunlichen Wahlsieg im Februar 1975) fiel der Solar-Aszendent in ihr 11.Radix-Haus. Der Mundanastrologie zufolge wird das Parlament durch das 11. Haus repräsentiert. Wie passend, daß dieser Bereich in Maggies Horoskop hervorgehoben wird. Ihr Radix-MC, Mond und Neptun stehen im 11. Haus des Solarhoroskops. Ihre Sonne befindet sich im 1. Haus und beschreibt so ihre Fähigkeit, auf eigenen Füßen zu stehen und ihrer Stimme Gehör zu verschaffen. Mit der Solar-Venus und dem Solar-Mars in Konjunktion zu ihrer Radix-Sonne und Merkur ist leicht einzusehen, daß ihr in diesem Jahr, unterstützt durch Charme (Venus) und Energie (Mars), der Erfolg vorherbestimmt war. Der Solar-Uranus steht ebenfalls in Konjunktion zum Radix-Merkur und deutet so ihre Fähigkeit an, sich in einzigartiger und Aufmerksamkeit erregender Weise mitzuteilen.

Mit einem Solaraszendenten in der Waage könnten Sie das Bedürfnis verspüren, auf Konfrontation zu gehen, und Margaret Thatcher wurde diesem Bedürfnis durch ihre Wahlkampagne gerecht. Der Solar-Pluto und der Radix-Mars in Konjunktion zum Solaraszendenten verlagerten ihr Radix-T-Quadrat in den persönlichen Bereich der Eckhäuser im Solarhoroskop und signalisierten so die Kraft, ihr Ziel zu erreichen. Elf Radix- und Solar-Planeten im ersten Quadranten dieses Horoskops zeigen an, daß sie in der Lage war, Verantwortung für ihr Handeln zu übernehmen und sich nicht scheuen sollte, ihr wahres Selbst auszudrücken.

Der Solar-Merkur stand in Konjunktion zu ihrem Radix-Saturn und Aszendenten und symbolisierte so die Aufrichtigkeit und die Fähigkeit, das zu tun, was sie vorher behauptet hatte. Mit den meisten Planeten (sowohl im Geburts- als auch im Solarhoroskop) auf der östlichen Seite des Horoskops war in dieser Phase ihres Lebens die Eigenmotivation ein vorherrschendes Thema. Der Radix-Uranus in ihrem 6. Solar-Haus läßt auf eine Richtungsänderung in ihrer tatsächlichen Arbeit schließen, und der Solar-Saturn in Konjunktion zum Radix-Pluto im 10. Haus beschrieb gewiß ihre Fähigkeit, Verantwortung zu übernehmen und Anerkennung zu erreichen. All das tat sie, indem sie einen Sitz im Unterhaus bekam.

Auslösungen im Solarhoroskop von 1974

In diesem Jahr wurden alle drei Aspektfiguren in Margaret Thatchers Geburtshoroskop durch Planeten im Solarhoroskop aktiviert. Ihr Radix-T-Quadrat wurde durch den Solar-Pluto aktiviert: er stand in Konjunktion zu ihrem Radix-Mars. Der Solar-Mars stand in Konjunktion zu ihrer Radix-Sonne, während der Solar-Saturn in Konjunktion zum Radix-Pluto stand. Wir haben bereits darauf hingewiesen, daß ihr kardinales T-Quadrat Tatendrang und Energieausrichtung symbolisiert. Sie hatte die Gelegenheit, das T-Quadrat in dieser Zeit zu nutzen, um dem nachzugehen, was sie wollte, und sie hat es wirklich getan! Ihre Yodfigur im Radix wurde vom Solar-Uranus in Konjunktion zum Radix-Merkur energetisiert. Damit stand die »Eiserne Lady« am Scheideweg. Das Große Trigon wurde durch die Konjunktion des Solar-Saturns zum Radix-Pluto in Bewegung gesetzt, ebenso wie durch Merkurs Kontakt mit dem Aszendenten und Saturn.

Wie wir bereits gesagt haben, sind wir der Meinung, daß Konjunktionen, Quadrate und Oppositionen mehr Aktivitäten anzeigen als fließende Aspekte, wie etwa Große Trigone. Es scheint jedoch so zu sein, daß Trigone und Sextile symbolisch den Weg für Handlungen und herausforderndere Aspekte zu ebnen scheinen. Trotzdem können bisweilen auch leichte Aspekte anstrengende Phasen oder Zeiten großen Erfolges anzeigen, genauso wie stimulierende Aspekte mit wenig oder überhaupt keiner Aktivität einhergehen können. Denken Sie daran, daß es nicht die Planeten und Aspekte sind, die die Dinge passieren lassen. Es sind Ihre persönlichen Reaktionen auf die Themen, die dadurch beschrieben werden und Ihr persönlicher Umgang mit der Energie, die durch diese Planeten widergespiegelt wird.

Sekundäre Progressionen für die Wahl ins Unterhaus im Jahre 1974

In den Jahren 1974 und 1975 stand Margaret Thatchers sekundäre Sonne bei fast 9° im Schützen im Sextil zu Mars; und ihr sekundärer Jupiter stand bei 22° im Steinbock im Sextil zu Uranus (vgl. Horoskop auf S. 327). Das Sextil wird oft als ein Aspekt der »Möglichkeiten« angesehen. Mit anderen Worten: Sie haben jetzt die Möglichkeit, die Energie zu nutzen, um eine Tür zu öffnen, aber niemand schiebt Sie durch die Tür. Es liegt in Ihrer Verantwortung, aktiv zu werden. Offensichtlich hat Maggie sehr positiven Gebrauch von ihren Sextilen gemacht. In diesem Jahr wurde Merkur rückläufig und Uranus rechtläufig (vgl. Kapitel 3), was immer auf bedeutsame Ereignissse hinweist.

In dieser Zeit hatten sich ihre eingeschlossenen Zeichen im 3. und im 9. Haus von der Löwe/Wassermann-Achse im Geburtshoroskop zu der Jungfrau/Fische-Achse im progressiven Horoskop verschoben. Dieser Wechsel trat schon im Alter von 26 oder 27 Jahren ein, als der progressive MC in die Waage gewandert war, aber diese Veränderung muß beachtet werden, um sich bewußt zu machen, daß Maggie die Energie der 3./9. Haus-Achse jetzt etwas anders nutzte. Statt auf ernsthafte, gebieterische Weise (3.Häuserspitze im Steinbock) mit einer unterschwelligen Unverkennbarkeit (Wassermann eingeschlossen) zu kommunizieren (3. Haus), waren ihre originellen Gedankengänge (Wassermann an der progressiven 3.Häuserspitze) jetzt von einer unterschwelligen Empathie getragen (Fische eingeschlossen).

Im Geburtshoroskop steht die 9.Häuserspitze im Krebs und deutet eine patriotische Einstellung an, die mit dramatischem Geschick (Löwe eingeschlossen, Mond und Neptun ebenfalls im Löwen eingeschlossen) ausgedrückt wird. Im Jahre 1974 befand sich die 9.Häuserspitze im Löwen, so daß ihre weltanschauliche Einstellung jetzt kühner und deutlicher wahrnehm-

Auslösungen im 50. Lebensjahr

Margaret Thatcher

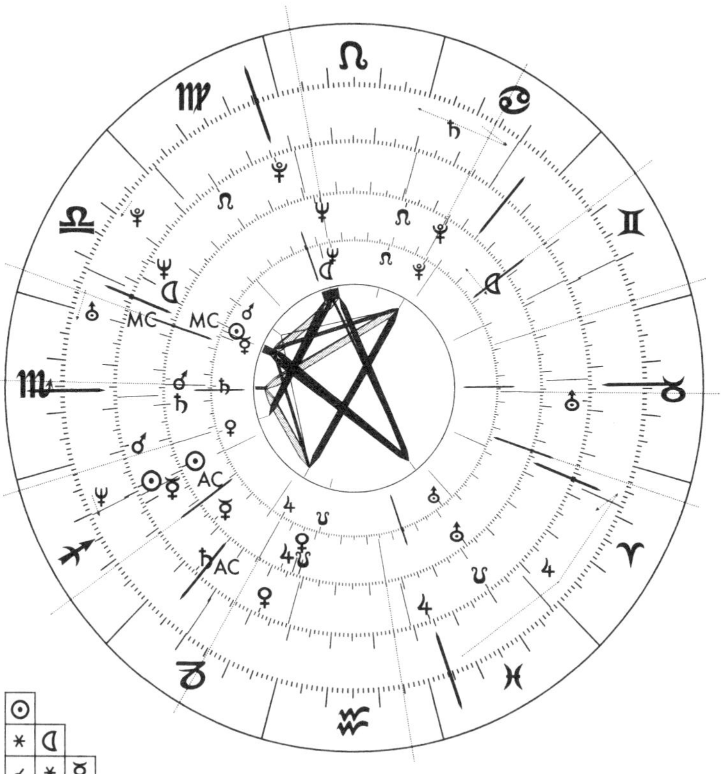

☉											
⚹	☾										
☌	⚹	☿									
	□		♀								
				♂							
□				□	♃						
					⚹	♄					
⚻	⚻	⚻					♅				
⚹	☌	⚹					⚻	♆			
□				□	☍	△			♇		
					⚹	☌			△	A	
	☌		□								M

Innenkreis: Radix mit Aspekten
2. Kreis: Sekundärprogessionen, Prog. Datum: 1. 12. 1925
3. Kreis: Sonnenbogendirektionen, Bogen 49° 10′
4. Kreis: Radixhäuser mit den Transiten der Langsamläufer ab dem 13. 10. 1974 für 1 Jahr

13. 10. 1925 9:00 GMT
Grantham/GB 0W39 52N55
Häuser nach KOCH/GOH

bar war. Mit Jungfrau eingeschlossen, war jetzt eine grundlegende Fähigkeit vorhanden, in diesem Bereich eine analytischere und selbstkritischere Haltung einzunehmen.

Das 4. und 5. Haus sind im Geburtshoroskop durch das gleiche Zeichen an der Häuserspitze miteinander verbunden, ebenso wie das 10. und 11. Haus. Wenn Häuserpaare miteinander verbunden sind, dann gilt dies im allgemeinen auch für die Aktivitäten dieser Häuser. Bis sich die Zeicheneinschlüsse und Häuserverbindungen im Alter von etwa 27 Jahren änderten, spielten in Margarets Fall das Zuhause (4. Haus) und der Sport (5. Haus) eine sehr wichtige Rolle in ihrem Leben. Der größte Teil ihrer Anerkennung und ihres politischen Lebens (10. Haus) waren mit gesellschaftlichen Aktivitäten verknüpft (11. Haus).

Im Jahre 1974 waren das 6. und das 7. Haus sowie das 12. und 1. Haus miteinander verbunden. Dies legt die Vermutung nahe, daß ihr Mann (7. Haus) sie unterstützte und ihr bei der Arbeit half (6. Haus), und daß ihre ausgeprägte Fähigkeit, in ihr Unterbewußtsein vorzudringen sowie Aktivitäten im Hintergrund ihr dabei halfen, eine einflußreiche Persönlichkeit zu werden, mit der man zu rechnen hatte (1. Haus).

Der sekundärprogressive Mond in ihrem Horoskop von 1974

Wieder einmal war ihr sekundärer Mond bei seiner Wanderung durch ihr 8. Haus, dem Haus, das für politische Unterstützung so wichtig ist, sehr aktiv. Im Oktober 1974 stand er auf 20 ° 33' im Schützen in Opposition zu ihrem progressiven Aszendenten, ein Aspekt, der ihr öffentliches Exponiertsein während ihres Wahlkampfes andeutete. Im Dezember stand ihr Mond im Quadrat zum Radix-Uranus in ihrem 4. Haus, dem Mitregenten ihres 3. Hauses, was Reisen nahelegt, die sie von zu Hause hätten wegbringen können. Der progressive Mond stand im Januar im Trigon zum Radix-Merkur (leichter Fluß der Kommunikation), und im Februar, als sie ihren Sitz im Parlament einnahm, stand er im Sextil zu Neptun. Die weiteren progressiven Lunar-Aspekte für den Rest des Jahres 1974 sind ebenfalls von Bedeutung.

Sonnenbogendirektionen für 1974

Während derselben Zeit stand der Sonnenbogen-Mars bei 28° im Skorpion im Quadrat zum Radix-Mond und beschrieb so die harte Arbeit des Wahlkampfes und die Herausforderungen, denen sie sich stellen mußte, denn Mars regiert ihr 6. Radix-Haus.

Die Reisen, die für einen erfolgreichen Kandidaten unabdingbar sind, wurden durch den Radix-Mond im 9. Haus angezeigt. Die dirigierte Himmelsmitte stand bei 23° in der Waage in Konjunktion zum Radix-Merkur; der dirigierte Jupiter stand in Opposition zur Radix-Himmelsmitte, während der dirigierte Aszendent im Trigon dazu stand: alles hervorragende Aspekte, um erfolgreich zu sein. Am besten war noch das Trigon, das der dirigierte Saturn zum MC bildete, ein weiterer Indikator für einen möglichen Wahlsieg. Der dirigierte Pluto in Konjunktion zur Radix-Himmelsmitte zeigte die Kontrolle und die Macht an, die ihr zur Verfügung standen, was praktisch ein Garantieschein für Erfolg, Wachstum und Macht in irgendeinem Bereich ist. Der Sonnenbogen-Neptun näherte sich bei 13° in der Waage einem Quadrat zum Radix-Jupiter an, was nahelegt, daß die Öffentlichkeit sie als unwiderstehlich und charismatisch wahrnimmt. Wenn Frau Thatcher nicht für einen Parlamentssitz kandidiert hätte, dann hätten all diese energetisierenden Aspekte auch Anerkennung in irgendeinem anderen Bereich anzeigen können. Im Jahre 1976 stand der dirigierte Mond in Konjunktion zur Radix-Sonne. Dieser »Neumond« war ein positives Vorzeichen für Erfolge auf politischem Gebiet.

Lunare

Da wir wissen, daß Margaret Thatcher am 11. Februar 1975 ins Unterhaus gewählt wurde, haben wir ein Lunarhoroskop für den 29.Januar 1975 aufgestellt, als der laufende Mond in exakter Konjunktion zu ihrem Radix-Mond stand. In diesem Horoskop fiel der Aszendent in ihr 12.Radix-Haus (das sprichwörtlich raucherfüllte Zimmer repräsentierend), und der Mond stand im 10. Haus, dem Haus der Anerkennung und des Erfolges. Ihre Radix-Sonne stand ebenfalls mit dem Radix-Merkur und dem Lunar-Uranus im 12. Haus und betonte so die Notwendigkeit innerer Stärke. Wie bereits im Solar, so stehen auch hier die meisten Planeten auf der östlichen Seite des Horoskops und deuten so eine starke Eigenmotivation und Zielgerichtetheit an. Die Sonne, die die Himmelsmitte regiert, ist bezeichnend für das Bedürfnis, in dieser Zeit etwas erreichen zu wollen. Der Mond im 10. Haus, Herrscher des 9., spiegelt das Bedürfnis wider, die Hoffnungen, die ihr Vater in sie gesetzt hatte, zu erfüllen.

Der aufsteigende Radix-Saturn bekräftigt ihre Bereitschaft, Verantwortung zu übernehmen, und da Saturn der Herrscher ihres 3.Lunarhauses ist, muß sie wohl ihre Wähler von ihrer Aufrichtigkeit, ihren Führungsqualitäten, ihrer Vertrauenswürdigkeit und der Fähigkeit, hart arbeiten zu können, überzeugt haben.

Ein Lunar ist für sich allein genommen nicht besonders bedeutsam, wenn man es jedoch in Verbindung mit Progressionen, Direktionen und dem Solarhoroskop benutzt, dann kann es einen räumlichen und zeitlichen Bezugsrahmen setzen. Wir empfehlen Ihnen *nicht*, Lunare für Monate im voraus aufzustellen; wenn jedoch ein Monat durch Transite, Neumonde oder andere Methoden, die wir Ihnen in diesem Buch vorgestellt haben, betont ist, dann können Sie mit Hilfe von Lunaren eine Feinabstimmung vornehmen.

In Margarets Fall zeigt das Lunar für den 29.Januar 1975 einen kulminierenden Mond. Da es sich hierbei um ein *Lunar* handelt, ist die Position des Mondes sehr wichtig, und seine Stellung im 10. Haus, dem Haus der Öffentlichkeit, beschreibt die Beliebtheit, die sie zu dieser Zeit bei der Öffentlichkeit genießt. Viele der Planetenpositionen und Aspekte, die im Solar wirksam sind, sind auch hier noch spürbar. Der Lunar-Pluto steht in exakter Konjunktion zum Radix-Mars, und beide erhalten ein Trigon von der Sonne aus dem 3.Lunar-Haus. Da die Sonne das 10. Haus regiert, bestätigt dieser Aspekt die Leichtigkeit, mit der ihr während dieser Lunar-Zeit Lob und Popularität entgegengebracht werden.

Wir haben festgestellt, daß wir eine ereignisreiche Phase und eine Bestätigung für die durch andere Vorhersagemethoden angezeigten Ereignisse zu erwarten haben, wenn, wie in diesem Falle, ein Lunar das Geburtshoroskop widerspiegelt.

Lunar - Wahl in das House of Commons

Margaret Thatcher - Jan. 1975

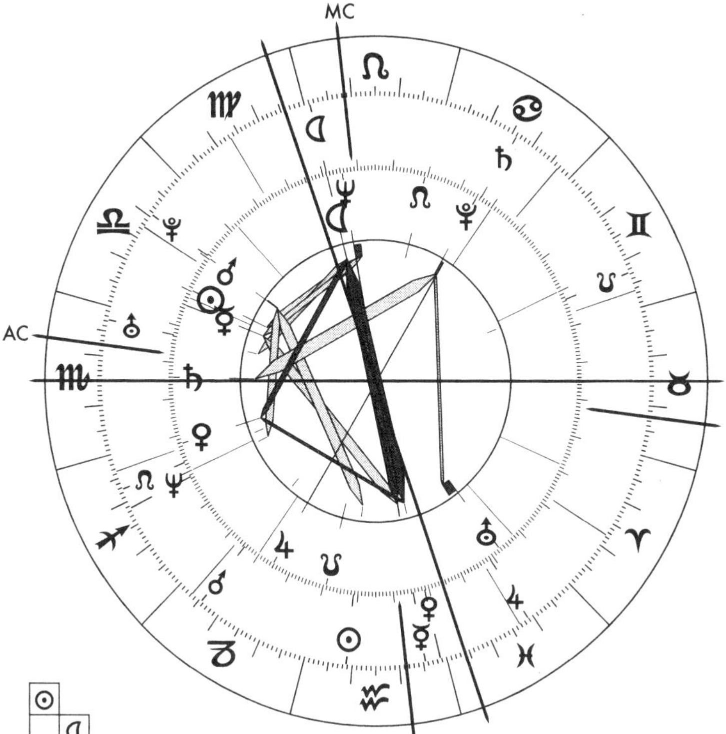

☉											
	☽										
	☍	☿									
	☍	☌	♀								
	△		⚹	♂							
					♃						
					△	♄					
□	⚹		△	⚹			⛢				
⚹								♆			
△				□		□		⚹	♇		
□				⚹		△	☌			A	
	☌										M

Interaspekte Lunar (außen) und Radix (innen): siehe Zeichnung
Lunaraspekte: siehe Aspekttabelle

Lunar 29. 1. 1975 auf den Aufenthaltsort
London/GB 0W10 51N30
Häuser nach KOCH/GOH

Transite, Neumonde und andere Zyklen für die Wahl von 1974

Da Margaret Thatcher im Februar 1975 gewählt wurde, wollen wir uns ihre Transite und Neumondzyklen für diesen Zeitraum ansehen. Der Neumond fand am 11.Februar auf 22° im Wassermann statt, exakt an dem Tag, an dem sie die Wahl gewann. Dieser Neumond fand in ihrem 3.Radix-Haus statt und betonte wiederum ihre kommunikativen Fähigkeiten.

Der transitierende Pluto stand seit Dezember 1974 bei 9° in der Waage in Konjunktion zu ihrem Radix-Mars, was ihr kardinales T-Quadrat auslöste. Der transitierende Saturn stand in ihrem dritten Quadranten, näherte sich ihrer Himmelsmitte und markierte eine Zeit des Erfolges. Viele Menschen erreichen ihre Ziele und rücken irgendwie in den Blickpunkt der Öffentlichkeit, wenn Saturn an ihrem MC kulminiert. (Vgl. Kapitel 10). Jupiter stand auf 21° 40' in den Fischen in Konjunktion zum Radix-Uranus und aktivierte ihre Yodfigur. Der transitierende Mars betonte an jenem Tag durch seine Konjunktion zum Radix-Jupiter und die Opposition zum Radix-Pluto ebenfalls ihr T-Quadrat. Ist es bei all dieser Aktivität in ihrem Horoskop ein Wunder, wenn Margaret Thatcher zu dieser Zeit ihre lange Karriere in die Wege leitete?

Persönliches Leben

Margaret Thatcher ist für ihre jugendliche Erscheinung, ihre Haltung, ihren grazilen Körperbau, ihr makellos frisiertes blondes Haar und ihre durchdringenden blauen Augen bekannt. Sie ist eine anmutige, höfliche Person, die ihre Probleme und Herausforderungen mit Ruhe und Gelassenheit angeht. Ihr fällt es leicht, sich auszudrücken, und ihre Sprechweise spiegelt ihr wahres Selbst wider: einfach, direkt, ohne List oder Boshaftigkeit. All das sind Attribute einer Sonne und eines Merkurs in der Waage. Selbst ihre Handlungen sind anmutig, was auf ihren Waage-Mars zurückgeht. Die aufsteigende Venus trägt zu ihrer zarten englischen Schönheit bei. Sie kommt oft mit vier Stunden Schlaf aus und hält keine Diät, versucht aber, vernünftig zu essen. Mars in der Waage regiert ihr 6. Haus, das Haus der Gewohnheit. Das Wort »Entspannung« kommt in ihrem Vokabular nicht vor (Mars steht im Brennpunkt ihres T-Quadrates). Sie hat eine Neigung zu Sparsamkeit und Genügsamkeit (Jupiter, der Herrscher ihres 2. Hauses, des Hauses der Gewohnheiten beim Geldausgeben, steht im Steinbock). Sie liebt ihre Arbeit leidenschaftlich. Sie kann die Weiblichkeit par excellence verkörpern, ist aber auch als »Eiserne Hand in Samthandschuhen« bezeichnet worden. Eine passende Beschreibung für eine Waage-Skorpion Kombination und Mars in der Waage. Frau Thatcher sammelt Derby- und Worcester-Porzellan und besucht als Musikliebhaberin regelmäßig die Oper in Covent Garden und die Musikfestspiele von Glyndebourne.

Denis Thatcher ist der ideale Ehemann für diese dynamische Lady. Er ist ein passionierter Golfer und hat sich bereits teilweise aus dem Geschäftsleben zurückgezogen, sitzt aber noch im Aufsichtsrat von zwei Unternehmen. Er ist immer für Maggie da und dazu bereit, ihr das Rampenlicht zu überlassen.

Venus regiert Margarets 7. Haus, das Haus der Partnerschaft und der Öffentlichkeit. Sie steht in ihrem 1. Haus und symbolisiert so eine Person, die Unabhängigkeit in der Partnerschaft braucht; der die Freiheit gegeben werden muß, ihre eigene Sache zu machen, aber die sich ebenfalls stark mit ihrem Partner und der Öffentlichkeit identifizieren muß. Offensichtlich fühlt sich Denis durch ihre Stärke nicht bedroht. Die einzigen Aspekte, die Venus bildet, sind Quadrate zum Mond und zur Himmelsmitte. Ihre Ehe scheint ruhig zu verlaufen, aber diese Quadrate sind als gelegentliche Schwierigkeiten mit der Öffentlichkeit und ihren politischen Feinden in Erscheinung getreten.

Trotz des Ruhmes seiner Frau sind Denis Thatcher und seine Familie entschlossen, sich dem grellen Licht der Öffentlichkeit zu entziehen. Die Kinder haben eine schwierigere Zeit gehabt als ihr Vater. Carol empfand die Belastung, Margaret Thatchers Tochter zu sein, als zu groß und lebte bis 1981 in Australien. Sie ist Journalistin und arbeitet zur Zeit an einer Tennisbiographie mit. Mark scheint noch mehr Probleme gehabt zu haben. Er lehnte einen Studienplatz in Oxford ab und veranlaßte so Frau Thatcher zu dem traurigen Kommentar, »die Universität – für meinen Vater nicht einmal im Traum denkbar. Mein persönlicher Traum. Meines Sohnes Weigerung. All das in drei Generationen«. Seit er bei seiner Buchhalterprüfung durchgefallen war, hat Mark als nicht besonders erfolgreicher Rennfahrer und männliches Modell gearbeitet. Er lebt jetzt die meiste Zeit in den Vereinigten Staaten. Obwohl Margaret stolz auf die Leistungen ihrer Tochter und ihre Unabhängigkeit ist, hat sie immer eine Schwäche für Mark gehabt. Das einzige Mal, als man sie je in der Öffentlichkeit hat weinen sehen, war, als er mehrere Tage lang als Teilnehmer einer Autorallye in der Sahara vermißt wurde.

Ihre Beziehung zu ihren Kindern wird durch Neptun, den Herrscher ihres 5. Hauses, beschrieben, der in Konjunktion zum Mond steht und mit der Sonne, Merkur und Uranus zusammen in eine Yodfigur eingebunden ist. Neptuns Konjunktion zum Mond ist ein Hinweis auf Margarets emotionale Bindung an ihre Kinder. Seine Stellung im 9. Haus bestätigt ihren Wunsch, daß sie einen akademischen Abschluß haben sollten. Merkur, Herrscher ihres 10. Hauses in Konjunktion zu ihrer Sonne, und beide Planeten im Quinkunx zu Uranus deuten an, daß Anpassungen hinsichtlich ihrer Erwartungen an ihre Kinder notwendig waren. Es scheint unwahrscheinlich, daß irgendeines von ihnen in ihre Fußstapfen treten wird, obwohl Carol Rechtswissenschaften studiert hat.

Margaret Thatcher behielt ihre Fassung selbst dann, als sie im September 1984 nur knapp einer Verletzung bei dem IRA-Bombenanschlag auf das Grand Hotel in Brighton entging, wo sie an einem Parteikongreß der Konservativen teilnahm. Frau Thatchers Motto könnte lauten: »Vorwärts«. Sie hat das Talent, Respekt einzuflößen; die Festigkeit ihres unerbittlichen Willens läßt sie auch schwierige Wege gehen. Ihre Entschlossenheit, ihre Hartnäckigkeit, ihr Vermeiden falscher Kompromisse und ihr Mut haben sie schon zu Lebzeiten und ganz gegen ihren Willen zu einer Legende gemacht.

Anhang 1

Hinweise für die Berechnung von Sekundär-Progressionen und Sonnenbogendirektionen

Die Ephemeridenpositionen sind der *The American Ephemeris for the 20th Century Noon and Midnight* entnommen. Alle Häuserspitzen stammen aus *The Koch Book of Tables.* Die unterschiedlichen Ephemeriden weisen leichte Abweichungen bei den Minuten- und Sekunden-Angaben auf. Die Zwischenhäuserspitzen variieren in Abhängigkeit von dem angewandten Häusersystem sehr stark.

Hilfreiche Informationen

1 Jahr	=	1 Tag
1 Monat	=	20 Stunden
1 Woche	=	30 Minuten
1 Tag	=	4 Minuten
6 Stunden	=	1 Minute
1 Stunde	=	10 Sekunden

Die Berechnung sekundärer Progressionen

Erster Schritt:
Finden Sie das progressive Datum heraus

Alter der Person:	20 Jahre	
Addieren Sie den Geburtstag:	16.Mai 1941	
Gesamt:	36. Mai 1941	(es gibt keinen 36. Mai;
Minus:	31	subtrahieren Sie den Monat Mai)
Ergebnis:	*5. Juni*	*progressives Datum*

Betty Ford: 8. April 1948, um 15.46 Central Western Time (CWT); Chicago, Illinois; 41° 52' Nord – 97° 39' West

Progression zu ihrem Geburtstag im Jahre 1948:

Alter 1948:	30 Jahre	
Geburtstag:	8. April 1918	
Gesamt:	38. April 1918	(es gibt keinen 38. April;
Minus:	30	subtrahieren Sie den Monat April
Ergebnis:	18. Mai 1918	*progressives Datum*

Zweiter Schritt:
Finden Sie die Sternzeit für das progressive Datum heraus
– Mittagsephemeriden

Sternzeit für den 18. Mai 1918:	3:02:01
Subtrahieren Sie die Sternzeit für den Geburtstag am 8. April 1918:	–1:03:44
Differenz:	1:58:17
Addieren Sie die Geburtssternzeit:	+4:00:35
Das ist Ihre progressive Sternzeit mit 30 Jahren:	5:58:52

Suchen Sie diese Zeit in Ihrer Häusertabelle, um das progressive Horoskop zu erstellen. Verwenden Sie dabei den Breitengrad von Chicago auf 41° 52' Nord. Der progressive MC liegt auf 29° 44' Zwillinge.

Zweiter Schritt:
Finden Sie die Sternzeit für das progressive Datum heraus
– Mitternachtsephemeriden

Sternzeit für den 18.Mai 1918:	15:00:03
Subtrahieren Sie die Sternzeit für den Geburtstag am 8. April 1918:	–13:01:46
Differenz:	1:58:17
Addieren Sie die Geburtssternzeit:	4:00:35
Das ist Ihre progressive Sternzeit mit 30 Jahren:	5:58:52

Suchen Sie diese Zeit in Ihrer Häusertabelle, um das progressive Horoskop zu erstellen; verwenden Sie dabei den Breitengrad von Chicago auf 41° 52' Nord. Der progressive MC liegt auf 29° 44' Zwillinge.

Dritter Schritt:
Korrektur der schnell laufenden Planeten
Korrigieren Sie die Sonne, den Mond, Merkur, Venus und Mars. Verwenden Sie dabei genau dieselbe Methode wie schon im Geburtshoroskop.

Vierter Schritt:
Stellen Sie die monatliche Bewegung des Mondes fest
Die tägliche Bewegung des Mondes (1 Tag in den Ephemeriden = 1 Jahr) kann von 12° bis 15° variieren. Um die monatliche Position zu bestimmen, sollten Sie den Mond für das betreffende Datum (8. Mai 1918 für Betty Ford) und für den nächsten Tag (9. Mai 1918) korrigieren.

Der korrigierte Mond für den 8. Mai ist auf 24° 13' Widder.
Der korrigierte Mond für den 9. Mai ist auf 09° 04' Stier.

Um die *monatliche Bewegung* herauszufinden:		9'	Stier	04'
	Minus	24'	Widder	13'
Die Jahresbewegung beträgt		14°		51'

Teilen Sie diese durch 12, um die monatliche Bewegung herauszufinden.

14° 51' geteilt durch 12 = 1°	(Rest von 2° 51' = 171')
171' geteilt durch 12 = 14°	Minuten (die restlichen 3' können überall addiert werden, in Abständen von einer Minute. Es ist unnötig, Sekunden zu verwenden).

Der Mond sollte dann wie folgt aufgeführt werden:

8. April 1948	24° 13' Widder	8. November 1948	2° 53' Stier
8. Mai 1948	25° 27' Widder	8. Dezember 1948	4° 07' Stier
8. Juni 1948	26° 41' Widder	8. Januar 1949	5° 21' Stier
8. Juli 1948	27° 56' Widder	8. Februar 1949	6° 35' Stier
8. August 1948	29° 10' Widder	8. März 1949	7° 50' Stier
8. Sept. 1948	0° 24' Stier	8. April 1949	9° 04' Stier
8. Oktober 1948	1° 38' Stier		

Sie können einen Horoskopvordruck wie unseren verwenden und alle Mondpositionen in den entsprechenden Kästchen eintragen oder alle relevanten Informationen auf ein separates Blatt Papier schreiben.

Fünfter Schritt:
Finden Sie die monatliche Bewegung der anderen Planeten heraus

Es ist nicht unbedingt notwendig zu wissen, in welchem Monat genau ein Planet den exakten Aspekt (Orbis 0°) zu einem Radix-Planeten erreicht, um eine gültige jährliche Voraussage zu machen, denn viele Menschen reagieren nicht auf den genauen Aspekt, sondern spüren den Aspekt ein wenig früher oder auch ein wenig später. Dennoch gibt es Fälle, in denen der genaue Monat wichtig ist, und deshalb sollten Sie zumindest wissen, wie man ihn genau berechnet.

Schlagen Sie die Ephemeriden (Mittag) für den 8. Mai 1918 auf (das progressive Datum von Betty Fords Geburtstag im Jahre 1948). *Venus* steht am 8. Mai auf 1° 43' Widder und am 9. Mai auf 2° 47' Widder. Wie Sie sehen können, ist Venus an diesem bestimmten Tag um 1° 4' oder 64' gewandert.

Teilen Sie diese Bewegung durch 12 (1 Jahr = 12 Monate), dann erhalten Sie die monatliche Bewegung, die ungefähr 5' beträgt. Die korrigierte Venus ist auf 2° 08' Widder. Deshalb wird der erste Aspekt zum Radix-MC auf 2° 13' Zwillinge einen Monat nach Bettys Geburtstag (2° 08' Widder plus 5') oder im Juni 1948 exakt werden.

Venus bewegt sich in den Mitternachtsephemeriden von 1° 11' Widder auf 2° 15' Widder, und wie Sie bemerken werden, bewegt sie sich ebenfalls um 1° 4' beziehungsweise 64', geteilt durch 12 ergibt eine durchschnittliche monatliche Bewegung von 5 Bogenminuten. Da die Mittags- beziehungsweise Mitternachtsephemeriden immer zu den gleichen Ergebnissen führen sollten, werden wir lediglich mit Beispielen für die Mittagsephemeriden fortfahren.

Machen Sie die gleiche Übung für *Merkur.* Bestimmen Sie die Differenz zwischen den Merkur-Positionen am 8. und am 9. Mai. In der Regel bewegt sich Merkur um 1° 45' pro Tag, aber in dieser Phase ist Merkur noch rückläufig und kurz davor, wieder rechtläufig zu werden, weshalb er sich sehr langsam bewegt. Seine Rückwärtsbewegung beträgt 6' oder eine halbe Minute pro Monat, und daher lohnt es sich nicht, mathematische Verrenkungen zu machen.

Wenn Sie Merkurs Bewegung einen Monat später, vom 8. Juni bis zum 9. Juni betrachten, so werden Sie eine tägliche Bewegung von 1° 41' beziehungsweise 101' erhalten, was zu einer Bewegung knapp unter 9' pro Monat führt.

Die Bewegung der anderen Planeten können Sie auf dieselbe Weise herausfinden. Wenn Sie zum 8. Mai zurückkehren, werden Sie auf einen Blick erkennen, daß alle anderen Planeten, selbst *Mars,* sich nicht um mehr als wenige Minuten am Tag fortbewegen. Die durchschnittliche Marsbewegung liegt bei 40' bis 48' pro Tag (oder 4° im Monat), aber Mars ist am 25. April nach einer 81-tägigen rückläufigen Phase gerade rechtläufig geworden und hatte seine normale Geschwindigkeit noch nicht wieder erreicht.

Die *Sonne* bewegt sich nie um weniger als 57' und nie um mehr als 61', deshalb wird ihre monatliche Bewegung immer auf 5' berechnet.

Es gibt ziemlich komplizierte Methoden, um die exakte Bewegung des *MC und des Aszendenten* von einem Jahr zum anderen zu berechnen. Da wir nicht wollen, daß Sie Ihre ganze Zeit und Energie auf mathematische Berechnungen verwenden, sondern eher darauf, die astrologischen Bedeutungen zu verstehen und anzuwenden, schlagen wir Ihnen vor, lediglich zu überprüfen, um wieviel sich die Achsen in der bereits vergangenen Zeit weiterbewegt haben und wie die durchschnittliche jährliche Bewegung ist.

Im Progressionshoroskop von Betty Ford zum Beispiel steht der MC auf 29° 44' Zwillinge und ist um 27° 31' – ausgehend von seiner Radix-Position auf 2° 13' Zwillinge – weitergewandert. Betty war 30 Jahre alt; der MC, obwohl ein wenig langsam, bewegt sich um fast 1° pro Jahr, so daß Sie eine durchschnittliche Geschwindigkeit von 5' pro Monat zugrundelegen können.

Der Aszendent auf 29° 46' Jungfrau hat sich im selben Zeitraum von 30 Jahren nur um 23° 8' von seiner Radix-Position auf 6° 38' Jungfrau weiterbewegt. Deshalb ist es sicherer, eine durchschnittliche Bewegung von 4' pro Monat bei der Berechnung anzuwenden. Diese einfachen Berechnungen sind wirklich alles, was Sie brauchen.

Prüfen Sie immer in den Ephemeriden, ob ein Planet *rückläufig* ist.

Zur Berechnung von Sonnenbogendirektionen

Erster Schritt:
Finden Sie das Direktionsdatum heraus

Alter der Person:	20 Jahre	
Addieren Sie den Geburtstag:	16. Mai 1941	
Gesamt:	36. Mai 1941	(Es gibt keinen 36. Mai;
Minus:	31	subtrahieren Sie den Monat Mai)
Ergebnis:	*05. Juni 1941*	*dirigiertes Datum*

Rock Hudson: 17. November 1925, um 2.15 Uhr CST; Winnetka, Illinois; 42° 06 Nord, 87° 44 West. Um zu seinem Geburtstag im Jahre 1981 zu dirigieren:

Alter 1981:	56 Jahre	
Geburtstag:	17.November 1925	
(Ins) Gesamt:	73.November 1925	(Es gibt keinen 73. November;
Minus	–30	subtrahieren Sie den Monat November)
	43. Dezember 1925	(Es gibt keinen 43. Dezember;
Minus	–31	subtrahieren Sie den Monat Dezember)
Ergebnis:	*12. Januar 1926*	*dirigiertes Datum*

Das progressive und das dirigierte Datum sind identisch

Zweiter Schritt:
Finden Sie den Sonnenbogen im Alter von 56 Jahren heraus (Mittagsephemeriden)

Entnehmen Sie den Ephemeriden die Sonnenpositon für das dirigierte Datum 12. 01. 1926:	21 ° 33' Steinbock
Entnehmen Sie den Ephemeriden die Sonnenposition für den Geburtstag am 17. 11. 1925:	–24 ° 38' Skorpion
Differenz:	56 ° 55'

56 ° 55' beträgt Hudsons *Sonnenbogen* im *Alter von 56 Jahren*

Addieren Sie diese Strecke zu allen Planeten und Häuserspitzen

Zweiter Schritt:
Finden Sie den Sonnebogen im Alter von 56 Jahren heraus (Mitternachtsephemeriden)

Entnehmen Sie den Ephemeriden die Sonnenpositon für das dirigierte Datum 12. 01. 1926:	21 ° 02' Steinbock
Entnehmen Sie den Ephemeriden die Sonnenpositon für den Geburtstag am 17. 11. 1925:	–24 ° 08' Skorpion
Differenz:	56 ° 54'

56 ° 54' beträgt Hudsons *Sonnenbogen* im *Alter von 56 Jahren*

Addieren Sie diese Strecke zu allen Planeten und Häuserspitzen hinzu

Dritter Schritt:
Finden Sie die monatliche Bewegung für die Sonnenbogendirektionen heraus

Da alle Planeten um dieselbe Strecke nach vorne gewandert sind, nämlich mit der Bewegung der Sonne, bewegen sich alle Planeten mit der ungefähren Geschwindigkeit von 1° pro Jahr oder 5' pro Monat.

Das Zeichnen des vorgeschobenen Horoskops

Wie wir bereits erwähnt haben, gibt es mehrere Arten, das progressive Horoskop aufzuzeichnen.

Erste Version: Seite an Seite
Zeichnen Sie zwei vollkommen neue Horoskope, eines mit den Sekundär-Progressionen und eines mit den Sonnenbogendirektionen, und behandeln Sie jedes Horoskop, als ob es ein Geburtshoroskop wäre. Legen Sie das progressive und das dirigierte Horoskop neben das Geburtshoroskop, um die jeweiligen Interaktionen daraus abzuleiten.

Vorteil: Sie müssen weniger Linien und weniger Planeten einzeichnen und haben so weniger Arbeit.

Nachteil: Sie könnten die primäre Bedeutung des Radix aus den Augen verlieren, Aspekte übersehen und auch nicht klar vor Augen haben, um wieviel das Horoskop weitergewandert ist und welche Veränderungen bei den Häusern eingetreten sind.

Zweite Version: Horoskop mit sechs Kreisen
Die Radix-Häuser bleiben gleich groß und können im voraus eingezeichnet werden. Tragen Sie die Geburtsplaneten in *schwarz* in den inneren Kreis ein; die progressiven Planeten in *rot* in den zweiten Kreis; die progressiven Häuserspitzen, ebenfalls in *rot*, werden in den dritten Ring eingetragen, wo sie bis zum Radix reichen; die Sonnenbogenplaneten, die Himmelsmitte und der Aszendent werden in *grün* in den vierten Kreis eingetragen; die Radix-Häuserspitzen werden in *schwarz* im 5. Kreis vermerkt; die langsam laufenden Transite sowie Mars werden in *blau* in den äußeren Kreis eingetragen. Vergessen Sie nicht, die jährliche Bewegung der Transite zu markieren, indem Sie die Verlaufslinien an den entsprechenden Stellen eintragen.

Vorteil: Nur die Radix-Häuserspitzen werden eingetragen. Bessere Übersicht, als wenn sie nebeneinander liegen, weniger verwirrend als ein Horoskop, in das die progressiven Häuserspitzen noch eingetragen sind. Die progressiven und dirigierten Planeten und Achsen sind sehr gut sichtbar.

Nachteil: Das vollständige Ausmaß der Häuserveränderungen (Größe, Zeichen und so weiter) im progressiven Horoskop kann nicht ganz erfaßt werden. Außerdem ist nicht erkennbar, in welchen progressiven Häusern sich die Radix- und progressiven Planeten befinden.

Nachdem Sie dieses Horoskop fertiggezeichnet haben, zeichnen Sie die Aspekte von den progressiven und dirigierten Planeten und Häuserspitzen zum Radix ein beginnen Sie dabei mit der Himmelsmitte und fahren Sie gegen den Uhrzeigersinn fort. Beginnen Sie mit den progressiven Planeten zum Radix, vermerken Sie die monatliche Bewegung des Mondes im Horoskop (oder auf einem besonderen Blatt, wenn Sie das vorziehen); tragen Sie dann die Aspekte der dirigierten Planeten zum Radix ein, und vermerken Sie schließlich, welche Aspekte die Transite zum Radix bilden und welches Haus sie transitieren.

Dritte Version:
Horoskop mit vier Kreisen, progressive Häuserspitzen eingetragen

a) Die Radix-Häuserspitzen werden in *schwarz* in den inneren Kreis eingetragen.
b) Die progressiven Häuserspitzen werden in *rot* eingetragen, von Mittelpunkt des Horoskops bis zum äußeren Kreis.
c) Die Radix-Planeten werden auf ihrer korrekten Position in *schwarz* in den inneren Kreis eingetragen. (In Betty Fords progressivem Horoskop für 1948 sollte Pluto zwischen der roten progressiven Himmelsmitte und der schwarzen Spitze des 11. Radix-Hauses stehen.)
d) Tragen Sie die progressiven Planeten in *rot* in den zweiten Kreis ein.
e) Der mit dem Sonnenbogen vorgeschobene Aszendent, der MC und die Planeten werden in *grün* im 3. Kreis vermerkt.
f) Schließlich werden die Transite in *blau* in den vierten Kreis oder außerhalb eingetragen. Die jährliche Bewegung wird wiederum durch Verlaufslinien gekennzeichnet.

   Vorteil: Alles ist sehr übersichtlich und auf einen Blick zu erfassen, wenn Sie einmal gelernt haben, die Zeichnungen zu erstellen und sie zu lesen. Unsere Schüler berichten, daß sie zwei bis drei Horoskope zum Üben brauchen.

   Nachteil: Der Zeichenvorgang dauert länger. (Man kann auch Progressionen und Direktionen auf Transparentpapier einzeichnen und über das Geburtshoroskop legen.)

Wie man das Horoskop zeichnet
(Dritte Version)

1. Zeichnen Sie das Radixhoroskop in den inneren Kreis mit *schwarz* ein.
2. Zeichnen Sie das Progressionshoroskop in *rot* ein, indem Sie beim Mittelpunkt beginnen und bis nach außen zum letzen Kreis gehen.
3. Tragen Sie die Radix-Planeten in *schwarz* an ihrer richtigen Position in den inneren Kreis ein. Dabei sollten sie auf der richtigen Seite der progressiven Häuserspitzen sein. (In Betty Fords Horoskop steht der Radix-Uranus auf 26° 33' Fische vor der progressiven Spitze des 6. Hauses auf 0° Fische.)
4. Tragen Sie nun alle progressiven Planeten in *rot* in den zweiten Kreis ein.
5. Fahren Sie mit *grün* bei den Direktionen und mit *blau* bei den Transiten fort.

Wie man Aspekte einzeichnet

Die einfachste Methode, um die Aspekte vom Aszendenten, MC und jedem Planeten zum Radix einzutragen, besteht darin, es bei der Erstellung des Horoskops zu tun. Wir beginnen mit den *Progressionen.* Zum Beispiel steht Betty Fords *progressive Sonne* auf 17° 26' Stier. Wenn Sie die Radix-Planeten betrachten, dann stellen Sie fest, daß sich nichts innerhalb von einem 1° zu 17° befindet, aber Mars auf 15° 41' Jungfrau bildete im Juli 1946 ein Trigon zur Sonne. (Zur Berechnung vergleichen Sie bitte den fünften Schritt, Sekundäre Progressionen.) Es befindet sich nichts auf 18°, 19° oder auch 20° in irgendeinem Zeichen: Die progressive Sonne wird einige Jahre lang keine Aspekte bilden.

Der progressive Merkur rückläufig auf 0° 29' Stier bildet keine Aspekte und wird nicht mehr auf 0° zurückgehen, da er ein Jahr später seine Richtung ändert.

Die progressive Venus wird innerhalb des Monats auf 2° 08' Widder ein Sextil zum Radix-MC auf 2° 13' Zwillinge bilden; sie wird im September 1949 ein Quadrat zum Radix-Pluto auf 3° 36' Krebs bilden, und im Juni 1950 ein Trigon zum Radix-Neptun auf 4° 19' Löwe bilden.

Fahren Sie auf dieselbe Art fort. Behalten Sie dabei in Erinnerung, daß die fünf langsam laufenden Planeten sich um Minuten (nicht Grade) jeden Tag/jedes Jahr fortbewegen.

Wenn Sie die Aspekte zu allen Progressionen eingetragen haben, dann tragen Sie die Aspekte zu den *Direktionen* ein, einen nach dem anderen, indem Sie entweder beim MC beginnen oder beim Aszendenten, ganz wie Sie wollen.

Wie man Aspekte zu Transiten einträgt

Schlagen Sie in den Ephemeriden das von Ihnen untersuchte Datum nach und vermerken Sie die Positionen von Jupiter, Saturn, Uranus, Neptun und Pluto. Folgen Sie deren Verlauf bis zur ersten Richtungsänderung; notieren Sie diese Änderung mit Datum; folgen Sie der planetarischen Bewegung bis zur nächsten Richtungsänderung; vermerken Sie diese Position mit Datum, bis Sie zu Ihrem Ausgangspunkt ein Jahr zuvor zurückkommen. Wir erstellen in der Regel eine jährliche Vorausschau beginnend mit dem Geburtstag, doch eignet sich auch jedes Datum dafür.

Als Beispiel verwenden wir Betty Fords transitierenden Saturn von ihrem Geburtstag am 8. April 1948 bis zum 8. April 1949. Saturn begann rückläufig auf 15° 49' Löwe und ging bis auf 15° 45' Löwe zurück. Am 17. April 1948 wurde Saturn rechtläufig und wanderte die ganze Strecke bis auf 6° 12' Jungfrau vor. Am 17. Dezember 1948 wurde Saturn wieder rückläufig und beendete das Jahr am 8. April 1949 auf 29° 46' Löwe. In dieser Zeitspanne wanderte Saturn durch ihr 12. Haus und trat ins 1. Haus ein, eine Bewegung, die Sie in Ihrem Horoskop vermerken sollten.

Wenn Sie einen Horoskopvordruck ähnlich dem unseren verwenden, dann werden Sie die Transitbewegungen in die entsprechenden Kästchen eintragen. Neben jedem Planeten ist genug Platz, um die Aspekte einzutragen. Der Saturn von Betty Ford zum Beispiel bildete im Juni 1948 ein Trigon zur Radix-Sonne, im August 1948 eine Opposition zum Radix-Uranus und im Oktober 1948 und Februar 1949 eine Opposition zur Radix-Venus. Ebenfalls im Oktober 1948 und im Februar 1949 bildete Saturn ein Quadrat zum Radix-MC. Im Dezember 1948 kam Saturn auf 6° in der Jungfrau zum Stillstand auf Bettys Aszendenten, was ein sehr bedeutungsvolles Ereignis war. Im August 1949 stand Saturn wiederum in Konjunktion zum Aszendenten.

Das sollte Ihnen eine allgemeine Vorstellung davon geben, wie Sie Transite einzeichnen können. Je mehr Sie üben, desto leichter wird es Ihnen fallen.

Allgemeine Regeln

Sie könnten den Wunsch verspüren, alle progressiven und dirigierten Aspekte und alle Transite auf das Horoskopblatt selbst zu schreiben – wir finden es sehr gut, alle wichtigen Informationen vor uns liegen zu haben, wenn wir mit Klienten, Freunden oder Schülern sprechen; wir schreiben möglichst klein und können so jede leere Stelle auf dem Horoskopblatt ausnutzen. Wie auch immer Sie vorgehen, ob Sie sich nun auf einem separaten Blatt Papier Notizen machen oder auf dem Horoskopblatt: Vergessen Sie bitte nicht alle progressiven Aspekte (einschließlich des progressiven Mondes) in *rot* zu vermerken, die Direktionen in *grün* und alle *Transite* in blau; dann wissen Sie immer, worauf Sie sich beziehen.

Eine weitere Methode

Wie Sie in Kapitel 11 über Solare und in Kapitel 12 über Lunare bereits bemerkt haben, gibt es noch eine weitere Methode, um alle Progressionen, Direktionen, Transite und Neumondzyklen festzuhalten, nämlich auf demselben Blatt, auf dem Sie das Solar erstellt haben. Diese Methode ermöglicht einen vollständigen Überblick. Wir haben dieses System für die abgebildeten Horoskope von Natalie Wood und Margaret Thatcher verwendet. Wir haben auch viele Beispiele in schwarz/weiß im 11. und 12. Kapitel angeführt.

Zeitplan-Tabelle

Diejenigen unserer Schüler, die gerne sehr methodisch vorgehen, notieren alle Aspekte, die pro Monat vorkommen, auf einem separaten Blatt Papier. (Einige gehen so vor, daß sie das Jahr in Frühling, Sommer, Herbst und Winter unterteilen.)

Auf einem solchen Blatt ist für jeden Aspekt genau ausgerechnet, in welchem Monat er exakt wird. Nach unserer Ansicht ist das nicht unbedingt ein perfektes System, weil es Sie, den Astrologen, an bestimmte Daten bindet, die Sie wiederum an den Klienten weitergeben; es ist jedoch als Ausgangspunkt ganz hilfreich. Die meisten Menschen reagieren nicht auf einen bestimmten Zeitpunkt hin, und wir wollen nicht, daß jemand ein Sklave von zeitlichen Berechnungen wird. Behalten Sie in Erinnerung: Benutzen Sie die Astrologie, aber lassen Sie sich von der Astrologie nicht benutzen!

Eklipsen und Mondzyklen

Wie Sie vielleicht auf den Beispielblättern bemerkt haben und wie wir in Kapitel 9 beschrieben, können Eklipsen und Mondzyklen der zeitlichen Bestimmung von Ereignissen dienen, so daß Sie mit ihrer Hilfe verstehen können, wann eine Progression, Direktion oder ein langsam laufender Transit aktiviert werden kann. Aus diesem Grunde ist es eine gute Idee, diese Daten auf Ihrem Horoskopblatt oder einem separatem Blatt zu vermerken. Einige Astrologen notieren nur die Eklipsen, einige schreiben nur die Mondzyklen auf und andere vermerken beides. Auch hier gilt wieder: Probieren Sie alles aus und arbeiten Sie dann mit dem weiter, was Ihnen am meisten liegt.

Neumondzyklen und Eklipsen können Sie in allen Ephemeriden finden. Notieren Sie nur das Datum und die Gradzahl und in welchen Häusern sie stattfinden, wie wir es in Kapitel 9 getan haben, und ob einige von ihnen einen wichtigen Aspekt zum Radix bilden. Vergegenwärtigen Sie sich bitte auch, daß sich auf einigen unserer Horoskopblätter ein besonderer Platz für Eklipsen befindet.

Anhang 2

Anleitung für die Berechnung von Solaren und Lunaren

Solarhoroskope

Die Berechung des Solarhoroskops basiert auf der jährlichen Rückkehr der Sonne zur genauen Grad-, Minuten- und Sekundenzahl im Radix. Es gibt drei Methoden, um die Rückkehr der transitierenden Sonne zu ihrer Ausgangsposition zu bestimmen:

1. Direkte Berechnung mit einem Taschenrechner oder Computer
2. Verwendung von Tabellen mit der täglichen Sonnenbewegung
3. Verwendung der Logarithmentafel

Von diesen Methoden ist die direkte Berechnung die genaueste, wohingegen die Logarithmenberechnungen am wenigsten genau sind. Daher wird in diesem Anhang die direkte Berechnung vorgestellt.

Ein paar grundlegende Fachbegriffe sollten Sie dabei im Gedächtnis behalten. Die planetarische Bewegung durch den Tierkreis basiert auf Graden (°), Minuten (') und Sekunden (''). Wir messen Zeit mit Begriffen wie Stunden, Minuten, Sekunden. Es ist wichtig, Minuten und Sekunden der Tierkreisbewegung von Minuten und Sekunden der normalen Zeitrechnung zu unterscheiden.

Da leicht unterschiedliche Formeln verwandt wurden, um die verschiedenen Ephemeriden zu berechnen, unterscheiden sich die darin aufgeführten Planetenpositionen leicht voneinander. Machen Sie sich keine Gedanken darüber, wenn die Angaben in Ihren Ephemeriden sich von den hier angeführten Beispielen leicht unterscheiden. Alle von uns verwendeten Angaben stammen aus *The American Ephemeris for the 20th Century at Midnight* und *The American Ephemeris for the 20th Century at Noon.*

Die direkte Berechnung

Beispiel anhand der Mitternachtsephemeriden

Erster Schritt
Schlagen Sie in den Mitternachtsephemeriden den Geburtstag der Person für das Jahr nach, für das Sie das Solarhoroskop berechnen wollen und suchen Sie die zwei Tage, die der exakten Position der Sonne im Radix am nächsten kommen (in Grad, Minuten und Sekunden). Ziehen Sie die frühere Position der Sonne (aus den Ephemeriden) von der späteren Position (aus den Ephemeriden) ab. Dadurch erhalten Sie die *tägliche Bewegung* der Sonne (wieviel die Sonne innerhalb von 24 Stunden gewandert ist). Die »tägliche Bewegung« wird auch als »24-Stunden-Reise« bezeichnet.

Nehmen Sie Chers Horoskop als Beispiel. Sie hat am 2. Mai 1946 Geburtstag. Ihre Sonne steht im Radix auf 28° 59'32'' Stier. Wenn wir an ihrem Solarhoroskop für das Jahr 1962 interessiert wären, dann würden wir in unseren Ephemeriden den Mai 1962 aufschlagen. Wenn wir in *The American Ephemeris for the 20th Century at Midnight* nachsehen, dann stand die Sonne am 20. Mai 1962 auf 28° 30' 22'' Stier. Am 21. Mai 1962 stand die Sonne auf 29° 28' 05'' Stier. Die tägliche Bewegung der Sonne liegt bei 57' 43''. (Später werden wir ein Beispiel anhand der Mittagsephemeriden untersuchen.)

29° 28' 05'' -28° 30' 22''	Wir können von 22 Sekunden nicht 5 Sekunden abziehen, also borgen wir uns eine Minute (wobei 27 Minuten übrigbleiben). Eine Minute entspricht 60 Sekunden, so daß wir jetzt 65 Sekunden haben.
29° 27' 65'' -28° 30' 22''	Wir können von 27 Minuten nicht 30 Minuten abziehen, also borgen wir uns ein Grad (wobei 28 Grad übrigbleiben). Ein Grad entspricht 60 Minuten, so daß wir jetzt 87 Minuten haben.
28° 87' 65'' -28° 30' 22''	
0° 57' 43''	(Tagesbewegung der Sonne)

Zweiter Schritt
Berechnen Sie die Differenz zwischen der Position der Sonne im Radix und der Position der Sonne in den Ephemeriden, die *vor* der Radix-Sonne liegt. Das Ergebnis werden wir als den »zurückzulegenden Abstand« bezeichnen (so weit muß die transitierende Sonne weiterwandern, um zu ihrer Ausgangsposition zurückzukehren).

Wenn wir weiterhin *The American Ephemeris for the 20th Century at Midnight* benutzen, dann stellen wir fest, daß die Radix-Sonne von Cher sich auf 28° 59'32" Stier befindet, und die transitierende Sonne, die sich vor der Radixsonne befindet, ist die Sonne am 20. Mai 1962, auf 28° 30'22" Stier. Also subtrahieren wir die frühere Sonne in den Ephemeriden (28° 30'22" Stier) von der Position der Radix-Sonne (28° 59'32" Stier) und erhalten so den »zurückzulegenden Abstand«.

28° 59'32" Stier	Chers Radix-Sonne
–28° 30'22" Stier	Sonne um 0.00 Uhr am 20. Mai 1962
29'10"	zurückzulegender Abstand

Dritter Schritt
Berechnen Sie, wie groß der Teil des Tages (in Zeit) ist, der durch den »zurückzulegenden Abstand« repräsentiert wird. Um dort hinzukommen, müssen Sie den zurückzulegenden Abstand in eine Einheit umwandeln: Sekunden (der Tierkreisbewegung).

Multiplizieren Sie die Minuten mit 60 (denn jede Minute der Länge(grade) im Tierkreis enthält 60 Sekunden).

Addieren Sie dieses Ergebnis zu den Sekunden, die Sie bereits haben, hinzu.

Ihr Ergebnis ist der zurückzulegende Abstand in Tierkreis-Sekunden.

Wandeln Sie die tägliche Bewegung ebenfalls in Tierkreis-Sekunden um.

Multiplizieren Sie die Minuten mit 60 und addieren Sie das Ergebnis zu den Sekunden hinzu.

Teilen Sie den »zurückzulegenden Abstand« durch die tägliche Bewegung, um den betreffenden Anteil des vergangenen Tages zu erhalten.

Bei Chers Horoskop stellen wir fest, daß ihr »zurückzulegender Abstand« bei 29'10" liegt (von Mitternacht des 20.Mai 1962 an).

Wir multiplizieren 29 Minuten mit 60 und erhalten 1740 Sekunden.

Wir addieren die 10 Sekunden, die wir bereits hatten, hinzu.

Der gesamte »zurückzulegende Abstand« (in Sekunden) liegt bei 1750.

Die tägliche Bewegung (von 0:00 Uhr am 20. Mai 1962 bis 0:00 Uhr am 21.Mai 1962) beträgt 57'43".

Wir multiplizieren die 57 Minuten mit 60 und erhalten 3420 Sekunden.

Wir addieren die 43 Sekunden, die wir bereits hatten, und erhalten eine Gesamtsumme von 3463 Sekunden (der Tagesbewegung).

Als nächstes teilen wir die Reisedistanz (1750) durch die tägliche Bewegung (3463).

Das Ergebnis von 0,505342188 stellt den Anteil des vergangenen Tages dar.

(Mit anderen Worten, wir müssen uns durch etwas mehr als den halben Tag weiterbewegen, um die transitierende Sonne exakt auf die Position von Chers Radix-Sonne zu bekommen.

Vierter Schritt

Wandeln Sie den Anteil des Tages, der bereits vergangen ist, in Zeitstunden, -minuten und -sekunden um. Multiplizieren Sie dafür den Dezimalbruch des bereits vergangenen Tages mit 24 (Anzahl der Stunden an einem Tag), um die Anzahl der Stunden zu erhalten. (Das Ergebnis wird eine Dezimalzahl sein.) Die Zahl unmittelbar vor dem Komma bezeichnet die Anzahl der ganzen Stunden. Subtrahieren Sie diese Zahl. Multiplizieren Sie die Stellen hinter dem Komma (was ein Bruchteil einer Stunde ist) mit 60, um die Anzahl der Minuten zu erhalten. Ihr Ergebnis wird eine Dezimalzahl sein. Die Zahl vor dem Komma ist die Anzahl der ganzen Minuten. Subtrahieren Sie diese. Multiplizieren Sie die restliche Dezimalzahl (was ein Bruchteil einer Minute ist) mit 60, um die Anzahl der Sekunden zu erhalten. Ihr Ergebnis wird eine Dezimalzahl sein. Runden Sie bis zur nächsten Sekunde ab. Die Zahlen, die Sie erhalten: ganze Stunden, Minuten und Sekunden bezeichnen die Zeit des Tages, die bereits vergangen ist.

Bei der Berechnung von Chers Solarhoroskop 1962 zum Beispiel beträgt unser Anteil des Tages 0,505342188.

Wir multiplizieren unseren Anteil des Tages (0,505342188) mit 24 (Anzahl der Stunden eines Tages) und erhalten 12,12821251 Stunden.

Subtrahieren Sie die 12 Stunden vor dem Komma, multiplizieren Sie mit den Rest 60 und Sie erhalten 7,69275072 Minuten.

Subtrahieren Sie die 7 Minuten vor dem Komma, multiplizieren Sie den Rest mit 60 und Sie erhalten 41,5650432 Sekunden.

Wir würden 41,56 Sekunden auf 42 Sekunden aufrunden.

Unser Gesamtergebnis beträgt 12 Stunden, 7 Minuten und 42 Sekunden.

Bezeichnen Sie dieses Ergebnis als »zeitliche Justierung«.

Fünfter Schritt

Addieren Sie Ihre »zeitliche Justierung« (die Stunden, Minuten und Sekunden vom 4. Schritt) zu der vorangegangenen Mitternacht (0:00 Uhr) dazu, um so die Zeit (*Weltzeit*) für das Solarhoroskop zu erhalten. Das heißt, daß die Uhrzeit, für die das Solarhoroskop zu erstellen ist, der bereits ermittelten »zeitlichen Justierung« *entspricht*. Als Datum nehmen Sie das der vorangegangenen Mitternacht. Behalten Sie in Erinnerung, daß die Zeit, die Sie erhalten haben, der Weltzeit (Greenwich) entspricht! Sie müssen die übliche Zeitzonenanpassung vornehmen, um die Weltzeit in eine beliebige andere Zeitzone zu übersetzen.

Bei Cher ist das Datum der 20. Mai 1962. Die Zeit ist 12:07:42 (Weltzeit). (12:07 Weltzeit entspricht 4:07 in Los Angeles, Pacific Standard Time (PST), oder 5:07 Pacific Daylight Time (PDT).)

Sechster Schritt
Erstellen Sie ein Horoskop wie üblich und verwenden Sie dabei das Datum und die Zeit, die Sie gerade berechnet haben und den Längengrad und Breitengrad *für den Ort des Solarhoroskops.* (Wenn Ihnen die Grundlagen der Horoskopberechnung nicht vertraut sind, dann empfehlen wir Ihnen als Erläuterung *The Koch Book of Tables* oder *The American Ephemeris 1931-1980 & Book of Tables.)* Wenn wir ein Solarhoroskop für Los Angeles berechnen, dann gehen wir von einem Breitengrad von 34° 03' Nord und einem Längengrad von 118° 15' West aus, erstellt für den 20. Mai 1962 zu einer (Welt) Zeit von 12:07:42 Uhr.

Siebter Schritt
Wenn Sie die Häuserspitzen des Solarhoroskops in ein Horoskopformular mit zwei Kreisen eintragen, dann zeichnen Sie die Radix-Planeten, den Aszendenten und den MC in den inneren Ring des Horoskops in rot ein. Zeichnen Sie dann die Planeten des Solars in den zweiten Kreis in grün. Stellen Sie fest, in welchem Haus sich die Sonne befindet; in welches Radixhaus der Solar-Aszendent fällt; wo sich der Regent des Solar-Aszendenten im Radix und im Solar befindet; und zeichnen Sie die Aspekte der Solar-Planeten zum Radix ein. Betrachten Sie, wie die Planeten sowohl im Solar als auch im Radix im Horoskop verteilt sind. Wir glauben, daß es klug ist, diese Informationen schriftlich festzuhalten.

Zusammenfassung der einzelnen Schritte

Zur Übersicht geben wir eine Zusammenfassung des oben beschriebenen Verfahrens:

1. Suchen Sie (für das Jahr, für das Sie das Solar berechnen wollen) die Position der Sonne für 0:00 Uhr (Mitternacht), die nach der Position der Radix-Sonne erscheint.

2. Suchen Sie (für das Jahr, für das Sie das Solar berechnen wollen) die Position der Sonne für 0:00 Uhr (Mitternacht), die vor der Position der Radix-Sonne erscheint.
3. Subtrahieren Sie das Ergebnis 2 von 1, um so die Tagesbewegung der Sonne innerhalb von 24 Stunden zu erhalten.
4. Notieren Sie die Radix-Position der Sonne.
5. Notieren Sie die Position der Sonne um Mitternacht (0:00 Uhr) vor der Geburt.
6. Subtrahieren Sie das Ergebnis 5 von 4, um so die Differenz zwischen der genauen Radix-Sonne und der Position der Sonne in den Ephemeriden zu erhalten – das ist der »zurückzulegende Abstand«.
7. Wandeln Sie die Differenz (Ihr Ergebnis von 6) in eine einheitliche Größe um (zum Beispiel alles in Minuten).
8. Teilen Sie den zurückzulegenden Abstand (Ergebnis von 6. durch die tägliche Bewegung (Ergebnis von 3), um zu bestimmen, wieviel Zeit vergangen ist, um von der Ephemeridenposition (um 0:00 Uhr) zur Radix-Sonne zu gelangen.
9. Wandeln Sie den Dezimalbruch (Ergebnis von 8), der dem zurückzulegenden Abstand in Zeit entspricht, in Stunden, Minuten und Sekunden um.
10. Addieren Sie diese Stunden, Minuten und Sekunden (Ergebnis von 9) zur Mitternacht (0:00 Uhr) dazu, um die Weltzeit der Geburt für das Solarhoroskop zu erhalten.
11. Erstellen Sie das Solarhoroskop für diese Weltzeit, indem Sie den Längen- und Breitengrad des Wohnortes zugrunde legen. Verwenden Sie die Häuserspitzen des Solars, aber zeichnen Sie die Radix-Planeten in den inneren Kreis (zum Beispiel in rot) und die Solar-Planeten in den äußeren Kreis (zum Beispiel in grün) ein.

Mitternachtsephemeriden – eine alternative Herangehensweise

Es besteht die Möglichkeit, entweder vorwärts oder rückwärts zu gehen, wenn man die Position der transitierenden Sonne, die der Radix-Sonne am nächsten ist, aus den Ephemeriden heraussucht. Das heißt, daß man den Unterschied zwischen der Position der Radix-Sonne und der Position der Sonne in den Ephemeriden so berechnen kann, daß man entweder die vorhergehende Sonnenposition *oder* die nachfolgende verwendet. Sie müssen lediglich im Gedächtnis behalten, in welche Richtung Sie rechnen. Der erste Schritt bleibt immer der gleiche (Berechnung der 24-Stunden-Bewegung der Sonne). Der zweite Schritt wird jedoch anders aussehen, wenn Sie sich auf die *spätere* Sonnenposition in den Ephemeriden beziehen.

Zweiter Schritt – Alternative

Wenn Sie den Unterschied zwischen der Radix-Sonne und der Ephemeridenposition gefunden haben, die später ist, dann müssen Sie bei den folgenden Schritten in Erinnerung behalten, daß der »zurückzulegende Abstand« auf der *späteren* Mitternacht(sangabe) beruht und nicht auf der *früheren.*

Wenn wir den *zurückzulegenden Abstand* zur Mitternacht berechnen, die der Position der Radix-Sonne folgt, dann erhalten wir folgendes Ergebnis:

29° 28'05'' Stier	Sonne um 0:00 Uhr, 21. Mai 1962
–28° 59'32''	Chers Radix-Sonne
28'33''	zurückzulegender Abstand

Dritter Schritt – Alternative

Berechnen Sie, welcher Teil des Tages durch den zurückzulegenden Abstand repräsentiert wird (wie in Schritt 3 oben beschrieben).

Bei Cher bemerken wir, daß der »zurückzulegende Abstand« (rückwärts von der Position der Radix-Sonne zur Position um Mitternacht beginnend mit dem 21. Mai 1962) 28'33'' beträgt.

Das entspricht 1713 Sekunden (28 mal 60 = 1680 + 33 = 1713).

Die tägliche Bewegung (von 0:00 Uhr am 20. Mai 1962 bis 0:00 Uhr am 21. Mai 1962) beträgt 3463 (wie in Schritt 3 vorher).

Wir teilen den zurückzulegenden Abstand durch die tägliche Bewegung, um den Abschnitt des Tages zu erhalten, der schon verstrichen ist.

Der Abschnitt beträgt 0,494657811.

Mit anderen Worten: Die transitierende Sonne, beginnend mit dem 20. Mai 1962 um Mitternacht, muß um etwas weniger als einen halben Tag zurückverschoben werden, um die Position der Radix-Sonne von Cher zu erreichen.

Vierter Schritt – Alternative

Wandeln Sie den Abschnitt des Tages, der vergangen ist, in Stunden, Minuten und Sekunden um (wie unter Schritt 4 oben dargestellt).

In der alternativen Berechnung von Chers Horoskop liegt der Abschnitt des Tages, der bereits verstrichen ist, bei 0,494657811. Das entspricht 11 Stunden, 52 Minuten und 18 Sekunden wie folgt:

0,494657811 (vergangener Abschnitt des Tages) mal 24 (Std. pro Tag) = 11, 87178747 Stunden.

Subtrahieren Sie davon 11 Stunden.

0,871787467 mal 60 (Minuten pro Stunde) = 52,30724806 Minuten.

Subtrahieren Sie davon 52 Minuten.

0,307248056 mal 60 (Sekunden pro Minute) = 18,43488336 Sekunden.

Runden Sie das auf 18 Sekunden ab.

Unsere »zeitliche Justierung« für dieses Beispiel beträgt 11 Stunden, 52 Minuten, 18 Sekunden.

Fünfter Schritt – Alternative

Um die genaue Zeit für die Berechnung des Solarhoroskops zu erhalten, subtrahieren Sie das Ergebnis Ihrer zeitlichen Justierung von 24:00 Uhr (das Ende des Tages oder Mitternacht, die am nächsten Tag beginnt), aber das Datum wird weiterhin der Tag der früheren Mitternacht in den Ephemeriden sein.

Bei Cher gehen wir von einer Ephemeridenposition aus rückwärts, die am 21. Mai 1962 um Mitternacht beginnt. Mitternacht (0:00) am 21. Mai ist dieselbe wie um 24:00 Uhr am 20. Mai. Also subtrahieren wir unsere zeitliche Justierung von 24:00 Uhr am 20. Mai 1962. Unsere zeitliche Justierung (vierter Schritt – Alternative) beträgt 11 Stunden, 52 Minuten und 18 Sekunden. Wenn wir 11:52:18 von 24:00 Uhr abziehen, dann erhalten wir 12:07:42. Also ist Chers Solar (für 1962) für den 20. Mai 1962 um 12:07:42 (Weltzeit) zu erstellen.

Bitte beachten Sie, daß unser endgültiges Ergebnis (das Datum und die Weltzeit, für die Sie das Solarhoroskop berechnen) dasselbe ist – ob Sie nun vorwärts von der Mitternacht vor der Position der Radix-Sonne ausgehen oder rückwärts von der Mitternacht, die der Position der Radix-Sonne folgt.

Beispiele für Mittagsephemeriden

Die Prinzipien sind genau dieselben, ob man nun eine Mittagsephemeride verwendet oder eine Mitternachtsephemeride, aber wir werden das anhand eines Beispiels erläutern.

Erster Schritt – Mittag

Schauen Sie in den Mittagsephemeriden den Geburtstag der Person in dem Jahr nach, für das Sie das Solarhoroskop erstellen wollen und suchen Sie die zwei Tage, die der exakten Radix-Position der Sonne (in Graden, Minuten und Sekunden) am nächsten sind. Subtrahieren Sie die frühere Position der Sonne (in den Mittagsephemeriden) von der späteren Position (in den Mittagsephemeriden). Das

Ergebnis ist die *tägliche Bewegung* der Sonne (wie weit die Sonne in 24 Stunden gewandert ist). Die »tägliche Bewegung« kann auch mit »24-Stunden-Reise« bezeichnet werden.

Nehmen wir Chers Horoskop als Beispiel. Sie ist am 20. Mai 1946 geboren. Die Position ihrer Sonne im Radix liegt auf 28° 59’32’’ Stier. Wenn wir an ihrem Solar für 1965 interessiert wären, dann würden wir in unseren Ephemeriden unter Mai 1965 nachschlagen. Wenn wir in *The American Epemeris for the 20th Century at Noon* nachsehen, dann befand sich die Sonne am 20. Mai 1965 um 12:00 Uhr auf 29° 14’42’’ Stier. Die Sonne am 19. Mai 1965 um 12:00 Uhr war auf 28° 16’59’’ Stier. Die tägliche Bewegung für die Sonne lag bei 57’43’’.

29° 14’ 42’’ –28° 16’ 59’’	Wir können 59 Sekunden nicht von 42 Sekunden abziehen, also leihen wir uns eine Minute (es bleiben 13 Minuten). Eine Minute entspricht 60 Sekunden, also haben wir jetzt 102 Sekunden.
29° 13’102’’ –28° 16’ 59’’	Wir können 16 Minuten nicht von 13 Minuten abziehen, also leihen wir uns ein Grad (es bleiben 28 Grad). Ein Grad entspricht 60 Minuten, also haben wir jetzt 73 Minuten.
28° 73’102’’ –28° 16’ 59’’	
0° 57’ 43’’	(Tägliche Bewegung der Sonne)

Zweiter Schritt – Mittag

Berechnen Sie den Unterschied zwischen der Position der Radix-Sonne und der Position der Sonne in den Ephemeriden, die vor der Radix-Sonne liegt. Das Ergebnis werden wir den »zurückzulegenden Abstand« nennen (wie weit die transitierende Sonne zu wandern hat, um zur Radix-Position zurückzukehren).

Wir benutzen weiterhin *The American Ephemeris for the 20th Century at Noon* und stellen fest, daß Chers Radix-Sonne auf 28° 59’32’’ Stier steht, und daß die transitierende Sonne, die vor der Radixposition liegt, sich am 19. Mai 1965: auf 28° 16’59’’ Stier befindet. Also subtrahieren wir die frühere Sonne in den Ephemeriden (28° 16’59’’ Stier) von der Position der Radix-Sonne (28° 59’32’’ Stier). Unser Ergebnis ist der »zurückzulegende Abstand«.

28° 59’ 32’’	Stier	Chers Radix-Sonne
–28° 16’ 59’’	Stier	Sonne um 12:00 Uhr, 19. Mai 1965
42’ 33’’		zurückzulegender Abstand

Dritter Schritt – Mittag

Berechnen Sie, welcher Teil des Tages durch den »zurückzulegenden Abstand« repräsentiert wird. Wandeln sie dabei den zurückzulegenden Abstand in eine Maßeinheit – Sekunden der Tierkreisbewegung – wie folgt um:

Multiplizieren Sie die Minuten mit 60 (da jede Bogenminute der Bewegung durch den Tierkreis 60 Sekunden entspricht).

Addieren Sie dieses Ergebnis zu den Sekunden, die Sie bereits haben.

Ihr Ergebnis ist der zurückzulegende Abstand in Tierkreis-*Sekunden.*

Teilen Sie den zurückzulegenden Abstand durch die tägliche Bewegung, um dadurch den Anteil des vergangenen Tages zu erhalten.

Bei Cher beträgt der zurückzulegende Abstand (nach dem Mittag, der vor ihrer Position der Radix-Sonne liegt) 42' 33''.

42 mal 60 Sekunden = 2520 Sekunden; wenn man weitere 33 Sekunden addiert entspricht das 2553 Sekunden.

Die tägliche Bewegung beträgt 57'43''.

57 mal 60 = 3420 Sekunden + 43 = 3463 Sekunden.

Wenn wir den zurückzulegenden Abstand (2553) durch die tägliche Bewegung (3463) teilen, erhalten wir den folgenden Anteil des Tages, der vergangen ist: 0,737222061. (Das bedeutet, daß wir etwas weniger als 3/4 des Tages zurücklegen müssen, um ausgehend vom Mittag des 19. Mai 1965, die Position von Chers Radix-Sonne zu erreichen.)

Vierter Schritt – Mittag

Wandeln Sie den Abschnitt des Tages, der verstrichen ist, in Zeitstunden, -minuten und -sekunden um.

Bei Cher multiplizieren wir den Abschnitt (Bruchzahl oder Dezimalzahl) des Tages, der vergangen ist (0,737222061) mit 24 (Stunden am Tag) und erhalten 17,69333332948 Stunden.

Subtrahieren Sie die 17 und multiplizieren mit 60; dabei erhalten Sie 41,59976899 Minuten.

Subtrahieren Sie die 41 und multiplizieren Sie mit 60; dabei erhalten Sie 35,98613952 Sekunden.

Runden Sie das zu 36 Sekunden auf.

Unsere Gesamtzeit beträgt 17 Stunden, 41 Minuten und 36 Sekunden.

Nennen Sie dieses Ergebnis »zeitliche Justierung«.

Fünfter Schritt – Mittag

Addieren Sie Ihre »zeitliche Justierung« (die Stunden, Minuten und Sekunden von Schritt 4) zu der früheren Mittagszeit (12:00), um die Zeit zu erhalten, für die das Solarhoroskop zu erstellen ist.

Bei Cher ist das Datum der 19. Mai 1965. Die zeitliche Justierung beträgt 17:41:36. Wenn wir 17:41:36 zu 12:00:00 hinzuaddieren, ergibt sich ein Wert, der nach 24 Uhr liegt, also sind wir schon im nächsten Tag: dem 20. Mai 1965.

12:00:00	Zeit der Ephemeriden am 19.Mai 1965
+17:41:36	zeitliche Justierung
29:41:36	(Welt)zeit zur Berechnung eines Solars
–24:00:00	der ganze Tag am 19. Mai 1965
5:41:36	(Welt)zeit am 20. Mai 1965 zur Berechnung des Solars

Die Berechnung von Lunaren

Die Berechnung von Lunaren erfolgt genau nach den Regeln, die wir für die Solarberechnung aufgeführt haben. Nehmen Sie einfach statt der Position der Sonne die des Mondes als Grundlage für Ihre Berechnungen.

Bibliographie

Betty Ford

Chambers, Andrea *The Years of Addiction*, People Magazine, 9.März 1987.

Ford, Betty & Chase, Chris *Betty Ford: The Times of My Life*, Ballantine Books, New York 1979.

Ford, Betty & Chase, Chris *Betty: A Glad Awakening*, Doubleday & Co., New York 1987.

Why Betty Ford Decided to Share Her Most Painful Moments, TV Guide, 28.Februar 1987.

Rock Hudson

AIDS Strikes a Star, Newsweek, 5.August 1985.

Hudson, Rock & Davidson, Sara *Rock Hudson: His Story*, William Morrow, Inc., New York 1986.

Rock Hudson: On Camera and Off, People Magazine, 12.August 1985.

Rock Hudson, Current Biography Yearbook 1961, H.W. Wilson Co., New York.

Vincent van Gogh

Elgar, Frank, *van Gogh: Nuenen, Paris*, Tudor Publ. Co., New York 1967.

Keller, Horst, *Vincent van Gogh: Jahre der Vollendung*, M. Du Mont Schauberg, Köln 1969.

Leymarie, Jean, *Van Gogh: Arles, Saint-Remy*, Tudor Publ. Co., New York 1956.

Mathey, Francois, *Van Gogh. Auvers-sur-Oise*, F. Hazan, Paris 1956.

Pickvance, Ronald, *Van Gogh in Arles*, Metropolitan Museum of Art, New York 1985.

Rewald, John, *Von Van Gogh bis Gauguin: Geschichte des Nachimpressionismus*, M. Du Mont Schauberg, Köln 1957.

Schapiro, Meyer, *Vincent van Gogh*, Harry N. Abrams Inc., New York 1952.

Schiff, Bennett, *Triumph and Tragedy in the Land of Blue Tones and Gay Colors*, Smithsonian, August 1984.

Schmidt, Georg, *Van Gogh*, Alfred Scherz Verlag, Bern 1947.

Stone, Irving, *Lust for Life*, Pocket Books, New York 1936.

Wallace, Irving, Amy & Sylvia, und Wallechinsky, David, The Intimate Sex Life of Famous People, Dell Publ., New York 1982.

Orson Welles
Carringer, Robert L., *The Making of Citizen Kane,* University of Calif., Los Angeles 1985.
Higham, Charles, *Orson Welles: The Rise and Fall of an American Genius,* St. Martins Press, New York 1985.
Leaming, Barbara, *Orson Welles: A Biography,* Viking Press, New York 1985.

Cher
Bego, Mark, *Cher,* Pocket Books, New York 1986.
Cheers for Cher, Cosmopolitan, Januar 1984.
Hinson, Hal, *Maybe It Was Crazy,* Parade, 19.Mai 1985.
Jerome, Jim, mehrere Artikel in verschiedenen Ausgaben der Zeitschrift »People Magazine«.
Mintz, Elliot, *Cher & Gregg: The Losing Fight to Save Their Marriage,* U.S. Magazine, 10.Januar 1978.
Tornabene, Lyn, *Chers Own Story of Life without Sonny,* Ladies Home Journal, April 1975.

Henry Kissinger
Back on the Road to Health, People Magazine, Juli 1981.
Brady, James, *In Step with Henry Kissinger,* Parade, 11.Januar 1987.
Kalb, Marvin und Bernard, *Kissinger,* Little, Brown, and Co., Boston-Toronto 1974.
UPI News Release, *Spokane Spokesman Review,* 13.Mai 1979.
Valeriani, Richard, *Travels with Henry,* Houghton Mifflin, Boston 1979.

Judy Garland
Finch, Christopher, *Rainbow: The Stormy Life of Judy Garland,* Grosset & Dunlap, New York 1975.
Torme, Mel, *The Other Side of the Rainbow,* Bantam Books, New York 1970.

Ernest Hemingway
Baker, Carlos, *Ernest Hemingway: A Life Story,* Charles Scribners Sons, New York 1959.
Baker, Carlos, *Ernest Hemingway:Selected Letters 1917-1961,* Charles Scribners Sons, New York 1981.
Hemingway, Mary Welsh, *How It Was,* Alfred A. Knopf, New York 1976.
Hotchner, A.E., *Papa Hemingway,* Random House, New York 1966.

Franklin D. Roosevelt

Lash, Joseph P., *Eleanor and Franklin,* W.W. Norton & Co., New York 1971.

Roosevelt, Eleanor & Lash, Joseph P. (Hrsg.), *FDR – His Personal Letters 1928-1945,* 5 Bände, Duell, Sloan & Pearce, New York 1950.

Natalie Wood und Robert J. Wagner

Associated Press News Release, *Spokane Spokesman Review,* 30.November 1981.

Davis, Jeff, *Super Dad Wagner,* People Magazine, Juni 1983.

Lewis, Joseph, *Whatever Happened to Baby Natalie?,* Cosmopolitan, November 1968.

Nickens, Christopher, *Growing up with Natalie* und *Natalies Men,* Auszüge aus *Natalie Wood: A Biography in Photographs.*

Rader, Dotson, *Now, A New Beginnung,* Parade, 17.November 1985.

Rovin, Jeff, *TV Babylon,* Signet Books, New York 1984.

Star Newspaper, 22. & 29.April 1986.

Thompson, Thomas, *Tribute,* People Magazine, November 1982.

UPI News Release, *Coeur dAlene Press,* 30.November 1981.

Wood, Lana, *Natalie: A Memoir,* G.P. Putnams Sons, New York 1983.

Margaret Thatcher

Keay, Douglas, *Margaret Thatcher,* Good Housekeeping, April 1985.

Lexicon Universal Encyclopedia (aka Grolier Academic Encyclopedia und Academic American Encyclopedia*), Band 19, Seite 143, *Margaret Thatcher,* Current Biography Yearbook 1975 Series, H.W.Wilson Co., New York.

Meyer, Allan J., *Madame Prime Minister Margaret Thatcher & Her Rise to Power,* Newsweek Books, New York 1979.

Michael, Prince of Greece, *I am Fantastically Lucky,* Parade, 13.Juli 1986.

News Release, London Observer, 16.Februar 1975.

1987 Information Please Almanac, S. 127.

Strasser, Steven & Meyer, Allan J., *Her First 100 Days,* Newsweek, 30.August 1979.

Strasser, Steven & Clifton, Tony *Lady in Waiting,* Newsweek, 9.April 1979.